한국 감리교회 역사

A HISTORY OF
THE METHODIST CHURCH IN KOREA

한국 감리교회 역사

초판 1쇄 2017년 3월 15일
   3쇄 2020년 9월 15일

이덕주 서영석 김흥수 지음

발 행 인   전명구
편 집 인   한만철
펴 낸 곳   도서출판kmc
등록번호   제2-1607호
등록일자   1993년 9월 4일

03186 서울특별시 종로구 세종대로 149 감리회관 16층
(재)기독교대한감리회 도서출판kmc
TEL. 02-399-2008 FAX. 02-399-2085
http://www.kmcpress.co.kr

인   쇄   리더스커뮤니케이션

ISBN 978-89-8430-733-9 93230

값 18,000원

이 도서의 국립중앙도서관 출판예정도서목록(CIP)은 서지정보유통지원시스템 홈페이지(http://seoji.nl.go.kr)와
국가자료공동목록시스템(http://www.nl.go.kr/kolisnet)에서 이용하실 수 있습니다.(CIP제어번호: CIP2017005682)

한국
감리교회
역사

A HISTORY OF
THE METHODIST CHURCH
IN KOREA

이덕주 · 서영석 · 김흥수 지음

kmc

한국 감리교회 역사를
빛내는 도구로

모든 종교는 경전을 가지고 있습니다. 타종교의 경전이 깨달음의 경전이라면 기독교의 경전인 성경은 역사적 경전입니다. 기독교는 역사를 만들고, 역사의 흐름에 따라 형성되어 왔습니다. 한국의 근대사가 기독교의 역사라 해도 과언이 아닐 만큼 기독교는 역사적 종교입니다.

한국 감리교회의 역사는 크게 3가지로 설명할 수 있습니다. 첫째는 1903년 하디의 원산대부흥운동으로 시작된 교회 부흥, 하와이 이민단을 이끌고 간 홍승하로 시작된 세계선교, 남북감리교회의 연합, 이용도의 성령운동입니다. 두 번째로 3·1운동과 독립운동을 주도한 정치·사회의 지도자와 리더십들이 한국 감리교회였습니다. 세 번째는 한국 현대사에서 한국 감리교회가 민주화운동과 교회갱신을 이끌어왔다는 점입니다.

이번에 나오는「한국 감리교회 역사」는 지금까지 정리가 부족했던 한국교회사 속에서의 감리교회 역사를 잘 부각시키고 정리하였습니다. 특히 한국교회사에서도 학문적 리더십을 이루고 있는 세 명의 학자가 연합하여 정리했다는 것은 감리교회의 연합 정신을 보여주는 아름다운 일입니다.

「한국 감리교회 역사」 발간으로 한국 감리교회의 목회자들과 성도들이 자부심을 가지는 계기가 되었으면 합니다. 그리고 선배들의 신앙으로 이루어진 한국 감리교회를 잘 계승하여 하나님의 나라가 확장되는 일이 얼마나 아름다운 일인지 감사하면서 새로운 힘이 되기를 바랍니다. 교회 부흥을 통하여 한국 감리교회가 이 시대에 다시 한 번 주도적인 리더십을 발휘하고 나아갈 방향을 제시하여 영적 세계의 리더십으로 성장하는 디딤돌이 되기를 바랍니다.

감사하게도 중부연회가 이 숭고한 작업을 주관하였습니다. 이 일에 헌신한 김흥수, 서영석, 이덕주 교수의 노고를 깊이 치하합니다. 더불어 소리 없이 이 일을 위하여 주도하고 애쓰신 제32대 중부연회 김상현 감독의 혜안에 경의를 표합니다. 이 일을 위하여 수고한 도서출판 kmc에게도 감사를 드립니다.

이 책을 대하는 모든 목회자들과 성도들이 교회는 여전히 희망이고 그 일에 자신이 중심에 서 있다는 사명을 깨닫고 한국 감리교회 역사를 빛나게 하는 도구가 되기를 간절히 소망합니다.

다시 한 번 이 책이 역사를 이루시는 성령의 은혜로 세상에서 가치를 발하기를 바랍니다.

중부연회
윤보환 감독

교회 일치와
민족 통일을 꿈꾸며

　이 책은 감리교신학대학교와 목원대학교, 협성대학교 등 감리교계통 신학대학에서 한국교회사를 강의해 온 이덕주, 김흥수, 서영석 등 역사신학 교수들이 신학생들과 감리교회 목회자와 목회 지망생, 그리고 교회임원 교육 및 훈련을 위해 '교재용'으로 쓴 책이다.

　이 책을 집필한 세 교수는 오래 전부터 한국교회사 및 한국 감리교회사를 강의하면서 '새로운' 교재에 대한 필요성을 느끼고 있었다. 앞서 이성삼 교수님과 유동식 교수님, 윤춘병 감독님이 쓴 한국 감리교회사 관련 저술들이 있지만 그동안 발굴된 새로운 자료들을 반영하여 새로운 시대적 환경에서 학술적이면서도 쉽게 읽을 수 있는 한국 감리교회 통사를 써 달라는 요청을 받고 있던 차였다. 그러나 세 교수 모두 개인적인 연구와 밀린 강의 때문에 통사 필요성은 느끼면서도 집필에 착수하지 못하고 있었다. 세 교수의 통사 집필을 현실로 끌어낸 장본인은 선교국 총무 강천희 목사다.

　세 교수는 10년 전부터 매년 한 차례, 수련목회자 선발고시 때마다 한국 감리교회사 채점을 위해 만나곤 했는데 당시 중부연회 총무였던 강천희 목사는 세 교수에게 새로운 통사의 필요성을 언급하며 집필을 촉구하였다. 그리고 3년 전 선교국 총무로 취임하자마자 강천희 목사는 중부연회 김상현 감독으로부터 연구와 집필에 대한 재정 후원을 끌어낸 후 "이제 더 이상 늦출 수 없다. 한국 감리교회의 미래 세대를 위해서라도 그동안 연구하고 강의한 내용을 바탕으로 새로운 통사를 써 달라."며 명령(?) 같은 부탁을 하였다. 김상현 감독도 세 교수를 직접 만나 격려하며 이 일의 중요성을 언급하였다.

이런 과정을 거쳐 이 책의 '공동 집필'에 참여한 세 교수는 1884~85년 매클레이와 아펜젤러, 스크랜턴의 내한으로 선교가 시작된 이후 한국 근현대 역사에서 감리교회가 수행한 선교와 봉사, 교육과 친교의 사역과 그 의미를 정리하는 데 초점을 맞추었다. 필자들은 개인 구원이 사회 구원으로 연결되어야 한다는 웨슬리의 신학적 전통에 비추어 한반도에서 이루어진 민족사와 교회사의 만남과 교류를 규명해 내고자 하였다. 그런 관점에서 세 교수는 한국 감리교회 선교 130년을 민족사 기준을 따라 1) 조선후기 및 한말 근대화시기, 2) 일제강점과 식민통치 시기, 3) 해방 후 민족분단 시기 등 3기로 나누어 집필을 분담하였다. 즉 이덕주 교수는 19세기 말 선교가 시작된 이후 1910년까지 한말 근대화시기에 감리교회가 수행한 선교와 부흥, 민족운동 참여의 역사를, 서영석 교수는 일제 식민통치 하에서 이루어진 교회의 역사 참여와 선교, 봉사의 역사를, 김흥수 교수는 해방 후 민족 분단 상황에서 이루어진 신학적 갈등과 분열, 교회의 부흥과 선교의 역사를 각각 정리하였다. 세 교수의 자료 분석과 역사 해석에서 관점의 차이가 없지 않았지만 역사를 정리하면서 한국 감리교회가 추구해야 할 궁극적인 선교 과제가 교회의 화해와 일치, 민족의 평화통일이라는 점에서 모두 일치하였다.

그렇게 해서 세 교수가 집필한 원고를 목원대와 감신대에서 한국교회사를 강의하는 최태육 박사와 황미숙 박사가 읽으며 글을 다듬어 주었다. 연표와 화보 편집, 색인 작업도 이들의 도움을 받아 이루어졌다. 여기에 출판국 편집진의 꼼꼼한 교열과 교정 작업을 거쳐 비로소 책으로 나오게 되었다. 이 책이 나오기까지 후원하고 도와주신 모든 분들께 감사를 표한다.

김흥수 서영석 이덕주

1884

I. 한말 감리교회 역사

(1884~1910년)

제1장 한국 감리교회 선교 준비와 개척 ················· 14
  1. 미감리회의 선교 개척 과정 14
  2. 미감리회의 초기 한국 선교 29

제2장 미국 남북감리회의 지방 선교 ······················ 51
  1. 미감리회의 지방 선교 51
  2. 남감리회의 지방 선교 66

제3장 선교 초기 감리교회의 부흥운동과 신학 ········ 106
  1. 초기 부흥운동과 전도운동 106
  2. 초기 감리교회 신학교육과 여성선교 138

제4장 한말 감리교회의 민족운동과 해외선교 ·········· 173
  1. 한말 민족운동 173
  2. 해외 한인교회와 해외선교 196

1910

Ⅱ. 일제강점기 감리교회 역사
(1910~1945년)

제5장 초기 식민지 치하의 감리교회 ················· 210
  1. 105인 사건과 감리교회 210
  2. 1910년대 감리교회의 현황 212

제6장 3·1운동과 감리교회 ························· 216
  1. 3·1운동의 배경과 의의 216
  2. 3·1운동의 준비 220
  3. 만세시위 확산과 감리교회의 수난 228
  4. 3·1운동에서 여성들의 역할 237
  5. 3·1운동 이후 기독교인들의 민족운동 239

제7장 1910~1920년대
  감리교회의 민족운동 및 농촌·사회운동 ·········· 242
  1. 구국기도회와 국채보상운동 242
  2. 송죽형제회와 이문회 244
  3. 애국부인회 246
  4. 기독교 농촌운동 249
  5. 절제운동 254
  6. 신간회와 근우회 257
  7. 엡윗청년회의 재건과 활동 260
  8. 남궁억의 민족 교육과 나라 사랑 263

1945

제8장 기독교조선감리교회의 형성 ·········· 266

1. 남북감리교회 합동의 준비와 합동 배경 266
2. 조선감리교회의 탄생 270
3. 한국 감리교회의 정체성과 3대 조직원리 273
4. 한국 감리교회 교리적 선언과 사회신경 277
5. 감리교회 한국 선교 50주년 기념행사 283
6. 아빙돈 단권 성경주석 발행 288

제9장 1930년대 감리교회의 모습 ·········· 290

1. 기독교조선감리회 여선교회의 탄생 290
2. 남감리교회의 만주·시베리아 선교와 미감리회의 북만주 지역 선교 291
3. 만주선교연회와 조선기독교회 296
4. 연회의 발전 298
5. 양주삼 총리사와 제2회 총회 300
6. 제3회 총회와 김종우 감독 303
7. 이용도의 부흥운동과 영성 304
8. 정경옥의 복음적 자유주의 신학 316

제10장 일제 말기 교회의 변질 ·········· 326

1. 신도와 신사 문제 326
2. 감리교회의 친일화 작업 328
3. 추방당하는 선교사들 335
4. 임종기의 감리교회 337
5. 감리교인들의 저항적 신앙운동 339

2006

Ⅲ.
해방 이후 감리교회 역사
(1945~2006년)

제11장 **해방과 분단시대의 감리교회** ································· 344
1. 교회 재건 – 재건파와 복흥파 344
2. 38선 이북의 감리교회 348
3. 6·25전쟁과 감리교회 351
4. 이승만 정부와의 관계 357

제12장 **1960년대의 교권 다툼과 독립교회의 출발** ···· 361
1. 4·19혁명과 감리교회 361
2. 감독선거와 파벌정치 – 호헌파, 성화파, 정동파 363
3. 신학교육과 신학연구 367
4. 온양선교협의회 – 미국연합감리교회와의 관계 371

제13장 **1970년대 이후 교회 부흥운동과 사회참여** ···· 375
1. 교회 분열 – 경기연회, 갱신 측 분열 375
2. 감독제도의 변화 377
3. 5천 교회 100만 신도운동 379
4. 도시산업선교 381
5. 민주화운동 385

제14장 **감리교회 100주년** ································· 391
1. 감리교회 100주년 391
2. 신학의 갈등 394
3. 감리교회의 통일운동과 서부연회의 재건 400
4. 세계 속의 감리교회 406
5. 21세기를 향하여 409

참고문헌 412   연표 418   색인 432

I

한말 감리교회 역사

(1884~1910년)

한국 감리교회 선교 준비와 개척

미국 남북감리회의 지방 선교

선교 초기 감리교회의 부흥운동과 신학

한말 감리교회의 민족운동과 해외선교

제1장

한국 감리교회
선교 준비와 개척

1. 미감리회의 선교 개척 과정

1) 개신교 선교 시도와 준비

기독교 복음이 한반도에 전파된 19세기 중반 우리나라는 외부로부터 개방 압력을 받으면서 내부로부터 봉건적 사회질서의 붕괴에 따른 정치·사회적 개혁을 요구받고 있었다. 아시아의 대부분 국가들처럼 우리나라도 서세동점(西勢東漸)의 시대, 즉 19세기 중반 이후 프랑스와 영국, 러시아, 미국 등으로부터 개방 압력을 받았다. 소위 이양선(異樣船)으로 불렸던 이들 서구 제국주의 국가들의 전함과 무역선들이 우리나라 내해에 들어와 통상과 교역을 요구하였다. 이 과정에서 아시아권에서 사역하던 개신교 선교사들이 길안내자 겸 통역으로 동승하여 선교 가능성을 모색하였다. 그 첫 번째 경우가 1832년 독일 루터교회 출신 선교사 귀츨라프(K. G. Gützlaff)가 영국 동인도회사 무역선 로드암허스트호를 타고 서해안 고대도에 상륙, 한 달간 머물면서 교역을 요구하다가 거절당하고 돌아간 일이다. 뒤를 이어 1866년 영국 런던선교회 소속 선교사 토마스(R. J. Thomas)가 미국 무역선 제네럴셔면호를 타고 대동강에 진출해서 역시 교역을 요구하다가 평양 관군과 주민들의 공격을 받고 희생되었다. 이 두 가지 예는 서구 국가들의 무력적 개방 압력과 이방인에게 복음을 전하려는 선교사 개인의 종교적 열정이 함께 어우러져 빚어낸 사건들이다. 인도나 중국, 일본 그리고 다른 아시아 국가들이 모두 이런 과정을 거쳐 기독교 선교가 이루어졌다. 그 결과 아시아 국가들은 대부분 기독교 선교와 서구 제국주의 국가들의 식민통치를 함께 경험하였다. 그런데 그런 시도가 한국에서는 성공하지 못했다. 한국에서는 다른 방식으로 개신교 선교가 이루어졌다.

한국에서 개신교 선교는 선교사들이 내한하기 전 해외에서 복음을 접한 구도자들에 의해 국내에 복음이 전파되는 형태로 진행되었다. 구도자들의 복음 접촉은 중국과 일본, 두 곳에서 이루어졌다. 먼저 중국의 경우를 살펴보면, 스코틀랜드 장로교 선교사 로스(J. Ross)와 매킨타이어(J. McIntyre)가 1872년부터 중국 잉쿠(營口)에 자리 잡고 만주 지역 선교를 전개하고 있었는데, 중국을 오가며 무역을 하던 의주 출신 상인들이 이들을 만나 성경과 복음을 접하게 되었다. 특히 로스는 1874년 한·중 교역장소인 봉황성 아래 고려문을 방문하여 의주 상인들을 만난 후 조선인 선교에 관심을 갖게 되었다. 그는 만나는 조선 상인들에게 한문 성경을 나눠주며 전도하였고 의주 출신 이응찬을 한국어 선생으로 채용해서 한국어를 배우는 한편 그의 도움을 받아 성경을 한글로 번역하기 시작했다.

그렇게 해서 스코틀랜드 선교사들을 통해 성경과 복음을 접한 의주 사람들 가운데 개종을 결심한 구도자들이 나왔고 마침내 1879년 매킨타이어 선교사는 잉쿠에서 백홍준과 이응찬 등 4명에게 세례를 베풀었다. 한국 개신교 첫 세례자들이 만주에서 나온 것이다. 이들의 전도로 서상륜, 김진기, 최성균, 이성하 등 의주 출신들이 계속 세례를 받았고 이들의 합류로 성경 번역은 신속하게 진행되어 1882년 봉천(奉天)으로 알려진 센양(瀋陽, 심양)에서 첫번째 한글 성경인 「예수성교 누가복음전서」와 「예수성교 요안내복음전서」가 인쇄되어 나왔고, 1887년 전체 신약을 번역한 「예수성교전서」가 간행되었다. 이렇게 만주에서 인쇄된 성경은 백홍준·서상륜·최성균 등 로스 선교

사가 권서인으로 임명한 전도인을 통해 국내로 유입되었다. 평안북도 의주
와 황해도 장연군 소래의 구도자들은 이렇게 유입된 성경을 접하면서 자생
적 신앙공동체를 형성하였다. 이러한 선교 결과가 외국에 알려지면서 한국
은 선교사들이 들어오기도 전에 복음을 받아들인 나라로 알려졌다.

　비슷한 경우가 일본에서도 전개되었다. 1882년 일어난 임오군란 때 명성
황후의 생명을 구함으로 고종의 총애를 받게 된 이수정(李樹廷)이 1882년 9
월 신사유람단의 일행으로 일본에 건너가 도쿄에서 복음을 접하였다. 그는
본래 농업과 정치를 배울 목적이었는데 일본 근대 농업의 기틀을 마련했던
농학자이자 일본 최초 감리교인인 츠다센(津田仙)과 만나 성경을 선물로 받
아 읽는 중에 개종을 결심하고 기독교인이 되었다. 그는 1883년 4월 도쿄 로
게츠죠(露月町)교회에서 세례를 받았다. 이후 이수정은 미국성서공회 일본지
부 총무였던 루미스(H. Loomis)의 지원을 받아 성경을 우리말로 번역하는 일
에 착수하여 1884년 한문 성경에 구결(口訣, 吐)을 단 형태로 사복음서와 사
도행전을 인쇄했고 1885년 초에 한글성경 「마가의 전한 복음서 언해」(마가복

음)를 간행하였다. 계속해서 이수정은 당시 도쿄
에 유학 와 있던 한국인 학생들에게 전도하여, 주
일학교 형태의 신앙공동체를 조직하였고 일본 주
재 선교사들을 통해 "한국에도 선교사를 보내 달
라."고 호소하는 서한을 미국교회에 보냈다. 그의
서한은 미국에서 간행되던 각종 선교잡지에 실렸
고 이 일로 그는 '한국의 마게도냐인'(Macedonian
of Korea)이란 칭호를 받았다.

이수정의 「마태전」

　이수정이 일본에서 개종하고 성경을 우리말로 번역하면서 미국교회에 선
교사 파견을 요청할 무렵, 미국 현지에서도 비슷한 현상이 벌어졌다. 우리
나라는 1882년 5월 미국과 통상조약을 체결하면서 서구 국가들에 비로소 문
호를 개방하였는데, 이 조약 체결로 1883년 5월 초대 주한 미국 공사 푸트

(L. H. Foote)가 서울에 도착하여 정동에 공사관을 설치하고 업무를 시작하였다. 우리나라 정부는 이에 대하여 민영익을 수반으로 한 '보빙사절단'(報聘使節團, 혹은 遣美使節團)을 미국에 파견, 고종의 친서를 미국의 아서 대통령에게 전달하였다. 사절단 일행은 1883년 7월 서울을 출발하여 일본을 거쳐 9월 미국 샌프란시스코에 도착하였고 거기서 열차 편으로 시카고를 거쳐 워싱

턴으로 가는 중에 기차 안에서 미국 볼티모어 러블리레인교회 담임 가우처(J. F. Goucher) 목사를 만났다. 미국 감리회 해외선교부 위원으로서 평소 해외선교, 특히 아시아 선교에 관심이 깊었던 가우처 목사는 기차 안에서 만난 낯선 동양인들이 은둔의 나라 조선에서 온 외교사절단이라는 사실을 알고 그 단장 민영익과 대화를 나눈

가우처

결과 조선 정부도 선교사를 받아들일 의향이 있음을 알게 되었다. 그해 11월 뉴욕의 미감리회 해외선교부에 선교비 2천 달러를 약속하면서 한국 선교에 착수할 것을 촉구하였다.

미국의 모교회 러블리레인교회, 가우처 홀, 베닛 홀

이에 해외선교부 실행위원회는 한국 선교에 착수할 것을 결정하고 가우처가 보낸 2천 달러에 3천 달러를 보태 5천 달러를 한국 선교 개척비로 책정한 후 일본선교회 관리자 매클레이(R. S. Maclay)로 하여금 한국을 방문해서 선교 가능성을 탐색하도록 지시하였다. 매클레이와 같이 볼티모어연회 소속으로 매클레이를 통해 도쿄 아오야마학원 설립기금을 보내주었던 가우처도 1884년 1월 매클레이에게 편지를 써서 민영익과 나눈 대화 내용과 해외선교부의 결정 사항들을 알리고 방한을 권하였다.

2) 매클레이의 내한과 고종의 선교 윤허

매클레이는 그가 중국 푸저우에서 선교를 시작할 때
부터 한국 선교에 대한 관심을 가지고 있었다. 그가 한
국인들을 처음 본 것은 1848년 푸저우에 도착한 직후였
다. 그들은 중국 근해를 항해하던 중 배가 난파되어 중
국 선원들에 의해 구출되어 푸저우에서 요양을 한 후
귀국선에 오르던 한국 상인들이었다. 그때 매클레이는

매클레이

속으로 "언젠가 저들 민족에게도 복음을 전할 기회가 있었으면" 하는 바람을
가지고 있었다. 그 후 1867년 제너럴셔먼호 사건을 처리하기 위해 강화에 출
정했던 슈펠트 제독을 홍콩에서 만나 한국 상황을 전해 들었고, 1871년 신미
양요 직후에는 한국 선교를 촉구하는 글을 미감리회 기관지 *The Christian
Advocate*에 발표하기도 하였다. 1873년 일본으로 임지를 옮긴 후에도 요코
하마 항을 출입하는 미국 군함과 무역선 승무원들로부터 한국 소식을 자주
들었다. 특히 개인적으로 친분이 있던 슈펠트가 1882년 3월 인천에 가서 한
미수호조약을 체결하자 "한국 선교를 시작할 때가 되었다."는 확신을 갖게
되었다. 그런 중에 매클레이 부인은 1882년 8월 개화파 지도자 김옥균의 부
탁을 받고 그가 서울에서 데려온 유학생들에게 영어를 가르치기도 했다. 그
일로 김옥균은 매클레이 부부에게 감사를 표하였다.

이처럼 한국 선교에 대한 관심을 갖고 기도해 오던 매클레이였기에 미감
리회 해외선교부와 가우처 목사로부터 "한국에 나가 선교 가능성을 알아보
라."는 연락이 왔을 때 주저할 필요가 없었다. 그는 도쿄와 서울에 있는 미국
공사관과 연락을 취하며 방한 준비를 하였고 일본 교인들의 도움으로 조선
국왕에게 제출할 「의향서」라는 제목의 선교제안서를 작성한 후 1884년 6월
9일 부인과 함께 요코하마를 출발하였다. 매클레이 부부는 나가사키에 들러
거기서 한국인 통역을 구한 후 6월 19일 나가사키를 출발, 6월 20일 부산에

도착해서 하루 반을 머물렀다. 6월 22일 부산을 출발, 남해안을 돌아 6월 24일 아침 인천 제물포항에 도착하였는데 곧바로 서울로 향하여 그날 오후 6시 푸트 공사의 환영을 받으며 서울에 들어왔다. 이로써 그는 서구 개신교회가 공식으로 파송하여 한국을 방문한 최초 선교사가 되었다.

매클레이는 서울에 2주 동안 머물렀는데 도착 이튿날부터 푸트 공사의 주선으로 공사관 옆에 있던 한옥 집을 임시 거처로 삼았다. 그는 미국공사관을 통해 한국 정부에 "미감리회 선교사들이 들어와 학교와 병원 사업을 하도록 허락해 달라."는 제안서를 고종에게 제출하였다. 마침 당시 외교 업무를 관장하던 통리통상사무아문(외부) 협판은 매클레이와 친분이 있던 김옥균이었다. 일본을 여러 차례 왕래하면서 매클레이 부부와 친분을 쌓았던 김옥균은 고종의 신임을 받으며 개화 정책을 주도하고 있었다. 또한 일본 도진샤 출신으로 푸트 공사의 통역관으로 일하면서 통상사무아문 주사직도 겸하고 있던 윤치호도 매클레이를 적극 도왔다. 고종도 김옥균과 윤치호 등 일본 유학을 다녀온 개화파 인사들을 중용하여 국정을 개방 쪽으로 이끌고 있었다. 개방정책과 김옥균·윤치호의 지원이라는 호조건 속에서 제출된 매클레이의 제안은 고종에 의해 받아들여졌다. 이 소식은 7월 3일 오후 김옥균을 통해 매클레이에게 전달되었다. 고종의 선교 윤허 당시 그 자리에 동석했던 윤치호는 그날 일기에 이렇게 적었다.

고종(1884)

주상께서 미국 상선의 내해 항해와 미국인들의 병원과 학교를 설립하는 일, 전신 설치의 일을 허락하시다.(奏許美商航內海事 及許美國人設立病院及學校事 及許設電信事)1)

---

1) 「윤치호 일기」 1권 (국사편찬위원회, 1973), 81.

고종의 선교 윤허가 있은 지 12년이 지난 1896년, 그날의 감격을 매클레이는 이렇게 회상하였다.

　　국왕이 우리 제안에 호의를 보이셨다는 사실을 분명하게 확인하는 순간, 그것은 곧 주님께서 하신 일이라는 것을 확신할 수 있었다. 나는 김옥균에게 이 일을 위해 최선을 다해 준 것에 심심한 감사를 표하였다. 그러고 나서 안도의 한숨을 쉬고 인파로 붐비는 시내 거리를 걸으며 몇 번이고 속으로 이런 말을 반복했다. '국왕의 마음도 주님의 손에 잡혀 있으니 마치 강물과 같도다. 이제 주님께서 원하시는 방향으로 그 물길을 인도하시리로다.'[2]

　　이로써 매클레이는 중국과 일본에 이어 한국에서도 미감리회 선교 개척자의 영예를 얻게 되었다. 학교와 병원을 할 선교사를 받아들이겠다는 국왕의 허락을 얻는 데 성공한 매클레이는 그동안 머물렀던 정동 한옥 집을 장차 들어올 감리교 선교사들의 거처로 삼을 요량으로 푸트 공사에게 매입 주선을 부탁한 후 7월 8일 출국했다. 매클레이는 두 주간 서울에 머물면서 부인과 함께 두 번 주일예배를 드렸는데 마태복음 5장 산상보훈을 본문으로 삼았다.

　　이같이 매클레이가 선교 윤허를 받았다는 사실은 곧바로 미국교회에 알려졌다. 이미 만주와 일본에서 이루어진 한국인들의 개종과 성경 번역·인쇄·반포 사업, 그리고 '한국의 마게도냐인'들의 선교사 파송 요청 사실을 알고 있던 미국교회는 국왕의 선교 허락 소식을 접하고 본격적으로 선교사 선정과 파송 절차에 착수했다. 미감리회와 미국 북장로회(이하 미북장로회)가 적극적으로 나섰다. 그 결과 중국 상하이에 머

알렌 선교사(우측)

2) R. S. Maclay, "Korea's Permit to Christianity", *Missionary Review of the World* (Apr. 1896), 287.

물고 있던 미북장로회 소속 알렌(H. N. Allen, 1858~1932년) 선교사가 서울 미국공사관과 연락을 취하여 공사관 의사 신분으로 1884년 9월 20일 내한하였다. 그는 개신교의 첫 번째 정착 선교사가 되었다. 알렌은 공사관에 붙은 한옥 집에 머물렀다. 이 집은 석 달 전 매클레이가 내한해서 머물렀던 집으로 그가 장차 들어올 감리교 선교사들의 거처로 활용하기 위해 푸트에게 구입을 부탁했던 집이었다. 지금 그곳에 중명전(重明殿)이 자리 잡고 있다.

알렌이 내한해서 사역을 시작한 지 두 달 만인 1884년 12월 4일 갑신정변이 터졌고 그것은 그의 선교 사역에 새로운 전기를 마련해 주었다. '3일 천하'로 끝난 갑신정변 실패로 김옥균과 박영효, 서재필, 서광범, 윤치호 등 개화파 지도자들은 보수파의 응징을 피해 해외로 망명하였고 정권을 보수 세력이 장악함으로 선교 전망은 밝지 않았다. 그러나 알렌은 정변 외중에 중상을 입은 민영익을 치료하여 살려냄으로 고종과 왕실의 신뢰를 얻었다. 고종은 정변 중에 피살된 개화파 홍영식의 재동 집을 알렌에게 하사하였고 알렌은 그곳에서 최초 근대 의료기관인 광혜원(廣惠院, 후의 제중원)을 시작했다. 이로써 외국 선교사의 합법적인 활동 공간이 마련되었다. 갑신정변 여파로 사회 분위기가 선교에 불리한 상황에서도 이듬해(1885년) 내한한 아펜젤러와 스크랜턴, 언더우드(H. G. Underwood) 등이 서울에 머물 수 있었던 것도 광혜원 의사 혹은 교사 신분이라는 합법적인 기반이 있었기 때문에 가능했다.

한편 서울을 방문하여 고종 황제로부터 "교사와 의사를 받아들이겠다."는 약속을 받고 일본에 돌아간 매클레이는 방한 결과를 곧바로 미국에 알리는 한편 8월 28일부터 도쿄 츠쿠지(築地)교회에서 열린 미감리회 일본연회에 참석하여 한국 방문 결과를 보고하였다. 그의 보고를 받은 일본연회에서는 매클레이를 위원장으로 하는 '조선국전도위원회'(朝鮮國傳道委員會)를 조직하고 다음과 같은 내용의 결의문을 채택하였다.

우리 위원회는 조선에서도 복음 전도 사역을 시작할 수 있게 된 것을 기뻐하면서 미국 감리회가 이 지역에 개척 사역자를 기꺼이 보낼 것으로 믿어 다음과 같이 청원하는 바이다.

1. 본국 선교회가 즉시 조선의 복음 사역에 착수할 것과 내년에 뉴욕에서 직접 조선선교회(Korea Mission)를 조직할 것.
2. 조선에 보낼 선교사 두 명, 한 명은 교육, 한 명은 의료 사업에 종사할 인물로 즉시 임명하여 금년 가을이나 겨울에 일본으로 보내주어 내년 초봄에 한국에 들어갈 수 있도록 준비할 것.
3. 본국 선교회는 조선선교에 착수하면서 선교사들의 일본 체류 비용과 조선에 선교 부지 구입비로 사용하도록 2천 5백 달러를 일본 선교부로 송금할 것.
4. 조선에 나갈 선교사들의 생활비는 일본에 있는 선교사들과 같은 수준으로 할 것.[3]

미감리회 일본연회는 한국 선교 개척을 적극 찬성하면서 일본이 그 발판이 되어야 할 것을 주장하였다. 이는 지리적 여건이나 그동안 진행된 선교 과정을 보아서 무리한 주장은 아니었다. 이런 결의안을 끌어낸 장본인은 물론 매클레이였다. 그는 계속해서 한국에 들어갈 개척 선교사들이 사용할 한글 전도문서를 출판하기로 하고 도쿄에서 성경을 한글로 번역하고 있던 이수정에게 부탁하여 감리교 교리서인 「미이미교회강례」와 전도문서인 「랑자회개」 등을 번역, 요코하마에서 출판하였다.

이처럼 일본에서 매클레이를 중심으로 한국 선교 개척 준비작업이 진행되는 동안 미국 해외선교회 본부에서도 본격적으로 한국 선교 개척을 준비하였다. 우선 한국 선교를 관리할 책임자로 파울러(Randolf S. Fowler) 감독을 선임하였다. 해외선교회 총무로 있다가 1884년 총회에서 감독이 된 파

---

3) *Minutes of the Japan Conference of the Methodist Episcopal Church* (1884), 33~34; 「日本メソジストエピスコバル教會第八回年會記錄」(1884), 38~39.

울러는 샌프란시스코 연회를 관리하며 한국 선교 개척 업무를 지휘하게 되었다. 그다음 조선 국왕이 요구한 대로 의료와 교육 사업을 할 수 있는 선교사들을 찾다 가 1884년 연말에야 오하이오 클리블랜드에서 병원을 하고 있던 의사 스크랜턴(William B. Scranton)과 뉴저 지 드류신학교 졸업생 아펜젤러(Henry G. Appenzeller)

스크랜턴

를 개척 선교사로 확보하였다. 파울러 감독은 1884년 12월 4일 뉴욕에서 스 크랜턴에게 안수를 주었고 1885년 2월 3일, 샌프란시스코에서 한국을 향해 출발하는 날 아펜젤러에게 목사 안수를 주었다. 여기에 스크랜턴의 어머니 (Mary F. Scranton)가 추가되었다. 미국의 명문 감리교 목사 집안 출신인 스크 랜턴 대부인은 아들보다 먼저 해외선교에 대한 관심을 갖고 있던 중 한국 개 척 선교사를 구한다는 소식을 듣고 아들을 설득하여 한국 선교사로 나가도 록 하였다. 또한 자신도 미감리회 해외여선교회(Woman's Foreign Missionary Society)로부터 여성선교를 개척해 달라는 부탁을 받고 선교 개척단에 포함 되어 한국을 향해 출발하였다. 그때 스크랜턴 대부인의 나이는 52세, 스크랜 턴은 29세, 아펜젤러는 27세였다.

3) 개척 선교사들의 내한과 정동 정착

아펜젤러 부부와 스크랜턴 가족 으로 이루어진 감리교 개척 선교단 은 1885년 2월 3일 미국 샌프란시 스코를 출발, 2월 27일 일본 요코하 마에 도착하여 매클레이를 비롯한 일본 주재 감리교 선교사들이 살고 있던 도쿄 아오야마에 머물면서 한

아펜젤러 가족(1901)

국으로 들어갈 준비를 하였다. 이들은 3월 5일 매클레이 집에서 처음으로 '한국선교회'(Korea Mission) 회합을 갖고 한국 선교 개척에 관련하여 논의했다. 그리고 3월 21일 아오야마 매클레이 사택에서 일본 주재 감리교 선교사들이 주최한 한국 선교사 환영 모임이 열렸는데, 그 자리에 이수정의 개종과 성경 번역을 도왔던 일본인 농학자 츠다센도 참석하여 선교사들을 격려하였다. 그 사이 미국의 파울러 감독은 신설된 한국선교회 관리자(superintendent)로 매클레이, 협동 관리자로 아펜젤러, 회계로 스크랜턴을 임명함으로 한국에서 추진될 선교 사업의 관리체제를 구성하였다. 개척 선교사들은 가능한 한 빠른 시일에 한국으로 들어가기를 원했지만 한국에 가는 배는 한 달에 한 번밖에 없었고 당시 국내 상황도 3개월 전에 일어난 갑신정변 때문에 호의적이지 않았다. 선교사들은 일본에 한 달 이상 머물면서 때를 기다렸는데 오히려 그것이 그들에게 한국을 공부할 수 있는 기회가 되었다. 이수정을 비롯해서 갑신정변 실패 후 일본으로 피신해 온 김옥균과 서재필 등 개화파 지도자들로부터 한국어와 한국 문화를 배울 수 있는 기회를 얻었다.

매클레이는 불안한 정국의 한국에 개척 선교사들을 보내되 두 팀으로 나누어 보내기로 했다. 그래서 선발대로 선발된 아펜젤러 부부는 3월 23일 요코하마를 출발하여 고베를 거쳐 3월 28일 나가사키에 도착, 배를 갈아타고 3월 31일 부산을 향해 출발하였다. 그런데 그 배 안에 미북장로회 개척 선교사 언더우드(Horace G. Underwood)도 타고 있었다. 이로써 장로교와 감리교 개척 선교사가 같은 배로 한국을 향하였다. 아펜젤러와 언더우드 일행이 탄 배는 4월 2일 아침 부산항에 도착하여 하루를 머물렀는데 그 사이 아펜젤러 부부는 부산항에 상륙하여 처음으로 한국 땅을 밟았다. 그리고 다시 4월 3일 아침 부산항을 출발하여 남해안과 서해안을 돌아 4월 5일 오후, 인천에 도착했다. 마침 부활주일이었다. 아펜젤러는 한국 도착 소식을 다음과 같이 미국에 알렸다.

기뻐해 주십시오. 우리는 안전하게 도착했습니다. 배는 부활주일 오후 3시에 닻을 내렸습니다. 우리는 곧바로 삼판(작은 배)에 옮겨 타 한 시간 노를 저어 해안에 상륙하였습니다. 우리는 곧바로 서울로 들어가지 않는 것이 좋다는 충고를 받았습니다. 우리 목적이 여기 머무는 것은 아니었습니다만 우리나라 군함이 여기 있어 우리 안전을 지켜주고 있습니다. 현재 우리 계획은 이곳에 우리 거처를 마련하고, 여기 계속 머물 생각은 아닙니다만, 우선 어학 공부를 시작하면서 길이 열리면 주님께서 인도하시는 대로 움직여 나가는 것입니다.4)

아펜젤러는 곧바로 서울에 들어가지 못했다. 갑신정변 이후 국내 상황이 불리하게 바뀌었을 뿐 아니라 국제적으로는 청·일 양국이 군대를 한반도에 파견하여 군사적 충돌이 벌어질 수도 있는 상황이었기 때문이다. 인천항에는 두 나라에서 파견한 군함들이 서로 대치 상태에 있어 전투가 벌어질 것 같은 분위기였다. 이런 상황에서 '자국민 보호'를 이유로 미국 측에서 보낸 군함 오씨피(Ossipee)호도 인천항에 정박해 있었는데 그 배 함장 맥글렌시(McGlensy)가 아펜젤러 부부, 특히 아펜젤러 부인의 서울 입경을 강력하게 만류하였다. 게다가 서울에 있는 미국 대리공사 폴크(G. C. Foulk)도 "정치적 상황이 좋지 않기 때문에 서울로 들어오지 말고 항구를 벗어나지 않는 것이 좋다."고 하였다. 모두 아펜젤러 부인의 신변 안전을 우려하였다. 그러나 독신인 언더우드는 그날 저녁 곧바로 서울에 들어가 알렌이 마련한 정동 집(현 예원중학교 운동장 자리)에 정착하였다. 아펜젤러는 서울에는 못 들어가더라도 인천에 임시 거처를 확보하고 한국어를 익히며 입경 기회를 찾으려 했으나 맥글렌시 함장의 강력한 출국 요청에 결국 4월 10일 인천을 출발하여 4월 15일 일본 나가사키에 도착하였다.

아펜젤러는 인천을 출발하기 하루 전인 4월 9일, 미국선교본부에 장문의

---

4) *The Christian Advocate* (May. 28, 1885).

보고서를 쓰면서 다음과 같은 말로 당시 심정을 밝혔다.

> 이 나라는 정치적으로 아직 불안합니다. 수도에서는 우리 사업을 방해하는
> 요인들이 남아 있는데 이것들이 제거되고, 허약하고 무질서한 정부가 강해
> 진 후에야 이 '아침 해의 나라'에서 시끄러운 소리가 들리면서 약간의 진보라
> 도 이루어질 것으로 기대합니다. 우리는 부활주일에 여기 왔습니다. 그날 죽
> 음의 철장을 부수신 주님께서 이 백성을 얽매고 있는 줄을 끊으시고 그들로
> 하여금 하나님의 자녀들이 얻을 빛과 자유를 누리게 하소서!5)

일본으로 철수한 아펜젤러 부부는 나가사키에 두 달간 머물며 한국 선교
를 준비했다. 도쿄에 남아 있던 스크랜턴 가족과 매클레이는 아펜젤러의 철
수 소식과 북장로회 독신 선교사 언더우드의 서울 정착 소식을 접하고 이번
에는 스크랜턴을 혼자 보내기로 하였다. 그리하여 스크랜턴은 4월 20일 요코
하마를 출발하여 4월 22일 나가사키에 도착, 아펜젤러로부터 한국 상황에 대
한 보고를 듣고 4월 28일 나가사키를 출발, 부산을 거쳐 5월 3일 인천에 도착
했다. 인천항에는 여전히 미군함 오씨피호가 정박해 있었다. 아무런 소개 편
지도 소지하지 않았던 스크랜턴은 말 그대로 "주님의 인도하심을 바라며" 상
륙하였다. 그런데 마침 그때 서울에 있던 북장로회 선교사 알렌이 인천에 왕
진하러 내려와 있다가 의사인 스크랜턴을 만나자 즉석에서 자신의 병원에
와서 함께 일할 것을 요청하였다. 그리하여 스크랜턴은 알렌의 안내를 받으
며 서울에 들어왔다. 알렌은 스크랜턴을 광혜원 의사로 소개하며 조선 정부
에 주거 허락을 요청하였다. 서울에 아무런 연고가 없었던 스크랜턴으로서
는 '국립 병원' 직원으로 신분 보장이 될 수 있었다. 그래서 스크랜턴은 장로
교의 후속 의사가 도착하기까지 당분간 알렌의 병원 일을 돕기로 하였다. 이
로써 스크랜턴은 서울에 처음 들어온 감리교 정착 선교사가 되었다.

---

5) "Correspondence from Methodist Episcopal Missions", *The Gospel in all Lands* (1885), 328.

　　서울에 들어온 스크랜턴은 알렌의 병원 일을 도우면서 감리교 선교 사업을 추진할 부지와 주택 구입을 서둘렀다. 1년 전, 매클레이가 서울을 방문했을 때 푸트 공사에게 구입을 부탁했던 집은 이미 알렌 가족이 들어가 살고 있었다. 그는 처음 알렌과 언더우드의 정동 집에 머물면서 부지 매입을 서둘렀고 6월 중순에야 알렌의 집 건너편 언덕에 부지를 확보할 수 있었다. 새로 확보한 정동 부지는 매클레이가 보았던 곳보다 훨씬 환경이 좋았다. 본래 조선시대 양반이 살던 집이었는데 영국 영사 칼스(W. R. Carles)가 소유하고 있던 것을 스크랜턴이 구입한 것이다. 이처럼 스크랜턴이 선교 부지와 주택을 구입하자 그때까지 그에게 우호적이었던 알렌과 폴크 공사의 태도가 달라졌다. 이들은 스크랜턴의 선교 부지 확보가 본격적인 선교 활동으로 이어져 조선 정부와 마찰을 빚을 것을 우려하였던 것이다. 그러나 스크랜턴으로서는 언제까지 미북장로회 선교사인 알렌의 일만 돕고 있을 수 없었다. 그래서 감리교 선교를 펼쳐나갈 독자적인 선교 부지 확보를 위해 노력하였고 마침내 결과를 얻었다.

　　일본 나가사키에 머물러 있던 아펜젤러 부부는 정동 선교 부지를 확보한 것과 정치적 상황이 호전되고 있다는 내용의 스크랜턴 편지를 받고 한국으로 나가기로 하였다. 도쿄에 남아 있던 스크랜턴 가족도 함께 들어가기로 했고 미북장로회의 세 번째 선교사로 임명받은 의사 헤론(J. W. Heron) 부부도 합류하였다. 이들 일행은 6월 16일 나가사키를 떠나 6월 20일 오후 인천에 도착하였다. 인천 상황은 두 달 전과 아주 달랐다. 4월 18일 청·일 양국 군대를 한반도에서 철수한다는 내용의 천진조약이 체결된 후 두 나라 군함과 군대는 대부분 인천을 떠났고 외국인에 대한 현지 주민들의 배척 분위기도 누그러져 있었다. 그래서 스크랜턴 가족과 헤론 부부는 곧바로 서울로 들어갈 수 있었다. 다만 아펜젤러 부부는 서울 정동 집이 아직 마련되지 않아 인천에 더 머물러야 했다.

　　서울의 스크랜턴은 아펜젤러 가족이 생활할 집을 마련하기 위해 애쓴 결과 7월 초 집을 구할 수 있었다. 위치는 스크랜턴의 집 바로 위쪽으로 판서 벼슬을 하던 사람이 살던 집이었다. 매우 넓은 부지와 여러 채의 기와집이 있었던 이 집은 임오군란을 거치면서 상당히 파괴되어 있었기에 수리하는 데 시간이 오래 걸렸다. 급한 대로 수리를 마친 후 아펜젤러 부부는 7월 29일 서울로 들어왔다. 아펜젤러는 서울로 들어오면서 기도했다.

> 그날 저녁 무렵 북서문으로 들어서는 순간 나는 주님의 무릎 앞에 내 자신을 드리는 심정으로 이런 기도를 드렸습니다. '주여, 내가 여기 있나이다. 나를 도구로 삼으시어 뭇 영혼을 구원하는 일에만 사용하소서.'[6]

이로써 아펜젤러와 스크랜턴 가족으로 이루어진 미감리회 한국 선교 개척단 모두가 서울로 들어왔다. 이들이 미국을 떠나 일본에 도착한 지 5개월, 매클레이가 서울을 방문하여 고종으로부터 선교 윤허를 받은 지 1년 만의 일이었다. 이들이 짐을 푼 정동 선교부는 이후 이루어질 한국 감리교회 선교와 역사의 거점이 되었다. 정동에 정착한 선교사들은 한국어 공부를 계속하면서 구입한 주택을 수리하고 본격적으로 추진할 선교 사역을 위해 선교 부지를 확장하면서 복음 전도의 기회를 엿보았다. 1882년 체결된 한·미 수호조약은 미국인의 종교 행위에 대한 규제를 엄격하게 규정하고 있었기에 드러내놓고 복음을 전하거나 교회를 설립할 수는 없었다. 청국과 일본 군대가 철수한 1885년 여름부터 사회 분위기가 바뀌었다고는 하나 아직도 개방과 개혁을 반대하는 수구 세력이 버티고 있었으므로 공개적으로 선교 활동을 하기에는 위험했다. 결국 1884년 7월, 매클레이가 서울에 와서 고종으로부터 허락받았던 두 가지 사업, 교육과 의료 사업을 통한 '간접 선교'로 한국인들에 접근할 수밖에 없었다. 그것이 스크랜턴과 아펜젤러에게 주어진 역할이었다.

---

6) *H. G. Appenzeller's letter to J. S. Burnett* (Aug. 20, 1885).

2. 미감리회의 초기 한국 선교

1) 정동 시병원과 배재학당, 이화학당 설립

앞서 살펴본 대로 스크랜턴은 서울에 들어온 후 알렌의 병원 일을 돕는
것으로 활동을 시작했다. 한 달 후 정동에 집과 선교 부지를 마련하면서 그
의 가족과 아펜젤러 가족이 합류하였고, 또한 미북장로회의 두 번째 의료 선
교사 헤론이 들어옴으로 스크랜턴은 더 이상 알렌의 병원 일을 도와주지 않
아도 되었다. 스크랜턴은 1885년 6월 24일로 제중원 일을 그만두었는데 내
한 후 한 달가량 그가 치료한 환자는 매일 40명에서 70명가량 되었다. 그만
큼 환자 수가 많았고 감리교 선교부가 독자적으로 병원을 설립할 필요가 있
었다. 스크랜턴은 병원 설립을 서둘렀다. 그는 우선 자기 집의 방 하나를 진
료실로 개조했다. 마침 미국에서 부친 의료기구들이 도착하여 9월 10일 문을
열고 환자를 진료하기 시작하였다. 한국에 설립된 서양 의료기관으로 제중
원(광혜원) 다음으로 두 번째였다.

진료소가 개설되자 많은 사람들이 몰려왔다. 국왕의 특혜를 받아 국립병
원 형식으로 세운 재동의 제중원과 달리 순수 선교사들의 투자로 설립된 정
동의 스크랜턴 진료소에는 돈 없고 가난한 민중 계층이 몰려들었다. 스크랜
턴은 진료를 개시한 후 9개월 동안 522명을 진료하였다. 이처럼 환자가 몰리
자 방 한 칸에서 진료하는 것이 어렵게 되었고 독자적인 병원 건물이 필요하
였다. 이에 스크랜턴은 1886년 자기 집과 붙어 있던 기와집 한 채를 더 구입
해서 병원으로 개조하였다. 비록 한옥 건물이지만 수술실과 환자 대기실, 사
무실, 약제실을 갖춘 병원이었다. 스크랜턴은 새 병원에서 6월 15일부터 환
자를 받기 시작했다. 그가 새 병원에서 치료한 첫 환자는 '버려진' 환자였다.
1898년에 한 스크랜턴의 증언이다.

1886년 봄, 정동에 병원 부지를 구입하여 건물 내부를 수리하고 6월 15일에 문을 열었다. 첫 환자는 풍토 열병에 걸린 중환자였는데 우리는 그녀가 서대문 근방 성벽에 내팽개진 채로 버려져 있는 것을 발견했다. 환자 옆에는 네 살배기 딸이 붙어 있었다. 우리 모두가 '패티'라 불렀던 그 환자는 작년에 (1897년) 죽었지만 별단이로 불리는 그 딸은 지금 학교에 다니고 있다.[7]

스크랜턴은 한국어 교사가 만들어 온 간판을 병원 앞에 내붙였는데 한쪽에는 한문으로 "미국인 의사 병원"이라 써 붙였고 다른 쪽에는 한글로 "남녀노소를 불문하고 어떤 병에 걸렸든지 매일 열시에 빈 병을 가지고 미국 의사를 만나시오."라고 썼다. 간판을 읽은 환자들은 용기를 내서 병원을 찾아왔다. 스크랜턴은 이후 1년 동안 2천 명을 진료하는 기록을 남겼다. 일손이 딸려 장로교 선교사 헤론까지 와서 그의 병원 일을 도울 정도였다. 이에 스크랜턴은 본국 선교부에 그의 일을 도울 의사, 특히 여성 진료를 위한 여성 의사를 시급히 보내줄 것을 요청하였다. 한국의 여성 환자들이 남성 의사, 그것도 외국인 남성 의사에게 자기 몸을 열어 보이지 않았기 때문이다. 그 응답은 1년 후에 이루어져 1887년 10월에 독신 여의사 하워드(Meta Howard)가, 1889년 8월에 두 번째 남성 의사 맥길(W. B. McGill)이 내한하여 스크랜턴의 의료 선교 사업에 동참하였다.

이처럼 스크랜턴 병원이 괄목할 만한 활동을 보이자 한국 정부도 그 사업을 인정하였다. 1887년 4월, 고종이 외부를 통해 스크랜턴의 병원에 시병원 (施病院)이란 이름을 지어 내려 보낸 것이 그 증거다. 스크랜턴은 그 사실을 선교본부에 알렸다.

우리 여선교부에 통문이 배달된 며칠 후 아펜젤러 씨가 관리하고 있는 학교

7) W. B. Scranton, "Historical Sketch of the Korea Mission of the Methodist Episcopal Church", *The Korean Repository* (Jul. 1898), 258.

에도 '기수'가 배치되었고 그 몇 주일 후에 병원에도 같은 조치가 취해졌습니다. 병원 이름이 한자로 되어 있어서 그 단어를 정확하게 번역하기는 쉽지 않지만 우리는 그것을 영어로 '유니버설 병원'(Universal Hospital)으로 부르기로 했습니다. 그 뜻은 온갖 은덕을 널리 베풀라, 모든 환자를 치료하라, 가난하고 병든 자를 먹이고 입히라는 것입니다. 이처럼 단 시간에 우리 사업이 정부의 인정을 받은 것은 그 결과가 좋았기 때문이라 생각합니다.[8]

선교사가 하는 병원에 '기수'(旗手)가 배치되었다는 것은 이 사업과 기관을 정부에서 공인할 뿐 아니라 보호하고 있음을 보여주는 상징적 조치였다. 이처럼 정부에서 공인하였다는 소문이 돌자 환자들이 더욱 늘어났다. 그러나 스크랜턴이 병원을 운영하는 근본 목적은 복음 전도였다. 아직은 공개적으로 종교집회나 복음 전도 활동을 할 수 없었기 때문에 그는 병원을 통해 복음을 전할 수 있는 기회를 찾았다. 마침 스크랜턴에게 의술을 배우겠다는 조선인 학생들이 있었다. 우선 영어를 배워야 했던 그들은 아펜젤러의 첫 학생이 되었다. 스크랜턴은 병원 건물 한쪽을 이들을 위한 기숙사로 사용하면서 이곳을 조심스럽게 복음 전도의 장으로 이용하였다. 그 결과 서양 의술과 영어를 배우러 선교사 병원을 찾아온 학생들이 기숙사에 놓인 성경을 읽으면서 기독교 복음을 접하게 되었고 이들 가운데 한국 감리교회의 첫 번째 토착교인들이 나오게 된 것이다. 이 과정에서 '영어 교사' 아펜젤러의 역할이 컸다.

아펜젤러가 인천에 한 달가량 머물다 1885년 7월 29일 서울에 들어왔을 때 정동에 있던 그의 집은 수리가 끝나지 않은 상태였다. 집수리는 아펜젤러의 지휘로 10개월 걸려 끝났고 1886년 5월 중순에야 새 집에 입주할 수 있었다. 이처럼 아펜젤러는 서울에 들어와 1년 동안 집수리와 어학 공부에 전념하였다. 그러나 주변 상황은 그가 예상한 것보다 빠르게 진척되었다. 그가 의도했던 교육 선교는 서울 도착 즉시 시작할 수 있었다. 앞서 살펴본 바와

---

8) *W. B. Scranton's letter to J. M. Reid* (Apr. 21, 1887).

같이 스크랜턴이 알렌의 제중원 일을 마치고 정동에서 독자적인 병원 개업을 준비할 무렵(1885년 7월), 제중원 직원으로 있던 고영필과 이겸라, 조선인 청년 두 사람이 스크랜턴에게 의사가 되고 싶다고 하였다. 스크랜턴은 이들에게 영어부터 배우라며 아펜젤러에게 보냈다. 그 후 아펜젤러에게 영어를 배우겠다는 학생이 2명 더 늘어 한 달 사이에 학생이 4명으로 늘었다. 관립 영어학교인 육영공원에 다니던 학생 몇 명도 아펜젤러를 찾아와 영어를 배우기 시작했다. 아펜젤러 사택에서 개인 교습 형태로 시작한 영어 공부에 참석하는 학생들이 늘어남에 따라 별도 건물이 필요했다. 이에 아펜젤러는 정부 인가를 받은 학교를 설립하고자 하였다. 우선 급한 것이 독자적인 학교 건물과 부지 확보였다. 미국 대리공사로 있던 포크가 그를 적극 돕고 나섰다.

그 결과 아펜젤러는 1886년 3월 정동 집 남쪽에 있던 김봉석의 집과 참의 벼슬을 지낸 안기영 및 승지벼슬을 지낸 채동술이 살던 기와집과 부지를 구입하였고 거기 있던 집 한 채를 교실로 꾸민 후 그해 6월 8일 정식으로 학교 문을 열었다. 7월 2일 첫 학기를 마칠 때 학생 수는 6명으로 늘었고 가을 학기에는 20명 수준으로 늘었다. 학생 수는 들쑥날쑥 했는데 학교 체계가 안정되지 않은 것도 있었지만 외국인 선교사가 하는 학교에 대한 학생들의 불안감과 의구심이 큰 원인이었다. 바뀐 세상에서 영어를 배워 출세하려는 생각으로 찾아오기는 했지만 정부가 선교사들이 운영하는 기독교학교에 대하여 계속 우호적일까 하는 의구심을 갖고 있었다. 학생들은 보다 분명한 정부 인가 표식을 요구하였다. 아펜젤러도 학교의 지속적인 운영을 위해서 국왕과 정부로부터 분명한 확답을 받아둘 필요가 있었다. 가장 확실한 정부 인가는 국왕이 직접 이름을 지어 내리는 작명 하사(作名下賜)였다. 결국 아펜젤러는 당시 외교 업무를 관장하고 있던 외부를 통해 국왕에게 학교명을 지어줄 것을 요청하여 응답을 받았다. 1887년 2월 21일 외부에서 '배재학당'(培材學堂)이란 교명을 지어 내려 보낸 것이다. 그날 아펜젤러의 일기다.

오늘 국왕과 외부 독판이 지었다는 우리 선교부 학교 이름이 내게 전달되었다. 이름은 '배재학당'인데 '유능한 사람들을 기르는 집'이란 뜻이다. 이 문제는 상당 기간 지체되었다가 풀어졌다. 독판은 언더우드의 학교에 대해 물으며 학교 이름을 가져야 할 것이라고 말했다. 나는 그의 관심을 확고하게 만들기 위해 내 개인 교사와 학생 1명을 그에게 보내 우리 집을 방문해 달라고 했는데 그는 집에 없었다. 그래서 편지를 보냈는데 며칠 후 방문하겠다는 답장을 보내왔다. 그것이 한 달 전 일이다. 후에 스크랜턴 대부인이 그를 집에 초청하여 환등을 보여줄 때 나도 스크랜턴 대부인 집에 가서 그를 만났다. 그는 그때도 며칠 후에 오겠다고 했다. 그는 지금까지 내 집에 오지 않았다. 그런데 오늘 외부 서기(주사)요 통역관인 김씨가 한문으로 크게 쓴 학교명을 가지고 왔다. 내가 이해하기로는 이로써 우리 학교는 정부로부터 인정을 받아 한국인들로부터 지금까지와는 다른 대접을 받게 되었다. 정부 학교는 아니지만 사립학교 수준을 넘어 공립학교가 된 셈이다.[9]

선교사 학교가 사액 현판을 받았다는 사실이 알려지면서 일반인들의 시선이 달라졌고 학생도 늘어났다. 1886년 9월 1명으로 학기를 시작하였는데 1887년 6월 방학 때 재적생 43명, 평균 출석 38명, 1년 동안 등록한 학생 수는 63명이었다. 게다가 1887년 6월 배재학당에 재학하고 있던 학생 4명이 주사 직급의 정부 전신국 직원으로 채용되어 나가자 출세를 바라는 입학 지망생들이 급속하게 늘어났다. 이처럼 학교 상황이 호전되고 학생 수가 늘어나자 새로운 학교 건물이 필요했다. 아펜젤러는 1887년 여름 선교본부에서 보내온 2천 달러로 르네상스식 단층 벽돌 건물을 정동 언덕

신축 중인 배재학당(1887)

9) H. G. Appenzeller's Diary (Feb. 21, 1887).

에 아담하게 지었다. 서양식으로는 서울에 처음 지어진 건물이었다. 1887년 9월 14일, 서울 주재 외국인들과 한국 정부 관리들이 다수 참석한 가운데 봉헌식이 거행되었다. 때마침 내한 중이던 미감리회 워렌(H. W. Warren) 감독이 주재하였고 장로교의 언더우드가 축사를 해 주었다.

아펜젤러는 배재학당을 미국의 대학(college) 수준으로 육성할 계획을 갖고 이를 추진하였다. 그는 모교인 프랭클린마샬대학(Franklin and Marshall College)을 모델로 삼아 학교 안에 인문학을 가르치는 영어과(英語科, English Department)와 중국 고전을 가르치는 한문과(漢文科, Chinese Department), 인쇄소와 목공소를 운영하는 공과(工科, Industrial Department), 그리고 종교교육을 위한 신학과(神學科, Theological Department)를 설치하여 종합대학으로 발전시킬 계획이었다. 이런 아펜젤러의 계획은 학생들에게 영어나 한문, 기술을 가르치면서 궁극적으로는 그들로 하여금 복음을 접하고 기독교인이 되도록 하는 것이었다. 이를 위해 학당 설립 초기부터 학생들이 성경을 접할 수 있도록 노력하였다. 아직 정부가 공개적인 종교 교육을 금하고 있었기에 수업 시간에 성경을 가르칠 수는 없었지만 기숙사에 성경을 비치하여 학생들로 하여금 자유롭게 읽을 수 있도록 유도하였다. 그 결과 복음에 관심을 표하는 학생들이 나왔고 그들 중 세례교인이 나왔다.

한편, 미감리회 해외여선교회의 파송을 받아 1885년 6월 20일 서울에 들어온 스크랜턴 대부인도 정동에 도착하자마자 아들 집에 여장을 풀고 독자적인 여성 사업을 전개했다. 그녀는 우선 10월에 스크랜턴의 집 뒤 성벽 바로 안쪽에 있던 초가집 19채와 일대 언덕 부지를 구입하였다. 1886년 2월부터 부지 안에 있던 초가집들을 헐고 언덕을 깎아 새로운 건물 부지를 조성하는 대공사를 시작하였다. 공사비는 미국 일리노이주 오크파크에 사는 교인 블랙스톤(W. E. Blackstone) 부인이 보내온 3천 달러와 미감리회 여선교회 뉴욕지회에서 보내온 7백

스크랜턴 대부인

달러로 충당하였다. 마침내 1886년 11월 교사 사택과 학생 기숙사 시설을 갖춘 ㄷ자 형의 한옥 건물이 완공되었다. 조선시대 궁궐에서나 볼 수 있었던 2백여 칸 되는 기와집으로 정동 선교부에서 제일 큰 집이었다. 스크랜턴 대부인은 이곳을 여성선교의 구심점으로 삼고자 하였다.

스크랜턴 대부인은 새 집을 마련하기 전부터 여성 교육을 시작하였다. 그러나 "여성은 가르칠 필요가 없다."는 봉건적 분위기와 선교사가 운영하는 여학교에 딸을 보내는 부모가 없었기 때문에 학생 모집이 어려웠다. 결국 무료로 가르쳐 주고, 입혀 주고, 먹여준다는 조건에 맡겨진 가난한 집 딸들과 앞서 서대문 성벽에 버려진 전염병 환자의 어린 딸 별단이처럼 버려진 여자아이들을 모아 학교를 시작하였다. 이렇게 시작된 여학교는 새 건물이 마련된 후 1887년 1월에 학생 수가 7명이 되었다. 학교를 시작하는 데 어려움이 있었지만 1887년 초 발전할 수 있는 기회를 얻었다. 여학교도 배재학당이나 시병원처럼 국왕으로부터의 교명 하사가 있었던 것이다. 아들 스크랜턴의 편지다.

그 후 시시로 들려오는 소식은 그(독판)가 국왕 전하를 알현하는 자리에서 이 문제를 해결하기 위해 최선을 다하고 있다는 것이었습니다. 그리고 몇 주간이 지난 후 국왕 전하는 우리 서양인들이 듣기에는 약간 유치하다고 생각되지만 저들이 보기에 적당하다고 생각되는 학교 이름 하나를 골라 외부로 하여금 그것을 한자로 써서 보내주라고 지시하였는데, 그 뜻은 '배꽃 학교 터'(Pear Flower School Grounds)입니다. 국왕 전하는 동시에 '기수'라는 호위 병사도 보내주었는데 이는 일반 병사보다는 약간 높은 계급으로 외교관이나 외국인을 보호하기 위해 선발된 명예로운 직책입니다. 외부에서 교명을 적어 보낸 종이를 나무 판에 부착한 후 한국인 기술자가 그것을 비에 젖어도 상관없게 써서 그 간판을 여선교부 입구에 매달았습니다.[10]

10) *W. B. Scranton's letter to Dr. J. M. Reid* (Apr. 21, 1887).

이화학당(梨花學堂)이란 교명이 탄생하는 순간이었다. 꽃을 학교 이름으로 사용하는 것이 서양인에게는 '약간 유치한'(somewhat Flowery) 것으로 보였을지 몰라도 동양

이화학당(1880년대)

에서는 달랐다. 특히 꽃도 꽃 나름이라 배꽃(梨花)은 조선시대 왕실을 상징하는 오얏꽃(李花)과 비슷하여 이화학당은 명예로운 호칭이 되었다. 이런 의미의 이화학당을 교명으로 하사받고 국왕이 보낸 '기수'가 학교 건물을 지키기 시작했으니 사액현판이 걸린 여학교를 보는 일반인의 시각이 달라질 수밖에 없었다. 부모들은 안심하고 학생들을 이화학당에 보내기 시작하였다. 교명을 하사받은 스크랜턴 대부인도 자신감을 갖고 여성 교육은 물론 본래 목적인 복음 전도 사역에 착수하였다. 이미 그는 외부 독판이 보는 앞에서 학생들로 하여금 교리를 외우고 찬송을 부르게 하는 모험을 감행하였다. 학교 안에서 진행되는 교리 공부와 종교 행위에 대하여 정부 관리들이 묵인하고 있음을 확인하고 기숙사 학생들에게 성경과 교리를 가르쳤다. 1888년 1월부터는 주일학교를 시작했고 한 달 후에는 조선 부인들을 모아 성경과 교리 공부 모임을 시작하였다.

여학교와 여성 사업이 활기를 띠면서 스크랜턴 대부인의 일도 많아졌다. 그는 도착 직후부터 본국 선교본부에 추가 선교사를 보내달라고 계속 요청하였다. 1887년 10월 독신인 로드와일러(L. C. Rothweiler)와 하워드(M. Howard)가 파송되어 왔다. 로드와일러는 한국말도 익히기 전에 이화학당에 투입되었고 의사인 하워드는 스크랜턴의 시병원에 들어가 여성 환자들을 진료하다가 1888년 10월 이화학당 아래쪽에 별도 한옥 건물을 마련하고 보구여관(普救女館)이라는 한국의 최초 여성 전용병원을 설립하였다. 보구여관이라는 병원 이름도 정부에서 지어주었다. 이로써 미감리회 여선교부는 이화

학당과 보구여관을 설립하여 남성 선교부에서 운영하는 배재학당 및 시병원과 함께 정동을 감리교회의 확고한 선교 거점으로 만드는 데 기여하였다. 이들 네 기관이 표면적으로 추진하는 것은 교육과 의료 사업이었지만 궁극적인 목적은 '복음 전도'와 '교회 설립'이었다. 그러한 목적은 머지않아 실현되었다.

2) 종교집회와 베델예배당 설립

한국 정부는 1884년 7월 매클레이를 통해 선교 사역을 승인할 때부터 선교사들의 복음 전도와 종교집회를 경계하였다. 서양의 종교로 인식된 기독교는 집권층이나 일반 시민에게 여전히 금기와 기피 대상이었다. 정부가 개방 정책을 취하기는 했지만 임오군란(1882년)이나 갑신정변(1884년)에서 보듯 수구 세력의 저항도 만만치 않았다. 따라서 외국 선교사들의 공개적인 선교 활동은 불가능했다. 종교 문제로 한국 정부와 갈등을 빚지 않기를 원했던 미국공사관의 입장도 다를 바 없었다. 푸트와 포크 등 공사관 관리들은 선교사들의 성급한 종교 활동을 경계, 견제하였다. 따라서 알렌을 비롯하여 아펜젤러와 언더우드, 스크랜턴 등 1884~1885년에 들어온 개척 선교사들은 공개적인 전도 활동이나 집회는 엄두도 못 내고 허락받은 교육과 의료 분야에서 조심스럽게 활동하기 시작하였다. 이런 상황에서 선교사들이 취한 방법은 두 가지였다. 합법적인 활동 공간인 병원이나 학교에서 조심스럽게 구도자를 모으는 것과 치외법권 영역으로 인정받고 있는 선교부 부지 안에서 선교사와 외국인 중심으로 종교집회를 가지며 그 참석 범위를 조금씩 넓혀가는 것이었다.

아펜젤러는 교재와 수업 내용 선택에서 어느 정도 자유스러운 '사립' 학교를 통해 기독교 진리를 가르치고자 하였다. 그렇다고 드러내놓고 성경이나 교리를 가르치거나 종교집회를 열 수 없었다. 그래서 학생들의 눈에 띄는 곳에 성경책을 놓아두어 그것을 읽은 학생들이 스스로 선교사를 찾아오도록 유도하였다. 그 효과는 곧바로 나타났다. 1887년 2월, 학생 한용경이 기독교 교리에 관심을 표명하며 아펜젤러를 찾아왔다. 그는 주일 밤마다 아펜젤러를 찾아와 성경과 기독교 교리를 배웠는데 아펜젤러가 배재학당에서 얻은 최초의 구도자였다. 한용경의 등장에 용기를 얻은 아펜젤러는 1887년 봄부터 보다 적극적인 시도를 하였는데, 1년 전 한글로 인쇄해 두었던 감리교 교리문답 책을 학생들에게 나눠주기 시작한 것이다. 그 결과 한용경 외에 두 명의 구도자를 더 얻을 수 있었다. 그리고 그중 한 명이 1887년 7월 24일 아펜젤러로부터 세례를 받았다. 아펜젤러의 그날 일기다.

> 오늘 나는 내 집에서 최초 한국인 개종자에게 세례를 주었다. 그 이름은 박중상인데 우리 학교 학생이며 매우 성실하고 지적인 청년이다. 그는 일본에 있을 때 처음 기독교에 대해 들었다고 한다. 귀국한 후 하야가와 형제와 가깝게 지냈는데 그의 추천을 받아 세례를 받게 된 것이다. 이로써 이곳에서 우리 사역은 시작되었다. 주님의 손길이 아니고는 그의 안전을 기약할 수 없기에 그를 온전히 주님께 맡기는 바이다. 보다 많은 사람들이 우리 교회에 나오기를 바란다. 그는 장래성이 있는 인물이다.[11]

박중상이 세례를 받는 과정에 결정적 역할을 한 사람은 일본공사관 직원 하야가와였다. 그는 1886년 4월 25일 부활절에 한국에서 거행된 최초 개신교 세례식 때 아펜젤러에게 세례를 받은 외국인 3명 중 한 명이었다. 이로써 한국에서 첫 번째 감리교 세례교인이 나왔다. 그리고 박중상의 세례는 다른 구도자들에게 자극과 도전이 되었다. 그 결과 첫 번째 구도자였던 한용경이 10월 2일, 아펜젤러의 응접실에서 두 번째로 세례를 받았다. 이처럼 배재학당을 통해 구도자와 세례교인이 나오게 되면서 교회 설립 분위기가 무르익

---

11) *H. G. Appenzeller's Diary* (Jul. 24, 1887).

어 갔다.

서울에서 기독교인의 종교집회는 정동의 선교사 집과 외국 공관에서 시작되었다. 개인 혹은 가족 단위의 기도회나 예배는 이미 1884년 6월 24일 내한해서 두 주간 서울에 머물렀던 매클레이 부부가 주일예배를 드린 적이 있었고, 그해 9월에 내한한 알렌 부부도 그런 가정예배를 드렸다. 두 가족 이상의 선교사들이 함께 드리는 '공적인 주일예배'(state Sunday service)는 1885년 6월 21일 저녁, 알렌의 사택에서 처음 열렸다. 이날 예배는 하루 전에 입경한 헤론과 스크랜턴 가족을 환영하는 모임의 성격도 띠고 있었는데 알렌 부부와 헤론 부부, 스크랜턴 부부와 스크랜턴 대부인이 참석하였다. 이때부터 주일마다 선교사와 외국인 중심의 주일예배가 시작되었다. 이미 들어와 있던 언더우드나 스크랜턴은 물론 한 달 후 입경한 아펜젤러도 합류하였고 외국 공사관 직원들도 참석하였다. 처음에는 정동의 선교사 사택이나 미국 공사관 등지로 옮겨 다니며 예배를 드리다가 1886년 11월 정식으로 '연합교회'(Union Church)를 조직, 아펜젤러가 초대 담임자로 선출되었다. 오늘 서울 외국인교회(Seoul Union Church)의 전신이 된 이 교회가 비록 외국인 중심으로 운영되었지만 선교부에서 일하는 한국인들도 참여하여 나중에 토착인 교회 설립의 기반이 되었다.

따라서 초기 선교 과정에서 나타난 성례와 집회는 연합교회라는 구조 속에서 이루어졌다. 1885년 10월 11일, 한국에서 거행된 최초 개신교 성찬식을 아펜젤러와 언더우드가 공동으로 집례하였으며 1886년 4월 25일 부활절에 거행된 최초 개신교 세례식은 언더우드의 보좌로 아펜젤러가 집례하였다. 그리고 그해 7월 18일 헤론의 집에서 노춘경이 한국인 최초로 개신교 세례를 받을 때 언더우드가 집례하고 아펜젤러가 보좌하였다. 노춘경은 알렌의 어학교사로 있으면서 기독교를 접하였고 언더우드에게 개인적으로 교리 공부를 하던 중 그의 초청을 받고 외국인 연합교회 집회에 참석했다가 세례를 받은 것이다. 이런 식으로 외국인 중심으로 모이던 예배에 초청받은 한국인들 가운데 구도자와 개종자들이 생겨났다. 이들은 대부분 선교사들이 운영하는 학교의 교사나 학생 혹은 선교사의 개인 어학교사이거나 선교사 사택에서 일하는 직원들이었다. 그렇게 연합교회 집회에 참석하는 토착민 교인들이 늘어나면서 이들만을 위한 집회의 필요성도 대두되었다.

이 무렵, 아펜젤러는 북부지방 순회여행을 시작하였다. 1887년 4월 13일부터 25일 동안 개성을 거쳐 평양을 다녀왔는데, 개신교 선교사로는 처음으로 시도하였던 지방여행이었다. 탐색 성격이 강했던 이 여행에서 아펜젤러는 어떠한 종교적인 행위도 하지 않았지만 여행을 통해 한층 선교, 특히 복음 전도에 대한 자신감을 얻었다. 무엇보다 북한 지역의 중심이라 할 수 있는 평양에 한 주 동안 머물면서 평안도 관찰사 남정철을 비롯한 관리들로부터 환대를 받은 것과 서울 사람들과는 달리 평양 주민들에게서 느낄 수 있는 독립 정신(independent spirit)에 강한 인상을 받았다. 또한 평양 지방관청에서 근무하고 있던 배재학당 제자로부터 평양 선교에 대한 우호적인 조언을 듣기도 했다. 아펜젤러는 북부 여행에서 자신감을 갖고 서울에 돌아온 직후 의주 출신 세례교인 최성균(崔成均)을 만났다. 최성균은 만주에서 로스와 매킨타이어가 성경을 한글로 번역할 때 이응찬, 김진기, 이성하, 백홍준, 서상륜 등과 함께 번역에 참여하였던 기독교인으로 매킨타이어에게 세례를 받은 후 권서가 되어 국내에 들어와 전도 활동을 펼치고 있었다. 아펜젤러는 성경 번역과 전도 경험이 있던 최성균을 즉시 전도인 겸 성경 번역 조력자로 임명했다. 최성균의 등장은 아펜젤러 개인에게나 한국 감리교 선교 사역에 활력소가 되었는데, 특히 아펜젤러에게 교리 공부를 하고 있던 배재학당 구도자들에게 자극이 되었다. 기독교에 호감은 갖고 있으면서도 세례 받기를 주저하던 이들이 '세례교인' 최성균의 신앙과 사역을 보고서 용기를 내 세례를 받았던 것이다. 그 결과 최성균은 자연스럽게 감리교 토착교인과 구도자 모임의 구심점이 되었다.

아펜젤러는 1886년 여름부터 토착교인들을 위한 집회공간을 마련하려는 계획을 수립했다. 그 계획은 1년 후 배재학당 학생 한용경과 박중상의 세례, 그리고 의주 교인 최성균을 만나면서 좀 더 구체화되었다. 마침 1887년 9월 14일 서울에서 개최된 미감리회 한국선교회 3차 연회를 주재하기 위해 내한한 워렌(H. W. Warren) 감독도 아펜젤러의 "토착교인을 위한 집회소 구입 계획"을 승인하였다. 감독의 승인을 얻은 아펜젤러는 매입을 서둘러 9월 말 남대문 안에 있는 작은 한옥을 구입하였다. 아펜젤러는 이 집을 "베델"(Bethel)이라 하였다. 10월 9일, 베델에서 처음으로 한국 토착교인 예배가 시작되었다. 다음은 아펜젤러의 일기다.

> 10월 9일, 성경 사업을 위해 구입한 집 베델에서 오후 예배를 시작했다. 지난주에 봉천에 있는 로스 목사가 한국인 교인 두 사람을 데리고 우리를 찾아왔다. 그중 1명은 지금 배재학당에 있고 다른 1명은 로스 목사가 지금껏 만나 본 조선인 중 으뜸이라며 추천해서 두 번째 매서인으로 채용하였다. 그리하여 한국인 4명이 참석했는데, 매서인 2명과 구도자이자 진리를 믿는 최씨 부인과 강씨가 그들이다. 우리는 사방 8피트 되는 방에 조선식으로 앉아 예배를 드렸는데, 내가 (영어로) 기도하고, 함께 마가복음 1장을 읽은 후 장씨가 끝기도를 드렸다. 그날 모임은 우리 모두에게 깊은 감동을 주었고 나는 이 모임이 훌륭한 인재들을 길러내는 구심점이 되게 해달라고 하나님께 간절히 기도드렸다.[12]

만주에서 한글 성경 번역과 한인공동체 선교를 하고 있던 로스가 내한해서 자신과 함께 사역하던 최성균 외에 '장씨'를 매서인으로 추천한 것도 아펜젤러에게 큰 힘이 되었다. 베델예배당 집회는 지금까지 선교사나 외국인들을 중심으로 이루어진 연합교회와 확연하게 구분되는 토착교인의 토착교회였다. 1884~85년 매클레이와 아펜젤러, 스크랜턴의 내한이 감리교의 한국

---
12) *H. G. Appenzeller's Diary* (Oct. 9, 1887).

선교 출발이었다면 이들이 꿈꾸었던 한국 감리교회의 설립은 1887년 10월 9일 베델예배당 주일예배에서 이루어졌다. 그런 의미에서 베델예배당은 정동교회를 비롯하여 이후 한국에 세워질 모든 감리교회의 요람이 되었다.

베델예배당은 토착 구도자들에게 용기를 불어넣었다. 베델예배당에서 드린 첫 번째 예배에 구도자로 참석했던 매서인 최성균의 부인이 그다음 주일인 10월 16일, 아펜젤러에게 세례를 받았다. 이로써 그는 한국에서 최초로 세례를 받은 개신교 여성이 되었다. 그리고 그다음 주일인 10월 23일 베델예배당에서 역시 최초로 감리교 예식에 따른 성찬식을 거행하였다. 아펜젤러는 그 사실을 일기에 이렇게 적었다.

한 주일 후 10월 23일 주일에 우리는 한국에서 처음으로 감리교 성찬식을 거행하였다. 이 역시 감리교 요람인 베델 방에서 거행하였다. 참석자는 최씨, 장씨, 강씨, 한씨 그리고 최씨 부인이며 다른 한 사람 박씨는 떠나갔다. 스크랜턴 박사도 참석했다. 우리는 감리교 예식을 따랐으며 진지한 자세로 역할을 맡아 했다. 생명의 떡을 이곳 사람들에게 떼어 줄 수 있게 되었으니 얼마나 놀라운 일인가! 우리 마음이 감사함으로 이들을 먹일 수 있기를![13]

막혔던 봇물이 터지듯 베델예배당에서 이루어지는 집회는 급속한 성장을 이룩하였다. 그리하여 11월 추수감사절 때는 방이 가득 찰 정도가 되었다. 그래서 1887년 12월 초, 전보다 배로 큰 집을 사서 베델예배당을 옮겼다. 12월 4일 주일, 새로 옮긴 집에서 배재학당 학생 유치겸과 윤돈규가 세례를 받았다. 그해 성탄절은 마침 주일이었는데 오후에 모인 성탄절 예배에서 아펜젤러는 마태복음 1장 21절 말씀을 본문으로 하여 "그 이름을 예수라 하라"는 제목으로 '한국말' 설교를 했다. 내한한 지 2년 만이었다. 1888년 들어서도 베델예배당 집회는 계속 성장하였다. 1월 13일 주일에 아펜젤러는 스크랜턴

---

13) *H. G. Appenzeller's Diary* (Oct. 31, 1887).

의 어학교사였던 박승면과 배재학당 학생 문세익에게 세례를 베풀었다. 베델예배당 주일집회 참석자도 꾸준하게 증가하여 3월 11일 주일에는 14명이 참석하였다. 이날부터 아펜젤러는 자기 집에서 배재학당 학생들을 중심으로 주일학교를 시작하였는데 영어로 30분 동안 성경과 교리를 가르쳤다. 그리고 3월 12일 아펜젤러는 자기 집 응접실에서 한용경의 결혼식을 주례하였는데 이는 한국에서 거행된 첫 번째 개신교 결혼예식이었다. 이처럼 아펜젤러는 한국 감리교회 요람인 베델예배당과 배재학당, 정동 사택에서 한국인들을 대상으로 한 최초 여성세례, 최초 성찬식, 최초 기도회, 최초 성탄절 예배, 최초 주일학교, 최초 한국어 설교, 최초 결혼식을 집례하였다. 토착교인들이 참여하는 예배와 성례의 모든 의식들이 1년 사이에 모두 거행된 셈이다.

　그러나 아펜젤러의 사역은 남성 중심으로 이루어졌다. 여성세례교인으로 최성균 부인이 있고 1888년 1월에 이르러 세례를 받겠다는 여성교인 5명이 나온 형편이었지만 남녀 구별이 엄격했던 봉건적 사회 분위기 때문에 여성들은 남성 집회에 함께 참석하지 못하고 있었다. 처음에는 방 가운데 휘장을 치고 집회에 참석했으나 불신자들의 이목 때문에 이마저 어렵게 되자 스크랜턴 대부인이 여성만의 집회를 시작하였다. 즉 1888년 3월 11일부터 주일 저녁에 베델예배당에서 여성들만 따로 모였는데 첫날 21명이 참석했다. 그런데 흥미로운 사실은 주일예배에 참석한 여성들은 대부분 앞서 믿기 시작한 남성교인들의 부인들로서 남편의 손에 끌려 나왔다는 점이다. 스크랜턴 대부인은 이미 1888년 1월부터 이화학당 학생들을 중심으로 주일학교를 시작하였지만 일반 여성을 상대로 한 종교집회는 나중 일로 생각하고 있었다. 그러나 베델예배당 집회에 참석했던 남성교인들이 새로 깨달은 진리를 아내에게도 가르치고 싶은 심정에서 선교사들에게 여성 집회를 요구하였다. 한국말에 익숙지 않았던 스크랜턴 대부인과 로드와일러, 하워드 등 여선교사들은 뒤로 미루려 했지만 남성교인들의 집요한 요구에 결국 1888년 3월부터 주일 저녁에 따로 부인집회를 시작하였다. 이로써 베델예배당 주일예배를 남성은 낮에, 여성은 밤에 시간을 달리하여 모였다. 그러나 스크랜턴 대부인의 증언대로 여성 집회는 두 달 만에 인도자(선교사) 문제로 중단되고 말았다. 그가 말한 불가피한 사정은 건강 문제만이 아니었다. 종교집회를 계속할 수 없는 정치적, 사회적 요인이 생겼기 때문이다.

3) 영아소동과 정동교회 구역회 조직

아펜젤러가 베델예배당에서 시작한 또 다른 중요한 일은 권서를 통해 지방 선교를 시작한 것이다. 1887년 4월 영국인 세관원 헌트와 함께 개신교 선교사로는 처음으로 개성을 거쳐 평양까지 다녀온 아펜젤러는 여행 중 세례 지원자들을 만나 지방 선교의 가능성을 확인하였다. 그리고 서울에 도착한 직후 로스와 매킨타이어의 파송을 받아 북부 지역에서 전도 활동을 하던 최성균을 만나면서 지방 선교는 더 이상 미룰 수 없는 사안이 되었다. 그러나 서울에 돌아온 직후 아펜젤러는 배재학당의 구도자들에게 세례를 주고, 토착교인을 위한 베델예배당을 마련하는 일에 힘을 쏟느라 지방 선교는 뒤로 미룰 수밖에 없었다. 베델예배당 설립 후에도 늘어나는 구도자와 학생이 50명으로 늘어난 배재학당 일로 서울에 머물러 있어야 했다. 그 대신 권서를 보내기로 하고 10월 26일, 최성균을 황해도로, 장씨를 평안도 지역으로 각각 파송하였다. 한국 감리교회의 공식적인 지방 전도는 이런 식으로 토착 전도인을 통해 시작되었다.

권서들의 지방 전도 결과도 좋았다. 황해도로 떠난 최성균은 한 달 후, 아펜젤러에게 "전도 사역에 별로 장애를 받지 않고 있으며 세례 받을 사람이 두 명 있다."는 서한을 보냈다. 그리고 평안북도 의주까지 갔던 장씨 역시 평양과 의주에 가서 5개월 반 동안 전도를 마치고 1888년 4월 6일 서울로 돌아와 아펜젤러에게 세례 지원자 16명 명단을 제출하였다. 아펜젤러는 1년 전 평양 여행 때 세례 지원자들에게 세례를 주지 못하고 돌아온 것이 아쉬웠던 터라 권서들의 선교 보고를 듣고 서둘러 북부지방 여행을 시도하기로 했다. 그 소식을 들은 언더우드도 동참을 요청하여 함께 가기로 했다. 그리하여 아펜젤러와 권서 장씨, 언더우드는 두 달 계획으로 평양을 거쳐 의주까지 다녀오는 1,500마일의 긴 여행을 떠났다. 아펜젤러 일행은 1888년 4월 17일 서울을 출발하여 개성과 황해도 장연 소래교회를 거쳐 평양에 들어갔다. 그러나 평양에 도착한 직후인 4월 28일, 서울에 있던 미국공사관의 딘스모어(H. A. Dinsmore)로부터 "당신들이 서울을 출발한 직후, 한국 정부 외부로부터 국왕의 칙령에 대한 통지문을 받았는데, 정부는 한국에 나와 있는 미국인들이 한국 인민들 사이에 기독교 교리를 퍼트리고 있다는 사실을 잘 알고 있으며, 이것은 한국 정부 정책에 위반될 뿐 아니라 양국간 체결된 조약에 위반되는 일로서 중단해 줄 것을 요청한다는 내용이 담겨 있다."며 즉시 여행을 중단하고 서울로 돌아오라는 지시를 담은 전보를 받았다. 아펜젤러와 언더우드는 결국 의주 여행을 포기하고 귀환을 서둘러 5월 4일 서울로 돌아왔다.

서울로 돌아온 아펜젤러는 보름 사이에 급변한 서울 분위기에 놀랐다. 그리고 그 원인이 자신의 지방 여행이 아니라 천주교회 선교사들 때문인 것을 알았다. 1백여 년 수난과 박해의 역사를 견뎌낸 천주교회 프랑스 사제들은 1886년 체결된 한불 수호조약에 근거하여 공세적인 선교 활동을 펼치기 시작하였는데, 순교자 김범우의 집터가 있던 명례방(현재의 명동) 언덕에 고딕 성당을 지으려 한 것도 그러한 예였다. 정부에서는 국왕이 거주하고 있는 경복궁이 내려다보이는 남산 언덕에 궁궐보다 높은 건물을 짓지 말고 다른 곳으로 옮겨 지을 것을 요구하였으나 천주교 측에서는 명례방을 고집하며 건축을 시작하였다. 이에 격분한 정부는 천주교뿐 아니라 개신교 선교사들의 종교 활동을 일절 금하는 조치를 내렸다. 선교사들의 종교 활동뿐 아니라 그동안 묵인해 왔던 토착교인들의 집회까지도 금한다는 것이었다. 서울로 돌아온 아펜젤러는 베델예배당의 토착인 집회가 중단된 사실을 확인하였다. 배재나 이화 학생들을 대상으로 하던 종교 교육도 중단되었다. 천주교 측의

45

명동성당 건축 문제가 그동안 고종 황제의 암묵적 지지를 받으며 이루어진 선교사들의 활동을 불만스럽게 지켜봐야 했던 수구파에게 배척과 탄압의 빌미를 제공한 것이었다.

게다가 6월 들어 개신교 선교사들에게 불리한 상황이 전개되었다. 소위 '영아소동'(嬰兒騷動, baby riot)으로 불리는 군중 소요가 일어났다. 이유는 수구파가 퍼뜨린 악성 소문 때문이었다. "선교사들이 조선 아이들을 데려다 본국에 노예로 팔아넘긴다." "선교사들이 어린아이를 해부실험 재료로 사용한다."는 소문부터 심지어 "어린아이를 데려다 즐긴 후 잡아먹는다."는 소문까지 돌았다. 소문의 진위를 확인하기도 전에 흥분한 군중이 6월 10일 정동에 있던 선교사 사택과 병원 및 학교로 몰려와 돌을 던지며 시위를 벌었다. 군중 소요가 일어나자 미국공사관을 비롯하여 영국과 러시아, 프랑스 등 외국 공사관에서 한국 정부에 강력하게 항의했다. 이에 정부는 선교사에 대한 풍문은 잘못된 것이며, 정부가 선교사와 그 재산을 보호한다는 내용의 고시문을 서울 시내에 붙이고 실제로 순찰을 정동에 내보내 선교사 사택을 보호했다. 수구파의 조작된 소문이라는 내막을 알고 흥분했던 군중들도 진정되었다. 인천에 주둔 중이던 미국과 프랑스, 러시아 함대의 수병들이 서울로 들어와 무력시위를 벌인 것도 소요를 진정시키는 촉매가 되었다. 사태는 보름 만에 진정되었지만 선교사들이 병원과 학교 사역을 재개하기까지는 3개월 걸렸다.

이 사건으로 선교사들의 대외 활동과 종교집회가 중단되고 학교와 병원이 일시 폐쇄되는 등 단기적으로는 선교에 장애가 되었지만 잃은 것만 있었던 것은 아니다. 사태 해결과정에서 정부의 적극적인 해명으로 시민들은 선교사와 그들이 하는 사업에 대한 오해와 편견을 해소할 수 있었고 국가의 선교 사역에 대한 치외법권이 보장되어 오히려 선교 발전의 요인으로 작용하였다. 이러한 상황을 스크랜턴은 1889년 선교 보고에서 다음과 같이 기록하였다.

우리는 가까스로 민중 시험기(the time of probation of the people)를 통과했습니다. 전에 우리가 정중하게 도움을 요청하면 비웃기만 하던 그들이 이제 우리를 전적으로 신뢰하기 시작했습니다. 그들은 우리가 단지 한마음으로 자신들을 위해 일하고 있다는 사실을 깨닫고 눈물을 흘리며 우리에게 감사의 뜻을 표하였습니다. 그것을 볼 때 우리 마음이 얼마나 기쁘고 또 기운이 나는지 모릅니다. 확신하는 바는 우리가 한국을 그리스도께 이끌고 있다는 점입니다.[14]

영아소동으로 오히려 자신감을 얻은 선교사들은 중단되었던 토착교인 주일집회 재개를 시도하였다. 그러나 종교 활동을 금하는 4월 칙령이 아직 공식적으로 철회되지 않았고, 선교사에 대한 시빗거리를 찾고 있는 수구파 세력의 감시가 늦춰지지 않고 있어 이미 그 존재가 드러난 베델예배당 집회는 재개하기 어려웠다. 그래서 치외법권적인 보호를 받고 있는 정동 선교 부지 안에서 집회를 열기로 하였다. 그리고 남녀가 함께 집회를 갖는 것도 시빗거리가 될 수 있기에 남자와 여자 집회 장소를 별도로 갖기로 하고 남자는 주일 오후에 배재학당이나 아펜젤러 사택에서, 여자는 주일 저녁에 이화학당이나 스크랜턴 대부인 사택에서 갖기로 했다. 그리하여 명동성당 사건으로 베델예배당 집회를 중단한 지 4개월 만인 그해 1886년 9월부터 정동에서의 집회를 재개하였다. 엄밀한 의미에서 정동교회란 명칭은 이때부터 적용된다 할 수 있다.

비록 남녀 교인들이 따로 모였지만 정동 집회가 재개된 1888년 9월을 계기로 위기에 처했던 한국 감리교회 선교는 든든한 기반 위에서 새롭게 출발하였다. 비록 정동 선교 부지 안에서 이루어진 집회였고 주일예배 참석자가 배재학당이나 이화학당 학생 및 교사, 선교부에서 일하는 한국인 직원들로

14) *Annual Report of the Board of Foreign Missions of the Methodist Episcopal Church* (1889), 293~294.

제한되었지만 시간이 흐르면서 바깥에서 참석하는 교인들이 늘어났다. 그 결과 정동교회는 1888년 연말에 세례 입교인 11명, 학습인 27명, 원입인 165명, 평균 출석 55명이라는 교인통계를 보고할 수 있었다.

이처럼 감리교회는 영아소동을 계기로 성장 분위기를 타기 시작하여 교회 조직과 선교지역 확장을 서둘렀다. 우선 서울과 지방 교인들을 지도할 '토착' 목회자가 절실했다. 1887년 베델예배당을 설립하면서 최성규와 장씨를 권서로 임명한 적은 있지만 선교사를 대신하여 집회를 인도할 수 있는 목회자는 아직 없었다. 이에 아펜젤러는 1888년 11월 25일 처음으로 "본처 전도사"(本處傳道師, local preacher) 2명을 임명하였다. 이들 본처 전도사들의 활동으로 서울과 지방에 구도자와 교인들이 증가하였고 1889년 연말에 이르러 서울 정동교회 외에 지방 두 곳에서도 정기적인 주일집회가 이루어졌다. 이를 바탕으로 1889년 12월 7일 정동에서 한국 감리교회의 첫 구역회(Circuit)가 조직되었다. 이에 대한 아펜젤러의 보고다.

> 지난[1889년] 12월 선교회 모임에서 한국에서 처음으로 계삭회(季朔會, Quarterly Conference)를 조직하였습니다. 우리는 앤드류스 감독의 권고로 이를 조직했습니다. 우리는 현재 정식 교회, 구역회라고도 부를 수 있는 정규적이고 공식적인 조직을 갖게 되었는데 이로써 우리는 우리 교회법에 따라 우리 사업을 추진해 나갈 수 있게 되었습니다. 이는 우리 개척 선교사들이 한국을 향해 고향을 떠난 지 5년도 안 되어 이루어진 일로서 우리는 공식적으로 조직된 하나의 교회 혹은 구역회(a church or circuit, regularly organized)를 갖게 되었습니다.15)

이때 조직된 구역회는 정동에서 남녀가 별도로 모이는 정동교회 교인들뿐 아니라 지방에 있는 교인들까지 포함하여 한국 전체 감리교회를 포괄하

---

15) *Annual Report of the Board of Foreign Missions of the Methodist Episcopal Church* (1890), 273.

는 조직이었다. 이렇게 감리교 의회 조직의 가장 기초 단위인 구역회가 조직됨으로써 사업의 기반이 확실히 마련되었다. 이는 또한 교회와 선교 사업이 선교사 중심에서 토착교인 중심으로 옮겨지고 있음을 의미하였다. 구역회가 조직되면서 토착교인들의 신앙을 지도할 속장(屬長, class leader)과 교회 재정을 담당할 유사(有司, steward)가 선정되었다. 이들은 선교사들이 기대했던 이상으로 활약하였다. 특히 유사들의 적극적인 활동으로 정동교회는 초기부터 자립을 추구하였다.

구역회 조직 이후 더욱 뜨거워진 정동교회 교인들의 신앙 열정은 독자적인 예배당 건축으로 이어졌다. 영아소동 이후 5년 동안 남녀가 따로 예배를 드리던 정동교회 교인들은 1894년 12월 "남녀가 한 지붕 아래서 함께 예배드릴 수 있는 건물을 마련하자."며 건축헌금을 시작하였다. 이에 선교사들도 호응하여 1895년 1월 내한한 나인드(W. X. Ninde) 감독은 정동에 5백 명을 수용할 수 있는 예배당 건물을 짓도록 허락하였다. 이를 "서울 정동에 있는

첫 번째 감리교회"(the First Methodist Episcopal Church of Seoul, located in Chong Dong)라 이름하여 정동제일교회라 했다. 정동제일교회 새 예배당 부지는 스크랜턴이 운영하던 정동 시병원 부지로 정했다. 스크랜턴이 시병원을 남대문 상동으로 옮기면서 그 부지 안에 새 예배당을 건축하기로 한 것이다. 새 예배당은 전통 서구 고딕식 벽돌 건물로 지어졌는데, 1895년 9월 정초식 후 2년 만에 공사를 마치고 1897년 12월 26일 주일에 봉헌식을 거행하였다. 이로써 한국 개신교 최초

정동제일교회 예배당(1899)

상동 시병원

의 서양식 벽돌 예배당이 마련되었다. 비록 가운데 휘장을 쳤지만 남녀 교인들이 함께 예배를 드릴 수 있게 되었다. 이후 지방회와 연회는 물론 총회와 연합집회 등 교계의 중요한 모임이 이곳에서 개최됨으로 정동제일교회는 한국 감리교회의 '모교회'(mother Church)로서 그 위상과 역할을 충실하게 감당하였다.

제2장

미국 남북감리회의
지방 선교

1. 미감리회의 지방 선교

1) 서울 중심과 외곽 선교

구역회 조직과 새 예배당 건축으로 자신감을 얻은 개척 선교사들은 정동 밖으로 선교지역을 확장하였다. 아펜젤러는 서울 한복판인 종로 진출을 꾀하였다. 사람들의 왕래가 제일 많은 종로 종각 근처에 서점을 내어 중국에서 한문으로 인쇄한 기독교 서적과 성경을 팔면서 복음을 전하기로 했다. 1889년 가을 종각 건너편 길가에 서점으로 사용할 기와집 한 채와 서점 관리인 사택 겸 집회장소로 길 건너편 골목 안 향정동(香井洞)에 있는 기와집 한 채를 구했다. 서점은 성공적이었고 1890년 가을부터 집회도 시작되었다. 종로 집회는 1894년 청일전쟁 직후부터 탁사(濯斯) 최병헌(崔炳憲)이 지도하면서 교인들이 늘어나 1895년 독립 구역이 되었다. 오늘날의 인사동 중앙교회의 출발이다. 이로써 배재학당으로 시작한 아펜젤러의 선교와 복음 전도는 정동교회와 종로 중앙교회 설립으로 이어졌다. 이는 교회와 사회의 지도자 양성을 목적으로 설립한 학교와 서점을 통해 얻은 결실로서 아펜젤러가 내한 직후부터 전개한 지식인 선교, 즉 '엘리트 선교'(elite mission)의 결과라 할 수 있다.

아펜젤러가 '엘리트 선교'를 지향했다면 스크랜턴은 '민중 선교'(minjung mission)를 지향하였다. 출세 지향적인 학생들이 찾아오는 아펜젤러의 배재학당과 달리 스크랜턴의 시병원에는 가난하고 병든 사람들이 주로 찾아왔다. 스크랜턴의 의료 사업도 점차 확장되었다. 그는 1886년 6월 시병원을 개설한 이래 1년 동안 1,937명을 진료하였고 그 이듬해에는 4,930명을 진료하는 초인적인 활동을 보였다. 그의 병원은 알렌의 제중원보다 더 인기가 있었다. 그러나 스크랜턴은 이에 만족하지 않았다. 1887년 4월, 국왕으로부터 '시병원'이란 병원 이름을 하사받은 직후 스크랜턴은 선교본부에 "나는 국왕의 환심보다는 민중의 환심을 사기를 더 원합니다."라 할 정도로 민중 지향적 선교를 추구하였다. 그런 배경에서 서울 변두리와 성곽 주변의 가난한 환자들과 전염병 환자들을 위한 "선한 사마리아인 병원"(Good Samaritan Hospital) 즉 시약소(施藥所, dispensary)를 세우고자 하였다. 선한 사마리아인 병원은 강도를 만나 모든 것을 빼앗기고 구타를 당해 죽어가는 사람들처럼 가난하고 소외된 민중이 사는 여리고 골짜기 같은 곳(눅 10:30)이어야 했다.

스크랜턴의 선한 사마리아인 병원 계획을 1887년 11월 선교본부에 알려 승인을 받았다. 1888년 봄 일어난 영아소동 때문에 사업 추진이 좀 늦어졌지만 1888년 가을부터 시약소 부지 확보에 나섰다. 후보지는 서대문 밖 애오개 언덕(아현), 남대문 안 시장 언덕(상동), 그리고 동대문 성벽 언덕 세 곳이었다. 이들 지역은 공통적으로 소외된 민중계층이 사는 동네였다. 제일 먼저 애오개에서 사업을 시작했다. 서대문 밖 마포로 넘어가는 작은 고개, 애오개에는 조선시대 전염병 환자들을 수용했던 활인서(活人署)가 있었던 곳이다. 그 주변은 전염병에 걸려 죽은 시체, 어려서 죽은 아이들의 주검, 그리고 주인 없는 시체 무덤이 널려 있었다. 스크랜턴은 그런 곳에 집 한 채를 구입해서 시약소로 꾸미고 1888년 12월부터 진료를 시작했다. 처음 7개월 동안 721명을 진료하는 성과를 보였다. 그리고 시약소에 성경책을 비치해 두었고 전도인을 두어 환자들이 복음을 접할 수 있도록 이끌었다. 얼마 후 미감리회 해외여선교회에서 이곳에 여학교를 세움으로 학교와 시약소를 통해 구도자와 세례자들이 나왔다. 그것이 지금의 아현교회이다.

애오개 시약소를 성공적으로 출발한 스크랜턴은 곧바로 다른 두 곳, 남대문과 동대문 시약소 개설에 착수했다. 우선 스크랜턴은 1889년 8월 남대문 안쪽 전망 좋은 언덕에 6백 평 규모의 부지를 확보했다. 시장 한복판으로 사람들의 왕래가 많은 곳이었다. 스크랜턴은 부지 안에 있던 한옥을 시약소로 개조한 후 1890년 8월 미감리회의 두 번째 의료 선교사로 내한한 맥길(William McGill)에게 맡겼다. 맥길은 1890년 10월부터 처음 8개월 동안 2천 명을 진료하는 실적을 보였다. 그런데 맥길이 1892년 원산 지역 개척 선교사로 부임해 떠나면서 1891년 12월 세 번째 의료 선교사로 내한한 홀(William J. Hall)이 잠시 맡아 보다가 그 역시 1892년 8월 연회에서 평양 지역 개척 선교사로 파송을 받아 떠났다. 이에 스크랜턴은 정동에 있던 시병원을 아예 상동으로 옮겨 진료소와 요양시설을 갖춘 종합병원으로 육성할 계획을 수립했다. 주변에서는 사역하기 안전한 정동을 떠나 주거 환경이 열악한 남대문 상동으로 병원을 옮기려는 스크랜턴의 계획에 이의를 제기하는 이들이 있었지만 그는 다음과 같은 논리로 상동 이전을 추진하였다.

> 병원이 성공하려면 대중의 요구에 맞도록 번잡한 곳에 있어야 한다는 것이 가장 필수적이다. 내 판단으로 상동에 있는 남대문 병원은 여러 가지 면에서 유익한 면을 지니고 있다. 그 위치라든가 주변의 교통량, 사람들이 밀집해 사는 환경 등의 요건들이다. 그곳은 민중이 있는 곳(where the people are)인 반면 지금 우리가 있는 곳은 외국인 거주 지역이다.1)

스크랜턴이 병원을 정동에서 상동으로 옮기려는 이유는 그곳이 "민중이 있는 곳"이기 때문이었다. 그가 꿈꾸던 민중 선교의 기반을 상동에 구축하고

---

1) *Annual Report of the Board of Foreign Missions of the Methodist Episcopal Church* (1893), 255.

자 했던 것이다. 스크랜턴은 1차 안식년 휴가를 다녀온 후 1894년 정동에 있던 시병원을 상동으로 옮겼다. 스크랜턴은 애오개에서 했던 것처럼 상동 시약소(병원)도 복음 전도와 교회 설립의 기반이 되기를 기대했다. 그래서 1890년 10월 상동 시약소를 시작할 때부터 토착 전도인 노병일을 상주시켜 복음을 전하도록 하였다. 오래지 않아 구도자들이 생겨 시약소 건물에서 집회를 시작하였다. 이것이 오늘 상동교회의 출발이다. 스크랜턴이 시병원을 상동으로 옮긴 1894년 봄에 스크랜턴 대부인도 상동 시약소 길 건너편에 옛 달성위궁(達成衛宮) 부지와 집을 사서 주거를 옮겼다. 그곳에서 부인들을 전도하여 여성교인들이 생겨났다. 이에 스크랜턴 모자는 달성위궁 부지 안에 한옥 예배당을 건축하고 달성회당이란 이름으로 집회를 가졌다. 5년 만에 출석교인이 5백 명 규모로 늘어났다. 1900년 다시 길 건너 상동 시약소가 있던 자리에 1천여 명을 수용할 수 있는 벽돌 예배당을 건축하였다. 건축 후원자의 이름을 따서 미드기념회당(Mead Memorial Chapel)이라 하였다. 이후 상동교회는 남대문시장을 중심으로 한 민중선교의 거점이 되었을 뿐 아니라 한강 건너 경기도 남부 지역 선교의 거점이 되었다.

스크랜턴은 1889년 9월 선한 사마리아인 병원 계획의 세 번째 후보지인 동대문에도 부지를 확보했다. 그곳은 동대문 바로 안쪽 갖바치와 무당과 같은 천민들이 모여 살던 성벽 아래 동네였다. 그러나 동대문 사역은 스크랜턴 가족이 안식년 휴가를 다녀온 1892년 5월 이후에야 본격적으로 추진되었다. 스크랜턴 대부인은 안식년 휴가 중 마련한 볼드윈 기금으로 아들이 3년 전 마련했던 동대문 부지 옆쪽에 별도로 여선교부 부지를 마련하였다. 이곳에 한옥을 개조하여 기부자의 이름을 따서 볼드윈 시약소(Baldwin Dispensary), 볼드윈 예배당(Baldwin Chapel)이라 명명하였다. 이것이 동대문교회의 출발이었다. 늦게 출발했지만 동대문 사역은 순조롭게 진행되었다. 1892년 성탄절에 6명이 세례를 받고 6개월 만에 70여 명이 주일예배에 참석하였다. 이후 동대문교회는 서울 동부 지역은 물론 경기 동북부 지역 선교의 거점이 되었다.

2) 인천과 평양, 원산 선교

서울 선교에 자신감을 얻은 미감리회 선교사들은 1887년 여름부터 서울 밖의 지방 선교에 본격적으로 착수하였다. 그 첫 대상 지역은 인천이었다. 한국의 첫 번째 개항장이었던 인천은 내한 선교사들이 서울에 들어오면서 거치는 관문이었고 다른 지역에 비해 외국인이 활동하기에 편한 곳이었다. 특히 아펜젤러는 1885년 4월 처음 내한하여 한 주일, 6월에 내한해서 40일 정도 인천에 머물면서 자신의 선교 미래를 구상한 바 있으며 서울 정동에 정착한 후에도 스크랜턴과 함께 인천을 자주 방문하며 선교를 모색하였다.

인천에 정착 전도인과 선교사를 보내려는 구상은 서울에 베델예배당을 마련했던 1887년 여름부터 구체화되었다. 마침 1887년 9월에 고등학교만 졸업하고 20세 나이로 한국 선교를 지원한 존스(G. H. Jones), 12월에 중국 선교 17년 경력을 지닌 올링거(F. Ohlinger)가 내한해서 아펜젤러의 배재학당 사역을 돕기 시작했다. 올링거는 배재학당 내 감리교 인쇄소와 출판사 일을 주로 하면서 인천 선교 개척도 맡게 되었다. 한국어에 익숙지 못했던 올링거는 우선 정동교회 교인 노병일을 인천에 보내 전도하도록 하였다. 이에 노병일은 처음 필묵행상(筆墨行商)으로 꾸미고 장터에서 인천 주민들을 접촉하며 복음을 전하였는데 소수지만 교인들이 생겨나 집회를 시작하였다. 이에 1891년 6월 미감리회 한국선교회 연회를 주재한 굿셀(D. A. Goodsell) 감독은 하나였던 구역회를 둘로 나누어 서울구역은 신참인 올링거와 존스에게 맡기고, 새로 시작한 인천구역은 아펜젤러에게 맡겼다.

이로써 인천교회와 인천 지역 선교를 담당하게 된 아펜젤러는 노병일을 통해 토착교인들을 위한 집회 장소를 물색하였다. 오래지 않아 용동(내리) 언덕에 한옥을 개조한 예배 처소를 마련하고 1891년 11월 22일 주일부터 예배를 드리기 시작했다. 비록 참석자는 10명 미만의 적은 숫자였지만 독자적인 예배당 건물에서 정규적인 토착교인 집회가 시작되었으니 오늘 인천 내리교회의 출발이다. 이때부터 아펜젤러는 매주 토요일 일곱 시간을 말을 타고 인천으로 내려가 주일을 지킨 후 월요일 오전 서울로 올라가 배재학당 학생들을 가르치는 고된 일정을 소화하였다.

아펜젤러가 1892년 6월 안식년 휴가를 받아 귀국한 후에는 존스가 인천 선교를 이어받아 전담하였다. 독신으로 내한했던 존스는 이화학당 교사로 사역하던 벵겔(M. Bengel)과 결혼한 후 인천으로 주거를 옮겨 서울로 올라가는 길목인 우각리(창영동)에 선교사 사택을 마련하고 선교 활동을 펼쳤다. 학교의 중요성을 알고 있던 존스 부부는 남녀 영화학교(永化學校)를 설립하였다. 이후 토착 전도인 강재형과 이명숙 등이 동역하였고 해외여선교부에서도 스크랜턴 대부인이 파송한 전도부인 백헬렌이 방물장수 차림을 하고 인천 지역 부인들을 전도하여 교인이 늘어났다. 이러한 성장을 바탕으로 인천 내리교회는 1900년 서울 정동제일교회와 유사한 서구 고딕양식의 벽돌 예배당을 건축하고 웨슬리회당이라 했다. 이후 내리교회는 인천뿐 아니라 강화와 부평, 옹진, 남양 등 서해안 지역은 물론 연안과 해주 등 황해도 지역까지 아우르는 서부 지역 선교의 거점이 되었다.

미감리회 선교부가 인천 다음으로 주목한 선교 후보지는 평안남도 평양이었다. 이미 아펜젤러는 1887년 4월 개신교 선교사로는 처음으로 평양을 방문한 바 있으며 그 후에도 여러 차례 평양은 물론 의주까지 여행하면서 이 두 곳을 감리교 북부 선교 거점으로 삼으려 하였다. 아펜젤러가 1887년 가을 평양과 의주에 권서인을 파송하여 전도한 결과 두 지역에 교인이 생겨났다. 그리하여 아펜젤러는 1888년 10월 의주를 방문, 세례교인 1명과 학습인 14명으로 교회를 조직할 수 있었다. 그러나 평양이나 의주는 거리상 선교사들이 자주 갈 수 없는 곳이어서 토착교인들이 자력으로 운영하였는데 교회는 크게 성장하지 못하고 명맥을 유지하는 정도였다. 특히 평양은 20년 전 일어

난 제너럴셔먼호 사건의 현장이었기 때문에 외국인과 기독교에 대한 주민들의 반감이 심해 선교사들의 접근이 어려웠다. 이후 아펜젤러와 스크랜턴, 올링거, 존스 등이 꾸준하게 평양과 의주를 방문하며 북한 지역 선교를 시도했지만 방문 선교로는 한계가 있었다. 누군가 정착해서 활동할 선교사 파송이 시급했다. 이에 1892년 8월 미감리회 연회를 주재한 맬럴류(W. F. Mallalieu) 감독은 1년 전 내한한 의료 선교사 윌리엄 제임스 홀을 평양 주재 선교사로 임명하였다. 그 무렵 미북장로회 선교부에서도 마펫(S. A. Moffett)과 한석진을 평양에 파송해서 북한 지역 선교에 착수하였다.

제임스 홀

평양 개척 선교사로 임명을 받은 홀은 캐나다 출신으로 미감리회 해외선교부 파송을 받아 1891년 12월 내한해서 1년 먼저 들어와 서울 보구여관에서 의료 사역을 하고 있던 해외여선교회 소속 셔우드(Rosetta Sherwood) 선교사와 결혼하였다. 홀은 토착 전도인 김창식을 내세워 평양 서문 안 대찰리 언덕에 있던 기와집 두 채와 초가집을 구입하여 시약소와 학당, 예배 처소로 개조하고 사역을 시작하였다. 그리고 1894년 5월 홀 부인이 평양 선교에 합류하면서 여성선교도 시작되었다.

이 무렵 소위 "평양 기독교도 박해 사건"이 터졌다. 기독교에 반감을 갖고 있던 평양 관찰사 민병석이 김창식과 한석진을 비롯한 10여 명의 토착교인들을 체포했던 것이다. 체포된 교인들은 선교사를 도와주었다는 이유로 매를 맞으며 배교를 강요당하였는데 평양 관찰사의 궁극적인 목적은 선교사 추방이었다. 이에 홀은 서울의 스크랜턴에게 전보로 평양 상황을 알렸고 스크랜턴을 통해 사태를 파악한 미국과 영국 공사관은 한국 정부 외부에 "서울에서 국왕이 선교사가 운영하는 학교와 병원에 작명하사를 하여 선교 사역을 공인하였는데 지방에서 선교사 사역을 방해하는 일이 벌어지고 있다."며 항의하였다. 이에 조선 정부는 내부를 통해 평양 관찰사에게 교인 석방을 명령하였고 결국 교인들은 체
포된 지 이틀 만에 모두 석방되었
다. 이에 관찰사는 교인들을 석방
하면서 끝까지 배교를 거부한 김
창식을 거의 죽을 정도로 매질하
여 감영 밖으로 내동댕이쳤다. 이
로 인해 김창식은 선교사들로부

김창식 가족

터 "조선의 바울"(Paul of Korea)이란 별명을 얻었다. 이 사건은 1888년 서울에
서 일어났던 영아소동과 같이 기독교의 확산을 우려한 보수파 수구 세력의
반(反) 외세적인 선교사 배척운동 성격이 짙었다. 서울과 마찬가지로 평양에
서도 통과의례처럼 보수 세력의 탄압과 견제를 받은 후 본격적인 복음 전도
와 선교 사역이 이루어졌다.

평양 기독교도 박해 사건 이후 평양 선교는 착실하게 발전하였다. 박해
사건이 일어난 두 달 후 1894년 7월 청일전쟁이 터져 평양은 청·일 양국 군
대의 전쟁터가 되었다. 대부분 주민들이 피난을 갈 때 김창식 전도사는 평양
을 떠나지 않고 서문안 회당을 지켰다. 중국과 일본 군대는 십자기(十字旗)가
내걸린 예배당을 공격하지 않았고 그래서 교회로 피신한 주민들은 안전하게
생명과 재산을 보호받을 수 있었다. 그 결과 교회를 바라보는 평양 주민들의
시선이 달라졌다.

전쟁 후 평양은 전염병으로 몸살을 앓고 있었다. 전쟁 발발 직전 서울로
피신해 있던 홀이 그 소식을 듣고 평양으로 돌아와 몸을 사리지 않고 환자들
을 돌봤다. 결국 홀도 전염병에 감염되어 서울로 후송되었다가 1894년 11월
별세하였다. 한국에서 희생된 첫 번째 감리교 선교사였다. 홀 의사의 희생
후 미감리회 선교부는 1896년 8월 노블(W. A. Noble)과 폴웰(E. D. Follwell)
을 평양에 파송하여 복음 전도와 의료 선교 사역을 본격적으로 추진하도록
했다. 홀의 부인인 로제타 셔우드 홀(Rosetta Sherwood Hall)은 남편 장례식을

한국 감리교회 역사

치른 후 미국으로 돌아갔다가 3
년 후에 다시 평양에 부임하여 선
교를 재개했다. 그녀는 평양에 남
편을 기념하는 기홀병원(紀忽病
院, Hall Memorial Hospital)과 여
성전용 병원 광혜여원(廣惠女院),
평양맹아학교를 설립하였다.

로제타 홀의 여자 맹아학교(1910년대)

청일전쟁과 홀의 희생은 기독교에 대해 부정적이었던 평양 주민들의 인
식을 긍정적으로 바꾸어 놓았다. 김창식이 인도하는 집회가 부흥하여 1895
년 말 50명을 넘겨 서문안 초당집 공간으로는 부족했다. 이에 평양 교인들은
1896년 봄 평양 시내가 내려다보이는 남산재 언덕 아영동(수옥리)에 1백 명
을 수용할 수 있는 한옥 예배당을 건축하고 교회를 옮겼다. 이때부터 평양교
회는 남산재회당 혹은 남산현교회(南山峴教會)로 불리기 시작했다. 교회를 남
산재로 옮긴 후에 교세는 폭발적으로 증가했다. 불과 3년 만에 출석교인 8
백 명을 넘겨 두 차례 예배당 증축 공사를 해야 했다. 그러나 여전히 집회공
간이 좁았다. 이에 평양 교인들은 미감리회 선교부 후원을 받아 2년 공사 끝
에 1903년 5월, 1천 명을 수용할 수 있는 고딕양식의 벽돌 예배당을 건축하
였다. 이는 평양뿐 아니라 북한 지역 최초 서양식 건물이었다. 남산현교회는
새 예배당을 마련한 직후 교세가 더욱 커져 2천 명 수준으로 늘어났다. 이에
미감리회 선교부도 서문 안에 있던 선교부를 남산재로 옮겼다. 남산재에는
남녀 선교사 사택과 함께 기홀병원, 광혜여원, 광성학교와 정의여학교, 그리
고 홀 부인이 시작한 맹아학교 등이 자리를 잡았다. 이로써 남산현교회가 위
치한 남산재는 감리교 평양 선교의 구심점이면서 북한 지역 선교의 거점이
되었다. 즉 평양을 거점으로 해서 평안남도의 진남포와 강서, 순천, 평안북
도의 영변과 운산, 태천 지역으로 선교지역을 확대해 나갔다.

3) 원산과 수원, 공주 선교

미감리회 선교부에서 평양 다음으로 북한 지역 선교 거점으로 택한 곳이 원산이었다. 평양을 평안도 선교의 거점으로 삼은 것처럼 원산을 함경도 선교의 거점으로 삼고자 했다. 1892년 8월 연회는 의료 선교사인 홀과 맥길을 평양과 원산 지역으로 각각 파송하였다. 의사를 개척 선교사로 파송한 것은 기독교에 대해 배타적인 북한 지역에서는 의사가 먼저 들어가 시약소와 병원을 통해 선교를 시작하는 것이 보다 효과적이라는 판단 때문이었다. 이는 의료 선교사로서 한국 선교를 개척했던 스크랜턴이 한국선교회 관리자로서 내린 결정이었다. 그는 미국 선교본부에 보낸 보고서에서 선교 개척 과정에서 의료 선교의 역할과 의미를 이렇게 정리하였다.

병원은 이곳 사람들의 편견을 무너뜨리는 쟁기이다. 이 나라에서는 의사가 어느 곳이든 신상의 위협을 받지 않고 들어갈 수 있다. 그런 식으로 의사는 지방 사역을 개척할 때 선발요원으로 활용할 수 있을 것이다. 나는 한국 8도에 1명씩 파송할 의사 8명만 있었으면 한다. 이들은 엄청난 일을 해낼 것이다. 이들이 먼저 들어가 이곳 사람들의 편견과 낡은 구습의 장애물을 무너뜨린 후 전도자들이 들어가 잘 준비된 토양에 씨를 뿌릴 수 있을 것이다. 물론 의사가 이 두 가지 사역을 모두 했으면 좋겠지만 현실에서는 어려움이 많다. 학교는 땅을 고르고 부드럽게 만드는 써레다. 언젠가는 학교가 병원보다 훨씬 큰 사역을 감당할 날이 올 것이다. 그러나 지금은 아니다. 쟁기로 땅을 고르게 할 수 없듯 써레로 쟁기질을 할 수는 없다.[2]

스크랜턴은 병원을 "쟁기", 학교를 "써레"로 비유하였다. 황무지를 개간할 때 먼저 쟁기로 땅을 파 엎고 써레로 흙을 고른 후 밭에 씨앗을 뿌리는 것

---

2) *Annual Report of the Board of Foreign Missions of the Methodist Episcopal Church* (1893), 255.

처럼 기독교에 배타적인 지역에서는 의료 선교사가 먼저 들어가 병원과 시약소를 설립하여 지역주민들의 기독교에 대한 편견과 선입견을 깨트려야 한다는 것이다. 다음에 교육 선교사가 학교를 세워 주민들의 마음 밭을 부드럽게 만든 후 목회자가 들어가 선교의 본래 목적인 교회 설립과 복음 전도 사역을 추진하는 것이 효과적인 선교 방법론이라는 것이다. 미감리회 선교부는 이미 선교 초기부터 서울에서 병원·학교·교회, 즉 의료·교육·전도로 이어지는 삼각 선교를 추진하여 효과를 보았고 그러한 선교 구도를 평양과 원산에서도 구축하고자 하였던 것이다.

이런 배경에서 맥길은 1892년 10월 원산에 들어가 원산항과 시내가 내려다보이는 남산 언덕인 산제동에 시약소를 차리고 선교 사역을 시작하였다. 원산으로 내려갈 때 인쇄소와 출판사를 하던 올링거도 동행하여 시약소 옆에 서점을 차리고 문서선교도 시작했다. 올링거는 1887년 한국에 들어온 후두 아이를 병으로 잃었고 부인 역시 선교지 환경에 적응하지 못하는 가운데 1893년 여름 선교사직을 사임하고 귀국했다. 이후 원산 선교는 맥길 혼자서 감당하여야 했다. 3년 만에 1백여 명 교인이 생겨 나름대로 성공적인 결과를 얻었지만 추가 인력이 충원되지 못하여 미감리회의 원산 선교는 지속되지 못하였다. 결국 미감리회 선교부는 선교 역량을 남부 지역에 집중하고자 원산 지역을 남감리회 선교부에 넘기기로 하고 1900년 철수하였다.

인천을 비롯한 서해안 지역에 선교거점을 마련한 미감리교회는 한강 이남 경기도와 충청도 지역의 선교 확장에도 눈을 돌렸다. 우선 아펜젤러는 영아소동 1년 후인 1889년 8월, 존스와 함께 서울을 출발하여 여주와 원주, 대구를 거쳐 부산까지 남부 지역 탐색 순회여행을 시도했다. 이후 아펜젤러와 스크랜턴, 올링거, 존스 등의 경기도 남부 지역 여행은 간헐적으로 이루어졌다. 그러한 가운데 서울과 인천을 오가며 복음을 접한 수원지방 주민들이 선교사들의 방문을 요청하여 교회를 설립하였다. 1893년 12월 12일, 스크랜턴은 수원군(현 화성시) 동탄면 장지리 구도자들의 방문 요청을 받았다. 장지리에 도착한 스크랜턴은 마을 주민들이 보는 가운데 시냇가에서 교인 3명에게 세례를 베풀고 주일집회를 인도하였다. 수원지방 최초 교회인 장지내교회(현 오산서지방 장천교회)의 출발이다. 이후 스크랜턴은 전도인 노병일과 정인덕을 수원지방으로 파송하여 장지내교회를 거점으로 하여 인근 용인과 시흥, 여주, 이천 등지로 선교 영역을 확장하도록 하였다. 스크랜턴 대부인도 1894년 3월 이화학당 교사 이경숙과 함께 장지내교회를 다녀오는 길에 수원읍과 오산까지 순회여행을 하였다. 그 후 이경숙을 아예 수원지방 전도부인으로 파송하여 수원과 남양, 오산을 넘어 충청도 내포와 해미, 덕산까지 복음을 전하도록 하였다. 1927년 당시 이경숙은 스크랜턴 대부인과 수원에 처음 내려가 전도했던 경험을 이렇게 회고하였다.

> 수원에서 처음 전도할 때 일이다. 어느 주막집에 안져 하로 동안에 큰 궤짝으로 한 궤짝이나 되는 교회서책을 다 팔고 그 주막은 너무 누추하야 유숙할 수가 업슴으로 숙소를 구하더니 고을 군수가 우리 일행을 위하야 사청을 치워주는지라. 사청도 더럽기는 주막집과 일반이요 바람벽에 침 뱃고 코푼 흔적을 보면 구역이 나게 되얏는대 그런 중에도 구경군이 전후에 옹위하야 손가락으로 문구멍을 뚜러놋코 조석 때가 되어도 가지 안코 음식 먹는 구경을 하고 잠잘 때가 되어도 가지 안코서 잇스니 괴로움이 극심하엿다. 사람을 맛나야 전도를 하는 것이지만은 호흡을 통치 못하도록 사람이 종일토록 웨워 싸 잇스니까 뭇는 말을 대답하랴 전도하랴 나는 입쌀이 타서 견대기가 어렵게 되엇다. 그래서 로 부인[스크랜턴 대부인]은 나를 위하야 걱정하며 군중의게 말하기를 경숙이가 죽게 되엿스니 좀 도라감이 죠켓다고까지 하엿다.[3]

수원지방 선교가 활기를 띠면서 경기도 남부와 충청 지역으로 복음 전도 확장이 이루어졌다. 1896년 연회에서 수원과 공주를 하나의 구역으로 묶어

3) 리경숙, "예수는 내 생활의 보혜사", 「승리의 생활」 (조선기독교창문사, 1927), 58~59.

스크랜턴을 구역 담임자로 파송하였다. 스크랜턴은 수원을 중심으로 활동하다가 1898년 5월 어머니와 함께 처음으로 공주를 방문했다. 그때 수원에서 공주에 이르는 도로 주변 13개 보수적인 마을에서 3백여 명 정도의 사람들이 관헌들과 유지들의 탄압과 박해를 받아가며 자생적으로 공동체를 이루어 예배를 드리고 있었다. 경기 남부와 충청 지역 선교는 1899년 스크랜턴이 휴가를 떠난 동안 스웨어러(W. C. Swearer)가 담당했다. 그는 서울 상동교회를 담임하면서 1년에 두세 번 이 지역을 순회하며 교인들을 돌봤다. 1900년대 들어서 교세가 계속 성장하자, 미감리회 한국선교회는 충청남도 도청소재지 공주를 선교부 개설 후보지로 선정하고 1903년 연회에서 맥길을 공주 개척 선교사로 파송했다. 원산 선교부 개척의 경험이 있었던 맥길은 1903년 7월 공주에 들어가 하리동(현 중학동) 언덕에 초가집 두 채를 사서 시약소와 예배 처소로 꾸미고 선교 사역을 시작하였다. 그리고 1년 후 샤프(Robert A. Sharp) 부부가 공주로 파송을 받았다. 맥길은 1905년 선교사직을 사임하고 귀국함으로 공주 선교는 샤프가 전담하게 되었다.

공주 선교부 책임자가 된 샤프는 우선 1905년 11월 하리동 선교부 언덕 위에 벽돌로 2층짜리 양옥집을 지었다. 공주 사람들은 그 집을 "천당집"이라 불렀다. 샤프 부부는 그 집에서 남녀 학생들을 모아 가르치기 시작하였는데 이것이 영명학교의 시작이었다. 그러나 안타깝게도 샤프는 천당 집에서 3개월밖에 살지 못했다. 1906년 2월, 은진으로 사경회를 인도하러 갔다가 진눈깨비를 피하기 위해 상여집으로 들어갔다. 그는 그 집이 어떤 집인지 알지 못하였다. 그 안에는 발진티푸스 전염병으로 죽은 지 얼마 되지 않은 사람의 장례를 치른 상여가 있었다. 상여를 만진 샤프는 결국 전염병에 감염되어 1906년 3월 4일 영면에 들었다. 그의 시신은 하리동 선교부 뒷산에 안장되었다. 남편을 잃은 샤프 부인(Alice H. Sharp)은 6월 연회를 마친 후 본국으로 휴가를 갔다가 충청 지역의 여성들을 잊지 못하고 1908년 말 다시 공주로 돌아와 1939년까지 충청 지역 여성 전도와 교육 사업에 힘을 기울였다. 또한 샤프 후임으로 공주지방 장로사 스웨러(Willbur C. Swearer, 徐元輔) 목사와 그 부인이 공주로 내려왔고, 1906년에 윌리엄스(Frank E. C. Williams, 禹利岩) 부부, 1907년에 테일러(Corwin Tayler, 載理悟) 부부가 공주로 파송되었다. 또한 같은 해 11월 케이블(E. M. Cable, 奇怡富)이 공주 감리사로 파송되었다. 1908년 반스커크(James D. Van Buskirk, 潘福奇)가 의료 선교사로 공주로 왔다. 이후 공주 선교부는 충청 지역 선교의 구심점이 되었다.

선교구역이 확장되고 교세가 증가함에 따라 교회 조직도 확장, 변천되었다. 미감리회의 한국 선교는 1885년 2월, 일본 도쿄에서 한국행을 준비하던 아펜젤러와 스크랜턴이 일본선교회 관리자 매클레이의 지도하에 조직되었던 한국선교회(Korea Mission)를 통해 추진되었다. 선교 활동이 진행되면서 매년 한 차례씩 미감리회 감독이나 선교사가 연례회(annual meeting)를 주최하여 한국 선교에 관한 사항들을 토의, 결정하였다. 한국 최초의 구역회(Circuit)는 1887년 토착인 집회처소로 정동에 베델예배당이 마련되면서 1889년 조직되었고 이후 인천과 평양, 원산, 수원, 공주 등지로 선교가 확장되면서 교회도 늘어나 1901년에 이르러 전국 20여 교회(구역)를 남한과 북한, 두 개 지방회(District)로 나누어 편성했다. 그리고 처음 지방회가 조직된 1901년 5월 18일 미감리회 한국선교회 제17차 연례회에서 한국인 최초 목사 안수가 이루어졌다. 즉 연회를 주재하기 위해 내한한 무어(David H. Moore) 감독이 평양에서 사역하던 김창식과 인천에서 사역하던 김기범, 두 전도사를 '집사'(deacon) 목사로 안수하였던 것이다. 그리고 계속해서 1902년 최병헌, 1903년 이은승, 1905년 전덕기와 강인걸 등이 집사목사 안수를 받고 선교사를 도와 한국교회 선교와 목회에 참여하였다. 장로교회의 첫 번째 한국인 목사 안수가 1907년 이루어진 것을 보면 감리교의 목사 안수는 상당히 빨랐다고 할 수 있다.

이런 교세 성장을 바탕으로 하여 1905년, 종래의 "한국선교회"를 해체하고 "한국선교연회"(Korea Mission Annual Conference)를 조직하였고 1년 전 미감리회 4년 총회에서 감독으로 선출된 해리스(M. C. Harris) 감독이 한국과 일본 관리 감독으로 취임해서 현장에서 선교와 교회를 지도하기 시작하였다. 다음은 선교 개척 20년 만인 1905년 미감리회 한국선교연회에 보고된 교세 통계다.[4]

지방	구역	목회자		교회	교인				주일학교		헌금
		선교사	토착인		입교	학습	원입	총계	학교	학생	
평양	평양	8	6	2	209	505	1,040	1,754	1	490	1,628
	신계		3	6	22	106	347	475	4	333	472
	해주	2	1	16	312	648	823	1,783	16	930	651
	증산			4	102	141	257	500	4	500	499
	평양서		2	29	364	1,458	1,165	2,987	22	1,940	3,547
	합계	10	12	57	1,009	2,858	3,632	7,499	47	4,193	6,797
경기도	정동	5	2	1	224	348		572	1	174	483
	상동	3	2	1	313	145		458	1	200	433
	동대문	2	1	1	44	50		94	1	100	87
	충청	2	1	13	163	3,971		4,134	13	1,600	
	수원			9	121	209	900	1,230	2	300	315
	음죽				13	69		82			
	이천		1	15	13	106		119	6	100	
	여주		1	12	33	72		105	2	60	72
	합계	12	8	52	924	4,970	900	6,794	26	2,534	1,390
영변	희천		1	4	21	49	75	145	2	64	65
	운산		1	1	8	45	60	113	1	40	273
	영변	2	1	1	5	32	63	100	1	50	150
	개천		1			9	7	16			2
	신창		2	6	15	104	141	260	1	40	438
	합계	2	6	12	49	239	346	634	5	194	928
서부	인천	5	2	1	182	400	100	682	1	500	2,695
	강화		3	12	232	538	150	920	12	540	481
	교동		1	4	136	419	50	605	8	202	479
	부평		1	5	105	245	20	370	8	330	119
					2		68	70	1		
	남양		1	2	171	312	50	533	8	450	275
	합계	5	8	24	828	1,914	438	3,180	38	2,022	4,049
총계		29	34	145	2,810	9,981	5,316	18,107	116	8,943	13,164

---

4) "Statistics", *Official Minutes and Reports of the Korea Mission of the Methodist Episcopal Church* (1905).

1884년 매클레이의 방한과 1885년 아펜젤러, 스크랜턴 가족의 내한으로 시작된 미감리회의 한국 선교는 개척 20년 만에 전국 4개 지방에 145개 교회에 교인 1만 8천 명, 주일학교 학생까지 포함하면 3만 명에 가까운 신도를 확보하였다. 한국보다 40년, 20년 앞섰던 중국이나 일본 선교와 비교할 때 가히 기적적인 결과라 할 수 있었다. 참고로 1905년 당시 미감리회 일본연회 통계를 보면 6개 지방, 42개 구역(교회)에 성인 교인 5,289명, 주일학생 5,181명이었다.[5] 이러한 한국 선교 결과는 선교현장에 참여하고 있던 선교사는 물론 이들을 파견한 미국교회에도 감동과 감격을 남겨주었다.

2. 남감리회의 지방 선교

1) 한국 선교 결정 과정

미국 남감리회의 한국 선교는 중국 선교의 연장선상에서 이루어졌다. 남감리회 선교부가 언제부터 한국에 선교적인 관심을 갖게 되었는지 정확한 시점은 알기 어렵다. 다만 남감리회 선교부에서 발행하던 해외선교 잡지 *The Methodist Review* 1886년 3월호에 미국 외교관 로웰(P. Lowell)이 쓴 *"The Land of the Morning Calm"*을 소개한 것으로 미루어 미감리회의 한국 선교가 시작된 직후부터 남감리회 선교부도 나름대로 한국에 관심을 갖게 된 것으로 추정할 수 있다. 그러나 앞서 살펴본 대로 남감리회 선교부는 남북전쟁 여파로 재정 형편이 어려운 중에서도 중국과 일본 선교에 집중되었기에 한국에 선교사를 파견할 만한 여력은 없었다. 그러다가 중국 선교 40년을 넘긴 1890년대 들어서 선교지역 확장에 관심을 기울이기 시작했다. 그때까지 남감리회의 중국 선교는 상하이와 푸저우, 광저우 등 남부 해안 지역에 한정되어 있어 중국 내륙과 북부로 선교지역 확장을 꾀하였다. 특히 신참 선

---

5) "Statistics", *Minutes of the Japan Conference of the Methodist Episcopal Church* (1905).

교사 가족들이 중국 남부의 해양성 기후에 적응하지 못하고 질병에 걸려 죽거나 본국에 송환되는 경우가 많았다. 그래서 미국 본토와 기후가 비슷한 북부 지역에 선교기지를 만들어 중국 기후와 환경에 적응한 후 본격적으로 선교에 임하도록 유도하자는 계획을 수립하였다.

이런 배경에서 1894년, 15년차 선교사 리드(Clarence F. Reid, 李德)가 중국 북부 지역 탐사여행을 시도하였다. 그는 베이징은 물론 산둥(山東), 랴오둥(遼東) 일대까지 둘러본 후, 북부 지역이 새로운 선교부 후보지로서 기후와 환경은 적합하나 이미 다른 교파와 교단 선교사들이 진출하여 사역하고 있는 상황에서 남감리회 선교부까지 들어가 경쟁적으로 활동할 필요는 없을 것이라고 보고하였다. 이런 리드의 보고를 접한 중국선교회나 본국 선교부가 북부 지역 선교 확장에 대한 결정을 내리지 못하고 고민하고 있을 때, 한국에서 온 편지 한 통이 그 돌파구를 마련해 주었다. 1897년 이에 대해 리드는 다음과 같이 말하였다.

[중국 북부지방 탐사여행에 관한] 보고서를 선교본부에 보낸 후 이 문제를 두고 숙고하고 있던 중에 한국으로부터 아주 급한 요청서가 날아왔는데, 개성에서 중요한 사업을 하고 있다는 이건혁이 보낸 것이었다. 이 편지를 우리에게 전달한 윤치호는 국왕을 위해 봉사하고 있던 교육부 차관이었다. 때도 때려니와 상황도 적절하여 우리는 거역할 수 없는 하나님의 인도하시는 결정적인 섭리처럼 느껴졌다. 그리하여 우리는 [한국으로] 탐사여행을 시도하기로 결의하였고 그 결정에 따라 나와 헨드릭스(E. R. Hendrix) 감독이 1895년 10월 13일 상하이를 출발하였다.[6]

윤치호를 통해 남감리회 중국 선교부에 전달된 개성 사업가 이건혁의 편

6) C. F. Reid, "Superintendent's Report", *Minutes of Annual Meeting of the Korea Mission of the Methodist Episcopal Church, South* (1897), Ⅲ.

지는 "한국에 와서 선교해 달라."는 내용이었다. 이건혁은 윤치호의 이모부였다. 더욱이 1895년 당시 학부 참의(參議)로서 고종 황제의 신임을 받고 있던 윤치호를 통해 전달된 이건혁의 선교 요청이었기에 한국 선교가 수월하게 진행될 수 있을 것이라는 기대감을 가질 만했다. 중국 북부 지역에 마땅한 선교 후보지를 구하지 못해 고민하고 있던 중국 선교사들로서는 한국으로부터 온 선교 요청을 "하나님의 인도하시는 결정적인 섭리"로 받아들이기에 충분하였다. 그리하여 1895년 10월 헨드릭스 감독과 리드가 직접 한국에 가서 선교 가능성을 탐색하기로 하였다.

이렇듯 남감리회는 중국 북부 지역을 선교하려 했던 기존의 정책을 바꾸어 한국을 중심으로 한 선교를 모색하게 되었다. 이러한 변화를 만든 이가 바로 윤치호인데 그는 이미 한국인 최초 남감리교인으로서 중국과 미국의 남감리교회 지도자들 사이에 잘 알려진 유명 인사였다. 한국교회사뿐 아니라 일반 근현대 역사에서도 중요한 위치를 차지하고 있는 좌옹(佐翁) 윤치호(尹致昊, 1865~1945년)는 충남 아산에서 충청감영 중군 윤웅렬의 장남으로 출생했다. 1880년 수신사 김홍집을 수행하여 일본을 다녀온 윤웅렬은 개화 노선을 취하였다. 이런 부친의 영향을 받아 윤치호도 1881년 어윤중이 이끄는 신사유람단 일행으로 일본으로 건너가 도쿄 도진샤(同人社)에 입학하여 설립자 나카무라(中村正直)를 비롯하여 후쿠자와(福澤諭吉), 이노우에(井上馨) 등 일본의 정치사상가들과 교류하면서 개화사상과 서구 학문을 익혔는데 특히 영어 공부에 몰두하였다. 그러다가 1883년 4월 초대 주한 미국 공사로 내한한 푸트(L. H. Foote)의 통역관으로 채용되어 귀국하였다. 고종은 그에게 통리통상사무아문(統理通商事務衙門) 주사(主事) 벼슬을 내렸다. 윤치호는 귀국 후 김옥균을 비롯한 개화파 인사들과 교류하면서 국내 정치에도 깊이 관여하였다.

윤치호의 운명은 1884년 12월 일어난 갑신정변으로 바뀌었다. 직접 정변에 가담한 것은 아니었지만 관련자들과 친분이 있었다는 점, 거사 장소였던 우정국 낙성식 만찬장에 윤치호도 미국 공사 푸트의 통역관으로 현장에 있었다는 점, 게다가 그의 부친 윤웅렬이 개화파가 수립한 정부의 형조판서로 이름이 올라갔다는 점 때문에 정변 실패 후 대대적인 숙청이 있었을 때 윤웅렬·윤치호 부자도 화를 피할 수 없었다. 윤웅렬은 능주로 유배되었고 윤치호도 본국으로 들어가는 푸트 공사를 따라 1885년 1월 19일 일본으로 출국하였다. 형식은 외국 유학이었지만 실은 해외 망명이었다.

윤치호는 일본에 도착하자마자 상투부터 자르고 서양에 대하여 배우고자 중국 상하이로 유학을 떠났다. 1월 26일 상하이에 도착하자마자 푸트의 소개장을 들고 미국 총영사 스탈(Stahl)을 찾았다. 스탈은 그를 중서서원(中西書院) 교장 알렌(Y. J. Allen)에게 소개하였다. 알렌은 윤치호를 면담한 후 중서서원 중등과에 입학시켰다. 윤치호는 그곳에서 종교 교육과 훈련을 받았다. 상하이 유학생활 2년을 넘기면서 정치적 좌절감과 함께 오랜 객지생활에서 온 윤리적 갈등과 고민이 깊어졌다. 그런 중에 알렌 교장과 본넬(W. B. Bonnel) 교수 등 중서서원 선교사들의 성실하고 모범적인 삶에 감동을 받은 윤치호는 기독교에 마음을 열고 개종을 결심하여 1887년 4월 3일 본넬 교수에게 세례를 받았다. 이로써 윤치호는 한국인 최초 남감리교인이 되었다.

상하이에서 세례를 받은 윤치호는 1888년 10월 알렌과 본넬 교수의 추천을 받고 미국 내슈빌의 남감리회 계통 밴더빌트대학 신학과에 입학하여 1891년 6월 졸업하였다. 이어서 조지아주 옥스퍼드의 남감리회 계통 에모리대학에 입학했다. 에모리대학에 재학하는 동안 미국교회와 기독교 단체의 강연 요청을 받아 여러 도시를 돌며 강연을 했다. 강연의 내용은 한국의 역사와 문화, 정치 사회적 현실을 알리고 선교의 필요성, 특히 기독교 교육기관의 확장에 초점이 맞추어졌고, 자신도 귀국하면 교육 선교에 헌신할 뜻을 피력하였다. 에모리대학 학장 캔들러(W. R. Candler) 박사도 이런 그를 적극 지지하였다. 윤치호는 1893년 3월 미국 유학생활을 정리하면서 그동안 강연 수입으로 모아두었던 2백 달러를 캔들러 학장에게 맡기며 "이 돈을 기초로 삼아 조선에도 기독교학교를 설립하여 내가 받은 것과 같은 교육을 우리 동포도 받을 수 있게 하여 달라."고 부탁하였다.

6년간의 미국 유학생활을 마친 윤치호는 불안정한 국내 정치상황 때문에 곧바로 귀국하지 못하고 1893년 11월부터 중국 상하이의 중서서원 교수로 봉직하면서 귀국할 때를 기다렸다. 1894년 3월에는 상하이로 피신하고 있던 김옥균이 수구파 자객에 의해 암살당하는 일도 목격했다. 조선은 1894년 2월에 일어난 동학농민혁명과 7월에 터진 청일전쟁에서 일본이 승리함으로 정치상황이 바뀌었다. 청일전쟁 직후 들어선 김홍집 내각은 갑오개혁을 단행하였다. 여기에 갑신정변의 또 다른 주역이었던 박영효가 오랜 일본 망명생활을 정리하고 1895년 1월 귀국하여 2차 김홍집 내각에 참여함으로 개화파에 힘이 실렸다. 이렇게 국내 정치상황이 유리하게 전개되자 윤치호도 상하이 생활을 정리하고 1895년 2월 13일 귀국하였다.

10년 만에 귀국한 윤치호는 정치와 종교 두 분야에서 활동을 시작했다. 우선 정치적으로 2차 김홍집 내각의 학부 참의(參議)로 정치에 참여하기 시작하였는데 1년 만에 내각 비서관과 외부협판(協辦)을 거쳐 학부협판이 되었다. 이 같은 윤치호의 초고속 출세는 근대화와 개혁 쪽으로 국정을 이끌려는 고종의 특별한 관심과 지원 덕분이었다. 이런 상황에서 갑신정변의 또 다른 주역이었던 서재필도 10년 미국 망명생활을 정리하고 1895년 12월, 중추원 고문 신분으로 귀국하여 김홍집 내각에 힘을 실어주었다. 특히 서재필은 윤치호처럼 미국 망명 중에 기독교로 개종하고 돌아와 아직도 기독교에 대해 부정적인 편견을 갖고 있던 양반 지식인 사회에 충격을 안겨 주었다. 서재필은 정부 중심의 정치 활동 외에 미국에서 경험한 민주주의와 기독교 정신을 바탕으로 한 시민사회운동에 큰 기대를 걸었다. 배재학당 협성회와 독립협회운동이 그 대표적인 예였다. 이러한 서재필의 시민사회운동을 윤치호도 적극 도왔다.

종교 활동 역시 적극적으로 했다. 정동교회와 상동교회 예배 참석과 배재학당 특별교사로 활동하면서 미감리회 선교사들과도 접촉하였다. 교육과 의료 활동으로 서울과 지방에서 안정적인 기반을 구축하며 발전하고 있던 미감리회의 선교방법에 관심을 가졌다. 그 역시 학교를 통한 교육선교부터 하는 것이 좋다는 생각을 했다. 윤치호의 이러한 구상에 아펜젤러와 스크랜턴 등 미감리회 선교사들도 지지를 표하였다. 선교인력 부족으로 고민하고 있던 미감리회 선교사들은 남감리회의 한국 진출을 환영하였다. 윤치호는 귀국 후 첫 주일(2월 17일) 예배를 정동교회에서 드리고 나서 곧바로 상하이의 중서서원 알렌 교장에게 리드 박사로 하여금 이곳의 형편을 둘러보도록 하면 좋겠다는 편지를 보냈다. 그가 리드 선교사를 지목한 것은 남감리회 중국선교회에서 중국 북부 지역 선교 확장 탐색여행에 그를 보낼 계획을 알고 있었기 때문이다. 윤치호는 같은 내용의 편지를 미국 에모리대학의 캔들러 학장에게도 보냈다. 또한 8월 19일에 중국 선교를 관리하고 있던 헨드릭스 (Eugene R. Hendrix) 감독에게도 개성에 사는 친척 이건혁의 편지와 함께 한국을 방문해서 상황을 살펴봐 달라는 편지를 썼다. 중국선교회는 윤치호의 거듭된 요청으로 "거역할 수 없는 하나님의 섭리"로 받아들여 헨드릭스 감독과 리드 선교사를 한국에 파견하기로 결정하였다.

헨드릭스와 리드는 1895년 10월 13일 내한하여 정동 아펜젤러 사택에 1주일 간 머물면서 선교 가능성을 탐색하고 돌아갔다. 한국 상황은 그들이 내한하기 5일 전인 10월 8일에 일어난 명성황후 시해 사건 때문에 극도로 불안정했고 국내외적으로는 혼란한 상황이었다. 이런 상황에서 외부협판으로 외교 실무를 담당하고 있던 윤치호로서는 사건 수습과 정치 현안에 집중해야 했기에 헨드릭스 감독 일행을 제대로 영접하고 안내하지 못했다. 그래서 이건혁이 있던 개성 방문도 하지 못했다. 그렇지만 헨드릭스 감독과 리드는 서울에 머무는 동안 미감리회를 비롯하여 북장로회, 남장로회, 호주장로회 등 다른 선교부 소속 선교사들을 두루 만나 남감리회의 한국 선교에 대한 우호적인 입장을 확인하였다.

그뿐 아니라 헨드릭스 감독은 미국 대리공사 알렌의 주선으로 고종을 알현하고 "한국에 온 것을 대단히 환영한다. 한국에 교사들을 보내 달라."는 부탁까지 받았다. 또한 헨드릭스 감독은 마침 방한 중인 미감리회의 월든(J. M. Walden) 감독을 만나 두 감리교회의 선교 협력에 대한 논의까지 하였다. 그리고 미감리회 장로사 스크랜턴의 주선으로 스크랜턴 대부인이 살던 달성궁 동편 남송현(南松峴), 지금 한국은행 본점 자리에 있던 한옥과 부지를 3천 달러(멕시코 달러)에 구입했다. 이로써 서울 한복판, 남대문 안에 남감리회 선교 부지가 확보되었다. 결국 선교 탐색을 목적으로 했던 헨드릭스 감독과 리드 선교사의 한국 여행은 선교 착수로 바뀌었다. 모든 과정이 "어떤 힘에 떠밀리듯" 이루어졌다. 그래서 헨드릭스 감독은 서울에 머무는 동안 한국 선교를 결정하고 리드를 그 개척자로 임명하였다. 그리하여 남감리회의 한국 선교는 결정 사항이 되었다.

2) 서울과 고양, 개성 선교

이처럼 헨드릭스 감독은 선교 가능성을 탐색하러 내한했다가 선교 결정은 물론 선교 부지까지 확보하는 데 성공했다. 그는 이 소식을 선교본부 관계자들에게 알렸다. 리드 선교사는 1896년 5월 28일 내한하여 남송현 선교부에 자리를 잡았다. 리드는 집수리를 마무리한 후 상하이로 돌아갔다가 그해 8월 14일 가족을 데리고 다시 나왔다. 리드는 가족을 서울에 데려다 놓고 다시 남감리회 중국선교연회에 참석하였다. 헨드릭스 감독이 주재한 이 연회에서 한국지방회(Korea District)가 정식으로 조직되었고 리드는 초대 장로사로 임명되었다.

중국연회를 마치고 서울에 돌아온 리드는 한국어 공부에 몰두하면서 선교에 착수하였다. 그사이 러시아 황제 대관식 참관과 유럽 여행을 마친 윤치호도 1897년 1월 귀국하는 길에 중국 상하이에 들러 두 번째 한국 선교사로 임명된 콜리어(Charles T. Collyer, 高永福)를 데리고 들어왔다. 영국 출신인 콜리어는 본래 영국성서공회 파송을 받아 중국 상하이에서 수년간 성경반포 사역을 하다가 남감리회 여선교사 스미디(L. Smithy)와 결혼하면서 남감리회로 교적을 바꾼 후 한국 선교사로 파송 받은 것이다. 그리고 그해(1897년) 10월에는 남감리회 해외여선교회 파송을 받은 캠벨(Josephine P. Campbell, 姜夫人) 부인이 내한했다. 캠벨 부인은 목사였던 남편과 사별한 후 시카고 교육대학을 졸업하고 중국 선교를 자원하여 10년 동안 상하이에서 여성교육에 종사하다가 한국의 여성 사역 개척자로 임명을 받았다. 캠벨 부인은 내한하면서 상하이에서 교육시킨 중국인 전도부인 여도라(余Dora)를 데리고 왔다. 이렇듯 윤치호의 귀국과 콜리어, 캠벨 부인의 합류로 남감리회 선교는 탄력을 받았다.

남감리회의 한국 선교 결정 과정도 그러했지만 한국에 개척 선교사로 파송을 받은 리드와 콜리어, 캠벨 부인 등 모두 중국 선교 경험을 갖고 들어왔다는 점이 특징이다. 특히 중국과 같은 종교·문화권의 한국에서 선교하려는 선교사들에게 중국 선교 경험은 좋은 전이해(前理解)가 되었다. 그들은 서양의 종교와 문화에 대해 배타성이 강한 지역에서 선교할 때 외국인 선교사들이 직접, 전면에 나서기보다는 토착 전도인을 앞세우는 것이 효과적이라는 점을 인식하고 있었다. 그래서 리드와 콜리어, 캠벨 부인 등 남감리회 개척 선교사들은 한국에 들어와서도 서둘지 않고 한국 언어와 문화를 익히면서 토착 전도인들을 내세워 조심스럽게 선교지 상황에 적응해 나갔다. 이 부분에서 10년 먼저 들어와 성공적으로 선교 사역을 추진하고 있던 미감리회 선교사들의 후원과 협력도 큰 힘이 되었다. 특히 헨드릭스 감독이 내한해서 남송현 선교 부지를 확보하도록 도와주었던 스크랜턴은 리드가 서울에 들어와 본격적으로 선교에 착수할 때 상동교회 교인 김주현(金周鉉)과 김흥순(金興順)을 보내주어 리드의 사역을 돕도록 했다. 김주현(일명 김제안)은 리드의 어학교사로, 김흥순은 남감리회 최초 권서인으로 임명되었다. 마찬가지로 스크랜턴 대부인도 캠벨 부인이 들어오자 상동교회 교인 김사라(일명 김세라)를 보내주어 남감리회 여성 사업을 돕도록 했다. 그렇게 해서 리드와 캠벨 부인은 스크랜턴 모자가 보내준 권서와 전도부인을 내세워 곧바로 복음 전도 사역에 착수할 수 있었다. 토착 전도인들을 앞세운 전도 사역은 기대 이상의 결과를 가져왔다. 1896년 12월 김홍순과 김주현은 서울 북부 고양으로 가서 전도를 시작하였다. 1930년 김홍순은 다음과 같이 말했다.

제가 제일 처음 전도하러 간 곳은 고양읍인대 거기 한 여관에 들어서 열심히 전도한즉 누가 말하기를 성적골 김온양이라는 사람이 예수를 믿을 듯하니 가보라고 해서 그 이튿날 아침에 그 사람을 차져가본즉 그 사람은 늙은인데 '나무아미타불'을 하고 있었습니다. 그래 '나무아미타불'을 부르는 재미가 어떠냐 물어본 후에 전도를 하였습니다. 거기서 종일 전도한즉 그 늙은이가 또 주막집 김억실이란 사람에게 가보라고 하는 고로 가서 만나보고 전도한즉 벽제 윤성근이라는 사람을 차져가보라고 해서 그 사람을 차져갔는데 거기 가본즉 그때는 겨울이었는고로 모다 사람이 방 안에 드러안졌는데 그때는 옛날이라서 서울 사람이닛가 두려워하는 모양이 있기로 내가 그 눈치를 알고 나는 그대 집에 큰 복을 가져왔스니 받으라고 하면서 전도를 하였습니다. 그러닛가 전도를 잘 받았습니다. 거기서 믿는 사람 몇이 생겼습니다.[7]

그렇게 고양읍에 교인이 생겨났다. 이에 리드 선교사는 김홍순과 김주현의 안내를 받아 1897년 5월 2일 주일에 고양읍에 가서 교회를 설립하고 장년 24명과 어린이 3명에게 세례를 베풀었다. 한국에서 남감리회 최초 교회가 설립된 것이다. 고양읍교회는 설립과 함께 2개 속회를 조직하고 속장 1명과 유사 1명을 세워 자립 교회로서 면모를 세웠다. 윤치호가 헌금한 30원으로 집 한 채를 구입하여 예배당으로 사용하였다.

고양읍교회 창립주일에 세례 받은 이들 가운데는 앞선 김홍순의 증언에

---

7) 김홍순, "삼십 년 간 경험담", 「남감리회 삼십주년기념보」 (조선남감리교회 전도국, 1930), 76~77.

나오는 김온양과 김억실, 윤성근 외에 맹인 전도사로 유명했던 백사겸(白士兼)이 포함되었다. 평남 순안 출신인 백사겸은 어려서 고아가 되었고 열병까지 앓아 실명했다. 점술을 배워 20년 넘게 평양과 서울, 이천, 원주 등지를 옮겨 다니며 점술가 생활을 했다. 점 잘 치는 명복(名卜)으로 부와 명성을 얻었지만 자기 직업에 대해 회의를 느끼고 있었다. 나름대로 '참 도'를 얻기 위해 천지신명(天地神明)에게 백일기도를 드리던 중 남감리회 전도인 김주현이 그의 집을 방문하여 「인가귀도」(引家歸道)란 전도책자를 아내에게 전했는데 이를 받아 읽고 개종을 결심하였다. 점술업을 청산하고 아내 및 두 아들과 함께 리드에게 세례를 받은 백사겸은 점술로 번 재산을 불의한 것으로 여겨 전부 처분하여 친구에게 준 후 전도 활동에 나섰다. 그 때문에 백사겸은 선교사들로부터 "조선의 삭개오"란 별명을 얻었다.

고양읍교회 설립을 계기로 서울과 경기도 북부 지역에 교회가 계속 설립되었다. 그 주역은 물론 김흥순과 김주현이었다. 이들 서울 양반 출신 전도자들의 권고에 지방주민들이 마음을 연 것이다. 그 결과 고양읍교회 창립예배를 드린 직후 고양 용머리(龍頭里)와 파주 대원(大院), 마전(麻田), 적성(積城), 연천(漣川) 등지에 교인들이 생겨나 집회가 이루어졌다. 고양읍교회 지교회 형태로 시작된 이들 지역 교회 교인들의 신앙열정은 대단했다. 특히 파주에서는 앞서 고양읍교회 창립교인으로 참여해서 세례를 받았던 조씨의 전도로 신도들이 생겨나 리드는 1897년 7월 2일 파주 교인 4명에게 세례를 베풀었다. 파주 교인들은 1897년 성탄절 예배를 고양읍교회에 가서 드리고 온후 "다른 곳에서는 저렇게 잘 믿고 교회가 흥왕하는데 우리 고을에는 이렇게 우상만 섬겨서는 안 되겠다." 하고 읍내리에 있던 사직단(社稷壇)을 훼파하였다. 그것이 보수적 지역주민들의 분노를 사서 그 일을 주도했던 교인 1명이 관청에 체포되어 수원 감영에서 3년 옥고를 치르기도 했다.

이처럼 고양읍에서 형성된 복음 전도 열기는 경기 북부 파주와 문산, 장단을 거쳐 개성으로 연결되었다. 개성은 남감리회가 한국 선교를 시작하면서부터 염두에 두었던 선교 후보지였다. 윤치호를 통해 남감리회 선교사들에게 선교 요청 편지를 보냈던 이건혁이 살고 있던 곳이었기 때문이었다. 그래서 헨드릭스 감독과 리드는 1895년 8월 처음 내한했을 때부터 개성을 방문하고자 했으나 당시 명성황후 시해 사건 등 정치적 불안과 윤치호의 개인사정 때문에 뜻을 이루지 못했다. 결국 선교사의 개성 방문은 윤치호가 모스크바와 유럽여행을 마치고 돌아온 1897년 1월 이후에야 가능했다. 그리하여 2월 9일 리드와 윤치호는 개성을 처음 방문하였다. 리드는 6월에 김흥순을 데리고 개성을 한 차례 더 방문하였는데 고양과 파주, 문산을 거쳐 개성에 이르는 동안 이미 복음을 받아들이고 자체적으로 집회를 하고 있는 많은 교인들을 만날 수 있었다. 그리고 개성에 도착해서도 이미 기독교 복음을 받아들여 개인적으로 신앙생활을 하고 있던 교인을 만났다. 리드의 증언이다.

그날 오후 개성에 머물고 있었는데 양반 신분의 한씨가 나를 찾아와서 기독교를 주제로 많은 대화를 나누었다. 놀랍게도 그는 구약과 신약 성경에 대해 많은 것을 알고 있었고 내 앞에서 십계명과 주기도문, 사도신경을 외울 뿐 아니라 개인적으로 만들었다는 기도문도 외웠다. 그는 그날 저녁 식사 후 다시 와서 자신은 그리스도를 확실히 믿고 있으니 자기를 세례 지원자 명부에 올려달라고 하였다. 나는 물론 그 요청을 거절할 수 없었다.[8]

고양읍과 마찬가지로 개성에서도 이미 예수를 믿기로 결심한 구도자들이 선교사가 와서 세례를 주고 교회를 설립해 주기를 기다리고 있었다. 이렇게 고양과 파주, 개성에서 토착교인들의 '뜨거운' 신앙열정을 확인하고 서울로 돌아온 리드는 9월 지방회를 마친 직후 다시 한 번 콜리어와 함께 개성을 방문해서 이건혁의 도움으로 개성 남부, 개성시내가 한눈에 내려다보이는 산지현(山芝峴) 언덕에 선교 부지를 구입했다. 그리고 그해 11월 15일 콜리어

8) C. F. Reid, "Itinerating in Korea", The Methodist Review of Missions (Oct. 1897), 197.

부부는 서울을 떠나 개성으로 이주하여 본격적으로 개성 선교를 시작하였다. 개성선교부가 자리 잡은 산지현에는 과거 인삼농사를 하던 사람들이 살던 삼포막(蔘圃幕)이 여러 채 있었는데 콜리어는 그런 삼포막을 주택 겸 예배처소로 개조해서 집회를 시작했다. 불과 한 달 사이에 10여 명의 교인이 생겨났다. 콜리어는 다른 삼포막 하나를 교실로 개조해서 남학생들을 가르치기 시작하였다. 그것이 후에 윤치호에 의해 한영서원(韓英書院)이 되었다가 송도고등보통학교(松都高等普通學校)로 발전했다.

이처럼 고양읍교회 설립에 이어 개성 선교 개척이 순조롭게 이루어지자 한국 선교에 자신감을 얻은 리드는 서울에도 교회를 설립하고자 하였다. 내한 직후부터 리드뿐 아니라 윤치호도 서울에서 미감리회 소속인 정동교회와 상동교회에 출석하며 예배를 드리고 있었다는 점도 긍정적으로 작용했다. 그 결과 리드는 남감리교회를 서울에 설립하는 일에 착수하였다. 고양읍교회를 설립한 지 한 달 만인 1897년 6월 20일, 고양읍교회에서 이사 온 교인 두 가정으로 서울 남송현 선교부 안 리드 사택에서 주일예배를 시작했다. 설교는 윤치호가 한국말로 하였는데 정작 설교를 한 윤치호는 리드가 남송현에서 교회를 시작한 것을 못마땅하게 여겼다. 6월 20일, 창립예배 설교를 한 그날의 윤치호 일기다.

오늘 아침 리드 박사가 자기 교회를 시작했다. 이로써 토담 하나를 사이에 두고 스크랜턴 박사 가족과 리드 박사가 하는 두 교회가 존재하게 되었다. 교파간의 경쟁심과 갈등에서 비롯된 것으로 돈과 정력을 허비하고 있으니 이 무슨 낭비인가! 스크랜턴 대부인이 사업을 잘 하고 있는데 그 바로 옆에 교회를 설립하는 것이 과연 지혜로운 일인가 하여 리드 박사에게 문의하였더니, 그는 단호하게 '우리 교파 교회를 세우는 것은 절대 필요합니다.'라고 답하였다. 20년 선교사 경험이 있는 분이니 나보다 잘 알아서 하겠지.[9]

---

9) 「윤치호 일기」(1897년 6월 20일).

윤치호가 문제 삼은 것은 교회 위치였다. 리드가 새로 교회를 시작한 남송현 선교부는 미감리회 스크랜턴 가족이 살고 있던 달성궁 부지와 담장 하나로 붙어 있었다. 윤치호는 서쪽 담 너머 달성궁 부지 안에 1천여 명이 출석하는 스크랜턴의 상동교회(달성회당)가 있는 상황에서 교리가 같은 감리교회를 별도로 시작한 리드의 처사를 비판적으로 보았던 것이다. 더욱이 선교 착수기에 많은 도움을 줬던 스크랜턴으로서는 배반감을 느낄 만도 하였다. 스크랜턴과 리드 사이가 소원해졌다. 그런데도 리드가 남송현에서 교회를 시작한 것은 첫째, 고양과 같이 지방에서 올라온 남감리교인들을 위한 남감리회 집회와 교회 설립의 필요성을 느꼈고, 둘째, 한국 선교의 중심이 될 서울에 독자적인 남감리교회를 세울 필요가 있었던 것이다. 그래서 리드는 남송현 선교부 자택에서 예배를 시작한 직후 선교부 안에 있던 다른 한옥을 대대적으로 수리하여 150명을 수용할 수 있는 예배당으로 고쳤다. 그렇게 설립된 남감리회 서울교회(Seoul Church) 주일예배는 윤치호가 인도했다. 이 교회는 미국 유학을 다녀온 대감의 설교를 들으러 오는 사람들이 늘어나 1년 만에 50명이 출석하는 교회로 발전했다. 남송현의 서울교회는 고양읍교회 다음으로 세워진 남감리회의 두 번째 교회가 되었다.

이렇게 고양읍교회에 이어 서울교회도 성공적으로 설립한 리드는 남감리회 한국선교회 장로사로서 1897년 9월 10일 남송현 선교부에서 제1회 한국지방회를 개최했다. 이때 구역(circuit)을 서울과 개성, 두 곳으로 나눈 후 서울교회와 고양읍교회가 속한 서울구역은 자신이 맡고 새로 개척될 개성구역은 콜리어에게 맡겼다. 이후 남감리회의 한국 선교는 서울과 개성을 중심으로 추진되었다. 그 결과 1897년 12월 8일, 남송현 서울교회에서 개최된 남감리회 한국선교회 제1회 연회에서 서울구역 2개 교회 교인 115명, 개성구역 2개 교회 교인 47명이 보고되었다. 진척이 느렸던 중국 선교의 경험을 갖고 들어왔던 선교사들로서는 예상 밖의 놀라운 성과였다. 그래서 리드는 1897년 12월 연회 장로사 보고를 다음과 같은 말로 끝냈다.

연회 보고를 마치면서 마음속 깊은 곳으로부터 하나님께 감사드리고 싶은
것은 그 자비로운 은총 가운데 우리보다 앞서서 우리 길을 인도하신다는 것
과 본국 성도들의 아낌없는 후원으로 우리가 계속 일을 해나갈 수 있다는 것
입니다. 언제나 그러했던 것처럼 우리는 우리가 기대했던 것 이상의 결과를
얻고 있으니 불과 1년도 되지 않은 기간에 이만한 결과를 얻은 것에서 우리
는 만군의 주 하나님께서 우리와 함께하신다는 확신 가운데 용기를 얻고 있
습니다.10)

　이러한 선교 결과는 토착교인과 전도인들을 앞세운 선교전략이 주효한
결과라 할 수 있다. 그래서 남감리회는 앞서 들어왔던 다른 교파 교회 선교
부보다 훨씬 유리한 환경과 기반을 조성하고 선교 영역과 지역을 확장해 나
갈 수 있었다.

　이처럼 선교 개척 1년 만에 서울에서 개성까지 경기도 북부지방으로 선교
지역이 확장되면서 제일 시급한 것은 선교인력 보충이었다. 여성 사역을 전
담한 캠벨 부인을 제외하고 리드와 콜리어, 2명이 서울과 지방 교회 교인들
의 방문과 세례 요청에 응할 수 없었다. 미국의 선교본부로서도 한국 선교가
중국선교회의 선교지역 확장 논의과정에서 갑자기 이루어진 것이기에 한국
에 파송할 선교사를 모집하거나 훈련시킨 적도 없었고 한국 선교를 지원하
는 후보자도 확보하지 못했다. 그렇다고 리드나 콜리어, 캠벨 부인처럼 중국
이나 일본에서 사역하던 선교사 가운데 뽑을 수도 없었다. 그런 상황에서 한
국 선교 6년 경력의 의료 선교사 하디(Robert A. Hardie, 河鯉泳)가 남감리회
선교사로 지원하였다. 그는 캐나다 온타리오주 칼레도니아의 독실한 영국
감리교회(Wesleyan Methodist Church) 속장 아들로 태어나 토론토의과대학을
졸업하였다. 1890년 9월 캐나다대학생선교회(Canadian College Mission)의 파

10) C. F. Reid, "Superintendent's Report", *Annual Report of Korea Mission of the Methodist Episcopal Church, South* (1897), Ⅹ.

송을 받아 내한하여 교파 소속 없는 독립 선교사로 부산과 원산 등지에서 의료 선교 활동을 하고 있었다. 후술하겠지만 그는 원산 부흥운동의 주역이었다. 6년 동안 독립적으로 사역하다가 1896년 6월 안식년 휴가를 얻어 귀국한 그는

하디 가족

대학생선교회의 후속 지원이 여의치 못해 선교지로 귀환하지 못하고 있었다. 그러던 중 남감리회 선교부와 연결되어 1898년 5월 다시 내한하게 되었던 것이다. 하디는 제중원에서 토론토대학 1년 선배인 애비슨(O. R. Avison)의 일을 돕다가 1899년 4월에야 개성으로 내려갔다. 그곳에서 그는 인삼 창고인 삼포막을 시약소로 꾸미고 의료 사업을 시작하였다.

하디가 남감리회 선교사 진용에 합류한 직후인 1898년 9월 17일, 제2차 연회가 윌슨(A. W. Wilson) 감독의 주재로 열렸다. 이때 통계를 보면 교회 수는 늘지 않았지만 입교인이 48명에서 105명으로, 학습인이 108명에서 200명으로, 총 교인이 162명에서 316명으로 배(100%)가 늘어났음을 확인하였다. 이는 9개월 전 1897년 연회에 제출되었던 통계 보고와 비교하였을 때 일본이나 중국 등, 다른 선교지에서는 찾아볼 수 없었던 급속한 성장이었다. 윌슨 감독은 리드를 한국지방 장로사 겸 서울구역 담임으로, 콜리어를 개성구역 담임으로, 하디를 개성 지역 의료 사역 담당으로, 캠벨 부인을 서울 지역 여성 사역 담당으로 각각 임명하였다. 또한 해외여선교회 파송을 받아 한국으로 오고 있던 하인즈(F. Hinds)를 개성지방 여성 사역 담당으로 파송하였다. 하인즈는 예정대로 그해 12월 내한, 곧바로 개성으로 가서 콜리어 부인의 여성 사역에 동참했다.

남감리교의 선교 활동이 활발한 가운데 1899년 예상치 않은 일이 벌어졌다. 리드가 부인의 건강 악화 때문에 1899년 4월 귀국했다. 리드 부인은 결

국 1901년 5월 별세했다. 리드는 부인의 장례식을 치른 후 한국으로 돌아와 1901년 9월 14일부터 18일까지 개최된 한국선교회 제5회 연회를 주재한 후 선교사직을 사임하고 귀국하였다. 그렇다고 리드의 한국 선교가 끝난 것은 아니었다. 부모의 뒤를 이어 1907년 리드의 아들(Wightman T. Reid, 李慰萬) 이 의료 선교사로 1907년 내한했던 것이다. 그는 개성에 남성병원(南星病院) 을 설립하고 20여 년 동안 의료 선교사로 사역하였다. 개성의 남성병원은 건 축비를 대준 아이비의 이름을 따서 아이비기념병원(Ivey Memorial Hospital) 으로도 불렸다.

리드 부부가 한국을 떠난 1년 후 1899년 9월에 남감리회 선교부는 무스 (J. R. Moose, 茂雅各) 부부, 해외여선교회는 캐롤(A. Carroll)을 한국에 선교사 로 파송하였다. 무스는 서울 남송현 선교부에 머물면서 리드가 맡아 보던 서 울구역을 담당하였고, 캐롤은 개성으로 내려가 콜리어 부인과 하인즈의 여 성 사역과 여학교 사역을 전담하였다. 캐롤은 그동안 콜리어 부인이 사택에 서 여학생을 모아 가르치던 것을 발전시켜 1904년 12월부터 12명 학생을 데 리고 기숙학교(boarding school)를 시작하였다. 이 여학교는 1909년 미국 홀 스턴(Holston) 연회 여선교회원들이 보내준 헌금으로 서양식 벽돌 건물을 지 었으므로 호수돈여숙(好壽敦女塾)이라 하였다. 호수돈여숙은 초등학교에 해 당되는 호수돈여자보통학교와 중등학교에 해당되는 호수돈여자고등보통학 교, 호수돈유치원으로 발전했다. 이 학교는 개성지방 최초 근대 여성교육기 관으로 많은 여성 지도자들을 배출하였다. 1906년에는 기혼여성과 미망인을 위한 미리흠여학교(美理欽女學校)가 설립되었다. 미리흠이란 교명은 교사 건 축비를 대준 미국 독지가 메리 홈(Mary Holm)의 이름에서 따왔다. 1900년대 초 개성의 선교상황을 보면, 교육기관으로 한영서원과 호수돈여숙, 미리흠 여학교가 있었고 의료기관으로 남성병원이 있었다. 교회는 개성 북부와 남 부 두 곳에 있었는데, 각각 1백여 명가량이 예배에 출석하였다. 이로써 개성 은 선교 개척 10년 만에 교회와 학교, 병원으로 이어지는 삼각선교(triangle mission) 체제를 구축하고 경기도 북부와 황해도 지역의 선교 거점으로 자리를 잡았다.

3) 여성선교와 자골 배화학당

남감리회 여성선교는 리드 부인이 처음 시작했다. 리드 부인은 1896년 8월 31일 서울 남송현 선교부에 도착해서 미처 언어도 익히기 전에 인근 상동교회 부인들뿐 아니라 남대문의 일반 부인들의 방문을 받았다. 그만큼 서울에서 기독교는 낯선 종교가 아니었으며, 봉건시대 안방에 갇혀 지내던 한국 여성들도 당당하게 여선교사를 찾아올 정도로 시대는 변하고 있었다. 새로운 진리와 문화에 대한 여성들의 욕구가 그만큼 컸다. 중국과는 전혀 다른 환경과 상황에서 리드 부인은 선교사 아내로서 남편과 아이들을 돌보는 가정주부 역할에서 벗어나 선교사로서 사역을 시작했다. 우선 그는 서울에 도착한 다음 주일부터 자신의 세 아이를 데리고 주일학교를 시작했다. 얼마 후 다른 선교사 자녀들까지 참석하여 자연스럽게 외국인 유년주일학교로 발전하였다. 1897년 1월 콜리어 부인과 윤치호의 중국인 부인 마애방(馬愛芳)이 합류하면서 리드 부인의 외국인 주일학교 사역은 한층 활기를 띠었다.

주일학교를 통해 자신감을 얻은 리드 부인은 남송현 선교부를 찾아오는 부인들을 대상으로 여성 집회를 시작했다. 윤치호가 인도하는 남송현 선교부 주일예배에 여성이라 들어갈 수가 없어 구경만 하고 있던 이들을 자기 집에 모아 집회를 시작했다. 이에 대한 리드 부인의 증언이다.

여성 집회는 콜리어 부인이 도착한 지 한 달인가 두 달 후 우리 집에서 시작하였습니다. 어느 주일 오후 서너 명 부인과 그 아이들이 선교부를 찾아왔는데, 그중 한두 명은 교인 같았습니다. 나는 그들을 집 안으로 초청하여 떠듬거리며 대화를 나누었는데 가르치면서 동시에 배우는 자세로 한 시간가량 보냈습니다. 찬송가가 우리 교재였는데 내가 익숙한 찬송을 골라 제시하면서 그들에게 어떻게 발음하느냐, 무슨 뜻이냐 하는 식으로 배운 다음 함께 찬송을 부르고 교인 같은 부인이 기도하였습니다.11)

그렇게 시작된 남송현 선교부의 여성 집회는 1897년 가을부터 윤치호 부인이 맡아서 매주일 오후 정기적으로 모였다. 처음 참석자가 7, 8명에 불과했으나 그중 3명이 연말에 학습인 명부에 이름을 올렸다. 이로써 리드 부부와 윤치호 부부가 인도하는 남녀 집회가 매 주일 남송현 선교부 안에서 오전, 오후로 나뉘어 진행되었다. 리드 부인이 1898년 들어 풍토병으로 건강이 악화되어 1899년 4월 귀국하였다가 회복되지 못한 채 1901년 미국에서 별세하였다.

그런 가운데서도 리드 부인이 시작한 남감리회 여성선교는 캠벨 부인이 맡아 차질 없이 추진하였다. 중국 선교 10년 경력의 캠벨 부인은 1897년 10월 한국에 도착해서 남송현 선교 부지 안에 거처를 마련한 후 남송현 선교부 안에서 리드 부인이 시작한 여성선교를 넘겨받았다. 캠벨 부인은 서울 도착 두 달 만인 1897년 12월 열린 남감리회 한국선교회 연회에서 여학교로 여선교부 사업을 시작하겠다는 계획을 밝혔다. 캠벨 부인의 제일 큰 관심은 여성 교육이었다. 중국 선교의 경험으로 보아도 교육은 효과적인 선교 방책이었다. 서울에는 이미 미감리회 스크랜턴 대부인이 설립한 정동 이화학당과 북장로회 여선교부가 운영하는 연동여학당(후의 정신여학교)이 있었기에 남감리회도 독자적인 여학교 설립을 계획하였다. 캠벨 부인은 1898년 봄 서울 남송현과 고양읍, 두 곳에서 학생들이 매일 등하교하는 매일학교 형태의 학교를 시작할 수 있었다.

그러나 캠벨 부인이 여학교를 구상한 것은 학생들이 기숙사 생활을 하면

---

11) Mrs. C. F. Reid, "Woman's Work", *Annual Report of Korea Mission of the Methodist Episcopal Church, South* (1898), 23.

서 선교사들에게 철저한 신앙 교육과 지도를 받는 기숙학교였다. 그런데 이런 기숙학교를 하기에 남송현 선교 부지가 너무 좁았다. 더욱이 남송현 선교부는 남녀가 함께 사용하였기 때문에 남녀차별이 심한 봉건적 분위기에서 여성교인들의 출입이 자유롭지 못했다. 그래서 캠벨 부인은 남송현과 별도 장소에 여성 선교부를 만들어 여학교와 여자성경학교, 여성 집회를 추진하고자 하였다. 캠벨 부인은 서울에 도착하자마자 여선교부만이라도 서울 시내 다른 곳으로 옮기려 생각했다. 이런 캠벨 부인의 계획을 본국 여선교회도 승인하였다. 마침 서울 서북부 경복궁 건너편 자골에 마땅한 선교 부지가 나왔다. 궁궐부속 창고로 쓰던 장흥고(長興庫)와 궁궐에서 쓰는 물자를 공급하던 내자사(內資寺)가 있고, 북악산 고개의 자하문(紫霞門)에서 흘러내리는 개울 근방 자골(資洞), 혹은 고개나무골(古澗洞)로 불리던 곳이었다. 본래 그곳에는 1895년 한국 선교를 시작한 침례교 계통 엘라딩기념선교회(Ella Thing Memorial Mission) 선교부가 있었는데 재정과 인원 감축으로 서울 선교부를 폐쇄하고 충청도 공주로 옮기면서 매물로 나온 것을 남감리회 여선교부가 매입한 것이다. 해방 후 내자호텔이 있던 곳으로 지금은 서울지방경찰청이 자리 잡고 있다.

캠벨 부인은 1898년 8월 1일 새로 마련한 자골 선교부로 옮겼다. 그리고 그곳에 있던 한옥을 교사로 수리한 후 10월 2일, 8세 소녀 5명으로 기숙학교를 시작했다. 그리고 1년 후 리드 부인이 가르치던 남송현 매일학교 남녀 학생들도 자골 학교로 와서 학생 수가 20명이 넘자 교실이 좁았다. 이에 캠벨 부인은 1900년 미국 사우스캐롤라이나와 노스캐롤라이나 주일학교 학생들이 보내준 선교비로 서양식 2층 벽돌 건물을 마련하고 캐롤라이나학당(Carolina Institute)이라 하였다. 새 교사를 마련한 후 학생 수가 더욱 늘어나 1901년 38명이 되었다. 1902년부터 자골 학교에 다니던 남학생들이 정동의 배재학당으로 옮겨갔음에도 학생들이 꾸준히 늘어 1905년에 50명 수준이 되었다. 이 학교는 1903년 12월 대한제국 학부로부터 인가를 받으면서 배화학

당(培花學堂) 혹은 배화여학교로
불리었다.

바로 1900년 이 자골 배화학당
에서 서울에서의 남감리교 두 번
째 교회가 시작되었다. 캠벨 부인
은 1898년 8월 자골로 여자선교부
를 옮길 때부터 교회 개척을 염두

배화학당 초기 학생(1906)

에 두었다. 그는 남송현에서 하던 여자 성경공부(사경반) 모임을 자골로 옮겼
고 김사라와 백루이시 등 전도부인들도 자골로 옮겨 서울 북부 지역 부인들
을 상대로 전도하였다. 그렇게 여성들만의 집회공간이 마련되자 남자와 여
자가 함께 사용하던 남송현 선교부 출입을 꺼리던 부인들이 자골 모임에 적
극 참여하였다. 이에 캠벨 부인은 1900년 4월 15일 부활주일부터 자골 학당
기도실에서 집회를 시작하였다. 자골교회는 시작 1년 만에 주일예배 참석자
가 70명을 넘겼고 속회까지 조직되었다. 게다가 남송현 집회에 참석하던 일
부 교인들이 자골 집회에 합류하면서 자골교회 교세가 서울교회를 능가하였
다. 자골에 독자적인 예배당 건물이 필요하였다. 캠벨 부인은 1901년 9월 자
골 여선교부 안에 2층짜리 벽돌 건물을 봉헌하고 건축비를 보내준 미국 독지
가의 이름을 따서 루이스워커예배당(Lousie Walker Chapel)이라 하였다.

자골 여선교부 안에서 시작된 자골교회는 자연스럽게 여학생과 부인들
이 참석하는 여성교회로 출발했다. 얼마 후 남송현 집회에 참석하던 남성교
인 몇 명이 합류하였지만 숫자는 10명 미만이었다. 자골교회 집회는 처음에
하디가 원산 선교부로 떠나기 전에 잠시 맡아 인도하다가 1901년부터 남송
현 선교부와 지방 장로사 직책을 맡게 된 무스가 담당했다. 자골교회의 실
질적인 인도자 캠벨 부인은 자골교회가 여성들만의 교회가 되는 것을 원치
않았다.

그래서 그는 자골에서 남성선교를 전담할 목회자 파송을 요청하였고 마

침내 1902년 9월 연회에서 하운셸(C. G. Hounshell)이 자골교회 담임자로 파송을 받아 왔다. 밴더빌트대학 출신인 하운셸은 1901년 9월 부인과 함께 내한하여 첫 1년을 개성에서 어학공부와 북부교회 사역으로 보내고 서울로 임지를 옮겨 1902년부터 남북감리회 연합학교로 운영하기 시작한 배재학당 교사로 봉직하면서 자골교회 집회를 인도하였다. 아직 한국말이 익숙지 못했던 하운셸은 문경호와 유경상 등 배재학당 출신 전도인을 내세워 목회하였는데 그 결과 남성 신자가 증가하였다. 특히 1903년 8월 원산에서 일어난 부흥운동의 주역 하다가 그해 가을 서울 자골교회에 와서 부흥회를 인도하면서 통회자복한 남성교인들이 적극 전도에 나서 남성교인들이 급증하였다.

교회 부흥으로 루이스워커예배당 집회공간이 좁게 되자 자골교회 교인들은 새 예배당을 여선교부 밖으로 옮겨 짓기로 했다. 그리하여 자골 선교부에서 동편으로 멀지 않은 곳, 종침교(琮琛橋) 부근 도렴동에 있던 한옥을 사서 예배당을 개조한 후 1908년 4월 26일 주일부터 그곳에서 예배를 드렸다. 자골교회는 종침교 쪽으로 옮긴 후 빠른 성장을 보였다. 교회를 옮긴 4개월 후, 1908년 9월 개성에서 개최된 남감리회 연회에서 하운셸은 자골교회 부흥을 이렇게 보고하였다.

자골교회는 옛날 부지에서 벗어나 새 부지로 옮긴 후에 새로운 생명력을 얻어 새로 마련한 공간을 가득 채웠습니다. 세례교인만 140명이고 주일학교 학생은 3백 명이나 됩니다. 거의 매주일 4,5백 명이 내 설교를 듣습니다. 여선교부 선교사들이 이 교회 여성들을 위해 많은 일을 하고 있습니다. 우상 제단을 허물고, 우상 섬기던 제구들을 많이 가져와 파괴하였습니다. 유사들은 교회 재정을 위해 열심을 다하고 있는데 토착 전도인 생활비의 상당 부분을 담당하고 있습니다. 이 부근에 적어도 교회 두 곳은 더 세워야 할 것입니다.[12]

---

12) C. G. Hounshell, "Seoul Circuit", *The Korea Mission Field* (Dec. 1908), 189.

한옥을 개조한 예배당은 5백 명에 달하는 교인들을 수용할 수 없었다. 넓고 안정적인 새 예배당이 필요했다. 자골교회 교인들은 남감리회 선교부의 지원을 받아 도렴동에 1백여 평 규모의 고딕식 십자형 벽돌 예배당을 건축하고 1910년 5월 봉헌하였다. 자골교회가 도렴동에 새 예배당을 마련하면서부터 교회 명칭을 종교교회(宗橋敎會)로 바꾸었다. 이는 인근에 있는 종침교에서 따온 것으로 본래 종침교에 사용하는 '종' 자는 옥구슬 종(琮)자였지만 교회 이름으로 사용하면서 마루 종(宗)자로 바꾸었다. 도렴동에 5백 명을 수용할 수 있는 종교교회 새 예배당에서 이후 남감리회의 지방회와 연회는 물론 초교파 연합집회가 종종 개최되었다. 시기적으로 보면 고양읍교회와 광희문교회 등 종교교회보다 앞서 설립된 교회들이 있었지만 위치나 규모, 기능 면에서 종교교회는 남감리회의 실질적인 모교회 역할을 감당하였다.

그런데 자골교회가 1908년 4월 종침교 부근 도렴동 한옥 예배당으로 옮길 때 동행하지 않고 자골에 남아 루이스워커예배당에서 예배를 드린 교인들이 있었다. 숫자는 많지 않았지만, 그리고 이유를 분명히 알 수 없지만, 자골에 남은 이들은 도렴동에 새 예배당이 마련된 다음에도 그리로 합류하지 않았다. 이에 남감리회 선교부에서는 이들을 위해 따로 교회를 설립하기로 했다. 마침 미국 조지아주에 거주하는 독지가의 헌금이 있어 1910년 어간에 경복궁 서문 영추문 밖 창성동에 한옥을 구입하여 자골에 남아 예배드리던 교인들의 예배 처소로 사용하도록 했다. 창성동으로 옮긴 후 교회 이름을 자교교회(紫橋敎會)라 했는데 이는 '자골'이라는 마을 이름과 근처에 있던 '자수궁다리'(慈壽宮橋)에서 따온 것이다. 이로써 1900년 4월 5일 자골 여선교부 안 배화학당 기도실에서 시작된 자골교회가 10년 만에 도렴동 종교교회와 창성동 자교교회로 발전하였다.

이처럼 배화학당과 종교교회, 자교교회의 요람이 되었던 자골 여선교부는 두 교회가 분립되어 나갈 즈음 선교부 이전을 모색하였다. 우선 늘어난 선교사 가족과 학교 사역을 감당하기에는 자골 선교 부지가 너무 비좁았다.

처음(1898년) 캠벨 부인 혼자였던 독신 여선교사가 10년 만에 12명으로 늘어
났고 개성과 원산에 가서 사역하는 선교사를 제외하고 서울에서 사역하는
선교사 7명이 함께 생활할 수 있는 넓은 사택이 우선 필요했다. 그러나 여선
교사 숙소보다 시급한 것은 배화학당 시설이었다. 기숙학교로 운영되는 배
화학당 학생 수가 1백여 명에 달하여 이들이 사용할 기숙사와 교실 확충이
시급하였다. 우선 급한 대로 1906년 자골교회 교인들의 헌금으로 학교 예배
당을 16칸 늘이고 선교비 3천 달러로 강당과 기숙사를 마련했지만 급증하는
입학 지원자들을 수용하려면 보다 넓은 부지에 현대식 건물을 지어야 했다.
그래서 캠벨 부인은 1907년 6월, 자골 배화학당에서 개최된 남감리회 연회
에 참석 중인 윌슨(A. W. Wilson) 감독에게 다음과 같이 보고 겸 호소하였다.

> 우리 소원은 지금 있는 이곳 부지를 팔고 언덕 쪽에 보다 넓은 부지를 마련
> 하여 건물을 다시 짓고 옮기는 것입니다. 그렇게만 된다면 보다 많은 학생
> 들이 올 것인데 작년에도 교실이 없어 돌아간 학생들이 상당수 됩니다. 새
> 곳으로 옮겨 전기나 수도 시설을 갖춘 쾌적한 식당과 조리실까지 갖추면 우
> 리가 일하는 데 유리한 점이 적지 않을 것입니다. 그런데 이곳 부지를 사려
> 는 임자가 없습니다. 우선 선교본부에서 자금을 대주신다면 건물을 증축하
> 고 대지 구입 자금을 모아서 다른 곳에 보다 현대적인 건물들을 지으려 합니
> 다.13)

감독도 이러한 캠벨 부인의 호소를 받아들여 여선교부 이전을 승인하였
다. 여선교부가 옮겨가기로 결정한 새 선교 부지는 자골 선교부에서 길 건너
사직단 뒤편, 서울 시내가 한눈에 내려다보이는 필운대(弼雲臺) 바로 밑, 용
각골(필운동) 언덕이었다. 조선 중기 유명한 정치인 백사(白沙) 이항복의 생가

---

13) J. P. Campbell, "Mrs. J. P. Campbell's Report", *Annual Report of Korea Mission of the Methodist Episcopal Church, South* (1907), 43.

가 있었던 곳으로, 여선교부는 1908년 이곳 일대 4천여 평 부지를 확보하고 1913년부터 여학교와 여선교사 사택을 짓고 옮겨 갔다. 오늘 배화여자중고등학교와 배화여자대학이 자리 잡은 곳이다.

4) 서울 지역 교회 설립

캠벨 부인 주도하에 서울 북부에서 부흥하고 있던 남감리교 여선교부에 비하여 남대문 남송현에 남아 있던 남선교부와 그 안의 서울교회는 부진을 면치 못하고 있었다. 그 이유는 리드 부부의 귀국과 윤치호가 덕원 감리로 임명받아 서울을 떠났기 때문이었다. 게다가 1903년 어간 남감리회 선교 초기 매서인이었던 김주현이 러시아정교회로 교적을 옮기면서 남송현 교인들을 상당수 데리고 떠나갔고, 일부 교인들은 자골교회로 출석함으로 남송현 집회 참석 인원은 더욱 줄어들었다. 이런 상황에서 리드 후임으로 한국지방 장로사와 서울구역 담임자로 사역하던 무스는 일대결단을 내렸다. 남송현에 있던 남감리회 선교부와 그 안에 있던 서울교회를 다른 곳으로 옮기기로 한 것이다.

남송현에 있던 남감리회 선교부를 이전하는 문제는 1903년부터 본격 논의되었다. 그해 9월 서울 남송현 선교부에서 개최된 남감리회 연회를 주재하기 위해 내한한 갤러웨이(C. B. Galloway) 감독도 한국 선교사들의 선교부 이전 계획을 승인하였다. 1902년부터 한국지방 장로사가 된 무스를 비롯하여 하운셀과 저다인, 하디 등 서울 주재 선교사들은 선교부를 옮길 후보지를 물색하기 시작하였는데 3년 전 여선교부가 옮겨 가서 안정적으로 자리를 잡고 학교와 교회를 훌륭하게 설립, 운영하고 있는 자골(내자동)과 가까운 곳으로 방향을 잡았다. 미감리회의 경우, 남녀 선교부가 정동 지역에 같이 있어 보안과 협력 부분에서 서로 도움이 되고 있었다. 선교부 안에 세 가정 이상의 선교사 사택들을 지어야 했고 가능하면 학교와 교회까지도 할 수 있을 넓은 부지가 필요했다. 그런데 여선교부가 자리 잡고 있는 자골 부근에 그만한 부지를 얻기 힘들었다. 결국 남송현 선교부 안에 있던 교회와 학교, 그리고 선교사 사택을 분리하기로 하였다. 그렇게 해서 교회와 학교는 서민들이 사는 서울 시내 쪽으로 옮기고 선교사 사택은 자골 여선교부와 가까운 사직단 건너편 언덕, 인왕산에서 서대문에 이르는 성벽 바로 안쪽, 사직동 311번지에 4천여 평 부지를 확보하고 그곳으로 옮기기로 했다. 이런 계획에 따라 남감리회 선교부는 1906년 10월 남송현 부지를 6천 6백 원에 일본제일은행에 팔았는데 그 자리에 건립된 은행건물은 후에 한국은행 본점이 되었고, 현재 한국은행 화폐박물관이 되었다. 이로써 헨드릭스 감독과 리드 선교사가 1895년 서울을 처음 방문해서 남송현에 마련했던 남감리회 선교부는 10년 만에 그 위치를 사직동으로 옮겼다.

남송현 선교부가 사직동으로 자리를 옮기면서 남송현 선교부 안에서 모이던 서울교회도 다른 곳으로 옮겨 갔다. 서울교회는 여선교부와 자골교회가 있는 서울 동북부에 위치한 내자동과 대각선 방향인 서울 동남부 지역, 광희문(光熙門) 근처로 옮겼다. 광희문은 한양 성곽의 4소문(小門) 중의 하나인 남소문(南小門)으로, 근처 오간수문(五間水門)과 이간수문(二間水門)에 가까워 수구문(水口門)이라고 하였다. 도성의 장례 행렬이 주로 그 문으로 나갔다 해서 시구문(屍口門)이라고도 하였다. 그리고 광희문 안쪽으로 지금 을지로4가와 5가 사이에 남산에서 발원하여 청계천으로 흘러들어가던 묵사동천(墨寺洞川)을 건너는 작은 다리 청녕교(淸寧橋)가 있었는데 청자교(淸字橋) 혹은 청냉교(淸冷橋)로도 불렸다. 남송현에 있던 교회를 옮겨 새 예배당을 마련한 곳이 바로 광희문 안쪽, 청녕교 부근, 지금 광희동1가 202번지 일대였다. 새 교회 부지를 마련한 무스 장로사와 서울교회 교인들은 1903년 가을부터 남송현 선교부 안에 있던 한옥 예배당 건물을 헐어 수구문 부지에 목회자 주택 겸 책방을 꾸몄고 2년 동안 모은 건축헌금으로 1904년 6월 서양식 벽돌 예배당을 지었다.

서울교회는 이렇게 광희문 쪽으로 교회를 옮기면서 처음에는 수구문교회, 혹은 청녕교교회로 불리다가 나중에 광희문교회로 정착되었다. 이렇게 남송현을 떠나 수구문 안으로 교회를 옮긴 후 침체되었던 교회 분위기가 일신되었고 주변의 새로운 교인들이 교회에 나오기 시작했다. 교회가 옮겨 간 곳은 궁궐이나 양반 저택들이 있던 남송현이나 자골과 분위기가 달랐다. 수구문과 청녕교 주변에는 장사꾼 등 서민층이 주로 살았다. 때마침 개성상인 출신 전도자 이화춘(李和春)이 수구문교회 담임자로 파송되어 전도한 결과 남송현 집회에 참석했던 사람들과는 다른 부류의 사람들이 예배당을 채웠다. 또한 남송현에서 명맥만 유지하던 매일학교도 수구문으로 교회를 옮긴 후 별도로 학교 건물을 마련한 후 정식으로 교사를 초빙하여 학생들을 가르쳤다. 처음에는 남녀 학교로 시작했는데 얼마 후 남학생들은 배재학당으로 보냈고 여학교만 남아 해방되기까지 광희문여학교로 존속했다.

이처럼 남송현에서 수구문으로 예배당과 학교를 옮긴 후 교회는 활기를 되찾았다. 다음은 1909년 연회에 제출한 콜리어의 수구문교회 사역 보고다.

서울 수구문교회(Water Gate Church)와 관련해서 이루어지는 모든 집회에 참석하려면 매우 바쁘게 움직여야만 합니다. 주일 아침만 되면 거리 전도와 주일학교, 오전예배, 오후 1시 집회를 마친 후 남성교인들은 자선병원(Charity Hospital)과 거리 예배당(Street Chapel)에 가서 전도합니다. 수요일에는 남자와 여자가 각기 다른 집에서 기도회를 한 후 성경공부를 하고 금요일에는 주일학교 교사 모임이 있으며 월요일과 화요일, 목요일, 토요일에는 거리 예배당에 가서 전도집회를 엽니다. 한 주일에 열일곱 번이나 모이고 있는데 교인들은 더 자주 모이기를 원하고 있습니다!14)

---

14) C. T. Collyer, "Report of Chi Kyung Teh and Water Gate Station", *Annual Report of Korea Mission of the Methodist Episcopal Church, South* (1909), 34~35.

담임목사의 "교인들은 더 모이기를 원하고 있다!"는 증언에서 당시 수구문교회 교인들의 열정을 읽을 수 있다. 보고서에서 말하는 자선병원은 구리개(현 을지로2가)에 있던 혜민서(惠民署)다. 혜민서는 병든 빈민층을 위해 세운 구호시설로, 수구문교회 교인들이 그곳에 나가 구제 활동을 벌이면서 전도하였던 곳이다. 그리고 "거리 예배당"은 혜민서에서 가까운 청계천 수표교(水標橋) 근처, 묵정동에 있던 교인 집을 빌린 것이었다. 1909년 수구문교회 새 담임자로 파송된 하디는 미국 미주리주 컬럼비아 지역 엡윗청년회원들이 보내온 선교비로 그 집을 사서 정식 예배당으로 사용했다. 그것이 지금의 수표교교회(水標橋敎會, Water Mark Church)다. 집회가 성황을 이루게 되자 1910년 2월 독립구역으로 승격했다. 수표교교회는 독립구역이 된 지 불과 6개월 만에 150명이 출석하는 교회로 발전하였다. 이런 급속한 성장의 배경에는 협성신학교 신학생 한인수(韓寅洙) 전도사와 전도부인 김사라의 헌신적인 사역이 있었다.

이렇게 서울 도심 한복판에 수표교교회가 설립된 이듬해, 1910년에 서울 또 한 곳에 새로 교회가 설립되었다.

지난해 새로 한 곳에 교회가 설립되어 서울의 우리 교회는 모두 다섯 개가 되었습니다. 새로 시작한 교회는 서대문 밖 협성신학교 부지와 가까운 곳에 있습니다. 이상하게 들릴지 모르지만 서울 성 밖 인구가 2만 5천 명가량이 되는데도 지금까지 예배 장소 하나 없었습니다. 아칸소의 리틀록제일교회 (First Church of Little Rock) 교우들이 보내준 헌금으로 집 하나를 마련하여 수개월 동안 수고한 결과 지금은 70명가량이 모입니다. 지금 교회는 한옥 집을 개조해서 예배 처소로 사용하고 있지만 적당한 때가 되면 항구적인 건물을 지을 수 있을 정도로 부지는 넓습니다.15)

---

15) J. L. Gerdine, "Seoul", *Annual Report of Korea Mission of the Methodist Episcopal Church, South* (1911), 17.

보고에 나오듯이 새 교회는 "서울 성 밖" 전도의 결실이었다. 그리고 그 위치는 서대문 밖 협성신학교 부지와 가까운 곳이었다. 조선시대 이곳(현 금화초등학교 자리)에는 천연지(天然池)라는 인공 연못이 있었고 그 주변으로 천연정(天然亭)과 청수관(淸水館) 등이 있었다. 이곳 일대는 연꽃이 만발한 천연지 때문에 풍류객들이 자주 찾던 곳이었고 서편 언덕에 귀족과 양반 자제들이 글공부하던 규장각 부속 도서관인 장서각이 있었다. 1910년 가을, 선교사들은 바로 장서각이 있는 언덕 일대, 즉 냉천동 31번지 3천여 평을 남감리회와 미감리회 연합 협성신학교 신축부지로 확보하였다. 이와 별도로 남감리회 선교부는 미국 리틀록제일교회에서 보내온 선교비로 신학교 인근, 즉 천연동 71번지에 한옥과 교회 부지를 마련하였다. 그곳에는 금화산 옥천동 골짜기에서 흘러내리는 개울을 건너는 작은 돌다리(石橋)가 있었는데, 이에 따라 새로 시작한 교회를 석교교회(石橋教會)라고 불렀다. 본래 이곳에 자골교회(종교교회)에 출석하는 교인 몇 가정이 있어 속회 형태로 집회를 시작했는데 1910년 인근에 신학교가 들어서고 이때에 맞추어 성안의 자골교회와 수구문교회 교인들이 이곳에 나와 전도한 결과로 교회가 설립된 것이다. 석교교회는 수개월 만에 집회 참석 교인이 70명을 넘을 정도로 부흥하였다.

이로써 남감리회는 서울 도렴동에 종교교회를 중심에 두고 북부 창성동에 자교교회, 동부 수구문에 청녕교교회(광희문교회), 남부 청계천에 수표교교회, 그리고 성 밖 서부에 석교교회 등 5개 교회를 보유하게 되었다. 공교롭게도 서울 지역 남감리회 교회들은 다리 근처에 있어 이름도 교(橋)자 돌림 교회가 되었다. 이들 다섯 개 교자 돌림 교회들은 강력한 선교기지가 되어 서울 시내뿐 아니라 교외 경기도 지역까지 선교 영역을 확장해 나갔다. 이는 1912년 서울지방 장로사 저다인의 보고에서 확인된다.

작년(1911년) 한 해 동안 서울 시내에 있는 다섯 개 교회에서 어른 187명이 세례를 받아 총 입교인수가 1,076명이 되었습니다. 지난해 서울 시내와 지방에 있는 교회들이 눈에 띄게 자립을 이루었습니다. 이는 교인 조직을 더욱 공고히 하고 십일조를 강조한 결과였습니다. 종교교회는 담임목회자뿐 아니라 부목사 생활비까지 자부담하고 있습니다. 석교교회를 제외한 서울 시내 다른 교회들도 목회자 생활비의 3분의 1, 혹은 2분의 1을 부담하고 있습니다. 지방에서도 흡족할 만한 진보를 이루고 있습니다. 동구역은 목회자 생활비를 전담하고 있으며 서구역은 생활비 반을 대고 있습니다.[16]

이 보고서에 나오는 "동구역"(East Circuit)은 동대문 밖으로 의정부와 양주, 동두천, 포천에 이르는 경기도 동북부 지역을 포괄하였고 "서구역"(West Circuit)은 고양과 파주, 문산, 적성, 연천에 이르는 경기도 서북부를 포괄하였다. 그리고 이러한 서울 지역 교회의 외곽 선교는 경기도와 인접한 강원도 지역으로 확장되었다.

5) 원산과 춘천, 철원 선교

남감리회는 미감리회나 북장로회, 남장로회 등 다른 교파, 교단 선교회에 비하여 후발주자이기 때문에 이미 선행 선교회 선교사들이 들어가 사역하고 있는 지역은 가급적 피하고 아직 선교사가 들어가지 않은 복음 불모지를 선교 후보지로 택했다. 그렇다 보니 교통과 주거 환경이 열악하여 선교사나 전도인의 접근이 쉽지 않았던 강원도가 남았다. 남감리회가 강원도 선교를 맡게 된 배경이다. 그리하여 1897년 12월 남송현 선교부에서 개최된 남감리회 제1회 선교연회에 참석한 리드와 콜리어는 선교본부에 "서울에 임시 거주하면서 강원도 선교를 준비할 선교사 한 명을 파견해 달라."고 요청하였다. 그러나 선교사 파송은 쉽게 이루어지지 않아 토착 전도자 윤성근(윤승근)이 전

---

16) J. L. Gerdine, "Report of the Seoul District", *Annual Report of Korea Mission of the Methodist Episcopal Church, South* (1912), 29.

도에 나섰다. 파주와 문산을 거쳐 강원도 철원과 김화까지 가서 전도를 했다. 그 결과 김화 새술막(현재 학사리)에 신자가 생겨났다. 이에 리드는 윤성근의 안내로 1898년 2월 파주와 문산을 거쳐 새술막에 가서 어른 3명, 아이 1명에게 세례를 베풀었다. 강원도 지역에 교인이 생겨나자 강원도 선교를 보다 구체화하기로 했다. 다음은 리드 장로사가 강원도 여행을 다녀온 후 1898년 7월 소집된 남감리회 제2회 선교연회에 보고한 내용이다.

> 이번에 [강원도] 여행을 한 결과 이 지역에 좋은 사역자 한 사람만 보내도 일거리가 너무 많다는 점을 확인했습니다. 이 구역 말고도 적성구역이라 하여 지난 1년 동안 수시로 방문하였던 곳을 [고양읍에서] 따로 떼어 두 지역으로 만들었습니다. 한 곳은 원산으로 가는 길목으로 서울에서 약 75마일 떨어진 김화에 이르는 북쪽이고, 다른 한 곳은 서울에서 곧바로 동쪽으로 가면 이르는 강원도 도청소재지 춘천과 인근 소규모 읍들을 포함하는데 먼 곳은 서울에서 1백마일 정도 됩니다.17)

강원도 선교는 두 갈래 길로 추진되었다. 하나는 서울에서 서북 방향으로 고양과 파주, 문산, 적성을 거쳐 김화에 이르는 길이고, 다른 하나는 동북 방향으로 양주와 청평, 가평을 거쳐 춘천에 이르는 길이었다. 전자는 철원과 김화·김성·평강을 거쳐 함경도 원산에 이르고, 후자는 강원도 도청소재지 춘천을 거점으로 해서 인제와 양구·화천 등 강원도 내륙에 이르렀다. 강원도 남부도시인 원주에는 이미 북장로회와 미감리회 선교사와 전도인들이 왕래하며 전도하고 있

김화교회(1930년대)

---

17) C. F. Reid, "Superintendent's Report", *Annual Report of Korea Mission of the Methodist Episcopal Church, South* (1898), 10.

어 남감리회는 춘천과 철원을 거점으로 강원도 북부 지역 선교에 주력했다.

이런 계획에 따라 1898년부터 춘천과 철원을 향한 선교여행이 본격적으로 시작되었다. 이번에도 선교사보다는 토착 전도인들이 앞장섰다. 우선 춘천 방향으로는 남송현 집회에 참석하던 서울교회 교인 정동식과 나봉렬이 나섰는데, 성서공회와 예수교서회 지원을 받는 권서들이었다. 이들은 성경과 교리서적을 팔면서 춘천과 그 인근 지역을 순회하며 전도하였다. 그리고 철원 방면으로는 철원 동편 김화 새술막 전도에 성공한 윤성근을 비롯한 고양읍교회 교인들이 다니면서 전도한 결과 새술막과 가까운 지경터에도 교인들이 생겨났다. 이렇게 토착 전도인들의 활약으로 강원도 지역에 교인들이 생겨나자 1899년 9월 남감리회 선교연회에서 하디를 강원도 선교 책임자로 임명하였다. 1년 전 개성에 파송되었던 하디는 서울로 옮겨 자골교회를 맡아보면서 강원도 선교를 지휘하였다. 그는 1899년 가을부터 1년 동안 모두 네 차례 강원도 지역을 여행하였고 그 결과를 1900년 9월 선교연회에서 이렇게 보고하였다.

나는 우리 권서들과 함께 66일 동안 강원도에서 지냈습니다. 나는 가는 곳마다 상당수 남성들이 복음에 관심을 표명하는 것을 확인할 수 있었습니다. 어떤 곳은 두 번이나 방문했는데 그렇게 두 번 찾아간 지경터에서는 교인들의 진보가 눈에 띄었습니다. 그들은 예배당으로 사용하려고 집 한 채를 구입했을 정도입니다. 강원도의 중앙구역에 해당하는 곳에서도 사역은 아주 잘 이루어져 12개 마을에 2명에서 7명 혹은 8명씩 기독교에 관심을 표명하는 이들이 있는데 이들 가운데 적어도 12명에서 15명 정도는 세례를 받을 자세가 되어 있습니다.18)

18) R. A. Hardie, "Condensed Report of the Seoul Circuit and Work in Kang-Won Do, 1900", *Annual Report of Korea Mission of the Methodist Episcopal Church, South* (1901), 11~12.

하디 보고서 후반에 나오는 "강원도 중앙구역"은 도청소재지가 있는 춘천을 의미하였다. 정동렬과 나봉식의 전도로 춘천지방 12개 지역에 구도자들이 생겨났음을 보고한 것이다. 그리고 하디가 관심을 둔 곳은 두 번씩이나 찾아갔던 지경터였다. 지경터 교인들은 자발적인 헌금으로 예배당까지 마련해 놓고 세례 받기를 기다리고 있었다. 하디는 1901년 3월 지경터에 가서 처음으로 사경회를 인도하였다. 그렇게 사경회를 마친 3월 31일, 하디는 세례 지원자 22명 가운데 문답을 통과한 15명에게 세례를 주고 정식으로 교회를 설립하였다. 남감리회 선교부가 강원도에 설립한 최초 교회였다. 하디는 지경터교회를 설립하면서 새술막에도 속회를 조직하였는데 그것이 후에 김화 읍교회로 발전했다.

이렇듯 김화 지경터와 새술막에 강력한 신앙공동체가 형성되자 선교부는 김화를 중간 거점으로 삼아 원산까지 선교지역을 넓혀 나갔다. 원산은 외국인 거주와 활동이 어느 정도 자유로운 개항장으로서 이미 미북장로회와 캐나다장로회, 미감리회 선교사들이 진출하여 선교 사역을 전개하고 있었다. 비록 후발이지만 남감리회도 원산에 선교부를 개설하고 그곳을 거점으로 삼아 강원도 북부 지역 선교를 추진할 계획을 세웠다. 그리하여 1900년 9월, 내한한 윌슨 감독이 남감리회 선교연회를 주재하면서 서울과 개성에 이어 원산에 세 번째 선교부(mission station)를 개설하기로 결정하고 그 책임을 하디에게 맡겼다. 원산은 하디가 남감리회 선교부로 적을 옮기기 전 독립선교사 신분으로 3년 동안 사역했던 곳이어서 낯설지 않았다. 게다가 서울과 개성에 남감리회 선교부가 개설되는 과정에서 든든한 후원자 역할을 했던 윤치호가 1899년 2월 덕원(德源) 감리(監理)로 발령을 받아 원산을 비롯하여 함경도 일대를 관장하게 된 것도 유리했다.

하디는 1900년 9월 연회를 마친 후 윌슨 감독과 함께 중국으로 가서 중국 연회에 참석, 윌슨 감독에게 목사 안수를 받고 돌아와 12월 15일 원산으로 이주하였다. 당시 원산에는 1892년부터 미감리회 선교사 맥길이 사역하고 있었다. 하디가 독립선교사 시절 그의 병원에서 함께 사역한 바 있어서 반갑게 맞아 주었다. 하디는 비교적 수월하게 원산 선교부 개척 사역에 임하였다. 하디는 처음 3개월 동안 맥길이 인도하는 교회에 참석해서 예배를 드리다가 1901년 4월부터 남감리회 별도로 예배를 드리기 시작했고, 7월에는 시약소를 차린 후 의료 사업을 시작하였다. 그러나 이처럼 성격이 같은 사역을 미감리회와 남감리회 선교부가 같은 지역에서 경쟁적으로 할 필요가 없다는 인식이 확산되면서 양측 선교부 관계자들은 선교지역 협정을 벌여 1901년 10월 미감리회는 원산 선교부를 남감리회에 이양하고 철수하기로 하였다. 이로써 남감리회 선교부는 미감리회 소유의 산제동(山祭洞) 선교 부지와 남촌(南村)에 있던 상리교회(上里敎會, 후의 원산중앙교회)는 물론 교인들까지 인계받아 원산 선교를 계승하였다.

남감리회는 1900년 하디와 함께 사역할 선교사들을 계속 원산에 파송하였다. 즉 1901년 8월 내한한 의료 선교사 로스(J. B. Ross)를 원산에 파송했다. 그는 처음 4년 동안은 개성과 원산을 오가며 사역하다가 1905년부터 원산에 정착해서 산제동 선교부에 벽돌 건물을 짓고 구세병원(救世病院)이란 명칭으로 정식 병원을 시작했다. 해외여선교회에서도 1901년 10월 내한한 노울즈(Mary H. Knowles)와 개성에서 사역하던 캐롤을 원산에 파송하여 여성 사역을 시작했고 1902년 내한한 조세핀 하운셀(Josephine Hounshell)이 원산에 합류하였다. 이들 여선교사들은 초가집 한 채를 교실로 꾸미고 교인 자녀 15명을 데리고 여자기숙학교를 시작했다. 처음에는 여학교에 대해 부정적이던 지역사회의 인식이 바뀌어 1907년에 이르러 학생 수가 70명을 넘어 공간이 부족했다. 마침 미국 노스캐롤라이나 여선교회 회장인 루시 거닝햄(Lucy Cunningham) 부인이 건축비를 보내주어 4층짜리 서양식 석조 건물을 짓고 학교 이름을 루씨건잉금학교(樓氏建仍金學校, Lucy Cunningham Memorial School), 줄여서 루씨여학교(樓氏女學校)라 하였다. 여선교사들은 여성 목회자(전도부인) 양성을 위한 성경학교도 시작하였다. 즉 1906년 노울즈는 남촌

예배당 아래 6칸짜리 초가집을 구입해서 반열방(班列房)이란 명칭을 붙이고 교회에 나오는 부인들에게 한글과 성경을 가르치기 시작했다. 1907년 연회 참관차 내한했던 미국 남감리회 해외선교회 총무 앨리스 콥(Alice Cob) 부인이 원산을 방문해서 반열방 수업 광경을 보고 돌아가 건축비를 지원해 주어 그 돈으로 1909년 산제동 선교부 안에 서양식 건물을 지었다. 그때부터 원산 성경학원(元山聖經學院)이라 불렸는데 1926년에 종합여성 선교센터 보혜여자관을 지으면서 보혜성경학원(普惠聖經學院)으로 명칭이 바뀌었다.

이로써 교회와 병원, 여학교와 여자성경학원 등이 설립된 원산 선교부는 동해안 지역 선교의 강력한 거점이 되었다. 하디를 비롯한 남감리회 선교사들은 원산을 거점으로 남부 지역으로 선교를 확장하였다. 북쪽으로 함흥을 거쳐 함경북도 지역에서는 이미 캐나다장로회 선교사들이 사역하고 있었기 때문에 남쪽으로 방향을 잡아 함경남도 안변과 덕원, 그리고 강원도의 통천과 고성, 간성, 속초, 양양, 주문진, 강릉, 삼척, 북평, 울진에 이르는 동해안 해안도시 중심으로 선교를 확장했다. 이들 동해안 지역은 교통이 불편해서 선교사보다는 토착인 전도자들이 주로 다니면서 전도했다.

이렇게 원산 선교부를 거점으로 해서 강원도 영동 지역 선교가 추진되는 것과 함께 춘천을 거점으로 한 강원도 중서부 지역 선교도 착실하게 진행되었다. 하디는 이미 1900년 연회 보고에서 "춘천지방 12개 마을에 12~15명 구도자가 세례를 받을 준비가 되어 있다."고 밝힌 바 있었다. 그런데 하디는 그해 연말 원산으로 주거를 옮겼기 때문에 태백산맥을 넘어 춘천 지역까지 담당하기는 어려웠다. 이에 춘천 지역 선교는 무스(J. R. Moose, 무아곱)가 맡기로 했다. 미국 노스캐롤라이나 트리니티대학(현 듀크대학) 출신인 무스는 1899년 9월 부인과 함께 내한해서 서울 남송현 선교부에서 1년간 어학공부를 하고 1900년 9월 연회에서 리드 후임으로 한국지방 장로사가 되었을 뿐 아니라 서울구역 담임 겸 강원 지역 선교 담당으로 파송을 받았다. 이때부터 그는 서울 남송현 서울교회와 자골교회를 맡아 보면서 춘천과 강원도 지역을 순회하였다. 무스는 1901년 4월 서울을 출발하여 춘천과 강릉을 거쳐 원산까지 다녀오는 37일 선교여행을 감행하였다. 그는 특히 춘천에 관심이 깊었다. 춘천 퇴송골(현 퇴계동)에는 이미 나봉식과 정동렬의 전도로 믿기 시작한 교인들이 있어 무스는 춘천 방문 길에 퇴송골 교인들로 속회를 조직할 수 있었다. 이것이 춘천중앙교회의 출발이다. 춘천 퇴송골에서 시작된 교회 설립은 춘천과 그 인근, 가평과 양구, 인제, 화천 지역으로 확산되었다. 그 결과 1904년 9월 춘천 지역 교회들만으로 구성된 춘천구역이 서울구역에서 독립하였다.

춘천 지역 선교가 활발했음에도 정착 선교사나 토착 목회자가 없어서 무스 선교사가 관리하는 매서인 2~3명이 주기적으로 지방 교회와 마을들을 순회하며 교인들을 지도했다. 선교사는 고작 1년에 한두 차례 매서인의 안내를 받아 지방 교회들을 순방하며 성례전을 집행할 뿐이었다. 무스는 처음 강원도를 방문하고 돌아온 직후 1901년 9월 연회에서 "토착 전도인 한 사람을 강원도 관찰부가 있는 춘천에 이주시켜 목회와 전도 사역에 임하도록 해야 한다."고 하였다. 하지만 그 계획은 곧바로 실현되지 못했다. 교통과 환경이 열악한 춘천에 들어가 살면서 사역하겠다는 전도자를 구하지 못했기 때문이었다. 무스는 4년이 지난 1905년에야 자원하는 전도인을 구했다.

그가 바로 파주 고랑포교회 교인 이덕수(李德秀)였다. 그는 예수 믿기 전 고랑포에서 술주정뱅이에다 도박꾼으로 유명했던 불량배였는데 우연히 매서인이 전해준 전도책자를 읽고 새사람이 되었다. 지게를 지고 장터에 나가 근면하게 일하며 고랑포 일대에서 "예수 도를 하는 사람"(Jesus doctrine-doing-man)으로 불렸고 고랑포교회 속장이 되었다. 그에 대한 소문이 서울 선교사들에게까지 전해져 무스 선교사는 그에게 춘천 전도를 권하였고 그는 기꺼이 응하여 무스와 함께 춘천 선교에 임하였다. 그는 지게에 성경책과 전도책자를 가득 싣고 서울부터 75마일, 즉 3백리를 걸어서 춘천까지 갔다. 이후 이덕수는 고랑포에 있던 식구들도 춘천으로 데리고 와서 춘천 시내가 내려다보이는 봉의산 자락 아동리 언덕에 초가집을 사서 주택 겸 예배당으로 꾸미고 전도하기 시작했다. 퇴송골에서 모이던 교인들이 이덕수 집으로 옮겨와 예배를 드렸고, 춘천에 오면서 권사가 된 이덕수의 설교를 들었다. 그는 오는 교인들에게 설교하는 것보다 사람들을 찾아다니며 전도하기를 좋아했다. 그는 여전히 지게를 지고 장터마다 찾아다니며 성경과 전도책자를 팔고 또한 가난한 시골 사람들의 짐을 대신 져다 주면서 전도하였다. 이런 그의 지게꾼 전도는 춘천에 머물지 않고 인근 홍천과 양구, 인제, 화천, 원주 등 강원도 땅뿐 아니라 경기도 가평과 충청도 제천까지 확장되었다. 그의 헌신적인 전도로 이 지역 교세가 급증했다. 그가 춘천에 파송되기 1년 전인 1904년 춘천구역의 교세는 8개 교회에 입교인 65명, 학습인 109명이었는데, 그의 춘천지방 사역이 시작된 2년 후 1907년 교세는 48개 교회에 입교인 202명, 학습인 1,814명으로 보고되었다. 가히 폭발적인 부흥이었다.

이처럼 이덕수의 전도 활동으로 춘천 지역 교세가 급증하자 1907년 남감리회 선교연회는 춘천에 독자적인 선교부를 개설하기로 결정하면서 무스를 개척 선교사로 임명하였다. 무스는 1907년 가을 이덕수의 집에서 멀지 않은 봉의산 자락 아동리와 대판리에 3만 5천여 평 부지를 매입했다. 이곳에 사택과 시약소 건물을 짓고 1908년 9월 서울에서 춘천으로 거처를 옮겼다. 서울과 개성, 원산에 이어 네 번째 남감리회 지방 선교부가 개설된 것이다. 무스는 대판리에 있던 한옥을 예배당으로 개조하여 이덕수 집에서 모이던 춘천교회 집회를 그리로 옮겼다. 무스 부부는 춘천 부임 직후부터 대판리 예배당에서 교인 자녀들을 대상으로 학교를 시작했다. 이 학교는 후에 남학교는 한영지서원(韓英支書院)으로, 여학교는 정명여학교(貞明女學校)로 각각 발전하였다.

의료 사업으로는 1908년 리드(J. W. Reed)가 춘천에 와서 시약소 사업을 시작했는데 건강 문제로 1년 만에 귀국하였고 그 후임으로 1909년 메이즈(W. C. Mayes)가 왔지만 그도 건강 문제로 1년 만에 귀국하였다. 1910년 히치(J. W. Hitch)가 와서 시약소를 병원으로 육성했다. 여성 사역은 무스 부인이 춘천에 올 때 데리고 온 고양읍교회 출신 전도부인 나마리아가 이후 20년 가까이 춘천지방에서 사역하면서 기반을 잡았고 1910년부터 독신 여선교사 에드워즈(L. Edwards, 애도시)가 춘천에 와서 춘천여자관을 설립하고 복음 전도와 함께 부녀자 복지 사업을 전개했다.

춘천 지역 선교 개척자로서 헌신적인 활동을 펼쳤던 이덕수는 1909년 9월 연회에서 본처 전도사(local preacher)로 파송을 받았으나 전도사로 임명을 받은 지 6개월 만에 급성 폐결핵에 걸려 1910년 4월 춘천 아동리 자택에서 별세하였다. 무스는 지방 순회 중이어서 임종을 지켜보지 못했는데 그 자리에 있었던 아내의 증언을 토대로 다음과 같이 임종 장면을 기록했다.

> 우리는 실로 함께 기도했고 함께 일했으며 형제의 사랑 안에서 이웃의 구원을 위해 함께 울었습니다. 나는 그를 누구보다 사랑했습니다. 그는 실로 사랑받을 만한 위인이었습니다. 그러나 불과 몇 년 일한 후 그는 결핵의 희생 제물이 되었습니다. 그가 임종할 때 나는 지방에 나가 있었습니다. 그는 임종하며 [무스 부인에게] 이런 말을 남겼다고 합니다. '목사님께 전해 주세요, 여호와는 나의 목자시니 내게 부족함이 없으리로다.' 훗날 황금문 안에서 나를 처음 맞이할 사람이 이씨인 것을 나는 분명히 믿습니다. 또한 그의 삶과 그의 기도가, 특히 그가 그토록 신실하게 일했던 지방에서 풍성한 열매로 맺혀질 것을 믿습니다.[19]

이덕수 전도사는 담담하게 시편 23편 1절 말씀을 마지막 신앙고백으로 남기고 운명하였다. 이렇듯 이덕수는 개종과 헌신에 이어 죽음까지도 선교사와 교인들에게 감동을 주었다. 1910년 9월 개성에서 개최된 남감리회 연회는 이덕수 전도사의 헌신과 희생을 기려 그의 묘비를 연회 차원에서 건립하기로 결의하였다. 그렇게 해서 세워진 이덕수 전도사 묘비에는 그가 유언으로 남긴 시편 23편 1절 말씀이 새겨져 그의 뒤를 따르는 감리교 목회자들에

---

19) J. L. Moose, "Ye Duk-Su", *The Korea Mission Field* (Jul. 1924), 138~139.

게 귀감이 되었다.

강원도의 또 다른 거점도시 철원 선교는 조금 복잡하게 진행되었다. 철원 서쪽 김화에는 이미 1898년 어간 새술막과 지경터에 강력한 교회가 설립되어 그곳으로부터 원산 쪽으로 김성과 창도·회양 쪽으로 복음이 확산되어 나갔지만 정작 철원읍에는 감리교 선교가 이루어지지 않았다. 그것은 남감리회 선교부가 원산 선교에 집중하느라 그 길목인 철원에 큰 관심과 힘을 기울이지 못한 데 원인이 있었지만 이미 1890년대부터 미북장로회 선교사와 전도인들이 철원읍에 들어가 교회를 하고 있었기 때문에 일부러 피한 측면도 있었다. 그러나 철원과 김화는 워낙 가깝게 인접해 있어 시간이 흐르면서 선교와 전도 사역이 중첩될 수밖에 없었다. 이에 1907년 미북장로회와 남감리회, 미감리회 선교부 사이의 선교구역 분할협정이 이루어져 미북장로회는 철원을 남감리회에, 원주를 미감리회에 넘겨주어 강원도 전체 지역이 감리교 선교지역으로 확정되었다.

선교협정에 따라 철원읍 교회와 교인들을 이양 받은 남감리회는 1910년 9월 연회에서 강원도 서북부 지역을 관할하는 지경터지방회를 신설하고 크램(W. G. Cram, 기의남)을 장로사로, 이화춘 전도사를 구역 담임자로 파송하여 철원과 김화, 김성 세 구역을 담임하도록 했다. 이때부터 철원읍을 거점으로 해서 그 동북부 김화와 김성, 평강, 창도, 이천(伊川), 회양에 이르는 산악 지역을 남감리회가 맡게 되었다. 처음에는 크램과 히치, 하디 등 선교사들이 서울에 거주하면서 주기적으로 철원지방을 방문하는 형태로 사역하다가 1910년대 이 지역 교세가 크게 늘어나 독자적인 선교부 설치의 필요성이 대두되었다. 이에 1920년 철원읍 관전리에 선교사 사택과 병원 건물을 짓고 의료 선교사 앤더슨(E. W. Anderson) 부부와 여선교부의 어윈(C. Erwin)이 들어가 살면서 사역을 시작했다.

이로써 남감리회의 강원도 선교는 원산 선교부가 강원도 동북부 해안지방을 맡고, 춘천 선교부가 중서부 영서 지역을 맡고, 철원 선교부가 동북부

산악 지역을 맡아 진행되었다. 여기에 서울과 개성에 설치된 선교부까지 포함하면 남감리회는 전국에 다섯 개 선교부가 설치된 셈이다. 경기도 북서부와 강원도, 지리적으로 보면 한반도 허리 부분, 요추(腰樞)에 해당하는 지역이었다. 비록 남감리회가 다른 교파, 교단 선교회에 비해 10년 늦게 한국 선교를 시작했지만 개척 선교사들의 열정과 토착 전도인들의 헌신적인 활동으로 앞선 선교회에 뒤지지 않는 선교 결과를 얻었다. 다음은 선교 개척 15년 만인 1910년 남감리회 한국선교연회에 보고된 교세 통계다.[20]

지방	구역	목회자		교회	교인				주일학교		헌금
		선교사	토착인		입교	학습	세례인	총계	학교	학생	
서울 개성	서울	4	23	19	513	248	160	911	14	500	872.08
	수구문	3	18	2	197	102	87	386	2	330	262.07
	지경터		8	34	508	327	178	1,013	27	500	1,746.48
	개성북	8	26	39	850	227	205	1,282	22	1,045	1,267.86
	개성남	5	17	33	1,016	258	320	1,594	20	1,091	1,962.15
	개성동	2	15	36	747	486	149	1,382	19	656	634.08
	이천		11	20	532	313	216	1,061	8	420	2,155.63
	합계	22	118	183	4,363	1,961	1,315	7,639	112	4,542	8,900.35
원산	원산	6	9	9	374	550	101	1,025	6	710	782.47
	영동		11	10	341	410	211	962	12	721	929.88
	회양	1	15	8	321	258	60	639	13	660	692.12
	중리	4	2	1	11	60	4	75	1	86	48.07
	안변		5	8	197	223	25	445			64.72
	합계	11	42	36	1,244	1,501	401	3,146	32	2,177	2,517.27
춘천	춘천	4	12	24	255	177	83	515	6	246	315.09
	양구		5	22	155	153	131	439	2	24	117.21
	합계	4	17	46	410	330	214	954	8	270	432.30
총계		39	177	265	6,017	3,792	1,920	11,729	150	6,989	11,849.92

전국 3개 지방, 14개 구역, 306개 교회에 총 교인 11,739명을 기록하였으니 이는 10년 앞서 선교를 시작하여 20년 만에(1905년) 전국 145개 교회에 교인 18,107명을 보유했던 미감리회에 비하여 조금도 뒤지지 않는 교세였다.

---

20) "Statistics", *Annual Report of Korea Mission of the Methodist Episcopal Church, South* (1910). "합계", "총계" 등 각 항목 수치에 오류가 존재하나 원문 그대로 이기하였음.

참고로 1909년 미감리회 연회에 보고된 교세 통계를 보면 전국 5개 지방, 46개 구역, 323개 교회에 입교인 6,251명, 학습인 16,992명, 원입인 20,571명, 총 43,814명이었다.[21]

1909~1910년 어간에 한국 감리교회는 남북감리회 합하여 전국 630여 교회에 총 6만 2천 명 교세를 기록하게 되었다. 그 무렵 미국 북장로회와 남장로회, 호주장로회, 캐나다장로회의 교인 수는 20년 넘게 사역한 결과 11만 명이었다. 감리회의 교인 수가 장로회의 교인 수에 비해 적지만, 남북감리회가 선교사 및 선교 담당 지역에 있어서 장로교의 4분의 1 수준이었던 것을 감안하면 감리회의 교인 수는 결코 적은 것이 아니었다. 여기에 장로교와 감리교 외에 영국성공회, 구세군, 대한기독교회(침례교), 동양선교회(성결교), 러시아정교회 등 다른 군소 교파 교회 선교 결과까지 합하면 1910년 어간에 기독교인 수는 대략 18만 명이었다. 이는 당시 전국 인구(1천 5백만)의 1.2%에 해당하는 수치였다. 종교 점유율로 보면 비록 큰 수치는 아니었지만 우리나라에 들어온 지 25년도 채 되지 않은 시점인 것을 감안하면 다른 나라에서는 발견할 수 없는 놀라운 결과였다.

그러나 빠른 성장보다 더욱 중요한 것은 선한 영향력이었다. 비록 기독교인이 전국 인구에서 차지하는 비중은 1%에 불과하였지만 19세기 말과 20세기 초, 한민족의 갈등과 위기 상황에서 기독교가 담당한 역할과 사회에 끼친 영향력은 기존 전통종교의 그것을 훨씬 뛰어넘는 것이었다. 바로 복음이 말하는 교회의 역할, 곧 빛과 소금의 기능과 영향력이었다(마 5:13~16). 그리고 이러한 선한 영향력은 기독교가 순전한 소금과 등잔이 되었을 때 가능한 것인데 1903년부터 시작되어 1907년 정점을 이룬 초기 한국교회 부흥운동에서 그 일이 이루어졌다.

---

21) "Statistics", *Official Minutes and Reports of the Korea Mission of the Methodist Episcopal Church* (1909).

제3장

선교 초기 감리교회의
부흥운동과 신학

1. 초기 부흥운동과 전도운동

1) 원산과 평양 부흥운동

한국교회의 체질과 성격, 기능과 역할을 바꾸어 놓은 초기 대부흥운동은 한 선교사의 진솔한 회개에서 비롯되었다. 그 주인공은 원산에서 사역하고 있던 남감리회 선교사 하디였다. 앞서 살펴보았듯이 하디는 1890년 독립 의료 선교사로 내한해서 서울과 부산, 원산 등지에서 사역하다가 1898년부터 남감리회 선교부로 적을 옮겨 개성과 서울을 거쳐 1900년 목사 안수를 받고 원산 선교부의 개척자로 사역하면서 원산 이남 강원도 북부 지역 선교에 임하였다. 그런데 3년 만에 자신감을 잃고 한계를 느꼈다. 그것은 기대했던 선교 결과가 나타나지 않았기 때문이다. 선교사로서, 목사로서 그가 기대했던 것은 토착교인들의 신앙과 생활 변화, 그리고 교회의 부흥이었다. 그런데 그런 결과가 나타나지 않았다. 오히려 기대했던 것과 다른 모습에서 실망만 느꼈다. 그래서 1902년 9월 연회에 제출한 원산지방 선교보고에서 "이 지역 교인들의 입교 동기는 구원과는 전혀 관련이 없다." "이곳 교인들의 영적 상태는 기대 이하다." "심지어 교인이라 자처하는 자들이 강도같이 행패를 부리는데 외국인들이 허락했다고 하니까 지방 관리들도 개입하기를 꺼려한다."

는 등 표현을 썼다. 그는 엄
격한 치리로 교인들의 비
뚤어진 신앙관과 교회의
기강을 바로 세우려 했지
만 토착교회 지도자들과의
갈등과 교인 이탈을 막을
수 없었다. 하디는 이런 선

원산지방 전도부인들(1920)

교 부진과 교회 침체로 실망과 한계를 느꼈다. 그런데 1903년 9월 24일부터
서울 남송현 선교부에서 열린 남감리회 연회에 제출한 하디의 보고서는 1년
전과 전혀 달랐다.

여러 가지 면에서 지난 1년은 내가 한국에 온 이후 가장 힘들었던 해였습니
다. 마치 사악한 세력들이 힘을 합쳐 내가 하는 모든 일을 훼방하는데 우선
내 자신에 대한 확신이 사라졌고 그동안 잘했다고 생각했던 것조차 실패로
느껴졌습니다. 내가 그토록 애쓰고 노력했건만 결과가 없던 것이 내 안에 있
는 어떤 장애물 때문이라고 생각하지는 않았는데, 점차 깨닫게 된 것은 사역
실패의 원인이 영적 능력의 결함에 있었다는 점이었습니다. 하나님께서, '힘
으로 되지 아니하며 능력으로 되지 아니하고 오직 나의 영으로 되느니라.'(슥
4:6) 하신 말씀처럼 말입니다. 지난달 중국선교회에 소속된 선교사 한 분이
우리를 찾아와서 제안하여 이루어진 한 주간의 성경공부 모임을 통해 그리
스도께서 '약속하신 성령을 아버지께 받아서' 우리에게 '부어주신'(행 2:33)
결과, 실패의 비밀이 바로 내 안에 그 능력이 없었다는 것, 아무리 솔직하고
열심히 일을 해도 성령의 능력과 임재가 없으면 아무 소용이 없다는 것을 깨
달았습니다.[1]

---

1) "R. A. Hardie's Report", *Annual Report of Korea Mission of the Methodist Episcopal Church,
   South* (1903), 25~26.

하디는 성령을 받은 결과로 얻은 깨달음에 대해 언급하였다. 성령을 받기 전까지 하디는 선교 실패의 원인을 밖에서 찾았다. 그가 기대했던 선교 결과, 즉 교인들의 신앙발전과 교회의 부흥이 이루어지지 않는 원인을 토착교인들의 오해와 오류, 정치적 상황과 지리적 환경 등에서 찾았다. 그러나 성령을 받은 후 깨닫게 된 것은 실패 원인이 자신에게 있었다는 것이다. 즉 그가 성령의 능력과 임재에 의지하지 않고 사역했던 것이 실패의 원인이었다. 바로 이런 깨달음에서 하디의 회심(conversion)이 이루어졌고, 그것은 또한 원산 부흥운동, 나아가 평양 부흥운동에 이르는 초기 대부흥운동의 출발이 되었다.

하디의 이런 깨달음과 회심은 1903년 8월 24일(월)부터 8월 30일(토)까지 원산에서 이루어진 한 주간의 성경공부(사경회) 모임을 통해 이루어졌다. 성경공부 모임의 참여자는 남감리회 선교사로는 원산 선교부의 하디와 저다인, 캐롤, 노울즈, 서울 선교부의 조세핀 하운셀(Josephine Hounshell), 그리고 중국 선교부의 화이트(M. C. White) 등이었고 여기에 원산에서 사역하고 있던 캐나다장로회 여선교부 소속인 매컬리(L. H. McCully)가 동참해서 모두 7명이었다. 기도 모임을 처음 제안한 선교사는 중국에서 온 화이트였다. 중국 선교 상황은 1900년 의화단 사건 이후 극도로 악화되어 피신한 선교사 가족들이 많았다. 원산에서 사역하고 있던 캐나다장로회 여선교사 매컬리도 본래 중국에서 사역하다가 의화단 사건 때 중국에서 한국으로 선교지를 바꾼 경우였다. 그런 관계로 중국에서부터 알고 지냈던 화이트와 매컬리는 원산에서 만나 선교를 위해 기도를 시작했다. 여기에 원산에서 사역하고 있던 남감리회 선교사들과 서울 배화학당에서 사역하고 있던 하운셀이 동참하면서 선교사 연합사경회로 발전하였다. 그러면서 여선교사들은 원산 선교부 책임자인 하디에게 성경공부 인도를 부탁하였다.

성경공부 인도를 부탁받은 하디는 요한복음 14~16장을 중심으로 설교를 준비했다. 그가 준비한 설교의 주제는 "그리스도를 믿음"(요 14:12~14), "그리스도 안에 거함"(요 15:7), "오순절 성령 체험"(요 16:23~24) 등 세 가지였다. 그런데 그는 말씀(설교)을 준비하는 과정에서 성령 체험을 하였다. 하디의 증언이다. 하디는 이 증언록에서 자신을 제3자, '그'로 표기하였다.

> 그러나 그[하디]는 설교를 준비하면서 이 말씀을 전함에 솔직하지 못하다는 사실을 깨달았다. 왜냐하면 그는 우선 본문 말씀에서 언급하고 있는 믿음이 없었기 때문이고, 그리스도 안에 거하는 삶을 살지 못하고 있음을 그 자신뿐 아니라 그의 설교를 듣는 이들도 알고 있었기 때문이며, 수년간 성령 충만의 필요성을 말하기는 했지만 그 자신 성령 충만을 받아야 한다고 고백하지 않았기 때문이다. 죄책감이 깊어지면서 평안이 솟구쳤는데 그것은 모든 죄에서 씻김을 받았다는 믿음에서만 얻을 수 있는 것이었다. 그러면서 그리스도 안에 거하며 말씀대로 살겠다는 결심과 성령을 받았다는 확신이 임하였다.[2]

말씀 앞에서 자신의 한계와 위선을 인식하고 회개하면서 성령의 임재를 경험한 하디의 체험은 1738년 5월 24일에 일어났던 웨슬리의 올더스게이트 체험과 유사하였다. 웨슬리처럼 하디도 믿음의 확신과 성령 충만을 경험하였다. 그도 웨슬리처럼 모태 기독교인으로 태어나 관습적인 신앙생활과 목회(선교)로 일관하다가 좌절과 한계를 느끼던 중 성령의 임재와 함께 회개와 중생을 체험하였다. 이로써 하디는 참 웨슬리언(true Wesleyan)이 되었고 진정한 감리교도(truly Methodist)로 거듭났다. 웨슬리가 올더스게이트에서 영적 체험을 한 후 그곳에 있던 모라비안교도들에게 공개적으로 증언하였듯 하디도 원산 사경회에 참석했던 다른 선교사들에게 방금 자기 안에서 일어난 영적 체험을 간증했다. 그러자 그 자리에 있던 다른 선교사들도 같은 체험을 하였다고 고백했다. 오순절 마가 다락방의 제자들에게 임했던 성령 강림이 1903년 원산 선교사들의 기도모임에서 재현된 셈이다. 그렇게 1주간의

---

2) R. A. Hardie, "God's Touch in the Great Revival", *The Korea Mission Field* (Jan. 1914), 22.

선교사 연합기도회를 마친 하디는 8월 31일, 주일예배 때 원산교회 한국인 회중 앞에서도 공개 자백을 했다. 하디의 1904년 연회 보고다.

성령께서 내게 임하시어 첫 번째 명하신 것은 선교사 생활의 대부분을 할애했던 사람들 앞에서 내가 실패하였다는 사실과 실패한 원인을 밝히라는 것이었습니다. 이는 참으로 고통스럽고 창피한 일이었습니다. 그러나 '하나님은 그것을 선으로 바꾸사 오늘과 같이 많은 백성의 생명을 구원하게 하시려 하셨나니'(창 50:20). 지난 수년간 나는 한국인들이 죄를 자백하고 회개에 합당한 열매를 맺는 것을 보고 싶었습니다. 하지만 이때까지 내 사역과 관련해서 지속적이고도 빈틈없는 회개, 고통을 수반한 회개를 본 적은 없었습니다. 많은 이들이 회개를 일종의 지적인 지식으로 알아 그렇게 받아들였으며 간혹 실질적이고 생생한 체험으로서 회개를 보기는 했지만 그것은 모두 남의 과오에 관한 것이었습니다. 그러나 [기도회를 마친] 바로 다음 주일 아침, 원산교인들 앞에 섰을 때 나는 곧바로 성령에 충만하여 수치와 곤혹스런 얼굴로 내가 교만했고 마음이 강팍했으며 믿음 없었음을 고백하였고 그때 비로소 교인들은 진정한 의미에서 회개가 어떤 것인지 목격하였습니다.[3]

이렇게 하디는 회개의 본(本)이 되었다. 회개하는 하디의 모습을 본 토착교인들이 그를 따라 회개하기 시작했다. 그 무렵 미국 스칸디나비아선교회 회장인 프랜슨(F. Franson)이 "아시아 방문 길에 원산에 들러 부흥회를 인도하고 싶다."는 의사를 전달해 왔다. 그래서 원산 선교사들은 준비 차원에서 9월 1일부터 한 주간 원산 선교부에서 특별 사경회를 개최하였다. 거기에서 토착교인들의 회개가 터져 나왔다. 처음에는 선교사들이, 다음은 선교부 직원들이, 이어서 지역교회 임원들이 회개하였다. 이것이 원산 부흥운동의 시

---

3) R. A. Hardie, "R. A. Hardie's Report", *Annual Report of Korea Mission of the Methodist Episcopal Church, South* (1904), 23~24.

작이었다. 이런 분위기에서 10월에 예정되었던 프랜슨 집회가 원산 장로교회에서 개최되어 교인들은 은혜를 받았다. 하디는 11월 다시 한 번 원산지방 교회 사역자와 임원들을 대상으로 특별 부흥회를 개최하였다. 역시 목회자와 교인들의 공개자복이 이어졌다. 이처럼 집회마다 공개적인 회개운동이 일어났고 선교사와 토착인 목회자, 교인 모두에게 성령 충만한 영적 갱신의 역사가 일어났다.

1903년 8월 원산에서 시작된 부흥운동의 열기는 1904년 접어들어 원산 경계 밖으로 확산되었다. 그 주역은 물론 하디였다. 그는 자신이 담당했던 원산과 강원도 북부 지역은 물론이고 다른 지역에도 초청을 받아 가서 부흥회를 인도하였다. 우선 1904년 1월, 연례대로 모이는 원산지방 사경회가 장로교와 감리교 연합집회로 개최되었는데 하디를 비롯하여 저다인과 캐롤, 노울즈 등 원산 기도회에 참석했던 선교사들이 인도했다. 원산 지역 교인들의 대대적인 회개운동이 일어났다. 하디는 2월에 김화 지경터교회와 개성 남부교회, 3월에 서울 자골교회 부흥회도 인도했다. 원산에서와 같은 성령세례와 통회자복이 터져 나왔다. 9월에는 남감리회 영역을 넘어 미감리회 서울 정동교회에서 집회를 열었다. 정동교회 교인뿐 아니라 이화학당과 배재학당 학생들도 성령을 체험하였다. 계속해서 하디는 10월에 평양 남산현교회, 11월에 인천 내리교회 부흥회를 인도한 후 안식년 휴가를 얻어 미국으로 돌아갔다. 하디가 안식년 휴가로 귀국한 동안에도 개성과 원산, 문산, 김화, 서울, 평양 등지에서 선교사들이 인도하는 부흥회와 사경회가 지속적으로 열렸다.

하디는 1906년 8월, 안식년 휴가를 마치고 돌아오자마자 평양에서 개최된 장로교와 감리교 선교사 연합사경회를 인도했다. 그는 3년 전(1903년) 원산에서 선교사 사경회 때 본문으로 읽었던 요한복음을 갖고 성경공부를 인도했다. 하디가 인도하는 사경회에 참석했던 그레함 리(Graham Lee)와 블레어(W. N. Blair) 등 북장로회 선교사들도 성령에 사로잡히는 체험을 하였다. 그리고 9월에는 방한 중이던 미국의 부흥전도자 존스턴(H. A. Johnston)이 평양 장대현교회에 와서 웨일즈와 인도의 부흥운동 소식을 전한 후 "한국에서는 누가 성령 충만을 받을 것인가?" 외치면서 한국교회 부흥을 촉구하였다. 그때부터 장대현교회 교인들과 북장로회 평양 선교사들은 한국교회 부흥을 위한 기도회를 시작하였다. 그것이 1907년 평양 부흥운동의 시발점이 되었다. 이런 식으로 하디는 원산에서 발화된 부흥운동의 불씨를 서울과 인천, 개성을 거쳐 평양까지 봉송(奉送)하는 역할을 감당하였다. 하디에게 한국교회 부흥운동의 아버지(father of Korean Revival)란 칭호가 붙여진 배경이다.

이런 준비과정을 거쳐 1907년 1월 6일부터 10일간 예정으로 장로교회의 평남노회 연합사경회가 평양 장대현교회에서 개최되었다. 첫째 주는 그저 그렇게 지나갔는데 둘째 주 월요일(1월 14일) 저녁부터 선교사들이 기대했던 성령 강림 현상이 나타났다. 당시 부흥회를 인도하던 장로교 선교사 그레함 리의 증언이다.

기도가 끝나고 몇 사람이 나와 간증한 다음 인도자가 찬송을 인도한 후, 집으로 돌아갈 사람은 가고 새벽까지 기도하며 자기 죄를 회개할 사람은 남아 있으라고 광고하였다. 대부분 돌아갔으나 5, 6백 명 정도가 남았다. 우리는 그들을 ㄱ자로 꺾어진 교회 중앙으로 모았다. 그리곤 기도회를 시작하였는데 기도회는 지금까지 우리가 보지 못했던 그런 형태로 진행되었다. 기도를 마친 후 회개할 사람이 있느냐고 하자 그 순간 하나님의 성령이 모인 사람들 위에 임하였다. 한 사람씩 일어나더니 자기 죄를 자백하고는 쓰러져 울기 시작했다. 그들은 마루에 몸을 뒹굴며 주먹으로 마루바닥을 치면서 극심한 고통을 호소하였다. 우리 집 요리사도 자복하면서 뒹굴었다. 그는 나를 보더니 '목사님, 말씀해 주세요. 내게 소망이 있습니까? 과연 제가 용서받을 수 있을까요?' 하면서 내게 달려와 몸부림치며 울기 시작했다.4)

---

4) G. Lee, "How the Spirit came to Pyeng Yang", *The Korea Mission Field* (Mar. 1907), 34.

원산에서 일어났던 것과 같은 현상이 평양에서도 일어났다. 원산에서 그러했던 것처럼 릴레이 회개가 이어졌다. 그날 저녁 집회는 이튿날 아침 10시가 되어서야 끝났다. 이후 낮이든 저녁이든

길선주와 서울 부흥집회

집회 때마다 통성기도에 이은 공개자복이 계속 일어났다. 길선주 장로가 "나는 아간이었다."며 공개 자백한 것도 이때였다. 이것이 한국교회사에 획기적인 사건으로 기록되는 1907년 평양 부흥운동의 시작이다. 10일간의 평안노회 연합사경회가 끝난 후에는 숭덕과 숭실, 숭의 등 평양시내 기독교계 학교에서 부흥운동이 일어났다. 특히 2월 초 숭실중학교에서 길선주가 인도한 학생 부흥회는 장로교회에서 시작된 평양 부흥운동 불길이 감리교회로 옮겨 붙는 계기를 만들어 주었다. 숭실중학교는 본래 북장로회 선교사 베어드(W. M. Barid)가 1897년 설립한 장로교 학교였지만 1905년부터 북장로회와 미감리회 선교부가 공동 운영하는 연합학교(union school)가 되었다. 그런 배경에서 숭실중학교에 다니던 감리교 학생들이 부흥회에 참석했다가 성령을 받고 통회자복하였다. 그렇게 회개하고 전도열정에 사로잡힌 감리교 학생 중에 손정도와 고정철, 강신화 등이 포함되었다.

이들 숭실의 감리교 학생들은 자신들이 출석하는 남산현교회에서도 장대현교회와 같은 부흥이 일어나기를 바랐다. 그런데 그 당시 남산현교회 담임자 이은승 목사는 양반 선비 출신으로 열광적이고 감정적인 부흥회에 부정적이었으므로 부흥회를 열지 않았다. 그러나 학생들의 설득으로 학생 기도회에 참석했다가 성령을 받고 회개운동에 합류하였다. 이로써 남산현교회도 부흥운동 열기에 휩싸였다. 남산현교회 부흥운동은 2월 10일 주일예배 때 시작되었다. 엄숙한 분위기에서 진행되었던 주일 오전예배에서 교인들이 "죄

를 자백하며 고꾸라지는" 현상이 나타났다. 그리고 바로 이튿날(2월 11일)부터 예정에 없던 특별 부흥회가 개최되었다. 오전(여자)과 저녁(남자)으로 나누어 평양지방 노블 장로사와 이은승 목사가 인도하였는데 역시 같은 현상이 나타났다. 집회를 인도했던 이은승 목사의 증언이다.

성신께서 우리 죽은 교회를 살리랴 하실 때에 먼저 죽이기를 시작하셨으니 모든 권능을 베푸시는 중에 특별이 행하는 것은 각 교우의 마음에 빛을 비추사 죄를 나타나게도 하시며 각 마음을 책망하사 진노하심을 나타나게도 하시며 각 마음을 떨리게 하사 그 죄를 심히 애통하게도 하시며 각 마음을 누르사 그 죄를 항복하게도 하시며 각 마음을 찌르사 가슴이 터지는 것 같게도 하시며 각 마음에 눈을 밝히사 십자가에 달리신 구주를 능히 바라보게도 하실새 어떤 사람은 음식을 전폐하고 여러 날을 지내며 엇던 사람은 잠을 이루지 못하고 여러 밤을 지내며 어찌하여야 구원을 얻으리이까 하는 이도 많더라.[5]

이 같은 통회자복 현상은 여성 집회에 참석했던 전도부인과 여성교인들에게도 나타났다. 그중에도 남산현교회 전도부인 김세지의 회개는 구체적이었다. 현장에서 이를 목격한 노블 부인(Mattie W. Noble)의 증언이다.

그[김세지]는 자기 죄로 인해 괴로워했다. 그는 울면서 손으로 마루바닥을 쳤다. 그는 자기를 주체할 수 없을 정도로 괴로워하다가 마음을 억눌렀던 죄를 회중들 앞에서 털어놓았다. 그 하나가 사랑 없이 분노로 행한 것인데 교회 나오던 부인이 죽었을 때 교인들이 생각했던 것처럼 그가 당연히 가서 시체에 염을 해야 했는데 사랑하는 마음이 없이 가서 하였고 한 번은 가기를 거부했다며 자백했다. 그리고 목사에 대해 불만을 품었던 죄도 자백하였다.

5) 이은승 "평양 오순절 략사", 「신학월보」 5권 2호 (1907년 6월).

또한 다른 사람들이 무서운 죄를 자백하는 것을 보고 바리새적인 태도를 취했었다는 것을 자백하는 단계에 이르러 자신을 주체할 수 없을 정도가 되었다.6)

노블 장로사와 이은승 목사는 남산현교회 부흥회를 한 주간 더 연장하면서 저녁 집회를 남녀 연합집회로 갖기로 했다. 비록 가운데 휘장을 쳐서 좌석을 구분하였지만 평양에서 같은 공간에 성인 남자와 여자가 함께 모인 것은 처음이었다. 그렇게 매일 저녁 집회에 2천여 명 인파가 모였는데 그중 반 이상이 여성이었다. 계속해서 2월에 광성보통학교와 정의여학교에서도 부흥회가 열려 청소년 학생들도 성령 세례를 경험하였고 마침 평양에서 개최된 목회자 양성과정 신학회에 참석했던 목회자(전도사)들도 성령 강림을 체험하였다. 3월 말 개최된 평양지방 부인연합사경회에도 참석했던 전도부인 3백여 명이 통회자복하였다.

이처럼 평양에서 감리교 부흥운동은 장로교보다 한 달 늦게 시작되었지만 그 열기와 규모는 장로교의 그것을 능가했다. 그리고 평양 남산현교회에서 개최된 부흥회와 신학회, 연합사경회에 참석해서 성령 강림을 체험한 지방의 목회자와 전도부인, 학생과 교인들을 통해 부흥운동의 열기가 전국 지방으로 확산되었다. 그리하여 평양에서 감리교 부흥운동이 한창 진행 중이던 2월에 황해도 해주와 평남 봉산과 증산, 평북 영변과 북진 등 북한의 미감리회 지역에서 부흥운동이 일어났다. 남산현교회 이은승 목사와 숭실중학생 손정도가 3월 말 인천 내리교회에 가서 부흥회를 인도한 결과 그곳에서도 교인들이 통회자복하면서 영적 갱신을 경험하였다. 4월에는 역시 숭실중학생 강신화와 고정철이 평양 교우 대표로 충남 공주읍 하리동교회(현 공주제일교회)에 가서 부흥회를 인도하였는데 역시 통회자복과 회개운동이 일어났다. 당시 하리동교회 권사였던 임동순은 공주교회 부흥회 결과를 이렇게 소개하

---

6) *The Journals of Mattie Wilkox Noble 1892-1934* (한국기독교역사연구소, 1994), 160.

였다.

얻은 바를 의론할진대 성신의 거듭남으로 각기 영광의 성신을 나타내며 결과를 말할진대 전에 속이고 도적질한 것을 무슨 물건이던지 돈이던지 각기 그 주인에게 보낼새 혹 먼 곳에는 우체로 전하고 아주 전할 곳이 없이 된 것은 다 하나님 앞에 바치고 감사로 기도할 때 형제자매가 더욱 성신에 충만하심으로 춤추는 모양이오, 심지어 소학도 수십 명까지 성신의 충만함으로 각기 울며 자복이 된 고로 어른이나 아이나 자매가 다 단체로 한 몸이 되여 즐기는 모양이 엄동설한에 소색[消色]한 겁기를 벗고 태양운회[太陽運回]에 새봄을 만남 같은지라. 옛말에 금실[琴絲]을 경장[更張]하면 새 곡조를 듣는다 하더니 과연 우리 형제자매의 새 마음이 저 즐김을 이름이라.[7]

이렇듯 부흥운동을 거치면서 한국교회의 체질과 성격은 전혀 새롭게 바뀌었다. 그런 변화는 부흥회를 통한 교인들의 영적 각성의 결과물이었다. 기독교 신앙의 실체와 의미를 바로 이해하지 못하고 교회를 경제적이거나 정치적인 수단으로 삼고자 출석했던 교인들은 부흥운동을 거치면서 기독교 신앙과 교회의 본질이 무엇인지 깨닫고 교회 출석과 신앙생활의 목표를 바로 세울 수 있었다. 그 결과 우울하고 어수선했던 한국교회 분위기가 단연 활기차게 바뀌었다.

2) 회개와 윤리적 갱신

1903년 원산에서 시작하여 1907년 평양에 이른 초기 부흥운동의 결과로 얻은 유익을 여러 가지로 설명할 수 있지만 가장 중요한 것은 회개와 윤리적 갱신이라 할 수 있다. 부흥집회를 통해 성령을 체험한 교인들에게 나타난 공

---

7) 임동순, "충청남도 공주 하리동교회 부흥한 결실", 「신학월보」 5권 2호 (1907년 6월).

동적인 현상은 네 가지로 설명할 수 있다. 첫째 자신이 죄인임을 깨닫고, 둘째 자기 죄를 공개적으로 시인(자복)하였으며, 셋째 자복 후 내적 평안과 기쁨을 누렸고, 넷째 회개 후 변화된 삶을 용서와 화해, 보상과 배상 등을 통해 구체적으로 보여주었다. 이는 곧 기독교, 특히 감리교에서 말하는 구원의 3단계, 회개와 중생과 성화의 체험이다. 이 체험으로 기독교는 다른 종교와 구별된다. 그리고 이런 체험을 거치면서 형식과 위선을 벗어나 진정한 그리스도인(real Christian)이 되었다. 선교사들은 부흥회에 참석한 교인들이 통회 자복하며 자기 죄를 회개하고 영적으로 거듭난 삶을 살아가는 모습을 보고 "한국 교인들이 비로소 기독교의 본질을 체험(Christian initial experience) 하였다."고 증언하였다. 초기 한국교회 부흥운동의 가장 중요한 결과라 할 수 있다. 1907년 2월 평양 부흥운동을 현장에서 목격한 미감리회 선교사 무어(J. Z. Moore)의 증언이다.

> 무엇보다 귀한 것은 이번 부흥운동으로 한국인들이 다른 식으로는 할 수 없는 그리스도인 체험을 하게 되었다는 점이다. 십자가와 보혈, 그리고 부활에 대한 옛 복음이 이제 값없이 주시는 은총, 충만하고 완전한 구원으로 생생하게 체험되고 있으며, 말 그대로 게으르고, 무능하고, 무익했던 무리가 변하여 엄청난 능력을 지닌 복음 전도자들이 되었다. 그뿐 아니라 기독교야말로 한국 백성들의 영적 기갈을 해소시켜 줄 수 있음이 증명되었다.[8]

이렇게 한국 토착교인들이 회개와 중생과 성화라는 기독교의 본질을 체험함으로 그동안 서양인의 종교, 선교사들의 종교로 치부되었던 기독교가 한국인의 종교로 뿌리를 내리게 되었다. 그것은 선교사들에게도 마찬가지였다. 선교 초기에는 선교사들 사이에 한국 교인들에 대한 편견과 선입견, 심지어 불신도 없지 않았다. 그러나 선교사들은 한국교회 부흥운동과 그 결과

---

8) J. Z. Moore, "The Great Revival Year", *The Korea Mission Field* (Aug. 1907), 118.

를 목격한 뒤 그런 부정적인 인식을 버리게 되었다. 원산 부흥운동의 주역이었던 하디도 처음에는 자신이 맡은 강원도 북부 지역 교회와 교인들에 대해 실망하였지만 부흥운동을 겪으면서 그런 생각이 바뀌어 한국교회와 교인을 보다 깊이 이해하고 지지하게 되었다. 당시 협성신학교 교장이었던 존스의 증언이다.

> 부흥운동의 결과로 선교사들은 전과 달리 한국인들의 삶을 보다 잘 이해하게 되었다. 이제 선교사들은 전보다 더욱 깊이 한국 교인들을 이해하게 되었고 보다 효과적으로 도울 수 있게 되었다. 한국에 나온 선교사들은 그동안 실망만 안겨 주었던 토착교인들이 이제는 가장 고귀한 삶의 좌표를 설정할 수 있다고 확신하게 되었다.[9]

또한 부흥운동을 거치면서 한국교회의 윤리적 갱신이 이루어졌다. 이미 여러 번 언급한 바이지만 초기 한국교회 부흥운동에 나타난 공통적이며 핵심적인 내용은 통회자복 혹은 공개자복으로 표현된 회개운동이었다. 1903년 8월, 하디가 처음으로 원산 선교사 기도회와 토착교회 회중 앞에서 자신의 오류와 한계를 공개자복한 후 그것이 본(本, sample)이 되어 집회 때마다 교인들이 공개적으로 자기 죄와 실수를 고백하는 현상이 나타났다. 그렇게 교인들이 집회 현장에서 공개적으로 자복한 죄는 거짓과 위선, 시기와 질투, 미움과 분노, 탐욕과 폭력, 절도와 횡령, 강간과 간음, 심지어 강도와 살인까지 다양하였다. 이런 치명적인 죄들을 공개적으로 자백할 때 현장에서 목격한 선교사들은 "마치 지옥의 판도라 상자를 열어놓은 것과 같았다."고 하였다. 그리고 통회자복한 교인들은 곧바로 자기가 미워했거나 해를 입힌 선교사나 교인들을 찾아가 용서를 빌었다. 교인들의 회개는 정신적이거나 심리

---

9) G. H. Jones · W. A. Noble, *The Korean Revival: An Account of the Revival in the Korean Churches in 1907* (New York: The Board of Foreign Missions of the Methodist Episcopal Church, 1910), 40.

적인 차원에 그치지 않았다. 횡령과 절도 등으로 남에게 물질적으로, 금전적으로 손해를 끼친 것도 보상 혹은 배상했다. 그래서 선교사들은 초기 부흥운동의 또 다른 특징으로 회개한 교인들의 배상 행위(restitution)를 언급하였다.

교인들의 배상운동은 교회 안에서 교인들 사이에만 이루어지지 않았다. 기독교인이 되기 전, 교인이 아닌 사람들에게 끼친 손해도 기억나면 배상하였다. 그 대표적인 예가 김화 새술막교회 윤성근 전도사다. 벽제 출신인 윤성근(尹聖根, 혹은 尹承根)은 1897년 고양읍교회 창설교인 중 한 명으로 하디와 함께 강원도 선교개척자로 활약하였다. 그의 전도로 김화 새술막과 지경터에 교회가 설립되었고 1900년 이후 김화에 머물면서 강원도 북부 지역 전도와 목회를 전담했다. 그런 윤성근 전도사가 1903년 9월 원산에서 개최된 하디 부흥회에 참석하였고 거기서 통회자복하며 과거의 죄를 고백하였다. 그는 "과거 선교사 밑에서 매서인 활동을 하던 시절 선교사 몰래 빼돌린 돈이 있다."며 횡령한 7달러(14원)를 선교사에게 갚았다. 선교사 돈만 아니었다. 그는 기독교인이 되기 전 인천 주전소(鑄錢所)에서 근무하였는데 그때 회사 경리 실수로 월급 두 달 치가 한꺼번에 나온 적이 있었다. 그때는 그것을 "웬 횡재냐?" 하며 썼는데 이제 성령을 받고 보니 결과적으로 정부 돈을 횡령한 것이라는 생각에 그 돈을 마련해 정부에 갚기로 했다. 그 무렵 그는 폐결핵을 앓고 있어 직접 하지 못하고 하디 선교사에게 부탁해서 정부(탁지부)에 갚도록 했다. 1904년 봄 별세하기 직전이었다. 이에 대한 하디의 증언(1918년)이다.

씨[윤성근]의 별세하기 조금 전에 원산의 첫 번 부흥회를 보고 집으로 돌아오는 길에 내게 말하기를 자기는 하나님께 자기 지나간 모든 죄를 다 생각나게 하사 다 회개할 기회 주시기를 기도하는 중에 생각난 일은 한 20여 년 전 자기는 아직 예수의 복음을 들은 일이 없는 때인데 조폐국(造幣局)에서 일하고 있는 중 어느 월급 주는 날 한 8원가량을 더 받은 일이 있는 것을 깨달은 것이라. 이 돈을 도로 갚는 것이 마땅함을 밝히 아노라 하고 그 돈을 내게 주며 탁지부에 보내주기를 청하더라. 나는 이 돈을 보내고 그 영수증 받은 것을 아직까지 보관하노니 아마 구한국 정부에게 양심의 자책으로 돌려보낸 돈은 이것이 처음이 되리라.10)

윤성근이 정부에 반납(배상)한 돈에 양심전(良心錢, consciousness money)이란 명칭이 붙여졌다. 이처럼 회개한 교인들의 물질적인 배상운동을 양심전운동이라 불렀다. 이런 현상은 1907년 평양 부흥운동 때도 나타났다. 회개한 평양 교인들이 시장의 중국인 상점에 찾아가 "몰래 훔친 비단을 되돌려 주거나 돈으로 갚았으며", 공주 하리동교회 교인들도 "전에 속이고 도적질한 것을 무슨 물건이던지 돈이던지 각기 그 주인에게 보낼새 혹 먼 곳에는 우체로 전하고 아주 전할 곳이 없이 된 것은 다 하나님 앞에 바치는" 현상이 연출되었다. 이러한 물질적 배상운동은 성령 체험의 결과인 양심회복에서 비롯된 것으로 심령의 회개를 행위로 증명하는, 성경에 이른바 회개에 합당한 열매(눅 3:8), 그것이었다. 그리고 회개한 교인들의 양심회복과 실천운동(배상운동)을 통해 교회 안에서뿐 아니라 불신자 사회에서도 '기독교인=양심적인 사람'이란 인식이 확산되었다.

그 결과 부흥운동과 회개운동을 거치면서 한국교회 안에 확고한 죄의식(罪意識)과 함께 새로운 윤리의식(倫理意識)이 형성되었다. 죄의식과 윤리의식은 동전의 양면 같아서, 해서는 안 될 것을 깨우치는 것이 죄의식이라면 해야만 하는 것을 깨우치는 것은 윤리의식이다. 실제로 부흥운동 기간 중에 통회자복하고 회개한 교인들은 기독교인으로서 지켜야 할 새로운 윤리 규범을 만들어나갔다. 평양 선교사 무어의 증언이다.

---

10) 하리영, "조선의 처음 남감리교인 중 1인이 되는 윤성근", 「신학세계」 3권 6호 (1918년 12월), 121.

[부흥사경회의] 하루 일정을 간단하게 소개하면 다음과 같다. 오전에는 한 시간 기도회를 하고 두 시간 동안 성경을 공부한다. 오후에는 한 시간 공부를 하고 나서 교인 생활에 활력소를 줄 수 있는 주제를 갖고 한 시간 동안 토론회를 가진 후 다시 한 시간 동안 거리로 나가 축호전도를 한다. 저녁에는 전도집회를 연다. 오후 토론회에서는 조혼(早婚)과 교육, 순결, 흡연 등의 주제를 놓고 공개 토론으로 진행된다. 토론에 참가하는 토착교인들의 열정과 예리함은 놀랄 만하다. 무엇보다 놀라운 사실은 한국 교인들이 토론을 통해 문제된 것에 대해 도덕적 규범(moral stand)을 정립한다는 점이다. 내가 목격한 토론회 가운데 가장 인상에 남은 것은 금연 문제에 관한 것이었다. 교회에 나온 지 2년밖에 되지 않은 교인이 얼마나 훌륭하게 연설을 하였는지 토론에 참석했던 여덟 명의 교회지도자들(모두 속장이거나 교사)은 담배를 끊기로 결의하였다.11)

이런 식으로 한국교회 지도자들은 (선교사의 간섭이나 지도를 받지 않고) 자발적인 토론회를 통해 기독교인으로서 지켜야 할 윤리규범을 만들었다. 그에 따라 기독교인으로서 금해야 할 죄목(罪目)도 설정되었다. 그중에는 거짓과 횡령, 살인, 간음, 절도 등 지역과 종교를 떠나 인류가 보편적으로 죄로 규정한 것들도 있었지만 음주와 흡연, 도박, 축첩(蓄妾), 노비(奴婢), 제사(祭祀), 점복(占卜), 주술(呪術) 등과 같이 기독교가 들어오기 전에는 죄의식을 갖지 않고 행했던 것들도 포함되었다. 이런 행위는 전통종교인 유교나 불교, 무교, 민간신앙에 근거한 관습들인데 그것이 기독교 원리에 비추어 비도덕적인 것으로 규정되기 시작한 것이다. 이런 습관적 행위들이 새롭게 죄목으로 분류되었다는 것은 지금까지 한국사회를 지배해온 유교 및 전통종교의 윤리를 대체할 새로운 기독교 윤리가 형성되고 있음을 보여주는 것이다. 그리고 실제로 기독교인들은 자신들이 정한 윤리규범에 따라 실천하였다.

---

11) J. Z. Moore, "The Great Revival Year", *The Korea Mission Field* (Aug. 1907), 116.

이러한 기독교적 윤리의식과 규범이 봉건적 가치관이나 규범을 지키려는 보수층과는 갈등과 충돌을 빚었지만 새로운 사회질서와 개혁을 원하는 진보적 청년층은 봉건적 가치관이나 규범을 대체할 창조적 대안으로 여겨 이를 모방, 실천하였다. 그러면서 교회 안에서 교인들이 시작한 새로운 생활윤리가 근대화 과정을 거치면서 교회 밖 일반사회에도 파급되어 새로운 사회윤리로 자리를 잡아 나갔다. 주일 휴무와 금주금연, 노비해방, 1부1처제 등이 대표적인 예다. 이런 식으로 부흥운동을 거치면서 기독교인의 신앙윤리가 일반 사회윤리로 자리 잡아 나갔다. 그 결과 웨슬리가 강조했던 바, 개인 구원이 사회 구원으로, 또한 개인 성화가 사회 성화로 연결되는 윤리적 갱신이 초기 한국교회 역사에서 구현되었다.

3) 선교 연합과 교회 합동운동

초기 부흥운동의 또 다른 유익한 결과는 한국교회의 연합과 일치운동이 활성화되었다는 점이다. 초기 부흥운동 과정에서 토착교인들이 회개한 죄 중에는 미움과 시기, 불신과 반목, 갈등과 분쟁 등 잘못된 인간관계에서 빚어진 것들이 많았다. 교인들은 이런 죄들을 공개적으로 자백하면서 당사자를 찾아가 용서를 빌고 화해를 시도하였다. 그 결과 선교사와 토착교회 지도자, 교인과 교인 사이에 화해 분위기가 조성되었다. "성령이 하나 되게 하신"(엡 4:3) 결과였다. 이런 분위기와 환경에서 한국교회의 초교파 연합운동 및 교회 합동운동이 활발하게 전개되었다.

이미 살펴본 대로, 한국에 들어온 기독교(개신교)는 다양한 교파 및 교단 배경을 지닌 교파형 교회(denominational Church) 형태로 들어왔다. 칼뱅주의를 추구하는 장로교회만 해도 미국의 남장로회와 북장로회, 캐나다장로회, 오스트레일리아(호주)장로회 등 4개 교회 선교부가 독자적으로 선교사를 파송하였고 웨슬리 전통의 감리교회도 미국의 미(북)감리회와 남감리회 등 2개

선교부가 별도 조직과 체제로 한국 선교에 참여했다. 그리고 영국계열의 성공회와 구세군, 플리머드형제단(기독동신회)이 들어왔고, 후에 한국 성결교회의 모체가 되는 미국 동양선교회, 침례교 계통의 엘라딩선교회와 대한기독교회(동아기독교), 미국 회중교회 계열의 일본 조합교회도 들어왔다. 이외에 반(反) 개신교회 전통의 천주교회와 러시아정교회까지 포함하면 말 그대로 한국에는 세계 기독교의 각 교파 교회들이 들어와 각기 선교와 전도 활동을 펼쳤다. 그리고 토착인 목회자 양성과 신학교육도 각 교파 선교부별로 선교사들이 주도하면서 자연스럽게 한국교회 안에 교파주의 신학(denominational theology)이 뿌리를 내렸다. 이렇듯 같은 기독교 신앙을 표방하면서도 10개가 넘는 교파 및 교단 선교사들이 들어와 경쟁적으로 포교 활동을 펴는 것이 일반사회는 물론이고 교인들에게도 부정적인 모습으로 비쳐졌다.

물론 선교 초기부터 교파주의 선교를 극복하려는 노력이 없지 않았다. 한국 선교를 주도한 장로교와 감리교의 개척 선교사들은 초교파 연합운동에 우호적이었다. 1885년 부활절에 같은 배를 타고 인천에 도착한 북장로회의 언더우드와 미감리회의 아펜젤러는 서울 정동에 정착한 후 연합교회(union Church)를 함께 시작했고 일본에서 가지고 들어온 이수정 역 「누가복음」 개정 작업을 시작하여 1887년 두 사람 공역으로 「마가의 전한 복음서 언해」를 출간하였다. 이것을 계기로 장로교와 감리교 선교사들이 성서번역자회와 성서번역위원회를 조직하고 한글 번역작업을 시작하여 1900년에 신약, 1910년 구약 번역을 완료하고 인쇄하였다. 한글 성경 번역 작업은 초교파 연합선교단체인 미국과 스코틀랜드, 영국의 성서공회 지원하에 이루어졌다. 같은 맥락에서 기독교문서 출판 사업도 초교파적으로 추진하였다. 1890년 6월 정동에서 장로교와

아펜젤러가 번역한
「마가의 전한 복음서 언해」(1887)

감리교 선교사들이 대한성교서회(The Koran Religious Tract Society)를 창설하고 이곳을 통해 「성교촬리」와 「훈아진언」, 「덕혜입문」, 「장원량우상론」, 「텬로력정」, 「인가귀도」 등 기독교 교리문서와 전도책자, 정기간행물을 발행하였다. 성교서회는 1915년 명칭을 조선예수교서회로 바꾸었는데 오늘의 대한기독교서회 전신이다.

이처럼 선교 초기부터 성경 번역과 기독교문서 출판, 기독교청년회 분야에서 연합과 협력을 경험했던 선교사들은 초기 부흥운동을 거치면서 더욱 자신감 있게 초교파 연합운동을 추진하였다. 1903년 원산 부흥운동의 주역이 된 하디는 자신이 속한 남감리회 경계를 넘어 미감리회와 북장로회, 캐나다장로회 선교구역에도 가서 부흥회를 인도하였고 1907년 평양 부흥운동은 장대현 장로교회에서 발원하여 남산현 감리교회로 전파되는 양상을 띠었다. 그 결과 선교사와 한국교회 교인들은 교파를 초월하는 초대교회 오순절 체험을 하였다. 이런 체험을 바탕으로 선교사들은 선교 연합을 넘어 교회 합동운동까지 전개하였다. 장로교와 감리교 합동에 관한 구체적인 논의는 1905년 6월 서울에서 이루어졌다. 그 과정을 장로회 4개 선교부 연합기관지 *The Korea Field*는 다음과 같이 보도했다.

성령의 모든 현상이 그러하듯 이 연합운동이 어디서 시작되었는지 확인하기 힘들다. 바람처럼 불어와 많은 사역자들의 가슴에 그 임재를 느끼게 해주었다. 처음에는 한두 명으로 시작하였지만 수년 전부터 많은 이들이 한국에서 그리스도 복음을 전하고 있는 두 큰 교파 교회가 보다 더 가까이 연합하기를(closer union) 기도해 왔다. 그리고 우리는 언제나처럼 주님께서 주시겠다고 약속하신 성령이 임하심으로 우리 마음을 부드럽게 하시고 우리 가운데 역사하고 계심을 깨닫게 되었다. 그 계기는 6월 말 미감리회 해리스 감독의 방한으로 이루어졌다. 그는 '하나님 능력의 계시'처럼 우리에게 다가와 우리로 하여금 주님께 더욱 가까이 다가가도록 이끌었다. 그 결과 우리는 세

한국 감리교회 역사

상적인 목표를 잊는 대신 그 너머 지상에 하나의 그리스도교회를 세우시려
는 주님의 움직임을 확인하게 되었다. 우리는 해리스 감독이야말로 감리교
와 장로교를 뛰어넘어 예비하신 시간에 예비하신 메시지를 전달하러 온 메
신저인 것을 알았다.12)

당시 해리스 감독은 1905년 6월 24일부터 서울 정동교회에서 열린 미감리
회 연회를 주재하기 위해 방한 중이었다. 일본과 한국 감리교회의 관리 감독
이었던 해리스 감독은 (비록 미국에서는 여전히 남북으로 나뉘어 있지만) 선교지
에서 남북감리회의 선교 연합과 교회 합동에 적극적인 입장을 취하였다. 마
침 일본에서는 미감리회와 남감리회, 캐나다감리회 등 3개 감리교회의 합동
을 추진하고 있었다. 그런 상황에서 미감리회 연회 셋째 날인 6월 26일 북장
로회 서울 선교부 책임자인 게일(J. S. Gale)로부터 스크랜턴 장로사에게 "양
측 대표자들이 모여 연합 문제를 논의해보자."는 서한이 도착했다. 이에 미
감리회 연회는 해리스 감독과 스크랜턴 장로사, 케이블, 스웨어러, 벙커, 벡
크(S. A. Beck), 폴웰, 홀 부인, 커틀러, 힐만 등을 대표로 선발하였다. 그리
하여 그날(6월 26일) 저녁 정동 벙커 선교사 사택에서 모임을 가졌다. 북장
로회 선교부 대표로는 게일과 애비슨, 베어드, 밀러(H. Miller) 등이 참석했
고 마침 서울에서 성경 번역을 하고 있던 남장로회 선교사 레이놀즈(W. D.
Reynolds)도 참석했다. 결과적으로 미감리회와 북장로회, 남장로회 3개 선교
부 대표자 모임이 되었고 사회는 해리스 감독이 맡았다. 진지하고도 열띤 토
론 끝에, 다음과 같이 결의하였다. 1) 한국에서 대한예수교회(The Church of
Christ in Korea)라는 명칭의 단일 개신교회를 설립할 것, 2) 교육과 의료, 복
음 전도, 문서출판 분야에서 선교 연합과 협력을 한층 강화할 것, 3) 교회 합
동과 선교 연합을 협의하고 추진하기 위해 각 선교부 대표들로 연합공의회
를 조직할 것 등이었다. 미감리회 연회는 이런 결의사항을 승인하면서 연회

---

12) "Union", *The Korea Field* (Aug. 1905), 257.

안에 연합위원회를 구성하여 남감리회 및 다른 장로교 선교부와 협의해 나가도록 힘을 실어 주었다. 여기에 다른 선교부에서도 적극 호응하였다. 그리하여 장로교와 감리교 선교사들은 그해 9월 초 서울에서 "하나 되게 하소서"란 주제로 연합사경회를 가진 후 9월 11일부터 15일까지 서울 이화학당에 모여 감리교의 미감리회와 남감리회, 장로교의 북장로회와 남장로회, 호주장로회와 캐나다장로회 등 6개 선교부가 회원으로 참여하는 한국복음주의선교연합공의회(General Council of Protestant Evangelical Missions in Korea)를 조직하였다. 연합공의회는 창립총회 때 채택한 헌장에서 "선교 사역에서 협력을 추구하며 궁극적으로 한국에서 하나의 복음주의 토착교회(one native evangelical Church)를 조직하는 것을 목적으로 한다."고 하여 선교 연합과 교회 합동이 조직과 사업의 목적인 것을 분명히 하였다. 이로써 한국에 명실공한 초교파 에큐메니컬운동협의체가 처음으로 탄생하였다. 이렇게 조직된 선교연합공의회는 처음에 선교사들만 참여하다가 1918년부터 한국교회 대표들도 참여하는 조선예수교장감연합협의회(Korean Church Federal Council)로 발전하였고 다시 1924년 조선예수교연합공의회(Korean National Christian Council)를 거쳐 1931년 조선기독교연합공의회로 명칭을 바꾸었는데 오늘의 한국기독교교회협의회(NCCK)의 전신이다.

조선예수교장감연합협의회
제1회 회록(1918. 5)

이렇게 1905년 9월 조직된 선교연합공의회는 헌장에 명시된 대로 선교연합과 교회 통합, 두 가지 방면에서 논의와 사업을 추진하였다. 선교 연합은 이미 성경 번역과 문서 출판 분야에서 해오던 것이라 어렵지 않았다. 그러나 단일 개신교회 설립을 위한 교회 통합은 쉬운 과제가 아니었다. 연합공의회는 교회 통합을 위해 공의회 안에 제도 연구위원회와 교리 연구위원회를 설치하고 논의를 시작했는데 신앙과 교리적인 문제보다 제도와 조직에 관한 정치적인 문제에서 일치를 보기 어려웠다. 어려울 것으로 예상했던 교리(신앙고백) 문제는 오히려 장로교(칼빈주의)와 감리교(웨슬리주의) 교리 중에 완전 성화와 신인 협력론과 같이 서로 상충되는 교리는 접어두고 개신교회 전통의 보편적인 내용으로 정리하면 타협이 가능한 일이었다. 실제로 그 무렵 캐나다에서 장로교와 감리교, 회중교회, 성공회 등이 단일 연합교회를 조직하면서 제정한 신조가 있어 그것을 한국의 단일 대한예수교회 신조로 채택하자는 제안도 있었다. 하지만 정치와 제도 문제에 있어서는 장로교회가 취하고 있는 개교회 중심의 당회 → 노회 → 총회 형태의 상향식 회중주의(congregationalism)와 감리교회가 취하고 있는 연회 → 지방회 → 구역회 형태의 하향식 감독주의(episcopalism)를 절충할 수 있는 제도와 조직을 만든다는 것이 쉽지 않았다. 게다가 한국에 선교사를 파견한 미국과 캐나다, 호주 등 본국 교회의 선교본부나 총회로부터 초교파 단일교회 설립에 대한 허락을 받는 것도 쉽지 않았다.

결국 한국교회는 교파주의 장벽을 넘지 못했다. 지지부진한 합동 논의 끝에 연합공의회는 1910년 더 이상의 교회통합 논의를 중단하기로 하고 선교협력과 연합운동에 치중하기로 결정하였다. 이로써 성사되었더라면 한국에서 단일 개신교회로 새로운 역사를 기록했을지도 모를 대한예수교회는 탄생되지 못했다. 교회 통합은 포기했지만 선교연합공의회의 두 번째 과제인 선교 연합에 관한 논의는 활발하게 진행되었다. 선교 연합은 서로 다른 교파 교회 선교부들이 같은 지역에서 같은 내용의 사역을 추진하는 데서 오는 경쟁과 갈등, 낭비를 줄일 수 있을 뿐 아니라 기능과 인력, 재정을 통합하고 분담함으로 사역의 효과를 극대화할 수 있었다. 이런 피선교지의 선교 연합 활동을 본국교회 선교부도 적극 지지하였다. 그 결과 1905년 9월 선교연합공의회는 창설과 함께 교육과 의료, 문서 출판, 주일학교 사업에서 연합 사역을 추진하기로 의견을 모았다.

우선 교육 분야에서는 서울과 평양에 중등과정의 연합학교를 설립하기로 하였다. 그리하여 1905년 가을부터 서울에서 장로교 경신학당과 감리교 배재학당이 합성중학교란 명칭으로 통합 수업을 시작하였고, 평양에서도 베어드가 설립했던 숭실학당에 미감리회 선교부가 참여하는 연합학교로서 숭실중학교를 시작했다. 북장로회 여선교부가 설립한 숭의여학교도 미감리회 해외여선교부가 참여하는 연합학교로 운영되었다. 대학교도 장로교와 감리교 연합으로 설립되었다. 1906년부터 평양에서 숭실대학교(Union Christian College)가 북장로회와 미감리회 선교부 연합으로 운영되었고 서울에서도 1910년부터 연합대학교 설립을 추진하여 1915년에야 조선예수교대학(Chosen Christian College)을 시작했다. 이것이 후에 연희전문학교를 거쳐 오늘의 연세대학교가 되었다. 비록 서울의 합성중학교나 평양의 숭실중학교, 숭실대학교, 숭의여학교의 연합교육이 3년 내지 10년 만에 중단되고 말았지만 서울과 평양 등 대도시에서 이루어진 연합교육은 장로교와 감리교 학생들이 교파를 초월하여 함께 교육을 받는 에큐메니칼 교육 공간이 되었다.

　　의료 사역의 연합도 서울과 평양에서 진행되었다. 서울에서는 북장로회 선교부가 설립한 세브란스병원(전의 제중원)에 1908년부터 미감리회 폴웰(E. D. Fallwell)과 남감리회의 리드(W. T. Reid), 그리고 영국성공회의 와이어(H. H. Weir)가 합류하면서 연합 선교기관으로 운영되기 시작했다. 그리고 세브란스병원 부속으로 설립된 의학교는 북장로회 선교부 운영으로 시작되어 1908년 첫 졸업생을 낸 후 1916년부터 5개 선교부가 참여하는 세브란스연합의학전문학교(Severance Union Medical College)가 되었다. 평양에서는 미감리회 선교부가 운영하는 기홀병원과 광혜여원(여자병원), 그리고 북장로회 선교부가 운영하던 제중원이 통합해서 1921년부터 평양연합기독병원으로 운영되었다. 이 외에 서울과 평양에서 북장로회와 미감리회 여선교부 연합으로 간호사 양성 사업도 진행되었다.

　　문서 출판 분야에서도 연합이 이루어졌다. 이미 1890년 설립된 대한성교서회를 통해 다양한 기독교문서들이 초교파적으로 간행되고 있었는데 1905

년 연합공의회 조직과 함께 교파별로 간행하던 찬송가와 정기간행물도 통일하기로 하였다. 찬송가의 경우 감리교회는 「찬미가」, 장로교회는 「찬양가」와 「찬송시」를 사용하고 있었는데 이들을 모두 통합하여 1908년 「찬송가」를 간행했다. 그때부터 감리교회와 장로교회가 하나의 찬송가를 사용하는 전통이 수립되었다. 정기간행물의 경우, 한글 신문(주간)으로는 감리교회의 「그리스도회보」와 장로교회의 「그리스도신문」을 합쳐 1905년 7월부터 장·감 연합신문으로서 「그리스도신문」을 간행했는데 1907년부터 제호를 「예수교신보」로 바꾸었다. 그리고 선교사들을 위한 영문 잡지로 장로교의 *The Korea Field*와 감리교의 *The Korea Methodist*가 간행되고 있었는데 1905년 11월부터 이 둘을 통합하여 *The Korea Mission Field*라는 제호로 발행하기 시작하였다. 그 외에 각 교파별로 진행하던 주일학교 사업과 공과발행, 문서출판도 연합공의회에서 맡아 초교파 연합 사업으로 추진했다.

연합공의회의 또 다른 중요한 역할은 연합공의회의 6개 회원 선교회 사이에 추진되는 선교지역 분할협정을 조정하는 일이었다. 교계예양(教界禮讓, territorial comity)으로도 불렸던 선교지역 분할협정은 넓지 않은 한반도에서 10개가 넘는 교파, 교단 선교회가 들어와 선교 사역을 전개하는 과정에서 일어날 수 있는 경쟁과 중첩을 피하고 지역선교를 효과적으로 추진하기 위한 방안이었다. 이미 1892년 6월 미감리회와 북장로회 선교회 대표들이 모여 다음과 같이 원칙을 정했다. 1) 인구 5만 이상 대도시에서는 두 교회가 함께 사역할 수 있으며, 2) 5만 이하의 도시에서는 이미 선교사가 주기적으로 방문해서 교인들을 지도하고 있는 선교회가 선점한 것으로 간주하며, 3) 선교지역을 확장할 때는 다른 선교회가 들어가지 않은 지역으로 하며, 4) 교인이 다른 선교회 관할 지역으로 옮길 때는 이명증서를 통해 이루어지며, 5) 다른 선교회에서 실시한 교인 훈련과정과 내용을 존중하며, 6) 한 선교회에서 봉급을 받는 사역자를 다른 선교회에서 고용할 수 없다는 것 등이었다. 이런 원칙에 따라 미감리회와 북장로회는 인구 5만 이상 도시인 서울과 평양, 원산에서 함께 사역하였고 다른 지역은 1개 선교회, 1개 도시 원칙을 따랐다.

미감리회와 북장로회 뒤를 이어 호주장로회와 캐나다장로회, 남감리회 등이 한국 선교에 참여하면서 이들 6개 선교회 사이의 쌍방, 혹은 다자간 선교지역 분할협정이 이루어졌다. 1905년 9월 조직된 연합공의회가 그 조정과 협정의 창구가 되었다. 그리하여 1907년 강원도 지역을 두고 남감리회와 북장로회 사이에, 1908년 경기도와 황해도, 강원도, 충청도 지역을 두고 미감리회와 남감리회 사이에, 1908년 충청도와 황해도 지역을 두고 북장로회와 미감리회 사이에, 1909년 경상도 지역을 두고 호주장로회와 북장로회 사이에 각각 선교지역 분할협정이 이루어졌다. 캐나다장로회는 함경남북도 지역, 호주장로회는 부산과 경상남도 지역, 남장로회는 전라남북도와 제주도 지역을 각각 독점적 선교지로 할당받아 선교하였다. 이렇게 연합공의회를 통해 선교지역 분할협정에 참여한 6개 선교회는 담당한 지방의 중심 도시에 선교거점으로 선교부(mission station)를 설치하고 복음 전도와 의료, 교육, 여성, 사회복지 사업을 전개하였다. 다음은 1909년 마무리된 선교지역 분할협정에 따라 6개 선교회가 담당한 지역과 선교부 현황이다.[13]

선교회	선교부	선교지역
미감리회	서울	서울 고양 양천
	인천	인천 강화 교동 주문 삼산 덕적 부평 부천 영흥
	수원	수원 안산 남양 사강 제암 오산
	이천	이천 광주 여주 오천 음죽 양근 장호원
	공주	공주 연기 경천 대전 논산 강경 부여 홍성 삽교 당진 보령 광천 청양 서산 안면도
	천안	천안 상환 둔포 조치원 아산 진천 음성
	원주	원주 문막 횡성 평창 영월 정선 충주 진천 음성 제천 청풍 영춘 단양 괴산
	강릉	강릉 삼척 울진 평해 정선
	해주	해주 옹진 강녕 연안 배천 옹진 사리원 평산 신계 봉산 수안 서흥
	평양	평양 신창 중화 진남포 삼화 양덕 함종 삼화 맹산 성천 개천 은산 순천 강서 증산 강동 용강
	영변	영변 구장 개천 북진 태천 운산 희천

13) "Agreement on Division of Territory", *Annual Meeting of the General Council of the Protestant Evangelical Missions in Korea* (1909), 32~34.

남감리회	서울	서울 양주 의정부 포천
	개성	개성 개풍 금천 평산 신계 토산 이천 안협 장단 고랑포
	원산	원산 덕원 안변 통천 고저 고성 내금강 회양 양양
	춘천	춘천 양구 화천 홍천 인제 가평
	철원	철원 김화 김성 창도 평강 삭녕 연천
북장로회	서울	서울 고양 파주 교하 양근 광주 과천 용인 양지 진위 양성 안성 시흥 김포 죽산 통진 지평 양주
	청주	청주 연풍 문의 영동 회인 창산 보은 청안 옥천 황간 괴산
	대구	대구 김천 경산 달성 칠곡 고령 성주 영천 경주 포항 울릉
	안동	안동 영천 영주 영양 예천 청송 영덕
	재령	재령 봉산 수안 곡산 황주 은률 문화 장연 신천 송화 풍천 안악 평산 서흥
	평양	평양 안주 숙천 영유 순안 강동 자산 삼등 중화 상원 영원 덕천 개천 순천 은산 맹산 성천 강서 증산 용강
	선천	선천 의주 용천 철산 곽산 정주 가산 창성 벽동
	강계	강계 자성 후창 초산
남장로회	전주	전주 김제 완주 임실 정읍 부안 고창
	군산	군산 서천 부여 익산 옥구
	광주	광주 나주 담양 광산 장성 함평 영광
	목포	목포 영암 무안 해남 영암 신안 진도 제주
	순천	순천 여수 광양 구례 곡성
호주장로회	부산	부산 김해 동래 양산 밀양
	마산	마산 창원 함안
	진주	진주 산청 하동 남해
	거창	거창 함양 합천
	통영	통영 거제 고성
캐나다 장로회	원산	원산 문천 고원 안변 덕원 영흥
	함흥	함흥 이원 단천 풍산 삼수 갑산
	성진	성진 길주 명천 무산 경성
	회령	회령 종성 경흥 청진 나진

인구 5만 이상의 대도시로서 2개 이상 선교회가 선교부를 설치하고 공동 선교를 추진한 곳은 서울(미감리회와 남감리회, 북장로회)과 평양(미감리회와 북장로회), 원산(남감리회와 캐나다장로회) 등 세 곳뿐이었다. 지방 군 단위에서 두 개 이상의 선교회가 겹치는 경우도 있었지만 면 단위에서 겹치는 곳은 없었다. 결국 서울과 평양, 원산을 제외한 도시나 지방에서는 어느 한 선교회가 선교 사역을 독점하는 형태로 취하였다. 그 결과 선교지역 분할협정이 목

적했던바 선교회들 사이의 불필요한 경쟁과 사역 중복을 피할 수는 있었지만, 시간이 흐르면서 지역 교회와 교인들 사이에 특정한 교파 교회의 신앙과 교리, 예배문화가 뿌리를 내려 자기 신앙습관과 다른 교회나 교인들을 배척하게 되었다. 고질적인 지방색에 배타적 교파주의가 결부된 것이다. 이런 체제로 일제강점기를 지난 후 해방이 되었을 때 감리교 선교와 목회를 전혀 경험해 본 적이 없었던 경상도와 전라도, 제주도 일대에서 감리교회가 지역의 장로교회와 교인들로부터 오해와 배척을 받게 된 것도 당연했다. 이렇듯 선교지역 분할협정은 한국교회사에서 밝은 면과 함께 어두운 그림자도 남겼다.

4) 백만명구령운동

이렇듯 여러 가지 측면에서 한국교회 체질과 성격, 분위기를 바꾸어 놓은 평양 부흥운동은 1907년 하반기에 접어들면서 그 열기가 급속도로 식었다. 그것은 헤이그 특사 사건을 시작으로 고종 황제의 강제퇴위, 정미7조약 체결, 구한국부대 강제해산에 이르는 일본의 국권침탈과 이에 저항하는 항일 의병운동이 전국에서 일어나 극도로 불안해진 정치사회적 환경 때문이었다. 1905년 이후 한반도에서 실질적인 통치권을 행사하고 있던 통감부는 민족주의 진영은 물론 기독교인들의 대중 집회마저도 규제하여 자유롭게 부흥회나 전도집회를 열지 못했다. 그에 따라 교회 분위기도 급속도로 침체되었다. 이런 상황에서 선교사들은 꺼져가는 부흥운동의 불씨를 되살려 침체된 한국교회 분위기를 쇄신하고자 노력하였다. 그렇게 해서 나온 것이 1909년의 백만명구령운동(百萬名救靈運動, One Million Souls for Christ Movement)이다.

이 운동은 남감리회 선교구역인 개성에서 처음 발의되었다. 1909년 7월, 개성에서 사역하던 스톡스(Marion B. Stokes, 도마련)와 리드(W. T. Reid, 이위만), 갬블(Forster K. Gamble, 감보리) 등 남감리회 선교사 3명이 산(山)기도를 떠났다. 이들은 모두 20대 후반 청년이라는 점과 1880~90년대 한국 선교를 개척했던 아펜젤러나 스크랜턴, 존스, 리드, 콜리어, 하디의 뒤를 이은 2세대 선교사들이라는 점에서 공통점이 있었다. 실제로 개성 남성병원에서 사역하고 있던 리드는 남감리회의 한국 선교 개척자였던 리드(C. F. Reid)의 아들이었다. 이들 세 명은 평양 부흥운동이 일어난 1907년 내한해서 도착하자마자 한국교회의 뜨거운 부흥운동을 현장에서 목격하였다. 그런데 그 부흥운동의 열기가 1년 만에 급속도로 냉각되는 것을 보고 이를 안타깝게 여겨 다시 한국교회에 부흥운동과 전도운동이 활발하게 일어나기를 위해 기도하기로 했다. 기도회에 참가했던 스톡스의 1909년 연회 보고다.

> 지난 1년 동안 영적 축복을 많이 받았는데 그중에도 지난 7월 개성에서 1주일간 열린 기도회를 통해 가장 놀라운 은총을 체험했습니다. 모든 선교사들이 이 기도회에 참석하여 이때에 하나님께서 우리에게 주실 축복이 무엇이든 그것을 받기까지 기도하자고 결의하였습니다. 목요일 저녁에 우리 세 사람이 함께 기도하고 있는데 성령께서 강하게 역사하셔서 우리 마음의 모든 죄를 씻겨 주셨고 곧 성령으로 충만케 되었습니다. 곧바로 한국인들 사이에서도 성령의 역사가 일어났습니다. 그 결과 우리를 돕고 있는 한국인 조사 모두와 다른 구역에 있는 상당수 사역자들이 깨끗케 하시고 섬기게 하시는 성령의 세례를 받고 새로운 능력과 봉사하는 자세로 주님을 위해 일하고 있다는 사실을 보고할 수 있게 된 것을 하나님께 감사드리는 바입니다.[14]

1903년 8월 원산의 하디와 선교사들의 기도회 모임에서 일어난 것과 같은 현상이 개성에서도 일어났다. 산기도를 하면서 성령 체험을 한 선교사들은 개성으로 돌아와 교인들에게 "1년 만에 교인 5만 명이 되게 해달라고 기도하자."고 호소했다. 당시 개성 교인 수는 5천 명 수준이었다. 1년 안에 10

---

14) M. B. Stokes, "Report of Songdo East, and E Chun Circuit", *Annual Report of Korea Mission of the Methodist Episcopal Church, South* (1909), 32.

배가 운동을 벌이기로 한 것이다. 이를 위해 세 선교사는 8월 한 달 동안 개성지방 각 교회를 돌면서 전도집회를 열었다. 그리고 그해 9월 2~6일, 서울 사직동에 새로 마련한 서울(남자) 선교부에서 개최된 연회에 참석한 개성 선교사들은 개성지방의 5만명구령운동 보고를 하였고 이 보고를 접한 연회원들은 전국 지방이 모두 참여하여 "1년 안에 교인 20만 명을 구원하자."는 결의를 하였다. 당시 전국 남감리회 교인 총수는 주일학생을 포함해 2만 명 수준이었다. 그렇게 해서 남감리교회의 20만명구령운동이 시작되었다. 그리고 다시 그해 10월 9~13일, 신축된 서울 황성기독교청년회관에서 개최된 한국복음주의선교연합공의회에 참석한 장로교와 감리교 6개 선교회 선교사들은 남감리회의 개성지방과 연회에서 추진하고 있는 구령운동에 대한 보고를 받은 후 전국 교회가 "금년에 백만 명을 그리스도에게로"(One Million Souls for Christ in Korea this Year)란 표어를 내걸고 부흥운동과 전도운동을 전개하기로 결의하였다. 그렇게 해서 백만명구령운동이 시작되었다. 당시 한국 전체 개신교인 수는 20만 수준이었다. 이처럼 개성에서 사역하던 남감리회 선교사들의 산기도에서 시작된 5만 명 전도운동이 3개월 만에 한국교회 전체가 참여하는 1백만 명 전도운동으로 발전하였다.

이렇게 선교연합공의회에서 백만명구령운동을 결의할 즈음 마침 미국의 유명한 채프먼-알렉산더 순회전도단이 서울에 도착했다. 1890년대부터 무디와 토레이 부흥운동에 직접 참여하였던 장로교 부흥운동가 채프먼(J. W. Chapman)과 알렉산더(C. M. Alexander)를 비롯하여 오트먼(F. C. Ottman)과 하크니스(R. Harkness), 노튼(R. C. Norton), 데이비스(G. T. B. Davies) 가족으로 구성된 대규모 부흥전도단이었다. 이들은 1909년 봄에 미국을 출발, 태평양 지역 순회 전도여행 길에 올라 피지와 오스트레일리아, 필리핀과 중국을 거쳐 한국에 들어왔다. 그리고 서울에 도착하자마자 선교사들이 백만명구령운동을 시작하기로 했다는 소식을 듣고 이 운동을 적극 후원하기로 했다. 특히 찬송가 〈나의 믿음 약할 때〉(He will hold me fast) 작곡자로도 유명한 찬양 사역자 하크니스는 백만명구령운동을 위한 찬송을 즉석에서 만들어 집회 때마다 부르게 하였다. 그가 만든 〈백만구령운동가〉는 1909년 연말에 인쇄된 「찬송가」에도 수록(267장)되었다.

1. 금년에 백만명을 구원해 줍소서
   금년에 백만명은 과하지 안으며
   능하신 도 족하야 죄인을 구하니
   그 도를 성신께서 깨닫게 합소서

후렴) 금년에 백만명을 구원해 줍소서
   참 도를 온 대한에 퍼지게 합소서

2. 금년에 백만명은 이 어둔 지방에
   주 피로 구원함을 곧 얻게 합소서
   그 일군 감화하고 할 마음을 줍시고
   성신의 권능 받어 힘쓰게 합소서

3. 금년에 백만명을 주께로 청하세
   금년에 백만명은 주 일군 될 잘세
   인력은 부족하나 주 전능하시니
   온 마귀 합력해도 주 뜻을 못막네

그렇게 해서 알렉산더와 채프먼이 인도하는 전도집회가 서울부터 시작해서 평양까지 이어졌다. 장로교 목회자와 전도자들로 구성된 알렉산더-채프먼 순회전도단의 참여로 처음에는 소극적이었던 한국 장로교회의 선교사와 목회자들이 이 운동에 적극적인 태도를 보였다. 해를 바꾸어 1910년 선교연합공의회에서는 3월 20일 주일을 백만명구령 기도주일로 정하고 전국 교회가 전도집회와 거리전도에 참여하기로 결의했다. 그리고 그해 9월 선천에서 열린 조선예수교장로회 독노회에서는 이 운동을 정식으로 채택하고 10월 14일부터 한 주일 동안 특별 새벽기도회를 열기로 결의했다. 이렇듯 백만명구령운동은 감리교 쪽에서 발의한 것을 장로교 쪽에서 받아 전국적인 운동으로 발전시켰다.

백만명구령운동은 교회에서 행하는 기도회와 전도집회 외에 자원 전도자들의 날연보(日捐補)와 쪽복음 전도로 진행되었다. 날연보는 1907년 평양 부흥운동의 열기가 한창일 때 나타난 자원 전도운동의 형태로서 교인들이 돈과 쌀 같은 물질을 헌금하듯 시간(날)을 하나님께 바치고 바친 날에는 개인이나 세속적인 일을 하지 않고 하나님의 일을 하는 것인데 주로 전도하는 일에 시간을 바쳤다. 그리고 쪽복음 전도는 교인들의 헌금으로 소형 전도책자나 단편 복음서를 인쇄하여 전도자들을 통해 반포하는 방식이었다.[15]

백만명구령운동은 성공하였는가? 백만명구령운동 기간 중 선교사와 교인들은 "금년에 백만 명을 구원해 주소서."라고 기도하였고 그 목표를 이루기 위해 노력했다. 그러나 1년 안에 1백만을 전도한다는 것은 처음부터 무리한 목표였다. 수치상으로야 교인 1명이 5~10명을 전도하면 된다는 계산이 나오지만 결과는 그렇지 못했다. 쪽복음과 날 연보 같은 대대적인 전도운동이 1년 동안 진행되었음에도 실제 결과는 기대에 훨씬 못 미쳤다. 우선 교세 통계를 보면, 백만명구령운동을 처음 발의한 남감리회의 경우 1910년 19,471명에서 1911년 19,785명으로 불과 314명(1.6%) 증가하였고, 미감리회는 50,435명에서 53,334명으로 2,899명(5.7%), 장로교의 경우 140,470명에서 144,261명으로 3,791명(2.7%) 증가하여, 전체적으로 1년 동안 7,004명 늘어났다. 400%의 목표치에 3%의 실적을 보인 셈이다. 3% 신도 증가율은 1890년대 이후 한국교회가 보여준 증가 추세에도 미치지 못한 것이다. 결국 한국교회는 1백만 명을 목표로 하여 대대적인 전도운동을 전개하였지만 20만 명 수준을 넘지 못했다. 이런 교세는 1920년대까지 지속되었다.(한국 개신교인 수

---

15) "The Million Movement and Its Results", *The Korea Mission Field* (Jan. 1911), 5.

가 1백만을 넘긴 것은 해방 후 1960년대이다)

그렇다면 통계상으로 백만명구령운동은 실패한 셈이다. 그 원인은 무엇일까? 첫째, 수적 성장에 대한 환상적 기대감 때문이었다. 20만 교인이 1년 안에 80만을 전도한다는 것도 무리였지만 당시 한국 인구가 1천 3백만이었던 점을 감안할 때 1.5% 기독교인 비율을 1년 사이에 7.7%대로 끌어 올린다는 것은 상식을 초월한 목표치였다. 교회 발전을 통계상의 수치 증가로 측정하려는 교회 성장론의 무리한 목표 설정에서 실패의 원인을 발견할 수 있다. 둘째, 백만명구령운동이 한국 교인들의 자발적인 참여를 이끌어내지 못했다는 점이다. 쪽복음 전도나 날 연보 같은 대중 전도운동에 한국 교인들이 적극 참여한 것은 사실이지만 이 운동이 개성에서 5만명구령운동으로 출발하여 3개월 사이에 백만명구령운동으로 발전하는 과정이 철저히 선교사 모임에서 논의되고 결정되었다. 결국 선교사들이 결정한 것을 한국 교인들이 수행하는 형태로 진행되었다. 그 결과 원산이나 평양 부흥운동과 같은 한국교회 지도자들의 주도적인 참여가 불가능하였고 선교사들의 운동으로서 한계를 벗지 못했다. 셋째, 백만명구령운동이 전개되던 당시 사회·정치적 상황에서 그 원인을 찾아볼 수 있다. 1909~10년은 우리나라가 일본에 병합되는 시련기였다. 일본의 지배를 받게 된 민족의 절망과 울분이 극에 달한 시기에 전개된 전도운동이 민족주의자들에게 호응을 얻지 못할 것은 당연했다. 백만명구령운동이 한창 진행되고 있던 1910년 4월 민족주의 언론 「대한매일신보」에 실린 사설이다.

기독교를 존숭하는 자 중에 엇던 사람은 다만 령혼 구하는 것만 알 뿐이오 육신의 영욕은 상관업다 하며, 다만 천국 길 닥는 것만 알 뿐이오 인간의 사업은 상관이 업다 하며, 다만 천당과 지옥의 복과 화만 알 뿐이오 국가와 민족의 보존하고 멸망함은 상관이 업다 하나니 이거시 엇지 가히 두려워할 바 아닌가. 오호라. 이 희미한 지경에 빠진 동포들이여. 공연히 종교는 나라이

업다 하는 편벽된 주견만 믿지 말고 오직 국가 정신을 분발하여 상제의 진리를 어기지 말고 생존활동 안에 복락을 도득할지어다.16)

이 무렵 한국에 나와 있던 선교사들은 대부분 정교분리(政教分離) 원칙에 근거하여 기독교인의 사회 참여에 대해 부정적인 생각을 갖고 있었다. 해리스 감독이나 게일 같은 선교사들은 오히려 일본의 한국 지배를 지지하는 입장이었다. 그래서 백만명구령운동에 대해 일제 통감부는 "혹시 독립운동을 표방하는 백만명 기독교 십자군 양성에 목표를 둔 것이 아닐까" 하는 우려도 있었지만 "선교사들의 지도하에 한국 기독교인들은 정치적 저항운동 대신 초월적 종교운동으로 방향을 바꾸었다."며 안도하기도 했다. 큰 기대감을 갖고 시작된 백만명구령운동이 1910년 8월 이루어진 강제 한일합병을 기점으로 급속히 냉각된 이유도 거기서 찾아볼 수 있다. 이처럼 백만명구령운동은 선교사 중심의 교세성장운동으로서의 근본적 한계, 여기에 일제 침략으로 인해 우울했던 정치사회적인 환경 때문에 기대했던 결과를 얻지 못했다. 하지만 백만명구령운동은 1907년 평양 부흥운동 이후 침체했던 한국교회의 분위기를 일신하여 교인들로 하여금 기도와 전도운동에 매진함으로 교회의 역할과 기능을 회복하도록 이끌었고 그 결과 1910년대 일제 식민통치하에서 불의한 권력의 지배에 교회가 저항하고 투쟁할 수 있는 동력을 비축했다는 점에서 중요한 의미를 지닌다.

2. 초기 감리교회 신학교육과 여성선교

1) 목회자 양성과 신학교육

1903~07년 부흥운동을 통해 교인들이 늘어나자 이들을 지도할 토착인 목

---

16) 「대한매일신보」 (1910년 4월 15일).

회자 양성이 시급했다. 개척 선교사들은 선교 초기부터 목회자 양성을 위한 신학교육에 착수하였다. 아펜젤러는 들어올 때부터 필요한 인재를 양성해 달라는 한국 정부의 부탁을 받고 처음부터 학교를 통한 간접 선교를 계획했다. 게다가 1887년 봄 고종이 배재학당이란 교명을 지어 내려 보냄으로 아펜젤러는 한층 자신감을 가지고 종교교육을 추진할 수 있었다. 그런 배경에서 아펜젤러는 배재학당 안에 신학부(Theological department)를 설치했다. 아펜젤러는 정동에서 처음 학교를 시작할 때부터 미국의 대학을 염두에 두었기 때문에 학당 안에 영어학부와 한문학부, 공학부를 두었고 나중에 의학부까지 설립할 계획이었다. 그런 맥락에서 아펜젤러는 신학부를 통해 종교교육 지도자와 목회자를 양성할 계획이었다. 아펜젤러는 "1887년 배재학당 보고"를 통해 배재학당 안에서 신학교육이 이루어지고 있음을 보고했다.

> 우리 신학부는 아직 종교 자유가 없는 관계로 공식적으로 문을 열지는 못했습니다. 그러나 간절한 마음으로 말씀을 배우고 싶어 하는 학생 8명이 있어 방과 후에 선생들이 개별 지도를 하고 있습니다.17)

공식적인 학교 수업은 아니었지만 선교사들은 말씀을 배우고 싶어 하는 학생 8명을 방과 후에 따로 모아 성경을 가르쳤다는 것이다. 배재학당에 들어온 학생들은 대부분 "영어를 배워 출세하겠다."는 현실주의자들이었으나 시간이 흐르면서 선교사들의 종교인 기독교에 관심을 갖고 성경과 기독교 교리를 배우려는 학생들이 생겨났다. 그리고 한용경과 박중상처럼 용기를 내서 세례를 받는 학생들까지 생겨났다. 아펜젤러가 배재학당 구도자 학생들을 대상으로 신학부 교육을 시작한 시기는 그가 1887년 10월 배재학당 학생과 토착교인들의 성경공부 및 집회 장소로 남대문 안에 베델예배당을 마련한 어간으로 추정된다.

---

17) *Annual Report of Missionary Society of the Methodist Episcopal Church* (1888), 339.

아펜젤러의 배재학당 신학부 교육은 지속되지 못했다. 1888년 4월 명동성당 건축 사건으로 종교집회 금지령이 내려졌고 영아소동까지 일어나 베델예배당 집회와 함께 배재학당의 신학 공부도 중단되었다. 6개월이 지난 후에야 정동 선교부 안에서 조심스럽게 선교사와 선교부 직원 중심으로 집회가 재개되었지만 배재학당이나 이화학당에서 공개적인 종교교육은 할 수 없었다. 결국 목회자 양성을 위한 신학교육도 선교사들이 개인적 차원에서 토착 전도인에게 성경과 교리를 가르치는 형태로 바뀌었다. 그러다가 상황이 어느 정도 호전된 1893년 8월 미감리회 연회는 정식으로 본처 전도사(local preacher) 과정(4년)을 개설하기로 결의하고 아펜젤러를 그 책임자로 임명하였다. 본처 전도사란 고향에서 생업에 종사하면서 교회를 돌보는 목회자로서, 감독이나 감리사(장로사) 파송을 받아 교회들을 순회하며 목회하는 순회 전도사(itinerant preacher)와 구별되었다. 이런 연회 결정에 따라 아펜젤러는 그해 1893년 겨울과 1894년 봄, 배재학당 출신 노병선과 문경호, 배재학당 교사 최병헌과 송기용 등 토착 전도인들을 모아 신학반(theological class)을 조직, 감리교 교리문답과 로마서, 창세기 등을 가르쳤다.

본처 전도사 양성과정으로 신학반 수업은 매년 두 차례, 주로 농한기 겨울에 2주간 실시되었다. 수업 참석자들은 함께 숙식하면서 공부했다. 처음에는 서울지방에서 사역하는 3~4명 전도인과 권사들이 주로 참여하다가 점차 인천과 강화, 평양, 수원 등 지방에서 올라온 학생들로 1898년에는 20명이 넘었다. 교사진으로 아펜젤러 외에 스크랜턴과 존스, 노블, 벙커, 스웨어러 등 거의 모든 선교사들이 참여하였다. 그리고 1898년 2월 서울에서 개최된 본처 전도사 과정에는 모두 21명이 참석했는데, 그중 1명은 개성 선교사 콜리어의 추천을 받아 온 남감리회 학생이었다. 신학교육만큼은 남북감리회가 연합하여 실시했다. 수업은 하루 네 시간씩 진행되었다. 수업은 3개 과정으로 제1과정은 암송 위주로 마가복음을 공부하고 제2과정은 예배와 성례전을 공부하였으며 제3과정은 교리와 사역에 관한 자유토론으로 꾸며졌다. 당시(1898년) 한국 선교연회 장로사로서 신학교육을 관장하였던 존스는 신학생들의 수업 태도, 특히 토론수업 장면을 이렇게 보고하였다.

> 토론 주제는 '마을이나 동네를 무시한 도시 중심 사역에 대한 평가', '전도하는 데 유교 가르침을 적용하는 문제', '자유의지와 악의 신비 문제' 등이었는데, 참석자들은 열띤 토론을 벌였습니다. 전체 과정이 유익하고도 유쾌하였으며 모두들 진지하게 참여하였습니다. 또한 참석자들은 공부하는 반 이름을 투표하여 '신학회'(Sin Hak-hoi)로 명칭하기로 결정하였는데 신학 협회(Association) 혹은 클럽(Club)이란 뜻입니다. 그들은 또 제안하기를 서울에서만 모이지 말고 다른 곳에서도 모이도록 하고, 시기적으로는 음력 정월 무렵이 좋다고 건의하였습니다.18)

이때부터 한국 감리교회 목회자 양성과정은 '신학회'(神學會, Sin-Hak-Hoi)란 명칭으로 불리었다. 그리고 학생들의 건의에 따라 수업 기간을 음력설 어간으로 확정하고 장소도 서울에 국한하지 않고 인천과 평양 등지로 옮겨 다니며 수업하였다. 이는 그만큼 지방에서 사역하는 전도사 신학생들이 늘어났다는 증거였다. 신학교육 과정은 신학생들의 적극적인 참여로 한층 체계적으로 추진되었다. 이에 미감리회 선교부는 1900년 12월부터 신학회 교재로 순한글 월간잡지 「신학월보」를 간행하였다. 한국교회사에서 최초 신학잡지로, 신학회에서 가르치는 성경과 교리, 신학 외에 교회 소식과 일반 역사, 상식도 수록하여 기독교인뿐 아니라 일반인들에게도 널리 읽혔다. 「신학월보」는 사경회와 신학회의 차이를 이렇게 설명하였다.

> 우리 교회에 긴급한 일은 교우들을 가르침이니 이 일로 사경회도 보며 신학

---

18) G. H. Jones, "Report of Acting Superintendent", *Official Minutes and Reports of the Korea Mission of the Methodist Episcopal Church* (1899), 22.

회도 볼지니라. 사경회란 거슨 각 교회 본 등지에서 볼 거시니 그 지방에 잇는 직분 가진 형제를 한 회로 모혀 성경과 교책(教冊)과 교법례(教法禮)를 공부할 거시며 신학회란 거슨 전도사들과 권사들과 및 장차 전도 직분 맛흘 형제만 참례하고 공부하는 회니 이 두 회를 비교하건대 사경회는 소학(小學)이오 신학회는 대학(大學)이니라. 근래에 사경회와 신학회 둘 다 힘써 보니 그 효험이 큰지라.[19]

이로써 감리교의 교회 임원과 지도자, 목회자 양성을 위한 교육 프로그램으로 사경회와 신학회가 정착되었다. 일선교회 임원 가운데 사경회에 참석했다가 목회자가 되기로 결심한 전도사들이 신학회에 들어가 전문적인 신학교육과 목회훈련을 받았다. 그렇게 신학회를 통해 교육과 훈련을 받은 전도사들은 연회가 규정한 4년의 '견습(見習) 과정'을 거쳐 목사로 안수를 받았다. 한국 감리교회의 첫 목사는 1901년 배출되었다. 즉 1901년 5월 18일, 서울 상동교회에서 개최된 미감리회 한국선교회 제17차 연회에서 무어 감독이 김창식과 김기범, 두 전도사를 집사(deacon)목사로 안수하였다(초기 감리교 목사 안수는 집사목사와 장로목사로 두 번에 걸쳐 안수했는데 요즘의 준회원 목사 및 정회원 목사와 비슷한 개념이다). 이로써 한국에서 감리교뿐 아니라 기독교(개신교)에서 첫 번째 한국인 목사가 배출되었다.

선교사들로부터 조선의 바울이란 칭호를 받았던 김창식(金昌植) 목사는 황해도 수안 출신으로 10대 소년 때 고향을 떠나 마부와 머슴 생활을 하면서 전국을 떠돌아 다녔다. 1888년 영아소동 때 "선교사가 아이를 잡아먹는다."는 소문의 진위를 알고 싶어 배재학당에 다니던 친구(이교영)의 소개로 서울 정동의 올링거 선교사 집에 하인(문지기)으로 들어갔다. 올링거 가족과 함께 생활하면서 선교사 가족의 신앙과 생활에 감동을 받고 개종을 결심하게 되었고 아펜젤러로부터 세례를 받았다. 1893년 홀과 함께 평양 선교를 개척하

---

19) "신학회와 사경회", 「신학월보」 1권 2호 (1901년 1월).

다가 1894년 평양 기독교도 박해 사건 때 체포되어 고문과 구타를 당하면서도 신앙을 지켰다. 청일전쟁 때는 피난을 가지 않고 십자기를 내걸고 예배당을 지켜 선교사들을 감동시켰던 헌신적 전도자였다. 김기범(金箕範)은 황해도 연안 출신으로 일찍이 고향을 떠나 인천에서 상업에 종사하고 있었다. 그러던 중 서울에서 온 전도인 노병일의 전도를 받고 인천 내리교회의 첫 번째 교인이 되었다. 존스를 도와 인천과 옹진, 연안, 해주 지역 선교에 임하였으며 1898년에는 맥길과 함께 원산에 가서 선교를 개척하기도 하였다. 김창식과 김기범이 목사 안수를 받음으로 미감리회는 한국 선교를 시작한 지 16년 만에 토착인 목회자를 배출하게 되었다.

1년 후 1902년 5월에는 평양 남산현교회에서 개최된 연회에서 최병헌(崔炳憲)이 역시 무어 감독에게 집사목사 안수를 받았다. 1901년 연회에서 김창식, 김기범 등과 함께 1차로 목사 안수를 받을 예정이었지만 그해에 집안 장례가 있어 1년 뒤에 안수를 받았다. 충북 제천 출신인 최병헌은 앞선 김창식이나 김기범과 달리 전통적인 양반 선비가문 출신이었다. 어려서부터 한학을 공부하여 수차례 과거시험을 보았으나 낙방하고 서울에 올라와 훈장 노릇을 하던 중 배재학당 다니던 친구(윤호)의 소개로 1888년 존스 선교사의 어학교사가 되었다. 그 후 배재학당 한문교사가 되면서 기독교를 접하였다. 유교에 대한 자부심이 강했던 그가 세례를 받기까지 5년 걸렸다. 1893년 존스에게 세례를 받은 최병헌은 아펜젤러가 설립한 종로의 기독교서점 대동서시를 맡아 중앙교회를 창설했다. 1899년 연회에서 정동교회 전도사로 파송을 받아 신학회 수업을 받으면서 아펜젤러가 발행하던 「대한크리스도인회보」와 존스가 발행하던 「신학월보」의 편집과 집필가로 많은 글을 발표했다.

그런데 최병헌이 목사 안수를 받은 1902년 연회 직후 그 자신뿐 아니라 한국교회 전체가 충격과 슬픔을 겪었다. 최병헌의 신앙과 신학 교사였던 아펜젤러가 6월 11일 밤 선박 충돌 사건으로 목숨을 잃은 것이다. 아펜젤러는 연회 후 목포에서 열리는 성경번역자회에 참석하기 위해 인천에서 일본선적의 구마가와마루(九馬川丸)를 타고 남쪽으로 가던 중 어청도 앞바다에서 그가 탄 배가 다른 일본선적의 키소가와마루(木曾川丸)와 충돌, 침몰하면서 그 안에서 희생되었다. 그때 아펜젤러는 그의 성경 번역을 도와주던 배재학당 한문교사 조한규(일명 조성규)와 방학을 맞아 고향으로 돌아가던 여학생과 함께 여행 중이었다. 상등 칸에 투숙했던 아펜젤러는 침몰하는 배에서 능히 피신할 수 있었음에도 하등 칸에 있던 조성규와 여학생을 구하러 내려갔다가 결국 탈출하지 못했던 것이다. 이런 아펜젤러의 마지막 모습은 생존 승객들을 통해 세상에 알려졌다. 마지막까지 양을 위해 자기 목숨을 버리는 '선한 목자'(요 10:11)의 모습을 보여준 아펜젤러의 죽음은 살아남은 선교사와 교인들에게 깊은 감동을 안겨주었다. 「신학월보」는 그의 마지막 모습을 다음과 같이 소개하였다.

우리가 그 파선할 때에 소문을 자세히 드른즉 구마천환에 잇던 선객들이 갑판으로 올나 목증천환으로 건너온 자는 살고 하등에 잇든 자들과 물에 뛰여 드러 간 자들은 부지거처라. 이때에 아편셜라 씨도 갑판에 올나 목증천환으로 건너고져 하다가 누구를 부르며 도로 나려가고저 한 모양이더라고 관광한 자들이 전하더라. 그 정지를 생각하여본즉 그럴 수밧게 업는 거시 경망 중에 자기가 몬저 올나왓시나 조 형제와 녀학도를 생각하고 구원코저 하다가 자긔 몸까지 바렷시니 무정무지한 바닷물이 장로사와 사랑하는 뜻슬 엇지 알리오.[20]

한국 선교 개척자로서 배재학당과 정동교회, 중앙교회를 설립하고 성경 번역과 신학교육의 기반을 닦았던 아펜젤러의 죽음은 한국교회에 큰 손실이었지만, 신학반이나 신학회를 통해 그에게 신학교육을 받은 토착인 목회자들이 계속 나와 그가 시작한 선교와 목회 사역을 계승하였다. 이후 집사목사

---

20) "남방 장로사 아판셜라 씨 별세함", 「신학월보」 (1902년 8월).

안수를 받은 사람을 보면, 1903년에 평양 남산현교회 이은승, 1905년에 상동교회 전덕기, 평양 남산현교회 강인걸, 1907년에 잠두교회 손승용, 인천 내리교회 홍승하, 강화 교동교회 권신일, 남양교회 김우권, 1908년에 해주교회 박원백, 영변교회 장락도, 진남포교회 이익모, 정동교회 현순 등이 집사목사 안수를 받았다. 그리고 1908년 김창식이 한국인 목회자로는 처음으로 장로목사 안수를 받았다. 이들 초창기 감리교 목사들은 거의 대부분 신학회 출신들로서 전도사로 3~5년 현장목회 경험이 있던 이들이었다. 이로써 미감리회 연회 안에는 15명이 넘는 토착인 목사들이 있어 선교사들과 함께 전국 지방에서 교회 목회와 복음 전도 사역에 임했다.

남감리회는 별도의 신학교육 과정을 운영하지는 않고 1899년부터 미감리회의 신학회 과정에 목회 지망생을 보내 훈련을 받도록 했다. 그러면서 선교사들이 자격과 실력을 검증하여 연회에서 전도사 직첩(職牒)을 주었다. 1904년 연회에서 처음으로 김흥순(金興順)을 전도사로 임명하였다. 김흥순은 본래 미감리회 상동교회 교인이었으나 1896년 리드 선교사가 한국 선교를 개척할 때 스크랜턴의 소개로 남감리회 매서인이 되어 고양과 파주, 문산 선교를 개척했던 전도자였다. 계속해서 1906년 연회에서 정춘수(鄭春洙)와 주한명(朱漢明)이 전도사 직첩을 받았고, 1908년 연회에서 이화춘(李和春)과 홍종숙(洪鍾肅)이 전도사 직첩을 받았다. 남감리회의 첫 번째 목사는 1911년 10월 연회에서 머라(W. B. Murrah) 감독에게 집사목사 안수를 받은 김흥수와 정춘수, 주한명 등 3명이었고 이듬해(1912년) 홍종숙과 이화춘도 집사목사 안수를 받았다.

이처럼 신학회를 통해 목회자 양성이 진행되던 중 1905년부터 미감리회와 남감리회 사이에 두 교회 합동으로 연합신학교를 설립하여 운영하자는 논의가 시작되었다. 2년간의 준비 끝에 1907년 협성성경학원(協成聖經學院, The Union Biblical Training Institute)이 설립되었다. 교수진으로 미감리회는 존스, 노블, 스웨어러, 모리스, 케이블, 무어를 파송하였고 남감리회는 하디를 파송하였다. 처음에는 신학회 때처럼 봄가을로 1년 3개월씩 서울과 평양, 개성 등지를 돌면서 유동식(流動式) 수업으로 진행하였다. 그러다가 1910년 가을, 서울 서대문 밖 냉천동 언덕에 5천 평 부지를 마련하고, 1911년에 2층 벽돌교사와 학생 기숙사, 선교사(교수) 사택 등을 건축하였다. 그때부터 정착 수업을 시작했다. 학교 명칭도 감리교협성신학교(監理敎協成神學校, Union Methodist Theological Seminary)로 바꾸었다. 1911년 12월 20일 제1회 졸업생 40명을 배출하였는데, 그 가운데는 이미 신학회 수업을 받고 목사 안수를 받았던 전덕기와 최병헌, 현순, 홍승하 등이 포함되었다. 남감리회 소속 목회자로는 김흥순과 정춘수, 주한명 목사를 비롯하여 6명이 포함되어 있었다. 협성신학교의 초대 교장으로는 존스가 취임하여 3년간 사역하였고, 1910년 2대 교장으로 케이블이, 1914년 3대 교장으로 하디가 맡아 이후 10년간 사역하였다.

한편 여성 목회자(전도부인) 양성과 신학교육은 한국 여성선교 개척자인 스크랜턴 대부인에 의해 1890년대에 시작되었다. 스크랜턴 대부인은 1885~1891년 정동에서 이화학당을 설립, 육성하는 일에 집중하였고, 1차 안식년 휴가를 다녀온 1892년부터는 남대문 상동(달성궁)에서 상동교회를 중심으로 서울 외곽과 경기도 남부 지역 선교에 집중하였다. 스크랜턴 대부인은 "한국 여성이 한국 여성에게"(Korean women to Korean women) 복음을 전하도록 하는 데 집중하였다. 무엇보다 토착인 여성 전도자, 즉 전도부인(Bible woman) 양성이 절실했다. 1893년 봄부터 상동교회에 출석하는 교인 가운데 성경과 기독교 교리를 배우겠다고 찾아온 기혼여성 5명을 데리고 교리공부반(catechism class)을 시작했다. 부인들 대부분 문맹이었으므로 한글부터 가르친 후 성경과 기초 교리를 가르쳤다. 진척은 느렸지만 결과는 좋았다. 학생들 가운데 복음 전도 사역에 헌신하겠다는 여성들이 나왔다. 이에 스크랜턴 대부인은 1894년부터 지원자를 상동교회 밖으로 확대하여 부인성경학원(Bible Woman's Training School)을 시작했다. 한국의 첫 여성신학 교육기관이었다.[21] 스크랜턴 대부인은 기혼여성, 그중에도 남편이 없는 부인들을 가르쳤는데 그것은 그들이 가정생활에 매이지 않고 전적으로 전도 사역에 종사할 수 있었기 때문이었다. 실제로 스크랜턴 대부인은 이화학당 시절부터 그런 과부나 기혼여성을 개인적으로 성경과 교리를 가르쳐서 초기 전도부인으로 활용했는데, 수원지방 전도부인 이경숙(이드루실라), 보구여관 전도부인 여메레, 인천지방 전도부인 백헬렌, 그리고 남감리회 여선교사 캠벨 부인에게 보내주어 남감리회 여성선교를 개척했던 김세라 전도부인 등이 대표적이었다.

이렇게 스크랜턴 대부인이 개인적으로 시작한 전도부인 양성사역은 그가 1901년 건강 때문에 귀국하면서 일시 중단되었다. 그러다가 1903년 미감리회 해외여선교회가 피어스(Nellie Pierce)를 부인성경학원 전담 선교사로 파송하면서 사역이 재개되었는데, 그도 내한 2년 만에(1905년) 대영성서공회 총무 밀러(H. Miller)와 결혼하면서 사역을 그만두었다. 다행히 1905년 병 치료를 마치고 귀환한 스크랜턴 대부인이 그 일을 다시 맡게 되었다. 스크랜턴 대부인의 이화학당 제자로서 미국 오하이오 웨슬리언대학을 졸업한 하란사(河蘭史)가 1906년 귀국하여 이화학당 교사로 일하면서 성경학원에 많은 시간을 할애함으로 부인성경학원은 중단되지 않고 꾸준하게 유지되었다. 1908년에는 앨벗슨(M. M. Albertson)이 부인성경학원 전담 선교사로 파송을 받아왔다. 그에 의해 학제가 미국의 정규 신학교와 같은 3년 과정으로 정비되었고 교과과정도 성경과 신학 과목 중심으로 편성되었다.

남감리회 여선교부도 미감리회처럼 선교사들이 개인적 차원에서 교회 여성들을 훈련하여 전도부인으로 활용하였다. 1908년부터는 미감리회 해외여선교회가 하고 있던 부인성경학원 사역에 동참하기로 결정했다. 학교 명칭도 연합부인성서학원(Union Woman's Bible School)으로 바뀌었다. 그동안 일정하지 않아 불편했던 수업장소도 정동의 손탁호텔 건물을 임대하여 사용

---

21) *Annual Report of the Woman's Foreign Missionary Society of the Methodist Episcopal Church* (1895), 74.

하면서 해결되었다. 학생 수는 29명으로 늘어났다. 그중 13명이 캠벨 부인이 관리하던 남감리회 소속 전도부인들이었다.

이처럼 앨벗슨 취임 이후 부인성서학원은 미감리회와 남감리회 연합 여자신학교로서 체제를 갖추었다. 그리고 1912년 3월 5일 상동교회에서 개최된 부인성경학원 제1회 졸업식에서 새로 마련한 규정에 따라 3년 과정을 모두 마친 전도부인 4명이 졸업했다. 그 주인공은 상동교회 출신으로 이화학당 교사를 거쳐 1920년대 절제운동가로 활약한 손메레(孫袂禮)와 역시 상동교회 출신으로 상동교회와 연화봉교회 전도부인을 거쳐 1920년대 북만주 하얼빈 선교사로 활동한 양우로더(梁雨露多), 졸업 후 부인성경학원 교수가 된 문(文)알베르토, 동대문교회 전도부인 박(朴)마불(혹은 裵袂別) 등이었다. 이때부터 매년 적게 5명, 많게는 20명 정도의 졸업생들이 나와 교회 전도부인과 기독교학교와 유치원 교사, 기독교여성단체 지도자로 활동하였다. 이렇게 부인성서학원을 안정적인 기반 위에 올려놓은 앨벗슨은 1918년 건강 문제로 귀국했다가 별세했다. 뒤를 이어 1916년부터 부인성서학원에서 강의한 채핀(Anna B. Chaffin, 채부인) 부인이 교장직을 맡아 20년 넘게 감리교 여성신학교육을 이끌었다. 부인성서학원 교사로 사용하던 정동 손탁호텔 건물은 1916년 미감리회 해외여선교회에서 구입하여 이화학당 대학부로 사용하게 되었고 부인성서학원은 1917년 서대문 밖 죽첨정(현 충정로)에 3층짜리 벽돌교사를 마련하고 옮겨 갔다. 그리고 1920년부터 남감리회와 미감리회 여선교부가 교수진과 운영비를 50 대 50으로 부담하여 명실공한 연합 사업으로 추진하기로 협약을 맺은 후 교명을 '협성여자신학교'(協成女子神學校, The Union Methodist Woman's Bible Training School)로 바꾸었다.

2) 초기 변증신학과 토착화 신학

토착교회 지도자들은 선교 초기부터 선교사들로부터 기독교를 소개받은 후 중국에서 들어온 한문 기독교 서적과 한글로 인쇄된 한글 성경과 전도책자를 읽고 초기 부흥운동을 통해 기독교 신앙의 본질을 체험했다. 또한 사경회와 신학회, 성경학원과 신학교를 통해 성경과 기독교 교리를 배우면서 기독교 신앙과 교리에 대한 이해를 하게 되었다. 그렇게 체득된 기독교를 설명하고 변명하는 과정에서 한국교회 신학이 형성되었다. 선교 초기 토착교회 지도자들의 신학적 진술은 두 가지 문제의식에 바탕을 두었다. 첫째, 기독교를 오해하거나 반대하는 이들에게 기독교를 어떻게 설명할 것인가? 하는 것과, 둘째, 기독교를 한국의 전통종교와 비교하여 그 차이와 특징을 설명하는 문제였다. 이 두 가지 문제의식에서 출발하여 한국교회의 변증신학(apologetic theology)과 토착화 신학(indigenization theology)이 나왔다. 이런 두 가지 신학은 선교사들의 진술보다는 한국의 전통종교와 문화에 대한 이해가 깊은 개종 제1세대 토착교회 지도자들의 자기 체험을 바탕으로 한 진술이 훨씬 설득력 있었다. 그러한 초기 변증신학과 토착화 신학의 구체적인 예를 살펴보고자 한다.

우선 1897년 조선성교서회에서 인쇄되어 나온 노병선(盧炳善)의 「파혹진선론」(破惑進善論)을 꼽을 수 있다. 노병선의 「파혹진선론」은 한국인이 저술한 첫 번째 기독교 변증론이라는 점에서 특별한 의미가 있다. 이 책이 나오기 전까지는 한문으로 된 서적이나 선교사들이 저술한 것을 한글로 번역해 출판한 책이 주로 읽혔는데 이제 한국인의 손으로 기독교를 변호하고 해설한 책이 처음 나온 것이다. 특히 이 책은 선교사와 기독교에 적대적인 수구 보수파의 기독교에 대한 비판과 오해를 반박하고 설득하려는 목적에서 저술되었다. 그런 점에서 2세기 박해시대 기독교를 탄압하는 로마 황제에게 기독교를 변호하는 글을 썼던 순교자 유스티노스(Justin martyr)의 변증론(apologia)에 비견되는 저술이라 할 수 있다. 이런 신학적 의미를 지닌 「파혹진선론」의 저자 노병선은 평북 철산 출신으로 배재학당에서 이승만과 신흥우, 윤성렬, 정교, 오긍선 등과 함께 공부했다. 그도 "영어를 배워 출세하려고" 배재학당에 입학했다가 기독교 복음을 접하고 정동교회 교인이 되었으며 졸업 후 배재학당 영어교사가 되어 배재학당 협성회와 정동교회 엡윗청년회를 지도하였다. 노병선의 「파혹진선론」에 대하여 당시 감리교 기관지 「대한크리스도인회보」는 다음과 같이 소개하였다.

교우 로병선 씨가 파혹진선론이라 하는 책을 지어 출판하엿는대 그 말씀의 종지는 서국 선교사들이 당초에 엇지하여 대한에 나아온 일과 나아와서 재한 사람을 엇더케 가르침과 병인들을 엇더케 구제함과 전파하는 교회의 근본 뜻시 무어시며 사람이 세상에 나서 당연히 할 일이 무어신지 천주교회와 예수교회가 엇더케 다른 거슬 대강 말슴하엿는대 리치가 소연하고 말슴이 분명하여 능히 세상 사람으로 하여곰 의혹을 파하고 착한대 나아가게 할지라.[22]

"의혹을 파하고 착한 데 나아간다."는 책 제목 그대로 「파혹진선론」은 선교 초기 일반인(토착민)이 기독교에 대해 품고 있던 의혹(질문)을 밝히는 것에 목적을 두었다. 노병선은 기독교에 대한 일반사회의 의혹을 두 가지로 설정하였다. 첫째는 서양 선교사들의 내한과 사역에 대한 의구심이었다. 선교사들이 한국에 와서 자기 돈을 들여가면서 학교와 병원을 세우고 교회를 하는 것은 무언가 숨기고 있는 좋지 못한 목적과 의도가 있는 것이 아닌가? 하는 의심이다. 둘째는 동양인에게 익숙한 동양 종교들이 있는데 굳이 낯선 서양 종교인 기독교를 믿을 필요가 있는가? 하는 질문이다. 이런 두 가지 의혹에 대하여 노병선은 기독교가 서양 종교가 아니라 오히려 동양에서 발원한 종교인 것을 지적하였다.

예수 씨는 동양 유대국 벳레헴에 사는 처녀 마리아의 몸에서 탄생하샤 무론

22) "형제가 책을 저술함", 「대한크리스도인회보」 (1898년 2월 3일).

누구던지 죄진 사람은 저를 인하여 죄를 벗게 하시고 또한 평생을 유대국으로 단니시며 악한 사람을 불너 회개식히시고 필경 삼십삼세에 도로 천국으로 도라가시면서 그 문도의게 친히 말슴하시기를 천하 만국만민이 다 너의 형제니 나 업는 동안에 회개하고 사죄하는 도로 만국만민의게 가서 전하라 하셨스매 그때브터 예수 씨의 가르치신 도를 한 사람의게 전하고 두 사람의게 전하야.23)

노병선은 예수 그리스도가 (서양인이 아니라) 아시아 대륙에서 출생한 동양인인 것을 강조하였다. 그렇게 동양(아시아) 서편 팔레스타인에서 발원한 예수의 도(기독교)가 "천하 만국만민에게 이 도를 전하라."는 그리스도의 명령에 따라 제자들에 의해 지중해를 건너 유럽과 아메리카에 전파되었다가 이제 다시 동양으로 전파된 것이다. 그리고 선교사들이 외국에 가서 복음을 전하는 이유를 이렇게 설명하였다.

하나님은 대자대비하시고 무소부지하샤 우리 동방 사람들이 몇 십 년을 모든 악을 행하고 마귀의 종노릇만 함을 불상이 녁이샤 미국에서 예수 믿는 사람을 빼서 보내시매 그 사람들이 우리나라에 와서 경향간에 단니면서 미련한 생령을 만히 가르쳐 귀화케 하니 한 끗흐로 반갑고 한 끗흐로 애석하도다. 이 도가 근본 동양에서 낫스니 동양 사람이 몬져 행하야 서양 사람들 가르칠 터인대 도로혀 우리가 서양 사람의게 가르침을 받으니 이상하도다.24)

엄밀한 의미에서 기독교는 동양의 종교도 서양의 종교도 아니었다. 기독교는 동양과 서양이라는 지리적, 지역적 환경과 한계를 초월하는 우주적 종교였다.

---

23) 노병선, 「파혹진선론」(1897), 4.
24) 노병선, 「파혹진선론」(1897), 5.

모르는 사람은 말하기를 서양 도니 동양에서는 쓸대 업다 하니 엇지 어리석지 아니리요. 대저 도에 근원은 하늘로브터 난거시라 엇지 서양 하늘과 동양 하늘이 다르다 하리오. 무식한 이들의 말이 사람이 무어슬 못하여서 천주학을 하리오 하며 또 잘못 되는 일이 잇스면 별안간 말하기를 천주학을 하엿나 하니 나는 이러케 말하는 사람들을 위하여 애석히 여기노라. 천주학이라 하는 뜻을 생각하면 하늘 천 임금 주 배울 학 세 글자니 하나님의 학이라 하는 뜻이니 엇지 소중치 아니리오.[25]

기독교는 동도(東道)도 아니고 서도(西道)도 아니며 동양과 서양을 초월하면서도 모두를 아우르는 하늘의 도 즉 천도(天道)였다. 그런 맥락에서 노병선은 조선 후기부터 경멸과 배척의 대상이었던 천주학이란 개념을 하나님을 배우는 학문으로 재해석하여 기독교(천주학)가 추구하는 진리의 초월적 우월성을 강조하였다. 물론 노병선은 이후 "또 모르는 사람들은 천주교나 예수교가 한 가지라 하나 대상 부동이라." 하고 천주교회와 예수교회(개신교)의 차이를 진술함으로 선교 초기 개신교 선교사들에게서 보편적으로 발견되는 반(反) 가톨릭교회 입장에서 크게 다르지 않음을 보여주었다. 이렇듯 노병선은 선교 초기 기독교를 서양의 종교, 패가망신하는 천주학으로 폄하하고 배척하는 수구, 보수파의 오해와 비판에 대하여 기독교를 하늘의 종교, 우리나라에 문명개발을 가져올 종교로 소개하였다.

이런 노병선의 변증신학을 계승하여 토착화 신학으로 발전시킨 인물이 최병헌이다. 우선 선교 초기 천주교에 대한 개신교회의 비판적 입장을 담은 책으로 1908년 탁사(濯斯) 최병헌이 번역 출간한 「예수천주량교변론」(耶穌天主兩敎辯論)이 있다. 비록 번역서이지만 최병헌은 이 책 서문에서 자신의 종교관(宗敎觀)을 이렇게 피력하였다.

25) 노병선, 「파혹진선론」 (1897), 6.

종교의 진리는 천상천하에 하나이오 고왕금래에 둘이 업는 것이라. 예수교와 천주교가 근본 로마교에서 시작되엿스니 상주를 존경하고 예수를 믿대 조곰도 분간이 업더니 일천오백년 래로 주교와 신부들이 성경의 뜻은 점점 멀니하고 사람의 지혜로 교회를 다스리매 상주께 죄를 엇을까 두려워하는 성인이 문호를 각립하시니 이에 신구 량교가 난호인 것이라. 26)

"모든 종교의 진리는 하나다." 이것이 목회자로서, 신학자로서, 종교연구가로서 최병헌 목사의 일관된 입장이었다. 모든 종교가 추구하는 진리가 하나라는 입장은 물론 기독교(개신교)가 그런 궁극적인 진리의 결집이라는 신념에 근거하였다. 그런 맥락에서 그는 비록 천주교와 개신교가 4백 년 동안 나뉘어 있지만 궁극에서 다시 하나가 되어야 한다(개신교로 통합)는 입장을 취하였다. 「예수천주량교변론」의 결론 부분이다.

만국 사람이 다 스스로 량교에 허실과 진위를 알지니 도가 올커든 행하고 그러거든 물너갈 것이며 천주교인도 또한 마음을 가난케 하야 성경을 상고하며 자기의 말과 행실이 성경 뜻에 합하고 아니한 것을 삷힐지라. 공연히 노여하야 스스로 올흔 체하지 말고 성령의 감화함을 받아 자기의 잘못함을 깨닫고 번연히 회개하야 우리 예수교로 더브러 함께 천부의 뜻을 좃고 함께 구주의 은혜를 힘닙어 함께 천국에 드러가 한가지로 영생에 복을 밧으시기를 우리가 간절히 바라고 원하는 바라. 27)

이러한 최병헌의 기독교 중심 종교합일론은 자신의 개종 체험과 종교연구에 근거하였다. 전통적인 유교 선비 가문에서 출생한 최병헌은 어려서부터 한학을 공부하여 유학자로 상당한 경지에 이르렀지만 수차례 과거시험에

---

26) 최병헌, 「예수텬쥬량교변론」 (정동예수교회, 1908), 1.
27) 최병헌, 「예수텬쥬량교변론」 (정동예수교회, 1908), 63~64.

실패한 후 존스의 어학선생과 배재학당 한문교사가 되면서 기독교를 접하고 '5년 탐색' 끝에 개종을 결심하고 존스에게 세례를 받았다. 그는 개종 전 유교에 대한 자부심이 컸지만 조선 후기 시대상황에서 윤리 실천과 사회발전 기여 부분에서 유교의 한계를 인식하고 있던 중 그런 유교의 한계와 결함을 보완할 수 있을 것이라는 보유론(補儒論) 입장에서, 그리고 유교를 포함하여 기존의 모든 종교가 추구하는 바를 완성하는 종교로서 기독교에 대한 확신에서 개종을 결심하였다. 기독교가 근대화와 사회 개혁, 국가 발전에 기여할 것이란 기대감도 개종에 중요한 동기로 작용하였다.

최병헌은 개종 후 기독교 서점인 대동서시(大東書市) 관리자로 전도 사역을 시작했는데 그곳을 통해 중국에서 인쇄된 기독교 서적들, 특히 「사교고략」(四敎考略)과 「제교참고」(諸敎參考)와 같은 비교종교학 저술들을 읽으며 기독교와 토착종교를 비교하며 연구하였고 신학반과 신학회에 참석하여 선교사들로부터 기독교 교리와 신학을 배웠다. 그의 전도대상은 주로 유교 선비들이었다. 최병헌은 그렇게 전도한 경험을 「대한크리스도인회보」에 발표했다. "고집불통"(1899년 3월 8일)과 "학자의 고명한 수작"(1899년 4월 5일), "산촌 학당을 가라침"(1900년 4월 11일) 등과 같은 글이다. 최병헌은 특히 1900년 3월 「대한크리스도인회보」에 "삼인문답"(三人問答)이란 글을 실었는데, 그의 초기 비교종교 연구의 내용을 보여주는 중요한 논문이다. 이 글은 그가 양반 관료층 인사들이 거주하던 '서울 북촌'에 가서 '주임관'(奏任官) 벼슬을 지낸 양반집 사랑방에서 그곳에 머물던 유교 선비에게 전도한 경험을 적은 것이다. 3인 대화는 전도인(최병헌)이 사랑방에 들어서며 "천하는 한 집과 같고 사해 안 사람은 다 형제라. 이곳에 계신 동포들도 구세주의 복음을 들어 계십니까?"라는 인사로 시작된다. 이에 집주인이 "우리나라 종교인 유교도 제대로 행치 못하거늘 하물며 다른 나라 종교를 어느 겨를에 행하리오." 하며 전도 듣기를 거부하였다. 역시 기독교를 외국 종교로 이해하고 있던 당시 일반 사회 인식을 대변한 것이었다. 이에 대한 전도인의 응답이다.

전도인이 갈아대 유 불 선 삼도가 모도 타국에서 왓거늘 엇지 우리나라 교라
하느뇨. 공부자[공자]는 로국 창평현에서 나시고 로백량[노자]은 초국 고현에
서 나고 석가여래는 천축국 석란도에서 낫시니 이 교의 조상들이 하나도 대
한 천지에서 난 이는 업스되 주인장 말슴이 우리나라 교라 하고 구세주께서
는 아세아 서편 유대국에서 나셧스니 또한 대한과 한 부주[部州] 안에 잇는지
라. 하필 외국교라 지목하고 행치 아니할 것이 무삼 곡절이 잇나잇가.[28]

최병헌은 우리나라 종교로 인식하고 잇던 유교나 불교, 도교도 실상은 중
국이나 인도에서 발원한 '다른 나라 종교'라는 점을 지적하였다. 그러면서 기
독교 창시자 예수도 아시아 서편 유대국에서 출생하였으니 불교나 유교, 도
교와 같은 아시아 종교인데 유독 기독교만 다른 나라 종교로 분류하는 것은
모순이라 하였다. 노병선과 마찬가지로 최병헌도 기독교가 서양 종교가 아
니라 동양 종교인 것을 강조한 것이다.

두 번째 대화는 유교 선비의 "도라 하는 것이 근본 하나이요 두 이치가 없
나니 우리가 무슨 교를 하든지 사욕을 막고 천리를 잇게 하며 악한 것을 징
계하고 착한 것을 권면하야 독실히 행하면 거룩한 지경에 이를지라. 하필 왈
공자교니 예수교니 부처교니 분별할 것이 무엇이뇨?"라는 질문으로 시작되
었다. 즉 각자 자기 종교에 충실하면 될 것이지 굳이 다른 종교로 개종하라
고 요구하는 것은 '종교간 갈등'을 야기하는 잘못된 포교방식이라는 주장이
었다.

선비 갈아대 태초시에 조화옹의 수단으로 태극 리치를 좃차 천작으로 된 산
청청한 지경에 경개가 절승하고 일월이 명랑한대 그 산 꼭대기에 다섯 성인
이 잇서 서로 담화하며 항상 한가하야 근심과 걱정이 업스니 다섯 성인은 공
부자[공자]와 로자와 석가모니와 구세주 예수 씨와 회회교의 모합백[모하멧]

---

28) 최병헌, "삼인문답", 「대한크리스도인회보」 (1900년 3월 21일).

이라. 그 산 우에 아모 사람이던지 올라만 갓시면 다섯 성인을 마음대로 맛나 보렷마는 동서남북에 각각 길이 다른 고로 이 길로 가는 사람은 저 길로 가는 사람을 비방하고 동으로 행하는 이는 서으로 행하는 이를 미워하야 자기의 주견대로 서로 시기하다가 부지중에 순전히 착한 도심을 일허바리기로 밝은 거울이 어두워지고 맑은 물결이 흐리여져서 천량의 마음과 본연한 성품이 변하야 가든 길을 중도 폐지하나니 엇지 그 상 우헤 득달하야 다섯 성인 보기를 바라리오. 실로 애석한 일이라.[29]

산에 오르는 길만 다를 뿐 어느 길로 오르든 산 정상에 이르면 그곳에서 종교간 갈등이나 경쟁이 없는 평화와 공존의 경지에 이르게 된다는 말이다. 산 정상에서 '한가로이 서로 담화하는' 다섯 성인은 곧 유교(공자)와 도교(노자), 불교(석가모니), 기독교(예수), 이슬람교(모하멧) 사이에 이루어지는 종교간 평화를 의미하였다. 이런 유교 선비의 주장은 현대신학에서 말하는 종교다원주의(religious pluralism), 즉 "모든 종교가 궁극적으로 추구하는 진리는 하나이므로 각자 자기 종교에 충실할 뿐이며 종교간 대화도 개종을 전제로 한 것이 아니라 자기 종교의 완성을 위해 할 것이다."는 논리였다. 이런 종교다원주의 입장에 대하여 최병헌은 두 가지 논리로 대응하였다. 첫째, 예수 그리스도는 다른 종교 창시자처럼 인간이 아니라 하나님이기 때문에 성현(聖賢)의 반열에 놓을 수 없는 분이고, 둘째, 그렇기 때문에 하나님이신 예수 그리스도를 구세주로 믿어야 죄 사함과 영생을 얻을 수 있다는 논리였다.

당초에 삼위일체 되시는 하나님으로 세상에 강생하신 고로 하나님의 권능을 가지셧시니 범상한 성신으로 비교하야 말할 수 업고 태서 각국이나 동양 제국이나 고왕금래에 홀로 하나뿐 되시는 구세주시니 오직 믿는 자는 구원함을 얻어 령혼이 영생할 거시오 믿지 아니하는 자는 하나님께서 죄를 정

29) 최병헌, "삼인문답(속)", 「대한크리스도인회보」 (1900년 3월 28일).

하사 영혼을 길이 죽게 되리라 하셧스니 선생께서도 죽기를 슬혀하고 길이 살기를 원하거든 어두온 대를 바리고 밝은 빗흐로 나아오시기를 바라나이다.[30]

전도자로서 최병헌의 기독교 중심주의, 기독교 완전주의 입장은 분명하였다. 이런 전도인의 주장에 유교 선비는 냉소하며, "공자 말씀에 착한 것을 하는 자는 하늘이 복을 주신다 하셨으니 오직 착한 일만 하였으면 복을 받는다." 하고 끝내 전도받기를 거절하였다. 글은 유교인을 상대로 한 전도가 실패한 것으로 끝나지만 최병헌은 이 글을 통해 기독교인으로 다른 종교를 대하는 태도와 입장을 분명히 밝혔다.

이런 최병헌의 신학적 입장이 잘 드러난 것이 「성산명경」(聖山明鏡)이다. 이 책은 최병헌이 1907년 「신학월보」에 "성산유람기"(聖山遊覽記)란 제목으로 연재한 것을 단행본으로 엮어 1909년 정동 예수교회당에서 초판을 냈고 1911년 동양서원에서 재판을 낸 후 여러 판을 인쇄하여 일제강점기에 기독교인뿐 아니라 일반사회에서도 널리 읽힌 책이다. 최병헌은 이 책을 쓰게 된 동기와 목적을 이렇게 소개하였다.

탁사자(濯斯子, 최병헌) 일즉이 종교가의 진리를 연구하야 각교 문호의 엇더함과 목적의 여하함을 차질새 유교의 존심양성(存心養性)하는 륜상지리(倫常之理)와 석가(釋家)의 명심견성(明心見性)하는 공공(空空)한 법과 선가(仙家)의 수심련성(修心鍊性)하는 현현(玄玄)한 술법을 심형(心衡)으로 저울질하더니 구세주 예수를 믿은 후로 항상 성경을 공부하며 평생에 일편성심으로 원하기를 엇지하면 성신의 능력을 얻어 유도와 선도와 불도 중 고명한 선배들에게 전도하야 믿는 무리를 만이 얻을고 행각하더니 한번은 추풍(秋風)이 소슬(蕭瑟)하고 성월(星月)이 교결(皎潔)한대 락엽(落葉)이 분분(紛紛)하거늘 청등

30) 최병헌, "삼인문답(속)", 「대한크리스도인회보」 (1900년 3월 28일).

(靑燈) 서옥(書屋)에 책상을 의지하야 신약성경을 잠심완색(潛心玩索)하더니 홀연히 심혼(心魂)이 표탕(飄蕩)하야 한 곳에 니르매 그 산 일홈은 성산(聖山)이오 그 층대 이름은 령대(靈臺)라. 그곳에서 네 사람을 맛나서 수작함을 듣고 깃버하다가 오경천(五更天) 찬바람에 황계성(黃鷄聲)이 악악(喔喔)하거늘 니러나니 일장몽조가 가장 이상한지라. 서안을 의지하야 믁믁히 생각하며 스스로 해몽하되 성산은 곧 믿는 자의 몸이오 령대는 곧 믿는 자의 마음이라. 유불선 삼도에서 공부하던 자라도 만일 성신이 인도하야 예수교인과 상종하면 마음이 교통하야 믿는 제자가 될 수 잇슴이라.31)

"유교와 불교, 도교를 믿는 사람이라도 기독교인과 만나 대화하다 보면 성령의 도움으로 마음이 통하여 모두 예수 그리스도의 제자가 될 수 있다."는 것이 글을 쓴 목적이었다. 이 책에서 최병헌은 꿈(환상) 속의 성산에서 만나 대화를 나눈 네 종교인, 즉 기독교를 대변하는 신천옹(信天翁)과 유교를 대변하는 진도(眞道)와 불교를 대변하는 원각(圓覺), 도교를 대변하는 백운(白雲) 사이에 진행된 종교간 대화를 담고 있다. "하늘을 믿는 사람"이란 뜻의 '신천옹'은 최병헌 자신을 의미하였다. 네 사람의 대화와 토론 주제는 "천지만물은 어떻게 창조되었는가?"(창조론) "인간은 어떻게 창조되었는가?"(인간론) "인간의 생각은 어떻게 이루어지는가?"(인식론) "인간의 죄 문제를 어떻게 해결할 수 있는가?"(구원론) "인간의 바람직한 행동은 무엇인가?"(윤리론) "세상의 종말은 어떻게 이루어지는가?"(종말론) 등이었다. 모두 최병헌이 개종 후 사경회와 신학회에서 배운 기독교 신학 및 철학 개념들이었다. 이런 신학적(철학적) 주제를 갖고 기독교와 불교, 기독교와 도교, 기독교와 유교 사이에 대화와 토론이 이루어졌는데 유교와 불교와 도교가 나름대로 교리적 체계와 윤리적 가치관을 갖고 있지만 기독교만큼 충분하고도 완벽하지는 못하다는 것이 신천옹(최병헌)의 논지였다. 그런 맥락에서 대화를 주도하는 신천

31) 최병헌, 「성산명경」(동양서원, 1911), 79~80.

옹은 유불선 세 종교를 보완하고 완성하는 종교로서 기독교에 대해 확신에 차 있다.

「성산명경」은 신천옹의 설득으로 백운(도교)과 원각(불교)에 이어 진도(유교)도 기독교로 개종하는 것으로 끝난다. 유교인의 개종이 제일 늦은 것은 당시 유교 선비 양반계층이 기독교 선교에 가장 적대적이었던 사회 분위기를 반영한 것이다. 최병헌 자신도 개종 전 유교에 대한 자부심이 투철했고 그래서 기독교로 개종하기 쉽지 않았던 경험이 있어 유교인의 개종을 제일 늦게 두었다. 신천옹은 진도와 가장 치열하게 토론(논쟁)을 벌였는데 보유론 입장에서 기독교가 유교의 한계와 결점을 보완하는 '완전한' 종교인 것을 거듭 강조하고 마지막으로 '수신제가치국평천하'(修身齊家治國平天下)라는 공자의 가르침을 동양의 유교 국가들이 이루지 못한 것을 오히려 서구 기독교 국가들이 구현하였음을 지적하면서 문명개발과 부국강병의 묘책이 기독교에 있음을 강조했다. 그 대목에서 유교인의 개종이 이루어졌다. 「성산명경」은 유교인의 개종을 이렇게 묘사하였다.

[신천옹이 말하기를] 독일무이하신 상주를 존숭하며 영생진리의 종교를 신앙하면 마음이 평안하고 기운이 화락하야 단전(丹田)의 조흔 씨는 백배나 결실하고 영유(靈囿)의 선한 나무는 스스로 선과를 매칠지니 마아(魔兒)는 자복(自服)하고 의적(疑賊)이 또한 도망하며 혼연한 천국에 자유민이 될지라. 다시 인간에 무엇을 구하오닛가. 진도가 청파에 놀나 갈아대 서국의 문명함이 실노 예수교 덕화의 밋친 바라 하고 용단한 마음으로 예수교 밋기를 작정하거늘 신천옹이 더욱 깃버하야 이에 네 사람이 곳 그 자리에 업대여 함께 기도하고 다 구세주의 신도가 되엿다 하니 실로 성신의 도으심이러라.[32]

앞선 "삼인문답"과 달리 「성산명경」은 유교를 비롯한 토착 종교인들의

---

32) 최병헌, 「성산명경」 (동양서원, 1911), 79.

개종으로 끝난다. 최병헌에게 종교간 대화의 목적은 개종이었다. 그러면서도 종교간 대화에 임하는 자세는 교만보다 겸손을 택했다. 기독교인이 다른 종교를 대하는 태도는 크게 세 가지로 구분된다. 아예 다른 종교를 우상이나 미신으로 폄하하고 배척하면서 개종만 강요하는 배타적 근본주의(exclusive fundamentalism) 입장, 개종을 전제로 하지 않고 각자 자기 종교를 완성하기 위해 다른 종교와 대화하는 종교 다원주의(religious pluralism) 입장, 그리고 포용적(inclusive) 입장에서 다른 종교의 가치도 어느 정도 인정하되 그 한계와 단점을 드러내 그것을 보완하고 완성시키는 종교로서 기독교를 소개하고 설득하는 것이다. 최병헌의 입장은 세 번째, 모든 종교가 추구하는 진리와 교훈이 기독교를 통해 성취된다는 포괄적 성취론(comprehensive achievement) 입장이었다. 이러한 최병헌의 종교연구는 1910~20년대에도 지속되어 그 결과물로 1922년 「만종일련」(萬宗一臠)과 「한철집요」(漢哲輯要)를 출간하였다. 전자는 유불선 세 종교뿐 아니라 이슬람과 힌두교, 조로아스터교, 일본의 신도와 천리교, 인도와 이집트와 그리스의 고대종교, 그리고 한국의 신흥종교인 백련교와 태극교, 천도교, 대종교, 태을교, 경천교, 청림교, 제우교 등을 비교 연구한 것이고 후자는 동서양 고전문헌에서 세계관과 인생관, 윤리와 덕행, 철학과 종교, 교육과 과학과 관련된 문장들을 편집한 것이다.

이처럼 탁사 최병헌의 신학연구는 동양과 서양 철학의 대화, 기독교와 다른 종교와의 대화를 통해 세계 모든 종교와 철학의 근본으로서 기독교를 변증해 내는 것을 목적으로 삼았다. 그리고 자신의 개종 체험을 바탕으로 동양의 토착적 종교문화 전통에서 기독교 복음을 해석해 냄으로 서양의 종교가 아니라 동양과 서양을 아우르는 하늘의 종교이며 우리 민족의 고유한 철학과 문화 토양에 뿌리를 내림으로 우리의 종교가 될 수 있음을 강조하였다. 앞서 「파혹진선론」을 쓴 노병선과 함께 탁사 최병헌은 한국교회의 개종 1세대 신학자로서 한국 기독교 변증신학과 토착화 신학의 기초를 닦은 선구자였다.

3) 초기 여성세례와 여성의식 계발

노병선이나 최병헌의 변증신학 배경에는 기독교에 대한 토착종교와 기득권층의 비판과 오해, 그리고 근대화와 개혁을 둘러싼 진보와 보수 세력 간의 종교·사회적 갈등이 있었다. 이미 천주교 신앙이 유입된 18세기 후반부터 한국은 봉건적 사회체제가 붕괴되고 이를 대체하는 근대적 시민사회가 형성되는 과도기 상황에서 기존 가치와 질서를 수호하려는 보수 세력과 이를 개혁하려는 진보 세력 사이에 갈등과 충돌이 끊이지 않았다. 그것은 전통종교, 특히 성리학을 바탕으로 형성되었던 유교의 엄격한 신분제도와 위계의 수직적(hierarchical) 질서를 고수하려는 보수적 수구파와 이런 봉건적 체제와 질서를 타파하고 평등적 가치관 위에 수평적(horizontal) 사회질서를 구축하려는 진보적 개화파 사이의 갈등과 충돌이었다.

바로 이러한 진보·보수 사이의 이념적, 정치적 갈등과 충돌이 가중되던 시기에 개신교 선교사들의 내한과 선교가 이루어졌다. 앞서 살펴보았듯이 선교사들은 한국에 들어와서 교회보다 먼저 병원과 학교를 설립해서 '간접적' 선교를 시도하였다. 선교사들이 운영하는 병원을 통해서는 사회·경제적 소외계층과 빈곤층이 기독교의 실천적 사랑을 경험하였고, 학교를 통해서는 기존 종교와 기성세대의 가치관에 한계를 느끼고 있던 젊은 세대가 자유와 평등이라는 기독교의 신앙적 가치관과 그것을 바탕으로 해서 형성된 서구 문화와 문명을 배웠다. 그 결과 교회는 기독교적 가치관을 바탕으로 사회변화와 개혁을 추구하고 실천하는 종교단체로 그 성격과 기능이 형성되었다. 그리하여 한말 근대화 과정에서 기독교는 개방과 개혁을 대변하는 종교로 비쳐졌고 교회는 그런 변화를 경험하는 공간과 기회를 제공했다.

그 결과 봉건사회에서는 함께 할 수 없었던 민중계층과 양반 지식인 계층이 교회와 기독교 단체에서 동등한 자격으로 만나서 함께 사역하였다. 마부 출신 김창식 목사와 남대문시장 숯장수 출신 전덕기 목사, 맹인 점술가였던 백사겸 전도사 등이 양반 고위관료 출신인 윤치호와 남궁억, 서당훈장 출신인 최병헌 목사와 신석구 목사 등과 함께 교회에서 목회와 선교 사역을 논의하고 추진한 것이 대표적인 예다. 봉건사회에서 수직적 관계였던 이들이 기독교 안에서 수평적 관계가 되었다.

같은 맥락에서 '남녀 간의 사회적 관계'에도 변화가 이루어졌다. 기독교 선교가 이루어지기 전 유교 봉건사회에서 남녀관계는 부부유별(夫婦有別), 여필종부(女必從夫)와 같은 표현에서 읽을 수 있듯 차별적 수직관계였다. 이는 동양철학의 '음양론'에 입각하여 여성은 태생적으로 열등한 존재이기 때문에 우등한 남성의 보호와 지휘를 받아야 한다는 운명적 이원론에 따른 것이기도 했다. 가부장적(家父長的) 문화 전통에서 여성은 침묵과 굴종, 격리와 배제 대상이었다. 여성의 사회적 진출은 물론 인간으로서 누릴 기본적인 인권이나 자주적인 선택권, 보편적인 교육을 받을 권리도 없었다. 남녀칠세부동석(男女七歲不同席)이라 하여 부부가 아닌 성인 남녀가 같은 공간에서 얼굴을 마주할 수 없었다. 이러한 한국사회의 불평등한 부부관계, 남녀관계에 대하여 선교 초기 선교사들은 "부부가 아니라 주인과 노예 사이 같다." "여성은 인격적인 대우를 받지 못한다."고 기록하였다.

그런데 기독교 선교가 이루어지면서 변화가 생겼다. 그 변화는 '여성세례'로 시작되었다. 1887년 10월 16일 아펜젤러가 남대문 안 베델예배당에서 최성균 부인에게 첫 번째 개신교 여성세례를 베푼 이후 안방 선교가 본격적으로 추진되었고 여성교인이 늘어나 여성들만의 집회와 교회가 설립되었다. 그런데 이들 여성교인들에게 세례를 베푸는 것이 쉽지 않았다. 내외법이 엄했던 봉건적 사회 분위기에서 여성이 남성에게, 그것도 서양인 남자 목사에게 얼굴을 드러내고 세례 받기를 꺼려했기 때문이다. 이런 상황에서 고안해 낸 것이 '휘장 세례'였다. 1895년 북한 지역에서 최초로 여성세례를 받았던 전삼덕(全三德)의 증언이다.

나는 세례가 엇더케 하는 것인지 모르거니와 우리나라 풍속에는 녀자는 모
르는 남자와 대면치 못하는 법이 잇스니 엇지하여야 하리닛가 하고 무르니
그[스크랜턴]가 대답하기를 그러면 방 한가온대 휘장을 치고 머리 하나 내노
흘 만한 구멍을 낸 후에 그리로 머리만 내밀 것 갓흐면 물을 머리 우헤 언져
세례를 베풀겟다고 하엿다. 나는 그의 갈아쳐주는 대로 하야 나의 적은 딸과
함끼 쳐음으로 세례를 밧게 되엿다.[33]

방 한가운데 쳐진 휘장, 그것은 봉건시대 남성과 여성을 구분하고 격리하
는 내외법(內外法)의 상징이었다. 그런데 그 휘장 한가운데 구멍이 났다. 비
록 머리 하나 들어갈 만큼 작은 것이긴 하지만 '구멍 뚫린 휘장'이 갖는 신학
적 의미는 결코 적지 않다. 이는 그리스도 십자가 사건과 연결되어 예루살
렘 성전의 휘장이 찢어진 것(눅 23:45)과 같은 의미를 지닌다. 당시 예루살렘
성전은 지성소/성소/성전 뜰/여인의 뜰/이방인의 뜰을 구분하는 휘장(장벽)
이 있어, 대제사장/제사장/남성/여성/이방인이 들어갈 수 있는 영역과 들어
갈 수 없는 영역을 구분하였다. 그런데 그리스도의 십자가 사건으로 그러한
차별구조가 붕괴되었다. 그래서 그리스도의 십자가로 갈라놓았던 휘장이 찢
어지고 막힌 담이 헐림으로 멀리 있던 자가 가까워지고 나뉘었던 것이 하나
가 되어 동일한 시민이요 하나님의 자녀가 되었다(엡 3:13~16). 선교 초기 여
성들에게 적용되었던 '휘장 세례'의 의미가 그러하였다. 구멍 뚫린 휘장은 오
랜 세월 한국사회를 지배해온 봉건적 남녀차별의 구조가 붕괴되기 시작했음
을 보여주는 상징이었다. 뚫린 구멍으로 교회 안에서 남녀 간의 소통과 대화
가 이루어지기 시작했고 그리스도 안에서 남자와 여자가 하나 됨을 체험하
였다. 그 결과 봉건시대 규방과 휘장 안에 갇혀 지냈던 여성들이 세례를 받

---

33) 전삼덕, "내 생활의 략력", 「승리의 생활」(조선예수교서회, 1927), 9.

음으로 복음 안에서 자유와 해방을 얻고 교회를 통해 세상으로 나아갈 수 있었다.

한국교회 초기 여성세례 과정에서 나타난 또 다른 중요한 현상은 여성들의 '이름 얻기'였다. 이름은 단순한 호칭이 아니다. 이름은 존재와 인격을 의미한다. 성경에서 이름은 피조물에게 주어지는 최소한의 존재 가치를 의미하였다(창 2:19~20). 같은 맥락에서 이름 바꾸기, 즉 개명(改名)은 존재와 가치의 변화를 의미하였다. 야곱이 이스라엘로(창 32:27~28), 시몬이 베드로로 바뀐(요 1:42) 경우가 대표적이다. 그런 배경에서 중세 이전 교회 전통을 따르는 천주교회나 정교회, 성공회에서는 지금도 세례를 받을 때 '새로운 존재'(new being)가 되었다는 뜻으로 성인(聖人)들의 이름을 따서 '세례명'을 지어 준다. 한국에서도 선교 초기에 강화도 지역 교인들이 세례를 받으면서 '거듭남'의 의미로 이름을 바꾸었다. 즉 조상으로부터 물려받은 성(姓)은 그대로 두고 이름만 바꾸면서 "처음 믿은 한 가족"이란 뜻으로 한 일(一) 자 혹은 믿을 신(信) 자를 이름의 끝 돌림자로 해서 집단적으로 개명하였다. 홍의교회의 박능일(朴能一)과 종순일(種純一), 권신일(權信一), 권혜일(權惠一), 김경일(金敬一), 주광일(朱光一), 황양일(黃良一), 강화읍교회의 주선일(朱先一), 허진일(許進一), 최족일(崔足一), 김봉일(金奉一), 교동교회의 방달신(方達信), 방합신(方合信), 방족신(方足信), 황초신(黃初信), 황복신(黃復信), 서중신(徐重信) 등이 그 주인공들이다. 강화 교인들의 세례 개명은 거듭남의 신앙을 한국 고유의 돌림자 문화로 표현함으로 복음의 토착화가 어떻게 이루어졌는지 보여주는 예가 되었다.

그런 식으로 한국교회 초기 여성들도 세례를 받으면서 이름을 지어 받았다. 그런데 그것은 개명이 아니라 작명(作名)이었다. 그것은 세례를 받으려는 여성들이 하나같이 이름이 없었기 때문이었다. 조선시대 가부장적 사회에서 여성은 이름이 없었다. 여성은 태어나서 죽을 때까지 '아무개 딸', '아무개 부인', '아무개 어머니', '아무개 할머니' 식으로 남성의 종속관계로 불렸다. 선

한국 감리교회 역사

교사들의 기록에 나오듯 이름 없는 존재(nameless being)였다. 그런 여인들이 기독교 복음을 접하고 세례를 받으러 나왔을 때 선교사들은 세례를 주기 위해 이름부터 지어주어야 했다. 동양의 작명문화를 몰랐던 선교사들은 자신에게 익숙한 '서양식' 이름을 지어 주었다. 그렇게 해서 비록 서양식 이름이지만 비로소 한국 여성들이 이름을 갖게 되었다. 세례를 받으면서 이름을 얻은 교회 여성들의 심정은 어떠했을까? 평양지방 전도부인으로 활약했던 김세지의 증언(1927년)이다.

> 나는 집안 일이 밧분 줌에도 그[노블 부인]의 갈아쳐주는 대로 틈틈이 쓰기와 닑는 것을 연습하며 성경공부에 렬심한 결과 부인이 평양 오시던 해(1896년) 十월에 드대여 노블 목사의게 세례를 밧고 세듸(Sadie)란 일홈을 엇엇다. 나의 일홈은 그의 부인이 지어준 것인대 오래동안 일홈이 업시 살던 나는 쥬의 은혜를 힘닙어 세례 밧던 날노부터 녀자된 권리 즁에 한 가지를 찻게 되엿다. 이로 보면 죠션 녀자에 해방은 우리 그리스도교로브터 시작되엿다고 할 만하다.[34]

"오랫동안 이름 없이 살던 나는 세례를 받던 날 이름을 얻어 여자 된 권리를 찾았다." "이로 보아 조선 여자의 해방은 그리스도교로부터 비롯되었다."는 김세지의 증언에서 초기 교회 여성들에게 세례와 함께 얻은 이름의 신학적 의미를 확인할 수 있다. 김세지에게 이름은 인권과 해방을 의미하였다. 김세지보다 3년 후, 1899년 평양에서 세례 받고 평안도 지방 전도부인으로 활약한 김떠커스도 같은 증언을 남겼다.

> 나의 세례밧던 날은 내 일생의 가장 깃븐 날이엿다. 우리 죠션 녀자들은 몃천 년 동안을 남자에 압박 아래서 성명이 업시 살엇다. 만일 우리 죠션에 예

---

34) 김세지, "나의 과거생활", 「승리의 생활」 (조선예수교서회, 1927), 40.

수의 빗치 빗최이지 아니하엿던들 죠선의 녀자계가 오늘 이만치도 발달되기 어려윗슬 것이다. 바로 말하면 죠션 녀자의 자유운동은 그리스도의 빗치 우리 반도에 빗최던 날로부터 시작이 된 것이다. 이런 의미에 잇서서 나는 나의 세례밧든 날을 내 일생의 가장 깃븐 날이라 한 것이다. 또 나는 오십여 년 동안을 일홈 업시 살다가 이날에야 비로소 '떠커스'(Dorcas)란 새 일홈을 엇엇다.[35]

김떠커스 역시 "조선 여성들은 몇 천 년 이름 없이 남자의 압박 아래 살았다."면서 "50년 동안 이름 없이 살았던 내가 세례를 받으면서 이름을 얻었으니 내 일생에 가장 기쁜 날이다." 한 후 "이런 의미에서 조선 여자의 자유운동은 그리스도의 빛이 우리 반도에 비치던 날로부터 시작되었다."고 선언하였다. 이렇듯 초기 교회 여성들에게 세례명은 호칭을 얻은 것 이상의 의미를 지니고 있었다. 그것은 오랜 세월 봉건적 가부장제도하에서 '이름 없는 존재'로서 침묵과 복종을 요구받았던 여성들이 이름을 얻음으로 인권을 회복하고 자유와 해방을 추구하기 시작했음을 의미하였다. 실제로 세례를 받으며 서양식 이름을 얻은 여성들은 교회에서 교육과 훈련을 받으면서 잠재능력을 발견하였고 격리 구역이었던 집 밖으로 나와 교회와 사회에서 그 능력을 맘껏 발휘하였다.

이렇듯 선교 초기 여성세례는 오랜 세월 봉건적 가부장적 사회 제도와 체제 안에서 억압을 받아 왔던 여성들에게 '자유와 해방'을 경험하는 사건이었다. 그렇게 해서 교회 여성들은 침묵을 깨고 발언하기 시작했고 남성교인들과 동등한 입장에서 전도와 선교 사역에 참여했다. 그 결과 봉건사회에서 수직적이었던 남녀관계가 교회를 통해 수평적인 관계로 바뀌었다. 그렇게 기독교를 통해 자유와 해방을 경험한 교회 여성들은 "은혜를 맛본 사람은 그 은혜를 전하게 되어 있다."는 말처럼 여전히 봉건적 굴레에 매여 있는 주변

---

35) 김떠커스, "은혜 만흔 나의 생활", 「승리의 생활」 (조선예수교서회, 1927), 72.

여성들에게 자유와 해방의 복음을 전하기 시작했다. 전도부인과 같은 토착 교회 여성 지도자들에 의한 '안방 전도'가 활성화되었다. 자연스럽게 교회 안에 이런 목적을 위한 여성 선교단체가 조직되었다.

4) 초기 교회 여성 선교단체 조직

한국교회사뿐 아니라 일반 근대사에서 최초로 조직된 여성단체는 1897년 10월 31일 정동교회 안에 조직된 '조이스회'다. 조이스회는 미감리회의 평신도 선교단체인 엡윗청년회(Epworth League)의 정동제일교회 여성지회였다. 감리교 창시자 웨슬리의 고향(Epworth) 이름을 따 엡윗청년회라 불린 이 단체는 1880년대 미국 감리교회에서 교회 청년들의 신앙 훈련과 선교 활동을 목적으로 창설된 이후 각 나라 피선교지에 확산되었다. 한국에서는 1897년 5월 미감리회 한국선교회 연회에서 엡윗청년회 조직을 결의하고 교회별로 지회(支會)를 조직하였는데 한국을 방문했던 미감리회 감독의 이름을 따서 지회 명칭을 붙였다. 그 결과 인천 내리교회 지회는 나인데회(Ninde chapter), 서울 상동교회 지회는 만엘루회(Mallellieu chapter), 평양 남산현교회 지회는 굿설회(Goodshell chapter), 강화읍교회 지회는 무어회(Moore chapter)라 하였는데 모두 남성 회원들로만 조직되었다. 그런데 서울 정동교회는 남녀로 지회를 나누어 남성지회는 월은회(Warren chapter), 여성지회는 조이스회(Joyce chapter)라 하였다. 유독 정동교회만 여성지회를 따로 조직한 것은 그만큼 이화학당 교사와 학생을 비롯한 여성교인이 많았기 때

감리교 여선교회 제8회 대회(1939)

문이다.

그렇게 해서 조직된 조이스회는 한국 기독교 여성사뿐 아니라 한국 근대 여성사에 처음 등장한 여성단체로서 오늘 한국 감리교 여선교회의 모체가 되었다. 조이스회 회장은 프라이(L. E. Frey)와 페인(J. O. Paine) 등 이화학당 교사였던 선교사들이 맡았으나 실질적으로는 이화학당 출신인 부회장 여메레(余袂禮)가 이끌어 나갔다. 조이스회는 교육과 선교, 친교, 구제를 목적으로 다양한 활동을 펼쳤는데 주목을 끈 것은 공개적 토론이었다. 토론 주제는 신앙에 관련된 것들이 많았지만 여성교육과 양성평등같이 '예민한' 주제들도 다루었다. 조이스회 토론은 내부에서 회원들끼리 주로 하였지만 때로는 남성들과도 토론을 벌였다. 1897년 12월 31일, 정동교회 청년회 연합토론회가 그 대표적인 예다. 정동교회 새 예배당 봉헌을 축하하는 프로그램의 하나로 월은회와 조이스회가 연합으로 개최한 토론회의 주제는 "남녀를 같은 학문으로 가르치고 동등하게 대접함이 가한가?"였다.

그날 공개 찬반토론에 나선 연사들은 (여성의 공개적 발언에 부정적이었던 사회 분위기 때문에) 남성 회원들로만 구성되었는데 여성교육과 양성평등을 찬성하는 연사로 서재필과 배재학당 교사 김연규, 반대편 연사로 윤치호와 배재학당 교사 조한규가 참가했다. 반대편에 섰던 조한규는 "성경에 남자가 여인의 머리가 된다 하였고 하나님께서 아담을 먼저 만드셨으며 아담을 도와주게 하사 한 뼈로 이와[하와]를 내셨으며 또한 이와가 죄를 먼저 지었으니 [남녀가] 동등되지 못하리라."고 주장하였다. 윤치호도 미국 유학을 다녀온 개화파 인사였음에도 여성교육에 부정적인 입장이었다. 이런 남성 연사들의 토론 말미에 여성 회원들도 참여하였다. 그 광경을 「대한크리스도인회보」는 이렇게 보도했다.

윤치호 씨는 말씀하되 여인이 사람을 가르치러 세상에 났다 함은 맹랑한 말이라. 사람을 가르침은 동학의 주장이니 예수 쓰의 제자와 공자 맹자가 조흔 말슴으로 백성을 가르치셧시되 록의홍상(綠衣紅裳)의 여인이란 말은 듣지 못하였고 영웅열사들이 공을 일우며 일홈을 후세에 전하엿시되 지분(脂粉)을 단장한 여인이란 말은 듣지 못하엿다 하고 또한 교중 부인들이 말슴하되 이와[하와]가 비록 죄를 지엿시나 마리아가 아니시면 예수께셔 엇지 세상에 오셔셔 죄를 대속하셧시리오 하여 형제들과 자매들이 일장을 토론하엿더라.36)

예배당 가운데 휘장이 있어 남녀 좌석을 달리하고 남자 쪽에서 진행되는 토론을 듣고 있던 휘장 건너편 여성들이 참지 못하고 (남자 쪽을 향해) "하와가 비록 죄를 지었으나 마리아가 없었으면 어찌 구세주 탄생이 가능했겠는가?" "성경에서 하와만 보지 말고 마리아도 보라." 외치면서 남성들의 토론에 개입하였다. 이후 남녀 청년회원 사이에 '일장토론'이 전개되었다. 논쟁의 승패를 떠나 여성들이 남성들을 향해 '자기 의견'을 공개적으로 발표하기 시작했다는 점이 중요하다. 봉건시대 가부장 사회에서 침묵과 복종만 요구받았던 여성들이 이제 남성들의 비합리적 주장과 결정에 제동을 걸고 비판하기 시작한 것이다. 교회는 그렇게 여성들에게 '발언' 기회를 주었다. 이처럼 조이스회는 봉건시대 억눌렸던 여성의 인권과 능력을 개발하여 복음 안에서 체득한 자유와 해방의 자의식을 표현하고 확산시키는 여성운동 공간이 되었다.

조이스회 다음으로 조직된 감리교 교회 여성단체가 보호여회(保護女會, Ladies Aid Society)다. 보호여회 설립은 1900년 가을, 아펜젤러 선교사 가족이 안식년 휴가를 얻어 귀국한 것과 관련이 있다. 즉 정동교회 여성교인들은 귀국하는 아펜젤러 선교사 가족에게 '귀국 선물'을 무엇으로 준비할 것인가 긴 논란 끝에 아펜젤러 부부와 함께 단체사진을 찍어 "귀국해서도 우리를 보고 기도해 달라."며 사진을 선물로 주기로 했다. 그렇게 정동교회 부인 38명이 1인당 20전씩 거두어 사진 비용을 정산하고 나니 1원 10전이 남았다. 그

---

36) "정동 새 회당에서 행한 일", 「대한크리스도인회보」(1897년 12월 29일).

남은 돈을 어떻게 쓸 것인가 하는 문제로 부인들이 또다시 모였다. 참석자들은 "돈 낸 사람에게 나누어 돌려주자." "성탄절이 가까워 오니 지난 번 사진 찍지 못한 교인도 이번에는 모두 불러 다시 사진을 찍어 서울에 계신 세 분 여선교사님들께 성탄절 선물로 드리자." 의견이 분분했다. 그때 조이스회 부회장인 여메레가 나서 "남은 돈을 기반으로 해서 우리 교우 중 빈한한 자를 구제하는 회를 새로이 만들자."는 의견을 냈고 이에 참석자들이 동의하여 새로운 여성단체, 보호여회가 탄생하였다. 1900년 11월 11일(음력 9월 20일) 보호여회 창립총회를 인도한 여메레는 "우리 힘으로 무론 무슨 일이든 할 수 없으니 하나님께 기도합시다." 하고 다음과 같이 기도하였다.

> 이 회가 작정되게 하옵시고 또 이 교회 설시한 후에 주께서 이 회에 머리가 되시고 우리를 가르쳐 주사 이 회가 진보케 하옵시고 이 회가 크게 흥왕하야 회우 수효가 여러 만 명이 되게 하옵소서. 이거슨 우리 구세주 예수 씨 일홈을 의지하야 비옵나이다. 아멘.37)

창립총회에서는 여메레가 회장으로 추대되었고 인제국장에 노쓸비여, 서기에 문꾸레스와 조울누, 회계에 김마터가 선출되었다. 모두 세례를 받으면서 이름을 얻은 여성들이었다. 이로써 정동교회 안에는 조이스회와 보호여회라는 여성단체가 둘 조직되었다. 조이스회가 청년·학생 중심의 여성계몽운동단체였다면 보호여회는 청장년 중심의 여성 선교단체였다. 보호여회는 말 그대로 "여성을 보호하는 모임"으로 교회 안에 가난한 여성들을 구제하고 지원하는 것으로 사업을 시작했다. 회비를 적립하여 성탄절이나 부활절 같은 절기 때마다 가난한 교인들에게 쌀이나 옷을 나누어 주었고 가난한 교인에게 사업 자금을 빌려 주어 방물장수를 해서 자립하도록 지원하였다. 이렇게 보호여회 지원을 받아 방물장수가 된 부인들은 안방을 찾아다니며 방

---

37) "보호녀회 설립함을 말씀함", 「신학월보」 (1901년 8월).

물만 파는 것이 아니라 성경과 전도지까지 팔며 전도하였다. 보호여회는 방물장수 프로그램이 성공을 거두자 1903년부터 간이 책방(depository) 사업까지 벌였는데 가난한 교인에게 작은 책방을 차려 주어 성경과 기독교 서적을 팔면서 전도하도록 하였다. 이렇게 보호여회를 통해 교회 여성들의 활동 영역은 교회 밖, 불신자 가정과 '복음의 불모지'로 확장되었다.

지방에서도 같은 성격의 교회 여성단체들이 조직되었다. 우선 평양 남산현교회에서도 1903년 보호여회를 조직했다. 평양 보호여회 초대회장이었던 김세지의 증언(1927년)이다.

> 나는 돈을 모아가지고 남산재[남산현]예배당 안에 기도방도 짓고 또 아직 주의 이름이 들어가지 아니한 곳에 기도방을 세우려고 동지 교우들과 의론한 후에 평양교회에 부인회를 조직하엿다. 이는 지금 잇는 보여녀회가 그것인대 평양에 잇서서 여자의 단체로는 이것이 맨처음 조직된 단체이엇다. 일반 교우들이 나를 동회 회장으로 선거하매 나는 이를 사양할 수 업서서 수십년간 이 회를 위하야 일하게 되엇다.[38]

서울 정동교회 보호여회가 빈민층 교인 구제로 시작해서 전도(선교)로 발전했다면 평양 남산현교회 보호여회는 처음부터 기도방 설립, 즉 신앙 훈련과 전도에 목적을 두었다. 실제로 평양 보호여회 회원들은 1903년부터 매월 10전씩 회비를 거두어 전도부인 생활비를 지원했고 1910년부터는 전도부인 1명을 세워 평양지방에서 개척 사역하도록 하였다. 또한 남산현교회 주일학교를 지원하기 위해 모금 활동을 벌여 1911년 남산현교회 성전 뒤편에 잇대어 2층 반원형 벽돌 건물을 지어 독자적인 주일학교 사무실과 교사로 사용하였다. 주일학교가 독자적인 건물을 마련한 것은 평양 남산현교회가 처음이었다. 남산현교회 보호여회 회원들은 1913년 조직된 송죽형제회, 1919년 조

38) 김세지, "나의 과거 생활", 「승리의 생활」(조선예수교서회, 1927), 45.

직된 대한애국부인회 같은 '항일여성 비밀결사'에도 적극 참여하여 옥고를 치름으로 여성 독립운동에도 크게 기여하였다.

남감리회 계통 교회에서도 교회 여성들이 선교단체를 조직해서 활동하였다. 즉 1905년 4월, 개성에서 남감리회 제1회 개성지방 부인사경회가 열렸는데 거기에 참석했던 70여 명의 부인들이 국내선교회(Home Missionary Society)를 조직하고 회비를 거두어 개성지방 전도부인 1명의 생활비를 대기 시작했다. 그리고 1908년 1월에는 역시 개성에서 여자성경학원 교사 와그너(E. Wagner)와 캐롤의 권유에 따라 개성 지역 교회 여성들이 여성계몽과 친교 및 전도 사역을 목적으로 한 십자회(十字會)를 조직하였는데 1년 후 그 명칭을 여선교회(女宣敎會)로 바꾸었다. 원산에서도 1909년 2월 원산교회에 출석하던 기혼여성과 미망인 교인들이 중심이 되어 여자청년회(Young Woman's Society)를 조직, 매주 금요일 저녁이면 선교사 부인들로부터 성경공부와 한글 및 산수 등 기초교육을 받았다. 이 단체는 전도나 구제보다는 교육에 주안점을 두었다. 그리고 1913년 12월 원산지방에서 사역하던 전도부인들과 여성교인들이 여자성경학원에 모여 여선교회를 조직하고 전도부인은 자기 월급에서 20분의 1, 일반교인들은 매월 30전씩 회비를 거두어 전도부인 1명을 지방에 파송하였다.

이렇게 남감리회는 여선교회라는 명칭으로 개성과 원산 등 지방에서 먼저 조직되어 1910년대 서울 지역 교회들도 확장되었다. 이렇게 남감리회는 지방 단위로 여선교회를 조직해서 활동하다가 1920년 12월 6일 서울 종교교회에서 전국 단위의 조선남감리회 여선교대회를 조직하였고 보호여회란 명칭으로 활약했던 미감리회 교회 여성들도 1922년 9월 조선예수교미감리회 내외여선교회란 명칭으로 전국 조직을 만들었으며 이 두 조직이 1931년 6월 통합해서 오늘의 기독교대한감리회 여선교회 전국연합회의 전신인 기독교 조선감리회 여선교회 전국대회가 되었다.

제4장

한말 감리교회의
민족운동과 해외선교

1. 한말 민족운동

1) 독립협회와 엡윗청년회

한국의 개신교 선교 역사는 일본의 한반도 침략 역사와 궤를 같이하였다. 불평등조약인 강화도조약(1876년)을 체결한 일본은 개혁을 지원한다는 명분으로 한국의 내정에 간섭하기 시작했다. 그 결과 임오군란(1882년)과 갑신정변(1884년)과 같은 정치적 소요 사건이 일어났고 청일전쟁(1894년)과 러일전쟁(1904년)에서 승리한 후에는 노골적으로 한반도 진출과 지배 야욕을 드러내 을사늑약(1905년)과 정미조약(1907년)을 체결하여 보호란 명분으로 국권의 상징인 외교권과 국방, 경찰권을 늑탈하였고 마침내 1910년 강제 한일병합을 이루어 일제 식민통치 시대가 열렸다. 이처럼 일제가 한반도를 침략, 지배하는 같은 시기에 개신교 선교사들이 들어와 복음을 전하고 선교 사역을 실시함으로 한국 기독교인들은 복음의 수용과 일제의 침략을 동시에 체험하였다. 기독교인들은 일제의 침략과 지배라는 불행한 정치·사회적 현실을 어떻게 받아들이고 대응할 것인지 모색하였다. 성경과 기독교 복음에서 천부적(天賦的) 인권 사상과 자유와 해방의 가치를 발견한 기독교인들은 한반도를 침략, 한민족을 통제하려는 일제에 대한 저항 노선을 취하였다. 자연스럽게 기독교인들은 일제 침략과 지배라는 한말의 민족적 위기상황에서 국권회복과 충군애국, 민족계몽과 독립의식을 형성하고 그 실천으로서 민족운동과 독립운동을 전개하였다.

기독교인들이 민족의식을 구체적으로 표출하기 시작한 것은 1896년 독립협회 운동을 통해서였다. 갑신정변 실패로 해외 망명을 떠났다가 기독교인이 되어 10년 만에 돌아온 서재필과 윤치호가 조직한 독립협회는 외견상 비종교 시민사회 운동 단체 성격을 띠었으나 바탕에는 기독교 신앙을 깔고 있었다. 특히 서재필은 귀국 직후 배재학당 교사로 있으면서 협성회를 조직하여 학생들로 하여금 기독교 정신을 바탕으로 한 시민사회 민주주의 운동을 경험하도록 유도하였고 그것을 일반사회로 확장하여 독립협회를 만들었다. 독립협회의 첫 사업으로 시민여론을 끌어내기 위해 순한글 「독립신문」을 발간하였다. 또한 과거 봉건시대 사대주의(모화사상)의 상징으로 여겨졌던 서대문 밖 영은문(迎恩門)을 헐고 그 자리에 독립문을 세웠으며 모화관(慕華館)을 독립관(獨立館)으로 개조하여 독립공원을 조성하였다. 이를 위해 시민 대

독립문(1900년대)

상으로 모금운동을 벌였던바 기독교인들이 적극 참여하였다. 그렇게 서울 상동교회 교인들도 1896년 7월 독립문 건축기금을 내면서 다음과 같은 애국가를 지어 「독립신문」에 발표하였다.

독립공원 굳게짓고 태극기를 높히달세
상하만민 동심하야 문명예의 이뤄보세
전국인민 깊이사랑 부강세계 주야빌세
앞뒤집이 인심요양 급히급히 합심하세
천년세월 허송말고 동심합력 부디하오
하나님게 성심기도 국태평과 민안락을

임군봉축 정부사랑 학도병정 순검사랑
사람마다 애자품어 공평정직 힘을쓰오
육신세상 있을때에 국태평이 제일좋다
국기잡고 맹세하여 대군주의 덕을돕세1)

독립자강(獨立自强)과 충군애국(忠君愛國). 이것이 독립협회가 추구한 이념적 가치였고 거기에 기독교인들이 동의해서 적극 참여하였다. 그런 배경에서 독립협회가 주최하는 모임과 집회에 기독교학교 학생들과 교인들이 대거 참가했다. 예를 들어 독립협회가 1897년 8월 13일 조선왕조 창건기념일인 기원절(紀元節) 기념식을 독립관에서 개최하였을 때 배재학당 학생들이 참석해서 찬송가와 애국가를 불렀고 아펜젤러와 서재필, 윤치호 등이 연설하였으며, 8월 23일 훈련원에서 서울 시내 교회연합 고종 황제 탄신일 경축연이

개최되었을 때도 찬송가로 식을 시작하여 아펜젤러의 설교가 있은 후 윤치호와 서재필, 양홍묵 등이 연설하였다. 그 내용을 「대한크리스도인회보」는 다음과 같이 보도하였다.

배재학당과 학생들

제손[서재필] 씨가 연설하야 갑신년[1884년 갑신정변] 일한 사람들은 벼슬과 권리를 위함이 아니라 우리나라가 상전을 떼어버리고 독립하기를 경영함을 발명하고 그때 국적[國賊]으로 몰녀 본국을 떠날 때에 오늘날 훈련원에 그리스도교 교우들이 태극기와 십자기를 같이 달고 대군주 폐하 탄신을 경축할 일은 꿈에도 못 생각하엿다 하고 하나님 압혜는 지천한 사람도 황제와 동등이니 사람의 권리가 진중함과 백성이 나라의 근본 됨이 집의 기초와 갓흔 것

---

1) "대조선 달성회당 예수교인 등 애국가", 「독립신문」(1896년 7월 23일).

과 개화는 공평을 주장함과 여인을 공경하고 교육하여야 나라가 잘 될 일을 설명한 후 국가[國歌]를 노래하고 양홍묵 씨가 개화는 뒤로 물너가지 아니할 일을 간략히 말한 후 대군주 폐하 만만세와 왕태자 전하 천천세를 환호하고 다 혼연히 파회하더라.2)

서재필은 만민평등을 강조하였고 정동교회 교인 양홍묵은 문명개화를 강조하였다. 황제와 황태자를 위한 만세로 식을 끝낸 그날 경축식장에는 태극기(太極旗)와 십자기(十字旗)가 함께 내걸렸다. 이 두 개의 깃발은 나라 사랑과 기독교 신앙을 상징하였다. 이후 독립협회가 주최한 국경일 행사는 물론이고 성탄절과 부활절 같은 기독교 명절에도 예배당은 태극기와 십자기로 장식되었다.3) 그렇게 예배당에 내걸린 태극기와 태극등을 바라보면서 일반사회 불신자들의 기독교에 대한 인식도 바뀌었다. 서양 오랑캐의 종교, 임금도 부모도 없는 종교, 나라를 팔아먹는 종교라는 부정적인 시각이 임금과 나라를 사랑하는 종교, 문명개화를 이루는 종교로 변했다.

독립협회보다 1년 늦은 1897년에 조직된 미감리회의 엡웟청년회도 교회 청년들의 민족의식을 고취, 함양시키는 기관이 되었다. 선교사들은 엡웟청년회를 조직하면서 내부에 전도국과 인제국, 학문국, 통신국, 회계국 등을 설치하여 전도와 선교, 구제와 봉사, 교육과 친교 등을 목적으로 한 교회 내부기관으로 운영하고자 했지만 회원으로 참여한 청년들은 청년회를 통해 사회정치적인 관심과 참여를 추구하였다. 특히 학문국이 주최하는 토론회 주제는 신앙적인 것이 많았지만 민족계몽과 근대화, 여성교육과 양성평등, 종교와 국가발전 등 정치사회적 현안을 놓고 토론을 벌였다. 엡웟청년회 회원들의 토론 주제는 독립협회와 같은 충군애국과 문명개화로 시작해서 일제의 주권 침탈이 노골화된 1904년 이후에는 국권회복(國權回復)과 독립국가 건설

2) "대군주 폐하 탄일", 「대한크리스도인회보」(1897년 8월 25일).
3) "인천 담방리교회 성탄일 경축", 「대한크리스도인회보」(1899년 1월 4일).

로 발전했다.

이렇게 엡윗청년회는 감리교회 남녀 청년들이 기독교 신앙을 바탕으로 사회의식과 민족의식을 함양하는 기회와 공간이 되었다. 그리고 청년 교인들은 그렇게 형성된 기독교 민족의식을 행동으로 표현, 실천하기 시작했다.

2) 구국기도회와 도끼상소

기독교인의 사회참여 첫 번째 예를 구국기도회(救國祈禱會)에서 찾아볼 수 있다. 위기에 처한 나라를 위한 기독교인들의 구국기도회는 1905년 11월 을사늑약 체결로 주권(외교권)을 강탈당한 직후 실시되었다. 서울 이화학당 교사와 학생들도 조약 체결 직후부터 구국기도회를 매일 실시하였는데 그 내용을 이화학당 페인 선교사가 다음과 같이 증언했다.

[1905년 12월] 내가 돌아와서 첫날 수업에 들어갔는데 언문선생이 나를 찾아와 오후 세 시에 있을 내 수업에 기도회를 가질 예정이니 몇 분 정도 시간을 내달라고 부탁하였다. 며칠 후 학생들에게 매일 기도를 하는데 무엇을 위해 기도하느냐고 물었더니 '나라를 위해 기도합니다.'라고 답하였다. 그들은 매일 정한 시간에 수업을 중단하고 잠깐 동안 나라를 위해 간절하게 기도하였다. 겨울 방학을 마치고 돌아온 학생 한 명이 그동안 믿지 않은 부모와 함께 집에서 지내면서 얻은 놀라운 승리의 역사를 들려주었는데 그 부모는 그 학생이 매일 나라를 위해 기도하는 것을 허락하였을 뿐 아니라 정오에 드리는 기도에는 함께 참여하였다고 한다. 기도를 들어주시고 응답해 주시는 하나님을 믿는 우리는 그 하나님께서 이처럼 간절하게 그 마음을 당신에게 바치는 이 민족의 호소에 응답해 주실 것을 믿는다.[4]

---

4) J. O. Paine, "Ewa Haktang-Seoul", *Report of Annual Session of the Korea Woman's Conference of the Methodist Episcopal Church* (1906), 5~6.

이화학당 구국기도회를 인도한 언문선생 조신성(趙信聖)은 후에 만주에서 항일 무장투쟁을 전개했던 여성 독립운동가였다. 매일 학교에서 구국기도를 했던 이화학당 학생들은 방학이 되어 지방 고향집으로 돌아가서도 계속 기도하였다. 집에 돌아와서 매일 정오에 나라를 위해 기도하는 딸의 모습을 보고 감동을 받은 불신자 부모도 함께 기도에 참여하는 교인이 되었다. 구국기도회가 애국신앙의 표현을 넘어 전도의 기회가 된 셈이다. 그렇게 구국기도회는 일반사회 불신자들에게 신앙집회에 참여할 수 있는 기회를 제공했다.

구국기도회의 또 다른 예를 1905년 11월 상동교회 엡윗청년회원들이 개최한 구국기도회에서 찾아볼 수 있다. 상동교회 엡윗청년회는 1897년 처음 조직될 때 신앙적 선교단체로서 성격이 강했지만 1903년 전덕기 회장 체제로 조직을 일신한 후에는 보다 적극적으로 사회정치 문제에 관심을 갖고 참여하기 시작했다. 전덕기는 이미 독립협회와 만민공동회를 통해 주시경과 이승만, 박용만, 정순만, 이상재 등과 친교를 나누었고 1899년 독립협회 사건으로 수감된 이승만 탈옥 사건에도 깊이 개입하였다. 전덕기가 이끄는 상동교회 엡윗청년회의 능력은 1904년 10월, 선교사들의 지원을 받지 않고 교인과 일반시민의 헌금으로 중학교 과정의 상동청년학원을 설립한 것에서 드러났다. 계속해서 1905년에는 멕시코 이민 동포 실태조사단을 독자적으로 파견하여 그 능력을 다시 한 번 과시했다. 멕시코 이민은 1905년 2월 멕시코 메리다지방의 에네껜(어저귀) 농장주들이 값싼 노동력을 얻기 위해 영국인 무역상과 일본인 기업가를 내세워 식민회사를 설립, "쉬운 노동으로 돈을 벌 수 있다." 고 선전하면서 시작되었다. 그러나 멕시코 이민은 처음부터 사기성이 농후한 사업이었다. 멕시코 현지 농장에 도착한 1천여 명 교민들은

전덕기(뒷줄 왼쪽 두 번째)와 이상재

채찍을 맞아가며 노예와 같은 생활을 하였다. 폭압에 견디다 못해 탈출한 교포들에 의해 그 실상이 국내에 알려졌고 이에 상동교회 청년회가 정부에 조사단 파견과 동포 귀환을 촉구하는 한편 독자적으로 박장현(박용만의 숙부)을 멕시코까지 파견하여 그 실상을 「황성신문」과 「대한매일신보」에 폭로함으로 멕시코 이민은 중단되었다.

이런 과정을 거치면서 상동교회 엡윗청년회 회장 전덕기의 대(對) 사회적 지도력과 영향력은 더욱 증대되었다. 그런 배경에서 을사늑약 체결이 이루어진 1905년 11월, 상동교회에서 구국기도회가 개최되었을 때 상동교회 교인뿐 아니라 서울과 지방의 다른 교회는 물론 불신자들까지 1천여 명이 참석하는 대성황을 이루었다. 결과적으로 초교파 연합기도회가 되었다. 이 기도회를 계기로 전국 교인들은 매일 정한 시간에 있는 곳에서 구국기도를 하였는데 민족주의 언론 「대한매일신보」는 청년회원들의 "구국 기도문" 전문을 전국에 소개했다.

> 만왕의 왕이신 하나님이시여, 우리 한국이 죄악으로 침륜(沈淪)에 드럿스매 오직 하나님밧게 빌대 업사와 우리가 일시에 기도하오니 한국을 불상히 녁이사 야리미아(耶利未亞, 예레미야)와 이새아(以賽亞, 이사야)와 단이리(但以利, 다니엘)의 자기 나라를 위하야 간구함을 드르심갓치 한국을 구원하사 전국 인민으로 자기 죄를 회개하고 다 천국 백성이 되어 나라이 하나님의 영원한 보호를 밧아 지구상에 독립국이 확실케 하야 주심을 야소(耶穌)의 일홈으로 비압나니다.[5]

기독교인들은 당시 국내 정치상황을 구약의 이스라엘 망국과 포로시대로 해석했다. 그래서 그 시기 활동했던 예언자 이사야와 예레미야, 다니엘 등의 회개와 구국신앙을 기반으로 삼아 일본의 보호를 받지 않고 "하나님의 영원

5) "聲聞于天", 「大韓每日申報」 (1905년 11월 19일).

한 보호를 받아 지구상에 확실한 독립국이 되게 해 달라."고 기도했다. 국권 회복과 자주 독립국가 수립이라는 민족운동 좌표가 교회 안에서 그대로 표출된 것이다. 상동교회 구국기도회에 참석했던 청년회원들은 기도로 끝내지 않고 자신들의 구국 신앙을 행동으로 표현하였다. 그렇게 해서 유명한 기독교인들의 도끼상소가 나왔다. 진남포교회 엡웟청년회 대표로 참석했던 백범(白凡) 김구는 당시 상황을 이렇게 증언하였다.

이때에 나[김구]는 진남포 엡웟청년회 총무로서 대표의 임무를 띠고 경성대회에 출석하게 되었다. 대회는 상동교회에서 열렸는데 표면은 교회 사업을 의논한다 하나 속살은 순전한 애국운동의 회의였다. 의병을 일으킨 이들이 구사상의 애국운동이라면 우리 예수교인은 신사상의 애국운동이라 할 것이다. 그때에 상동에 모인 인물은 전덕기, 정순만, 이준, 이동녕, 최재학, 계명륙, 김인즙, 옥관빈, 이승길, 차병수, 신상민, 김태연, 표영각, 조성환, 서상팔, 이항직, 이희간, 기산도, 김병헌, 유도환, 김기홍, 그리고 나 김구였다. 우리가 회의한 결과로 작성한 것은 도끼를 메고 상소하는 것이었다. 1회 2회로 4, 5명씩 연명으로 상소하여 죽든지 잡혀 갇히든지 몇 번이고 반복하자는 것이었다.6)

도끼상소는 조선시대 선비들이 임금에게 상소할 때 도끼를 메고 궁궐 앞에 가서 "일을 시정하지 않겠거든 도끼로 내 머리를 치소서."라는 항의 표시였다. 상동교회 기도회에 참석했던 청년회원들이 그런 도끼상소를 결의하고 최재학(崔在鶴)이 소주(疏主)가 되어 당시 고종 황제가 머물고 있던 경운궁(지금 덕수궁)으로 가서 이준(李儁)이 작성한 "과정이나 내용이 불법이므로 조약 체결을 무효화하라."는 상소문을 낭독하였다. 그러나 상소문을 채 읽기도 전에 일본군 수비대가 들이닥쳐 청년들을 연행하였다. 이에 교회에 남아 있던

―――――――――
6) 김구, 「백범일지」 (삼중당, 1983), 139~140.

청년들이 종로로 나가 항의 시위를 벌였고 출동한 일본군과 시위대 간에 충돌이 빚어지고 시위 주모자들이 연행되었다. 평화적인 시위를 경찰이 무력으로 진압하자 청년회원들의 저항운동도 점점 과격해졌다. 급기야 상동교회 엡윗청년회 서기 정순만은 소위 을사오적(乙巳五賊)이라 하여 이완용과 송병준 등 조약체결에 앞장섰던 정부 대신들을 척결하기 위해 평안도 장사들을 데려다가 상동교회 안에서 합숙 훈련을 시키기까지 하였다.

청년회 활동이 종교 영역을 넘어 정치 영역까지, 그것도 기도회로 끝나지 않고 거리시위와 무력투쟁까지 나아가자 선교사들이 충격을 받았다. 당시 한국 선교에 임하고 있던 미국 선교사들은 정치적 중립을 표방하고 정치적 사안에는 거리를 두었지만 대부분 일본의 한국 통치를 암묵적으로 지지하였다. 1905년 7월 일본의 가츠라 수상과 미국의 태프트 국무장관 사이에 "미국의 필리핀 지배를 일본이 용인하고, 일본의 한반도 지배를 미국이 용인한다."는 내용의 밀약이 체결됨으로 미국 정부가 동아시아에서 일본의 세력 확장을 묵인하고 있던 터라 미국 선교사들도 그런 정부 입장에서 자유로울 수 없었다.

특히 한국 감리교회의 경우 한국 선교를 감독하는 해리스 감독이 노골적으로 친일노선을 취하고 있어 그의 지휘를 받아 현장에서 한국교회를 관리하고 있던 총리사(general superintendent) 신분의 스크랜턴으로서는 자신이 담임한 상동교회 안에서 청년회원들의 과격한 반일 저항운동이 일어난 것이 곤혹스러웠다. 직속상관인 해리스의 불편한 시선도 그렇거니와 청년회원들의 과격한 정치 활동을 빌미로 일본 경찰력이 교회의 종교 영역까지 침범할 가능성도 없지 않았다. 결국 스크랜턴은 총리사로서 엡윗청년회가 본래 선교단체로서의 성격을 벗어나 정치운동 조직으로 변질되었다는 이유로 1905년 11월 엡윗청년회 집회를 금하고 청년회를 해산하는 조치를 취하였다. 이런 스크랜턴의 조치를 1906년 6월 해리스 감독이 주재한 미감리회 연회가 추인하였고 그 결과 엡윗청년회는 해산되고 활동을 중지하였다. 엡윗청년회가 순수 종교단체로 재조직되어 활동을 재개한 것은 1910년대 중반 이후였다.

이처럼 엡윗청년회를 해산 조치함으로 스크랜턴이 교회 내 민족주의 진영으로부터 비난과 공격을 받은 것은 당연했다. 그러나 그보다 더 힘든 것은 동료 선교사 진영으로부터 받은 견제와 비판이었다. 우선 그는 직속상관인 해리스 감독과 계속 갈등을 빚었다. 일본 선교 30년 경력의 해리스 목사는 1904년 미감리회 총회에서 한국과 일본 선교 관리감독으로 선출된 후 1905년 5월 한국을 처음 방문하였는데 서울 도착 직후부터 보여준 그의 행동은 스크랜턴에게 실망감을 안겨 주었다. 한국과 일본 관리감독이라면 양국 사이에 중립적인 위치를 지켜야 한다는 것이 스크랜턴의 입장이었다. 교회는 국내의 정치적 문제에 대해서는 중립적 위치를 지켜야 했다. 과도하게 정치적 소요에 개입하였던 엡윗청년회를 해산한 것도 그 때문이었다. 같은 맥락에서 스크랜턴은 선교사의 정치적 중립도 중요시하였다. 그러나 해리스는 노골적으로 일본 편을 들었다. 그는 한국에 있을 때만이라도 한국인들에게 동정적인 자세를 취해 달라는 스크랜턴의 요청도 거부했다.

이후 해리스 감독은 매년 연회를 주재하기 위해 한국을 방문할 때마다 일본 편향의 행적을 보여주었다. 결국 해리스 감독과 스크랜턴 사이에 갈등의 골은 깊어 갔다. 여기에 1905년부터 본격적으로 논의된 선교 연합과 교회 합동 문제에 대한 두 사람의 의견도 달랐다. 스크랜턴은 선교 연합이든 합동이든 감리교의 정체성까지 훼손하면서 추진할 것은 아니란 입장이었지만 해리스 감독은 장로교와 감리교를 통합한 단일 개신교회 설립까지 언급하였다. 이처럼 정치노선과 선교정책을 둘러싸고 현장에서 선교 사역을 총괄하는 총리사(스크랜턴)와 이를 지휘하는 감독(해리스) 사이에 이견과 갈등이 빚어진 상황에서 대부분의 선교사들과 미국 선교본부 관계자는 해리스 감독 정책과 노선을 지지하였다. 해리스 감독은 1906년 연회에서 조직을 개편하면서 그동안 스크랜턴이 맡아 보던 총리사 직책을 없앴다. 결국 동료 선교사와 본국

선교부의 지지를 얻지 못한 스크랜턴은 1907년 6월 연회를 앞두고 감리교
선교사와 목사직을 사임하고 감리교회를 떠났다. 1902년 아펜젤러의 순직에
이어 스크랜턴까지 선교사직을 사임함으로 한국 감리교회는 개척 선교사 둘
을 모두 잃는 손실을 입었다.

3) 신민회 조직과 헤이그 특사 파견

전덕기 목사로서는 엡윗청년회가 해산되고 든든한 후원자였던 스크랜턴
마저 선교사직을 사임하고 떠남으로 큰 상실감과 실망을 느꼈다. 그러나 그
의 항일 민족저항운동은 중단 혹은 위축되지 않았다. 비록 엡윗청년회는 해
산되었지만 공개적인 활동만 하지 못할 뿐 상동교회 구내에 있던 상동청년
학원과 공옥학교를 중심으로 민족주의 청년지사들이 계속 회합하여 다양한
민족운동을 전개하였다. 그는 상동청년학원 기관지로 「가정잡지」와 「수리학
잡지」를 발간하였고 기독교인과 일반시민을 상대로 하여 다양한 민족계몽
강습회와 토론회를 개최하였다. 그 결과 전덕기 목사와 상동교회를 중심으
로 많은 민족주의자들이 모여들었다. 상동교회 엡윗청년회 회원과 구국기도
회 참석자들을 비롯하여 이시영·이회영·이동녕·이동휘·양기탁·유동열·
주시경·이갑·이상설·이준·안태국 등 시대를 대표하는 민족운동가들이었
다. 후세 역사가들에 의해 상동파(尙洞派)로 불린 이들은 엡윗청년회 해산 이
후에도 상동청년학원이나 공옥학교를 거점으로 계속 모여 독립운동을 논의,
추진하였다.

목회자 신분의 전덕기 목사가 일반사회 민족주의자들과 연대하여 다양
한 정치, 사회운동을 전개하는 것에 대하여 정교분리 원칙을 강조하는 선
교사나 기독교계 보수인사들의 비판적인 시각이 없지 않았다. 하지만 개
인 구원이 사회 구원으로 연결되어야 한다는 웨슬리의 사회 성화(social
sanctification) 개념에 충실했던 감리교 목사 전덕기에게 기독교 신앙과 구국

운동은 어느 하나 포기할 수 없는 가치였다. 이런 그의 신학노선을 보여주는 것이 그가 1907년 2월 서대문 밖 독립관에서 행한 "법율은 치안의 기관"이란 연설이다. 그는 이 연설에서 법률이 있음에도 나라가 불안하고 위기에 처한 이유를 법률을 운용하는 통치자와 정부 관리의 무능에 있음을 지적하며 그것을 자격이 없는 기관수가 기차를 운전하는 것에 비유하였다. 민족주의 언론 「만세보」와 「황성신문」에 실린 그의 연설 내용을 요약하면 다음과 같다.

내가 들은 바 기차에서 졸업하지 못한 기관수는 비록 숙련된 사람이라도 화부로 밖에 사용하지 못한다 하니 우리나라에 법률이 있음에도 안녕을 얻지 못함은 다름이 아니라 법률 사용인이 기차 화부와 같은 자인 까닭이라. 오늘 우리 모두는 무식한 화부가 기관을 사용하는 기차 안에 있음 같으니 남대문 밖을 출발해서 용산까지는 평탄하여 설혹 전복되더라도 크게 염려할 것이 없지만 노량진까지 어찌 건너가겠는가? 만약 기차 바퀴가 하나라도 궤도에서 빠진다면 그 기차 안에 타고 있던 우리 모두는 수중에 빠져 죽을 수밖에 없을 것이라. 도저히 건너가지 못할 것이니 그 기관수를 해고하고 졸업장이 있는 자를 고용하는 것이거늘 도리어 그 화부 된 자는 말하기를 조금도 염려하지 말라 하니 가련한 자는 그 화부라. 노량진으로 건너갈 때 기관을 잘못 사용하여 기차가 전복하면 제일 먼저 죽을 자는 그 화부거늘 그것을 알지 못하니 가련하도다. 이처럼 무식한 기관수가 기차를 오랫동안 사용하고 있으니 기관수나 우리 모두가 필히 익사할지라. 이렇듯 무식한 화부는 당연히 갈아치우는 것이 가하오. 나는 전도인이라. 악의가 있어 이렇게 말하는 것이 아니라 오직 우리가 사망의 우환을 면코자 함이외다.7)

"기차의 안전과 승객의 목숨을 구하려면 자격 없는 기관수를 교체해야 한

---

7) "聯合會 演說: 法律은 治安의 機關", 「萬歲報」 (1907년 3월 7일); "各會聯合演說: 法律은 治安의 機關 全德基氏", 「皇城新聞」 (1907년 3월 12일).

다."는 전덕기의 주장은 마치 2차 세계대전 말기(1943년) 독일 신학자 본회퍼(Dietrich Bonhoeffer)가 반(反)나치운동, 히틀러 암살모의에 참여하면서 "차를 몰고 시장 마당을 질주하는 광란의 운전수는 강제로라도 끌어내야 한다." 했던 것과 유사하다. 전덕기는 개인의 안전이나 평안을 도모하기보다 나라와 민족의 안녕과 행복을 추구해야 한다는 기독교인의 사회적 책임을 강조하였다. 이런 정치신학적 입장에서 전덕기 목사는 신민회 창설과 조직에 적극 참여하였다.

한말의 대표적인 항일비밀결사였던 신민회(新民會)는 1907년 2월 도산(島山) 안창호의 귀국을 계기로 결성되었다. 독립협회 활동에 참여했던 안창호는 1902년 미국으로 건너가 샌프란시스코와 로스앤젤레스 등지 한인 교포들을 규합하여 공립협회와 신고려회라는 민족운동 단체를 결성한 후 이것을 국내 민족운동 세력과 연결시키기 위해 귀국하였다. 그는 과거 독립협회와 교회 동지들을 접촉했는데 우선적으로 서울 상동교회와 상동청년학원을 중심으로 형성되어 있던 상동파 인사들과 접촉하였다. 그는 상동파 지도자였던 전덕기 목사를 비롯하여 이회영·양기탁·이동녕·유동열·이동휘 등 동지를 얻었고 여기에 윤치호와 이승만·남궁억을 중심한 기독교청년회(YMCA) 세력, 이승훈·양전백·안태국을 중심한 평안도 민족운동 세력, 김구·김홍량 등 황해도 민족운동 세력이 합류하면서 1907년 4월 국내외 민족운동 세력을 연결하는 강력한 항일 민족운동단체로 신민회가 조직되었다. 이처럼 안창호가 귀국 2개월 만에 전국을 연결하는 민족운동단체로 신민회를 조직할 수 있었던 것은 전덕기 목사를 중심으로 모였던 상동파 민족운동가들이 있어 가능했다.

신민회는 말 그대로 비밀결사였기 때문에 조직과 회원, 활동사항을 확실하게 알 수 없었다. 1911년 터진 105인 사건으로 신민회 조직과 활동(혐의)이 비로소 일반사회에게 알려졌는데, 일본 경찰 측 조사 자료에 의하면 4백 명에서 8백 명으로 추산되는 신민회 회원의 70% 정도가 기독교인이었으며 상동청년학원과 평양 대성학교와 숭실중학교, 정주 오산학교와 같은 기독교계통 학교, 기독교청년회와 청년학우회 같은 기독교계 청년학생 단체가 조직 기반이 되었다. 신민회에 참여한 감리교인은 서북 지역의 장로교인들에 비하면 수적으로는 적었지만 신민회 회장으로 추대된 윤치호, 지방총감이었던 전덕기와 임치정·이승만·남궁억, 하와이로 이민 갔다가 돌아와 신민회 조직에 참여한 서기풍, 협성신학교 1회 졸업생으로 진남포에서 목회하던 안경록 전도사 등 감리교 지도자들의 활약이 두드러졌다.

이처럼 신민회 조직의 기반이 된 상동파는 민족 시련의 1907년을 맞아 다양한 민족운동을 전개하였다. 우선 1907년 연초에 국채보상운동이 일어났을 때 상동청년학원 안에 수전소(收錢所)를 설치하여 국채보상헌금을 수납하였다. 같은 맥락에서 상동파는 헤이그 특사 파견 운동도 전개했다. 즉 전덕기 목사를 비롯하여 이회영과 이준, 이상설, 이동휘 등 상동파 인사들은 을사늑약으로 일본에 강탈당한 외교권을 되찾아오기 위해 1907년 6월 헤이그에서 개최될 만국평화회담에 고종 황제의 밀사를 파견하기로 하고 1907년 초부터 이를 준비하였다. 그 과정에서 상동교회 전덕기 목사 사택이 모의장소로 이용되었다. 고종 황제의 밀서가 궁 밖으로 전달되는 과정에서도 전덕기 목사의 인척(상궁)이 개입하였으며 3인 특사 중 1인으로 선정된 이준은 5월 출국 직전 전덕기 목사를 찾아가 기도를 받고 돌아오지 못할 길을 떠났다. 또한 감리교 선교사 출신으로 고종 황제의 신임을 받고 있던 헐버트도 이 일에 깊이 간여하여 고종 황제의 부탁을 받고 헤이그로 가서 이준과 이상설, 이위종 등 밀사들의 외교 활동을 도왔다. 그 일로 일본 정부의 견제를 받은 헐버트는 서울로 귀환하지 못했다.

그러나 정치상황은 더욱 악화되었다. 헤이그 특사 파견을 빌미로 일제는 고종 황제를 겁박하여 퇴위시키고 아들 순종 황제를 왕위에 올린 후 정미7조약을 체결하여 내정권과 국권의 상징인 군대마저 해산시켰다. 그러자 일제 침략에 저항하는 민족운동이 다시 거세게 일어났다. 1905년 을사늑약 체결 때처럼 이에 항거하는 민족지사들의 순국자결이 이어졌는데 거기 기독교인들도 포함되었다. 대표적인 예로 정동교회 교인 정재홍(鄭在洪)의 자결을 들 수 있다. 서울 남소동에 거주하면서 정동교회에 출석했던 정재홍은 민족주의 계몽운동단체 대한자강회 회원으로 인천 인명의숙(仁明義塾) 교감으로 재직하던 중 1907년 6월 20일 서울 농잠소에서 거행된 박영효 귀국환영회에 참석했다가 일제의 침략에 항의하는 내용을 담은 "사상발변가"(思想八變歌)와 "생욕사영가"(生辱死榮歌) 등 유인물을 뿌리고 권총으로 자결하였다.[8] "자살이 과연 기독교적인가?" 하는 논쟁이 없지 않았지만 일반 시민에게 순국열사로 추앙받은 정재홍의 장례식이 1907년 7월 6일 평소 출석하던 정동교회에서 사회장으로 엄수되었을 때 정동교회 최병헌 목사와 상동교회 전덕기 목사가 대표기도를 하였다.

4) 의병운동과 무장투쟁

정미7조약 체결로 1907년 8월 구한국부대가 해산되자 이에 항거하는 정미의병이 전국 각지에서 일어났다. 그때 의병 진압을 목적으로 출동한 일본군 헌병대가 민족운동 혐의로 기독교인들을 체포하여 즉결 처분하였는데, 감리교 선교구역인 강화와 이천, 천안에서 그런 일이 벌어졌다. 우선 강화의 경우, 강화진위대 참령이었던 이동휘(李東輝)가 1905년 기독교로 개종하고 강화읍교회 권사가 되어 강화 전역을 순회하며 '1동 1교 운동'을 벌인 결과 2년 사이에 강화도에만 20개가 넘는 교회와 학교가 설립되었다. "교회 옆에 학교, 학교 옆에 교회"란 말이 그때 생겨났다. 이런 활약을 보고 선교사들은 이동휘에게 "강화의 바울"(Paul of Kangwha)이란 별명을 붙여주었다. 그리하여 강화에서는 이동휘 권사를 중심으로 강력한 민족운동 세력이 형성되었다. 그런 배경에서 정미의병이 일어났을 때 강화에서도 이동휘를 중심으로

---

8) 「황성신문」(1907년 7월 2일).

무장해제당한 군인들이 거센 저항운동을 전개했다. 강화 의병들은 일진회 회원이었던 강화군수 정경수를 처단하였고 갑곶에 주둔하던 일본군 병사 수 명을 사살했다. 그러자 인천에 주둔하고 있던 일본군 헌병대가 출동하여 의병 진압에 나서 의병에 가담한 병사는 물론이고 그동안 일진회를 비판했던 민족주의자들까지 체포했다.

그렇게 해서 평소 반일적 언사로 일진회의 주목을 받았던 강화읍교회 김동수(金東秀) 권사와 그의 동생 김영구(金永龜), 사촌동생 김남수(金南秀) 등 3명이 일진회원의 지목을 받아 일본군에 체포되었다. 이들은 재판도 받지 못한 채 1907년 8월 21일, 일본군 헌병대에 끌려가 갑곶나루 아래 더리미 해안가에서 총살당하였다. 이들 3형제의 희생으로 강화에서 기독교는 나라 사랑하는 종교로 인식되어 입교하는 구도자들이 늘어났다. 그 무렵 인천과 강화선교를 담당하고 있던 선교사 데밍(C. S. Deming)은 1908년 연회에서 김동수 3형제의 순국과 강화교회 부흥에 대하여 이렇게 보고하였다.

강화 사업은 높이 평가받아 마땅합니다. 강화교회는 독자적으로 장로사한 사람이 주재하며 일을 보아야 할 정도로 커졌습니다. 이는 피의 세례(baptism of blood) 결과였습니다. 이 지역 일진회 회원들이 우리 교인들을 극도로 증오하였고 또 악선전을 퍼뜨려 우리 교인들은 큰 위험에 처했고 그 결과 총독부 관리들이 올바르고 정당하게 대응하지 못해 상당수 교인들이 목숨을 잃고 말았습니다. 그러나 악을 행한 자들에 대한 정의의 심판이 속히 내려졌으니 강화 일진회는 해산되었고 그 지도자 두 사람은 종신형 처분을 받았습니다.[9]

실제로 강화지방 교세는 선교 개척 10년을 맞은 1907년에 23개 교회, 교

9) C. S. Deming, "Seoul and Chemulpo District", *Official Minutes of Annual Session of the Korea Annual Conference of the Methodist Episcopal Church* (1908), 32.

인 5천여 명을 기록하는 폭발적인 성장을 이룩하였다. 이는 데밍의 표현대로 김동수·김영구·김남수 3형제가 받은 피의 세례 결과였다.

강화에서 김동수 권사를 비롯한 3형제가 순국 희생된 지 사흘 만인 1907년 8월 24일, 이번에는 경기도 이천에서 구연영(具然英) 전도사와 구정서(具禎書) 전도사 부자(父子)가 역시 일본군 헌병대에 체포되어 즉결 처형되었다. 전통 양반 출신인 구연영은 을미의병 때(1896년) 경기도 이천에서 김하락과 함께 의병을 일으켜 중군장으로 활약하다가 무장투쟁의 한계를 느끼고 회군한 후 서울 상동교회를 찾아 스크랜턴과 전덕기와 교류하면서 기독교 신앙에 접하였고 1900년 세례를 받았다. 다음은 그가 세례를 받으면서 작성한 것으로 보이는 신앙고백이다.

> 신(信)은 진실한 신념으로 상제(上帝)를 신봉하고 기독(基督)의 교훈으로 죄과(罪過)를 회개하고 진리의 삶으로써 완전한 인간의 기초를 삼고자 함이오,
> 망(望)은 확고한 소망을 가지고 관존민비(官尊民卑) 의타사상(依他思想) 직업차별(職業差別) 미신허례(迷信虛禮) 등 악풍폐습(惡風弊習)을 타파개선하며 신교육(新敎育)을 흡수하여 현실만에 낙념(落念) 말고 직업에 충실함이오,
> 애(愛)는 진정한 애의 정신으로 경천애인(敬天愛人)을 표어로 하고 하나님을 공경하며 조국을 사랑하고 동포를 사랑하고 정의로 단결하여 모르는 사람을 깨우치는 것이 조국광복(祖國光復)의 기초라.10)

세례를 받은 후 구연영은 고향인 광주 덕뜰(덕평)교회 속장과 권사를 거쳐 1905년 전도사가 되어 경기도 광주와 이천, 여주, 장호원 일대 교회를 개척하고 목회하였다. 그러면서 교회 청년들로 구국회(救國會)를 조직하여 일반 시민을 대상으로 일진회를 규탄하며 민족의식을 고취하는 민족계몽운동을 전개하였다. 그 결과 당시 일본 헌병대 비밀보고서에 "경성 동편 십여 군에

---

10) "春景 具然英先生 略傳", 「獨立血史」 2권 (1947), 179.

구연영만 없으면 기독교도 없어질 것이요, 배일자(排日者)도 근절될 것이다." 라고 기록될 정도로 구연영은 일제의 주목을 받았다. 구연영의 맏아들 구정서 역시 서울 동대문교회 전도사로서 서울 동편 지역 교회를 맡아 보면서 아버지와 함께 구국운동을 활발하게 펼쳤다. 그런 배경에서 1907년 8월, 정미의병이 일어나자 의병 진압을 빌미로 이천에 진입한 일본군 헌병대는 구연영·구정서 부자를 체포, 재판도 거치지 않고 8월 24일 이천 장터에서 공개 처형하였다. 그때 구연영 전도사의 나이 44세, 아들 구정서 전도사는 25세였다. 구연영·구정서 전도사는 한국 근대사와 교회사에서 첫 번째 순국 목회자가 되었다.

강화와 이천에서 일어났던 것과 비슷한 사건이 충청도 천안지방에서도 일어났다. 즉 1907년 가을에 천안과 진천, 목천 지역에서 의병운동이 활발하게 전개되었는데 이를 진압하던 일본군이 이 지역 교회를 파괴하고 교인들을 살해하였다. 그 사실은 공주 선교부 소속으로 천안지방 선교 사역을 담당하고 있던 미감리회 선교사 케이블의 1908년 연회 보고를 통해 확인할 수 있다. 그에 따르면 목천군 아내(아오내, 병천)에 있는 교회(지령리교회) 예배당이 방화로 전소되었고, 사자골교회 교인 3명이 의병을 도운 혐의로 총살되었으나 1명이 생존했다. 문의에서도 주민 14명이 일본군에 체포되어 총을 맞았는데 거기 포함되었던 기독교인 1명만 총알이 빗나가 목숨을 구하여 주변에서 "구세주를 잘 믿어 살아났다." 는 말을 들었다. 케이블은 이런 박해 상황을 보고하면서 이를 참된 믿음의 증거라고 하였다.

일제의 토지 수탈을 항의하다가 처형된 주민

이 외에도 우리 교인들이 당하고 있는 더 많은 시련과 박해의 실상을 말씀드릴 수 있지만 이것만으로도 우리 교인들이 어떤 어려움을 받고 있는지 충분히 짐작하셨을 것입니다. 안팎으로 일본군과 일진회, 폭도들로부터 모욕당하고 매를 맞으며 예배당이 불타는 등 박해를 당하는 것이 일상이 되었는데 그런 중에도 우리 교인들은 대부분 믿음을 굳건히 지키고 있습니다. 여러분이 기대했던바 참된 사역의 결실로서 이보다 더 확실한 증거가 어디 있겠습니까?11)

의병운동과 관련하여 한 가지 더 언급할 것은 기독교 지도자들의 선유사(宣諭使) 활동이다. 조선시대 지방에서 민중소요나 반란이 일어났을 때 국왕이 효유(曉諭)하는 글을 반포하고 소요가 일어난 지방에 선유사를 파견하여 진무하도록 하였다. 따라서 선유사는 국왕의 신임을 얻는 것은 물론 일반 백성, 특히 반란을 일으킨 세력으로부터도 존경을 받는 인물이어야 했다. 그래서 보통 선유사는 고위관료 출신 원로급 정치인이나 존경받는 유교 원로 학자가 맡아 수행했다. 그런데 1907년 12월 말, 순종 황제와 대한제국 정부는 기독교인 최병헌 목사와 송기용, 서상륜 등을 선유사(6품)로 임명하였다. 1907년 여름부터 시작된 정미의병의 기세가 겨울이 되어서도 꺾이지 않고 전국으로 확산되자 정부 당국은 이들 기독교 지도자 3명을 선유사로 선발해 충청남도와 충청북도, 황해도 지역에 파견한 것이다. 정동교회 최병헌 목사는 과거 농상공부 주사를 지냈고 정동교회 교인 송기용도 탁지부 주사를 지냈지만 모두 말단직이었고 그것도 잠시였다. 서상륜은 관직에 몸담은 적이 없는 장로교 초기 전도자였다. 이처럼 기존의 관리 출신이나 유교 지도자들이 맡았던 선유사 직책을 기독교인 지도자들에게 맡겼다는 것은 일반 시민사회에 미치는 기독교의 영향력이 증대하였음을 반증하는 것이기도 했다.

그런 배경에서 선유사로 임명된 최병헌과 송기용, 서상륜 등은 1908년 1월부터 3개월가량 지방에 내려가 선유 활동에 임했다. 민족운동 진영은 궁극

11) E. M. Cable, "Report of the Kong Ju District", *Official Minutes and Reports of the Korea Annual Conference of the Methodist Episcopal Church* (1908), 42.

적으로 의병 해산을 촉구하는 기독교인들의 선유사 활동에 대해 비판적이었다. 하지만 기독교인 선유사들은 지방의 의병운동 현장을 방문하여 문제 해결을 모색하였다. 충북 지역을 순방한 송기용은 의병운동과 민중소요 원인이 정부 당국자들의 부패와 실정(失政)에 있음을 깨닫고 내각 총사퇴를 주장하는 글을 발표하였다. 충남 지역을 순방한 최병헌도 지역 주민들에게 무장투쟁의 한계를 지적하면서 민족의식 계발이 시급한 과제이므로 이를 위한 사립학교 설립운동을 촉구하였다. 선유사 활동을 민족계몽운동의 기회로 삼은 것이다. 그리하여 기독교인의 선유 활동에 대하여 처음에는 부정적이었던 사회 언론도 점차 호의적으로 바뀌었다.

의병운동 노선을 따르는 기독교인들의 항일 무장투쟁도 다양한 형태로 나타났다. 기독교인들이 직접 무기를 들고 항일 독립운동 현장에 참여한 것이다. 1908년 3월 23일 샌프란시스코에서 전명운(田明雲)과 장인환(張仁煥)이 미국인 외교관 스티븐스(D. W. Stevens)를 저격한 사건이 대표적이다. 미국의 직업 외교관인 스티븐스는 1904년 8월 체결된 〈한일 외국인 고문 용빙에 관한 협정서〉에 따라 일본 정부 추천을 받아 대한제국 정부 외교 고문으로 내한했다. 이후 스티븐스는 한국 정부로부터 월급을 받으면서도 일은 일본 정부를 위해서 했다. 그가 외교 고문으로 일하면서 만들어낸 작품이 1905년의 을사조약과 1907년의 정미조약이었다.

이 일로 스티븐스는 일본 정부 훈장을 받았고 1908년 3월 포상휴가를 얻어 본국을 방문하였는데 샌프란시스코에 도착해서 미국 언론에 "일본이 한국을 보호하게 된 후로는 한국에 이익 되는 일이 많기 때문에 근래에는 한·일 양국인들 사이에 교제가 점점 친밀하여지고 있다. 일본의 한국에 대한 정치는 미국의 필리핀에 대한 정치와 같다."고 발언하였다. 이런 스티븐스의 발언은 미주 지역 한인동포들의 분노를 일으켰다. 이런 상황에서 스티븐스가 대륙횡단 기차를 타기 위해 오클랜드역으로 가던 도중 샌프란시스코 페리항구에서 전명운과 장인환의 거사가 이루어진 것이다. 전명운이 먼저 발사했으나 불발이 되었고 장인환이 쏜 총을 맞고 스티븐스는 절명했다. 스티븐스를 저격한 장인환은 평양 출신으로 1904년 하와이 농업이민으로 고향을 떠났다가 1906년 샌프란시스코로 옮겨 부두노동을 하면서 대동보국회에 가입하였고 샌프란시스코한인감리교회에 출석하던 교인이었다. 장인환과 전명운은 사건 현장에서 체포되었다. 전명운은 3개월 만에 무죄로 석방되었지만 장인환은 12년 옥고를 치렀다. 이로써 장인환은 미주 독립지사 1호 칭호를 받게 되었다.

스티븐스 저격 사건 1년 후, 1909년 10월 26일 북만주 하얼빈역에서 일본 정치인 이토 히로부미(伊藤博文)가 안중근(安重根)의 총을 맞고 절명했다. 이토는 1905년 을사늑약 체결 이후 초대 조선통감으로 부임해서 대한제국의 주권을 강탈하고 한반도에서 일본의 식민통치가 이루어지도록 기반을 닦았다. 그런 배경에서 이토는 항일 의병운동, 독립운동 진영으로부터 원흉(元兇)이자 척결 대상이었다. 그런 이토가 1909년 6월 귀국해서 추밀원 의장이 된 후 러일전쟁(1904년)으로 악화된 러시아와 외교관계를 새롭게 구축하기 위해 러시아 대장대신과 회담하고자 하얼빈을 방문했다가 안중근의 저격을 받았던 것이다. 안중근은 현장에서 체포되었다. 그리고 두 시간 후 하얼빈에서 2백리 남쪽에 있는 채가구(蔡家溝) 역에서 또 다른 한국인 우덕순(禹德淳)이 체포되었다. 체포 당시 압수된 안중근과 우덕순의 탄알 표면에 십자가 문양이 새겨져 있었다. 이토 저격을 주도한 안중근과 우덕순, 두 사람 모두 기독교인이었다.

도마란 세례명을 갖고 있던 안중근은 황해도 신천의 선비집안 출신 천주교인이었고, 우덕순(일명 우연준)은 충북 제천의 가난한 농부 출신으로 어려서 서울로 올라와 동대문 밖에서 장사를 하며 지내던 중 기독교로 개종하고 전덕기 목사의 상동교회에 출석하며 엡윗청년회 활동에 적극 참여하였다. 상동파에 속하는 우덕순은 1905년 을사늑약이 체결된 후 러시아 블라디보스토크로 가서 교포 자녀를 위한 계동학교(啓東學校)를 설립, 민족 교육을 실시하는 한편 이범윤(李範允) 의병에 가담, 경흥 전투에 직접 참여하기도 하였다. 안중근을 만나게 된 것도 그 무렵이었다. 항일 민족운동에 뜻이 같았던 두 사람은 이토의 하얼빈 방문 소식을 듣고 한인교포 신문인 「대동공보」 주필 이강과 거류민 단장 양성춘 등의 도움으로 권총과 실탄을 마련하고 하얼빈으로 떠났다. 두 사람은 종착역인 하얼빈과 중간 정차역인 채가구를 나누어 맡아 누구든 기회를 봐서 저격하기로 했다. 그래서 우덕순이 채가구역, 안중근이 하얼빈역을 각각 맡았는데 이토가 탄 기차가 채가구역을 그냥 통과하는 바람에 하얼빈역의 안중근에게 기회가 주어진 것이다. 사건 직후 현장에서 체포된 안중근은 살인죄로 기소되어 사형을 언도받고 뤼순감옥에서 처형되었으며, 살인 방조죄로 기소된 우덕순은 처음 징역 3년을 언도받았으나 시베리아에서 의병 운동을 한 전력이 탄로나 2년형을 추가 언도받고 서울로 옮겨져 서대문형무소에서 옥고를 치렀다.

경성형무소(서대문형무소)

우덕순이 서울 서대문형무소에서 복역하던 시기에 또 다른 예수교인 사형수 이재명(李在明, 본명 李秀吉)도 같은 감옥에 수감 중이었다. 이재명은 이토와 짝을 이루어 한국을 일본에 팔아넘긴 대표적 매국노 이완용(李完用)을 저격한 혐의로 사형 선고를 받고 형 집행을 기다리고 있었다. 이재명은 평북 선천에서 태어나 어려서 부모를 잃고 평양에서 자랐다. 평양의 사립 일신학교에 다니던 중 기독교인이 되었다. 독립협회 시절 안창호의 연설을 듣고 민족운동에 헌신할 뜻을 세웠다. 을사늑약이 체결된 1905년 해외 독립운동을 목적으로 하와이 이민을 떠났다. 1년 후 샌프란시스코로 옮겨 장인환이 출석했던 샌프란시스코 한인연합감리교회에 출석하면서 안창호가 조직한 공립협회에 가입하였다. 그리고 다시 1년 후(1907년) 고종이 강제 퇴위당하고 정미조약이 체결되자 매국노 숙청을 위해 귀국하였다. 이후 이재명은 신민회 지도자 안창호와 임치정, 이강 등과 연락을 취하며 서울과 평양, 블라디보스토크를 오가며 이토와 이완용, 이용구 등 친일세력을 응징할 기회를 노렸다. 본래 그의 목표는 이토였는데 하얼빈에서 안중근의 거사로 이토가 척결되자 이완용을 노렸다. 그리고 마침내 1909년 12월 22일, 서울 명동성당에서 열리는 벨기에 황제 레오폴드 2세 추모 미사에 이완용이 참석한다는 정보를 입수했다. 이재명은 군밤장수로 위장하고 명동성당 고갯길에서 기다리다가 미사를 마친 후 인력거를 타고 내려오는 이완용을 칼로 공격하여 중상을 입혔다. 현장에서 체포된 이재명은 살인미수로 재판에 회부되어 1910년 4월 경성지방법원과 8월 복심법원에서 각각 사형을 언도받고 9월 21일 서대문형무소에서 교수형으로 생을 마쳤다. 당시 그의 나이 21세였는데 사형 직전 "마지막 소원을 말해 보라."는 집행관의 물음에 "평소 부르던 찬송을 부르고 죽게 해 달라."고 한 후 애창하던 〈예수 씨 거느리심〉(예수가 거느리시니)을 불렀다.

이재명에게 칼을 맞고도 목숨을 구한 이완용은 이재명이 복심법원에서 사형선고를 받은 직후인 1910년 8월 22일, 이토 후임 통감인 데라우치(寺內毅正)가 제시한 "한국 전부에 관한 일체의 통치권을 완전히 또한 영구히 일본에 이양한다."는 합병조약안에 비밀리 서명하고 1주일 후, 8월 29일 그 내용을 순종 황제 명의로 공포하였다. 이렇게 이완용은 나라를 팔아넘기는 매국노로서 주어진 역할을 마지막까지 충실하게 수행하였다. 그 결과 한반도는 온전히 일본의 식민통치 체제하에 들어갔다. 이런 경술국치(庚戌國恥)와 함께 열린 망국의 시대에 자유와 독립을 얻기 위한 투쟁도 시작되었다. 한민족의 독립 투쟁은 국내는 물론 망명객과 이민들이 나가 있는 해외에서도 활발하게 전개되었다.

2. 해외 한인교회와 해외선교

1) 하와이와 미주 지역 선교

귀향본능(歸鄕本能)이 강한 한국인들이 고향을 떠나 다른 나라로 이주하는 경우는 두 가지, 경제적이거나 정치적인 이유 때문이었다. 한말과 일제 식민 통치 시 한민족의 해외 이주도 마찬가지였다. 한말 집단적 이주의 첫 사례로 꼽히는 1902년 하와이 이민도 경제적인 배경에서 추진되었다. 하와이 이민의 배경에는 1년 전 전국을 휩쓴 신축년(辛丑年) 기근이 있었다. 전국에서 수십만의 아사자와 이재민이 나왔고 가정과 국가 경제가 모두 피폐해진 상황에서 "기후가 온후한 하와이에 가서 3년만 농사를 지으면 큰돈을 벌고 자녀 교육도 시킬 수 있다."는 내용으로 하와이 이민단 모집이 이루어진 것이다. 하와이는 본래 아시아계 부족국가였다가 1898년 미국의 주로 편입되었는데 하와이에서 사탕수수농장을 경영하는 미국의 농장주들이 값싼 노동력을 구하던 중 일본과 중국에 이어 한국에 눈길을 돌렸다.

하와이 농업이민을 한국에 소개한 첫 인물은 1884년 미국 북장로회 선교사로 들어왔다가 주한 미국공사로 신분을 바꾼 알렌이었다. 그는 1901년 말 휴가차 귀국했다가 돌아오던 길에 하와이에 들러 사탕수수농장의 노동력 부족을 알게 되었고 1902년 2월 서울에 귀환해서 고종 황제를 알현, "지금 백성들이 개국 진취를 원하고 있을 뿐 아니라 흉년으로 고생하고 있으니 하와이로 보내서 척식 사업과 신문화를 도입하도록 함이 현책(賢策)이라."고 건의하여 윤허를 받았다.

이에 하와이 농장주들은 데슐러(David W. Deshler)를 서울에 파견하여 동서개발회사를 설립, 이민단 모집을 추진하였고 대한제국 정부에서도 여권 업무를 관장할 수민원(綏民院)을 설립하였다. 그리하여 1902년 11월부터 수민원과 동서개발회사 명의로 「황성신문」에 이민단 모집광고를 내고 서울과 인천, 부산, 원산, 진남포 등에 지부를 설치, 하와이 이민단 모집에 착수했다. 그러나 "조상이 묻힌 고향을 버리고 떠날 수 없다."는 봉건적인 사고에서 자유롭지 못했던 한국인들은 선뜻 이민에 응하지 않았다. 이에 인천지방 장로사 존스 선교사가 적극 나섰다. 그는 자신의 선교구역인 인천과 강화, 옹진, 해주 지역을 돌면서, "고향에서 굶어 죽기보다는 미국 하와이로 가서 새로운 기회를 찾으라."며 교인들을 설득하였다. 그 결과 인천과 강화 지역 기독교인 50명과 인천항 노무자 20명을 포함, 121명으로 이민단이 구성되었다. 감리교인이 절대 다수를 차지했던 1차 하와이 이민단은 1902년 12월 22일, 인천 제물포항에서 존스 장로사의 기도를 받고 출발, 일본 고베(神戶)에 도착하여 신체검사를 받은 결과 20명이 탈락되고 나머지 101명이 12월 29일 미국 상선 겔릭(Gaelic)호를 타고 하와이로 출발하였다. 이들 1차 이민단은 1903년 1월 13일 호놀룰루항에 도착하였다. 이는 마치 1620년 9월 영국 청교도 102명이 종교의 자유을 찾아 메이플라워(May Flower)호를 타고 영국 플리머스항을 출발해서 아메리카 신대륙에 도착한 것과 유사하였다.

이처럼 존스 선교사와 내리교회 교인들의 주도로 시작된 하와이 이민은 처음부터 종교적 색채가 강했다. 1차 이민단에 내리교회 장경화 전도사와 안정수 권사가 총무 및 통역으로 참가했고 강화교회 김이제 권사도 이민단 신앙지도를 위해 동승했다. 1903년 2월 인천을 출발한 2차 이민단(90명)에도 관립영어학교 출신으로 독립협회 시절 윤치호의 연설을 듣고 개종한 현순이 통역으로, 남양교회 홍승하 권사가 신앙지도를 위해 참가하였다. 그 후에도 민찬호와 임정수, 우병길(윤병구), 김영식, 홍치범, 이경직, 윤병구, 문또라 등이 전도와 선교를 위해 하와이에 파송되었다. 초기 이민자들은 하와이에 도착해서 오아후와 에바, 와이파후, 마우이, 기후쿠, 와이알루아, 힐로, 코할라 등지 사탕수수 농장에 배치되어 이민생활을 시작했다. 그들은 농장에 도착하자마자 교회부터 시작했다. 그리하여 1903년 목골리아와 카후쿠, 와이알루아에서 이민 노동자들의 집회가 시작되었고 호놀룰루에서는 한인선교회라는 이름으로 하와이 전체 교인을 아우르는 교회를 시작하였는데 그것이 오늘의 그리스도연합감리교회가 되었다.

　초기 이민 정착과 교회 설립 과정에서 미감리회 하와이지방 감리사 피어 슨(George L. Pearson) 목사와 워드맨(J. W. Wadman) 목사 등이 적극 도왔다. 그 결과 1905년 12월 개최된 미감리회 하와이선교연회에서 워드맨 감리사는 한국 이민 7천여 명 가운데 2천여 명이 하와이 각 섬의 30여 교회에 등록하 여 신앙생활을 하고 있다고 보고했다. 이런 식으로 하와이 이민역사는 한인 교회 역사와 함께 진행되었다. 그리고 하와이 이민과 한인교회 역사는 고향 을 떠나 해외로 이주한 한인 교포들을 위한 전도와 선교의 시작이었다는 점 에서 한국교회 디아스포라 선교(diaspora mission), 해외선교의 효시가 되었다.

　또한 하와이 이민과 선교는 미국 본토 이민과 선교의 계기를 마련해 주었 다는 점에서 중요한 의미를 지닌다. 1902년부터 시작해서 일본 정부의 개입 으로 1905년에 중단된 하와이 초기 이민에 참가한 7천여 교포 가운데 대부 분은 "3년 계약을 마치고 귀국한다."는 처음 계획에 따라 1차 계약기간이 끝 난 후 귀국하였다. 초기 이민에 참가했던 교포들은 하와이 사탕수수농장 생 활이 처음 예상했던 것과 달리 열악한 환경에서 노예와 같은 대우를 받는다 고 느껴 더 이상의 계약을 연장하지 않고 귀국을 택하였다. 그런 중에도 적 지 않은 교포는 하와이 현지에 남아 상업과 농업에 종사하면서 새로운 이민 생활을 개척하였다. 또한 미국 본토 캘리포니아의 샌프란시스코와 오클랜 드, 로스앤젤레스 등지로 이주해서 미주 이민 개척시대를 연 교민들도 많았 다. 여기에 청일전쟁과 독립협회 사건, 러일전쟁 등으로 국내 정치상황이 악 화되자 도산 안창호와 이승만, 신흥우, 문경호, 이경직, 이대위, 민찬호, 김유 순, 양주삼 등과 같이 유학 혹은 민족운동을 목표로 미국에 이주하는 교포들 도 늘어났다. 그 결과 미국 본토에서도 하와이처럼 한인교회와 민족주의 교 포단체들이 생겨났다.

　우선 미국 본토의 관문이었던 샌프란시스코에서는 1903년 9월 안창호와 이대위를 중심으로 10여 명 한인들이 집회를 시작했다. 처음에는 문경호와 방화중 등이 각 교인 집을 순회하며 예배를 드리다가 1905년 한인전도회를 거쳐 1906년 예배 처소를 마련하고 중국 상하이 중서서원을 졸업하고 유학 온 양주삼 전도사가 담임자로 부임하면서 정식 교회로 발전하였다. 그것이 오늘의 샌프란시스코 한인연합감리교회다. 이 교회는 미주 지역 교포들의 민족운동 단체인 공립협회와 대한인국민회 등과 밀접한 관련을 맺으며 교포 선교와 독립운동을 추진했다. 이곳 샌프란시스코를 거점으로 해서 북부 캘리포니아 지역으로 한인교포들의 이주와 교회 설립이 이루어졌다. 그 결과 1905년 오클랜드와 새크라멘토에서 집회가 시작되어 안정수와 박용만, 문경호 등이 순회하며 교인들을 지도하였다.

남부 캘리포니아의 중심도시 로스앤젤레스에서는 한국 선교사 경력을 지닌 셔먼(Florence M. Sherman) 부인의 도움으로 1904년 3월부터 한인 유학생 집회가 시작되었다. 셔먼 부인은 의사였던 남편(Harry C. Sherman)과 함께 미감리회 선교사로 파송을 받아 1898년 2월 내한해서 남편은 서울 상동의 시병원에서 사역을 시작하였는데 급성폐결핵에 걸려 1900년 봄 귀국하여 그해 7월 남편은 로스앤젤레스에서 별세하였다. 남편 별세 후 로스앤젤레스에 머물러 있던 셔먼 부인은 남편의 모교인 사우스캘리포니아대학에 유학 온 한국인 학생들을 위해 사우스힐스트리트에 2층짜리 저택을 마련해서 기숙사를 겸한 예배 처소로 사용하도록 하였다. 셔먼 부부는 서울에 있을 때 독립협회 사건으로 투옥되었던 배재학당의 이승만과 신흥우를 도와준 적이 있었다. 그런 신흥우가 1년 전 출옥해서 미국에 유학, 로스앤젤레스 사우스캘리포니아대학에 유학 중이었다. 신흥우는 1911년 대학을 졸업하고 귀국할 때까지 집회를 인도하였다. 오늘의 로스앤젤레스 한인연합감리교회 시작이다. 이렇게 로스앤젤레스에서는 처음 유학생 중심으로 집회를 시작했다가 시간이 흐르면서 일반 시민과 민족운동가들이 모여 들면서 집회 규모와 분위기도 바뀌었다. 샌프란시스코와 마찬가지로 로스앤젤레스에서도 한인교회는 공립협회와 흥사단, 국민회, 동지회 등 민족운동단체들과 연계하여 다양한 민족운동을 전개하였다. 미국 동부의 뉴욕, 북부의 시카고 같은 지역의 한인 교회 설립은 한인 유학생들이 증가한 1910~20년대 이후였다.

2) 일본과 중국 선교

미국 다음으로 한인 이주가 많이 이루어진 곳이 일본이었다. 청일전쟁 이후 한반도로 이주한 일본인들도 많이 있었지만 역으로 침략국인 일본의 실체를 알고, 일본을 통해 근대 학문과 문명을 배우려는 청년유학생들도 많이 건너갔다. 특히 1905년 을사늑약 체결 후에는 민족주의 성향의 유학생들이 일본으로 많이 갔다. 그렇게 일본에 유학한 학생들 중에 상당수 기독교인들이 포함되어 있어 이들을 중심으로 신앙공동체가 조직되었다. 서울의 황성기독교청년회(YMCA)에서 그 일을 도왔다. 즉 1903년 선교사들을 중심으로 조직되었던 황성기독교청년회는 독립협회 사건으로 체포되어 한성감옥에 투옥되었다가 옥중 개종하고 출옥한 이상재를 비롯하여 김정식·유성준·이원긍·이승만·신흥우 등 개화파 지식인들이 합류한 1904년 민족운동단체 성격을 띠었다. 이들 황성기독교청년회 지도자들은 도쿄의 유학생들에 관한 소식을 접하고 부총무 김정식(金貞植)을 도쿄에 파송했다. 1906년 8월 도쿄에 도착한 김정식은 당시 메이지학원에 다니고 있던 백남훈과 조만식을 비롯해 오순형·장원배·장혜순 등 유학생들을 규합하여 11월 5일 도쿄조선기독교청년회(東京朝鮮基督敎靑年會)를 조직하고 초대 총무로 취임했다. 김정식 총무가 제일 먼저 한 일은 성서연구반을 조직해서 유학생들에게 복음을 전하는 일이었다. 처음에는 일본기독교청년회관을 빌려 집회를 가졌는데 얼마 후 간다에 셋집을 얻어 독자적인 회관 사무실을 개설하고 그곳에서 성경공부와 집회를 가졌다. 1909년 당시 도쿄에 한국인 유학생이 713명 있었는데 그중 110명이 기독교청년회에 가입하였고 그중 60명 정도가 성경공부 모임에 참여하였다.

그렇게 청년회관에서 시작된 유학생 성경공부 모임은 자연스럽게 신앙집회로 발전하였다. 1908년 3월 평양 예수교서원을 운영하고 있던 정익로 장로는 옥편을 인쇄하기 위해 일본 도쿄를 방문했다가 김정식 총무와 백남훈·조만식 등 유학생 교인들로부터 교회가 필요하니 본국에서 도와달라는 요청을 받았다. 도쿄 유학생들의 요청은 정익로 장로를 통해 1909년 9월 평양에서 개최된 대한예수교장로회 제3회 독노회에 전달되었다. 독노회에서는 한국 장로교회 최초 7인 목사 중 1인인 한석진(韓錫晉) 목사를 도쿄에 파견하였다. 1909년 10월 도쿄에 도착한 한석진 목사는 곧바로 유학생 중심의 한인교회를 설립하였다. 당시 유학생 가운데 절대다수가 장로교 출신이었기 때문에 교회는 장로교회로 출발했다. 그러나 1910년 이후 감리교 출신 유학생들이 늘어나면서 상황이 달라졌다. 감리교 학생들도 본국 교회에 감리교회를 세워달라고 요청하였다. 이 문제로 유학생 사이에 논란이 빚어졌다. 그러던 중 유학생 교인 사이에 "우리가 일본인들이 보는 데서 따로 예배를 드리는 것은 수치스러운 일이다. 그리고 유학을 마치고 본국에 돌아가면 각기 자기 교파 교회로 돌아갈 것인즉 일본에 머무는 동안 교파를 따지지 말고 연합교회를 세워 함께 예배를 드리는 것이 좋지 않겠는가?"는 의견이 지지를 얻었다. 이런 유학생들의 의견에 본국의 남북감리회와 장로교회도 찬성하였다. 그리하여 1911년부터 교회 명칭을 재일본동경조선예수교연합교회로 부르게 되었고, 목회자는 초교파 연합기구인 한국복음주의연합공의회를 통해 장로교회와 감리교회 목사들을 교대로 파송하였다. 이러한 연합교회(union Church) 전통은 일본의 다른 지역, 고베와 오사카, 교토 등지에서도 채택되어 일본의 한인교회들은 해방 후 재일본대한기독교회(在日本大韓基督教會)라는 초교파 단일교회 전통을 수립했다.

미국과 일본 다음으로 중국에도 한인교회가 설립되었다. 19세기 후반에 들어서 중국(만주) 땅으로 이주하는 교민들이 급증했는데 처음에는 경제적인 이유에서 월경하는 이주민이 많았지만 을사늑약과 정미조약이 체결된 후에는 정치적인 이유로, 민족운동을 전개하려는 목적으로 망명하는 민족지사들이 늘어났다. 이주민들은 두만강 건너편 간도와 길림, 목단강, 압록강 건너편 통화와 안동(단동), 봉천(심양) 등지에 흩어져 살았는데 이들 이주 교민들을 상대로 한 복음 전도와 선교 사역이 자연스럽게 이루어졌다. 그런 상황에서 1906년 간도 용정(龍井)에 거주하던 중국 교인 싼진(單金)이 원산을 방문, 한글 성경과 기독교 전도책자를 사가지고 갔다. 용정 지역에 급증하는 한국인들에게 복음을 전하기 위해서였다. 곧바로 원산에 "중국 사람이 한국인들에게 복음을 전하러 책을 사갔다."는 말이 돌았고 이에 자극 받은 원산 교인들은 간도 지역 한인들을 상대로 복음을 전할 전도인 파견을 적극 모색했다. 당시 원산에는 캐나다장로교회와 남감리교회가 공동으로 선교하고 있었는데 두 곳 선교부 모두 간도 지역 선교를 모색하였다. 그리하여 남감리회는 1908년 9월 개성에서 열린 연회에서 간도 선교에 착수하기로 결의하고 이화춘(李和春) 전도사를 간도에 파송했다. 같은 시기 캐나다장로회에서도 안순영(安順永)을 간도 지역 개척 전도인으로 파송하였다.

개성의 보부상 출신 이화춘은 1901년 세례를 받은 후 서울 청녕교(광희문)교회와 강원도 이천, 개성 남부교회에서 전도사로 활동하던 중 간도 선교사로 파송을 받았다. 그는 1908년 9월 연회를 마친 후 권서 이응현(李應賢), 함주익(咸周翼)과 함께 출발하여 그해 11월 용정에 도착, 부처골에 살고 있던 싼진을 만나 그의 협조로 용정 시내에 책방을 내고 전도 활동을 시작하였다. 이화춘 전도사는 싼진의 소개로 민족운동가 박무림(朴茂林)을 만나 그의 도움으로 와룡동에 교회를 세웠고 이응현도 모아산에 교회를 설립했다. 비슷한 시기 캐나다장로회 선교부에서 파송을 받은 안순영도 광무정자와 광제암에 교회를 세웠고 1908년 캐나다장로회 성진 선교부에서 파송한 김계안(金桂顏)도 용정 시내에 교회를 설립하였다. 그 무렵 용정 동편 화룡현 명동촌에도 명동학교 교사로 부임한 서울 상동청년학원 출신 정재면의 전도로 교회

한국 감리교회 역사

가 설립되었다. 이로써 간도 선교는 용정을 중심으로 북서쪽은 감리교회, 동남쪽은 장로교회가 맡아 전도와 선교 사역을 추진하였다. 그러나 같은 복음을 전하면서 교파로 나뉘어 교회를 운영하는 것에 대한 비판적인 여론도 있었다.

이런 상황에서 1909년 한국복음주의선교연합회에 참여하고 있는 장로교와 감리교 6개 선교부 사이에 선교지역 분할협정이 완료되었는데 그 과정에서 남감리회와 캐나다장로회 사이에 "캐나다장로회가 강원도 북부 지역을 남감리회에 이양하고, 남감리회는 간도 지역을 캐나다장로회에 넘긴다."는 내용의 협약이 이루어졌다. 이런 결정에 따라 이화춘 전도사는 1년 동안 개척해서 세운 9개 교회, 5백여 명 교인을 캐나다장로회에 넘겨주고 1909년 8월 용정에서 철수하였다. 그러나 이화춘 전도사와 함께 간도 선교를 개척했던 이응현과 함주익은 용정에 남아 캐나다장로회 선교부 일을 계속 도왔다. 이로써 남감리회가 연회 차원에서 착수했던 간도 선교는 1년으로 끝났다. 이후 10년간 감리교의 간도 선교는 중단되었다. 그러다가 1920년 남감리교회가 시베리아와 북간도를 묶어 만주 선교를 재개하기로 결정하자 간도 선교 개척자 이화춘 목사가 북간도 지역 관할 목사로 용정에 부임하여 중단되었던 간도 선교를 재개하였다.

지금까지 살펴본 미국 하와이와 샌프란시스코, 로스앤젤레스, 일본 도쿄, 중국 북간도 지역에서 이루어진 선교는 디아스포라 선교, 즉 고향을 떠난 이민이나 유학생들을 상대로 복음을 전하고 교포 중심의 교회를 설립하는 형태였다. 장소만 나라 밖, 해외였지 한국인이 한국인에게 복음을 전하는 형식이었다. 엄밀한 의미에서 내국인 선교(native mission)였다. 한국인이 외국인에게 복음을 전한다는 의미의 외국인 선교(foreign mission)는 아니었다. 한국교회가 외국의 토착민을 대상으로 복음을 전하는 선교사를 파송한 것은 1910년 미감리회에서 중국 선교사로 파송한 손정도(孫貞道) 목사가 첫 번째였다. 미감리회 연회는 평양 부흥운동의 열기가 한창 타올랐던 1907년 6

월 연회에서 평양지방 장로사 노블의 제안으로 국내선교회(Home Missionary Society)를 조직하기로 결의하고 서울지방 장로사 존스를 회장, 최병헌 목사와 강인걸 목사를 부회장으로 선출하였다. 국내선교회는 1908년 3월 연회에서 조직을 개편하여 중앙 조직으로 회장에 존스, 서기에 현순, 회계에 벙커를 선출하고 서울과 평양, 영변, 공주, 수원 등 지방별로 부회장과 실행위원을 선정하여 전도인 파송을 위한 모금운동을 전개했다. 국내선교회는 명칭대로 "대한 국내지방에 사는 대한국민에게 복음을 전파할 것"을 목적으로 하였다. 그렇게 처음에는 국내 선교에 주력하다가 1910년 5월 연회에서 외국 선교도 함께 추진하기로 하고 선교회의 명칭을 국내외선교회(Foreign and Home Missionary Society)로 바꾸었다. 그러면서 첫 선교지로 중국을 택하고 손정도를 선교사로 파송한 것이다.

그렇게 중국 선교사로 선발된 손정도는 1907년 평양 부흥운동 주역 가운데 1명이었다. 당시 숭실중학교 졸업반이었던 손정도는 숭실중학교 부흥회에서 통회자복과 영적 각성을 체험한 후 남산현교회에 부흥운동의 불씨를 전달했고 이은승 목사와 함께 인천 내리교회에 가서 부흥회를 인도하여 남방에 부흥운동이 확산되는 계기를 만들어 주었다. 그는 부흥운동을 거치면서 민족의식도 한층 심화되었다. 평양 부흥운동의 또 다른 주역 길선주 목사의 경우처럼 초월적인 종교 체험을 강조하면서 기독교인의 현실 참여나 민족운동에 비판적이었던 경우와 달리 손정도는 부흥운동 이후 민족운동에 적극 참여하였다. 우선 그는 부흥운동 때 위기에 처한 나라와 민족을 위해 기도하던 중 다음과 같은 신비 체험을 하였다.

바로 새벽녘이었다. 답답히 앞길의 광명을 찾으려고 애닯게 호소하던 나의 앞에는 신의 광명한 빛이 세상에서 볼 수 없는 이상의 빛으로 빛났다. 인자하시고 건실하신 구주 예수께서 자애 깊은 눈물을 흘리며 나에게 임하셨다. 나도 흐득였고 그도 느끼셨다. 이 흐득임은 슬프거나 답답해서가 아니라 넘우 감격하고 말할 수 없이 깃븐 그 극(極)에서 정화된 눈물이다. 광명을 찾은 즐거움이오 앞으로 나아갈 그 길을 하도 애쓴 뒤에 발견한 깃븜에 넘치는 눈물이다.[12]

손정도는 나라와 민족을 구원하는 무거운 책임감을 느꼈다. 그는 또한 사도행전 1장 6~8절 말씀을 근거로 부흥목회와 민족운동의 공존관계를 정립했다. 즉 "이스라엘 나라를 회복할 때가 이때입니까?" 하는 제자들의 질문을 "대한제국이 국권을 회복하고 독립할 때가 이때입니까?"라는 질문으로 바꾸어 읽었고 "때와 시기는 아버지께서 자기의 권한에 두셨으니 너희가 알 바 아니요 오직 성령이 너희에게 임하시면 너희가 권능을 받고 예루살렘과 온 유대와 사마리아와 땅 끝까지 이르러 내 증인이 되리라." 하신 말씀에 근거하여 "국권회복과 독립의 때는 하나님이 정하실 것이지만 삼천만 동포가 성령의 능력에 힘입어 땅 끝까지 증인으로 사역하면 하나님께서 독립의 때를 단축시켜 주실 것이다."라는 확신을 얻었다. 그가 목회자로, 부흥사로, 선교사로 사역하기로 결심한 배경이다.

그래서 손정도는 1908년 숭실중학교를 졸업한 후 숭실대학교에 입학했다가 중퇴하고 협성신학교에 입학, 신학 수업을 받으면서 진남포 신흥리교회 전도사로 목회를 시작하였다. 그러면서 고향(평남 강서)이 같았던 도산 안창호와 형제관계를 맺고 신민회와 민족운동에도 참여하였다. 그러던 중 1910년 5월 미감리회 연회에서 국내외선교회를 통해 중국 선교를 시작하기로 하자 손정도가 선교사로 지원하였다. 손정도가 중국 선교사로 지원한 것은 부흥운동 기간 중 복음 전도 사역에 헌신하겠다고 서원했던 책임감 때문이기도 했지만 그와 함께 증인 사역을 통해 독립의 때를 단축시킬 수 있다는 신앙적 민족의식 때문이기도 했다. 그는 증인 사역의 경계를 예루살렘(평양) → 유대(한반도) → 사마리아(만주) → 땅 끝(중국)으로 풀이하고 사도시대 세계를

---

12) 최봉측, "고 해석 손정도 목사 략전(二)", 「기독교종교교육」 (1931년 8월), 64.

지배하던 로마제국의 수도 로마가 땅 끝이었던 것처럼 아시아의 종주국 중국의 수도 북경을 땅 끝으로 보고 중국 복음화를 증인 선교의 완성으로 보았던 것이다.

이런 그의 민족주의 선교관은 그가 1911년 연회를 마치고 중국 선교지로 돌아가면서 지은 〈천시가 변천함〉이란 글에서 확인할 수 있다. 그는 이 글에서 정세가 급변하는 이 시대에 한국교회가 말세의 추수꾼이 되어 세상 끝까지 나가 복음을 전함으로 잃은 국권을 되찾을 것이라 강조하였다. 그는 글의 마지막을 다음과 같은 찬송가로 끝냈다.(곡조는 "새벽부터 우리 사랑함으로써")

1. 삼천리 강산 주의 동반도는
　 구원 얻은 동포 만하졌으니
　 그리스도 왕의 명령을 좃차셔
　 어서 추수하러 나아갑세다.

후렴) 나아갑세다 나아갑세다
　　　 어서 추수하러 나아갑세다.

2. 이 세상에 제일 광대한 전답에
　 곡식 익어 황금 빗과 같으니
　 농부들은 속히 농기를 메이고
　 어서 추수하러 나아갑세다.

3. 형제와 자매들 다 모혀들어서
　 십자기를 달고 다름질 마당에
　 반도 안에 잇는 주의 일군들은
　 어서 추수하러 나아갑세다.[13]

---

13) 손정도, "천시가 변천함", 「그리스도회보」 (1911년 11월 15일).

　그렇게 해서 1910년 한국교회 역사상 최초의 해외 토착민 선교가 시작되었다(한국 장로교회는 1912년 총회에서 중국 산동 지역 선교를 결의했다). 손정도는 1910년 7월 연회를 마친 직후 중국 수도 북경에 들어가 중국어를 배우는 것으로 중국 선교의 첫발을 내디뎠다. 그렇게 손정도는 북경에서 1년 동안 중국어를 배우고 1911년 6월 서울에서 개최된 미감리회 연회에 나와 집사목사 안수를 받은 후 다시 중국으로 돌아갔다. 그 무렵 그의 신민회 동지들은 105인 사건으로 대거 옥중에 갇혀 있었다. 손정도 목사는 북경에서 다시 1년간 중국어를 공부하면서 그 무렵 북경에 들어와 있던 신민회 회원 조성환과 백영엽 등과 연락을 취하며 무관학교 설립을 준비하였다. 그리고 1912년 3월, 다시 귀국하여 연회에 참석, 중국 선교 2년 성과를 보고한 후 선교지를 북만주 하얼빈으로 옮겨 그곳으로 떠났다. 하얼빈은 3년 전(1909년) 안중근이 이토 히로부미를 저격한 곳이자 러시아와 국경 지역이어서, 시베리아와 북만주를 무대로 항일 독립운동을 하는 민족운동가들이 많이 모였다. 그런 하얼빈에서 손정도 목사는 선교사 신분으로 한인 교포와 중국인들을 대상으로 전도하면서 북만 지역 항일 민족운동 거점을 구축하고자 하였다. 손정도 목사는 하얼빈으로 옮긴 후 불과 3개월 만에 2백여 명 신도를 얻어 하얼빈 공원 부근에 2층 예배당을 마련할 정도로 놀라운 선교 결과를 얻었다.

　그러나 손정도 목사의 하얼빈 선교는 4개월 만에 중단되었다. 일제는 합병을 강행한 후 국내의 민족운동 세력을 발본색원하려는 목적에서 1911년 105인 사건을 조작했듯이, 이번에는 해외(중국)로 망명한 민족운동 세력을 색출하기 위해 가츠라 암살 음모 사건을 조작하였다. 즉 일본 정부 수상을 두 차례나 역임했던 가츠라 타로(桂太郞)가 일본 정부 특사로 만주와 몽고 문제를 협의하기 위해 러시아로 가던 중 1912년 7월 하얼빈을 통과하게 되었는데, 3년 전 안중근과 우덕순이 하얼빈에서 이토를 저격했듯 이번에도 중국에 있던 독립운동가들이 가츠라를 암살하려 모의했다는 혐의를 씌워 하얼빈의 손정도 목사, 북경의 조성환과 백영엽을 체포하였다. 결국 손정도 목사는 하얼빈으로 임지를 옮긴 지 4개월 만에 체포되어 국내로 압송되었고 모진 고문을 받은 후 1년 유배형을 선고받고 진도에서 유배생활을 했다. 유배형을 마친 손정도 목사는 곧바로 중국 선교지로 귀환하고자 했으나 일제의 감시와 견제로 뜻을 이루지 못하고 서울 동대문교회와 정동교회에서 5년간 목회하다가 1919년 3·1운동 직전 망명하여 상해임시정부 조직에 참여하였다.

미감리회 연회가 1910년 시작한 중국 선교는 착수 2년 만에 중단되었다. 비록 단기로 끝났지만 손정도의 중국 선교는 몇 가지 점에서 중요한 의미를 지닌다. 우선 한국교회가 디아스포라 선교로 시작한 해외선교의 방향과 내용을 외국의 토착민을 상대로 한 외국인 선교로 발전시켰다는 점이다. 1902년 시작한 하와이 선교나 1906년 시작한 일본 선교가 이민과 유학생 등 한인교포를 대상으로 한 것이었다면, 1910년 미감리회 국내외선교회의 파송을 받은 손정도 목사의 선교는 중국 관내 한인교포뿐 아니라 중국 토착민을 전도와 선교 대상으로 삼았다. 이로써 한국교회가 진정한 의미의 해외선교를 시작한 것이다. 또한 손정도 목사의 중국 선교는 복음 전도라는 종교적인 동기와 함께 망국의 시대 복음의 증인 사역을 통해 국권 회복과 나라의 독립을 추구하였다는 점에서 특별한 의미를 지닌다. 손정도 목사는 목회자로, 선교사로 확고한 정체성을 갖고 목회와 선교 활동을 하면서 그것을 조국 광복의 기회로 삼았다. 그에게 기독교 신앙과 나라 사랑은 별개의 것이 아니라 동전의 양면처럼 공존하는 가치였다. 그는 "참된 신앙인은 민족을 사랑하고 나라의 독립을 위해 십자가를 지고 가야 한다."는 기독교 민족운동의 기본 원칙에 충실했다. 그것은 손정도뿐만이 아니었다. 한말과 일제강점기, 빼앗긴 조국을 떠나 미국과 일본, 중국, 시베리아 등지에서 나그네로 살면서 한인교회를 중심으로 모여 조국의 광복을 위해 기도하며 독립운동 자금을 모으고 후원했던 해외 디아스포라 성도들의 신앙이자 바람이었다.

II

일제강점기 감리교회 역사

(1910~1945년)

초기 식민지 치하의 감리교회

3·1운동과 감리교회

1910~1920년대 감리교회의 민족운동 및 농촌 · 사회운동

기독교조선감리교회의 형성

1930년대 감리교회의 모습

일제 말기 교회의 변질

제5장

초기 식민지 치하의 감리교회

1. 105인 사건과 감리교회

1905년 을사늑약 이후 일제에게 국권을 유린당하자 민족주의 세력은 국권회복운동을 전개했다. 의병들의 무장투쟁과 민족의 계몽 및 실력향상을 꾀한 신민회 활동 등 일제에 대한 저항운동이 진행되었다. 1910년 일제강점이 시작되자 일제는 조선총독부 등 통치기구를 신설하고 헌병경찰제도를 통한 무단통치를 시작하였다. 이에 따라 민족의 저항운동도 치열하게 전개되었다. 결국 일제는 향후 야기될 항일운동의 주요 세력을 제거할 목적으로 이른바 '105인 사건'을 날조했다. 이 사건은 한민족에 대한 탄압 사건인 동시에 한국교회에 대해 노골적으로 적의를 드러낸 기독교 박해 사건이었다.[1]

이 사건은 안명근을 체포하면서 시작되었다. 그는 항일 무장독립운동을 위한 무관학교 설립을 위해 1910년 말 간도에서 황해도로 잠입하여 모금활동을 벌이다가 체포되었다. 그러나 일제는 이 사건을 데라우치(寺內正毅) 총독 암살 미수 사건으로 날조하고, 김구 등 160명을 같은 혐의로 체포·투옥하여 소위 안악 사건(安岳事件)을 만들어냈다. 또한 이어 양기탁, 이동녕, 윤치호 등 100여 명의 신민회 회원을 같은 혐의로 체포하여 다시 105인 사건

---

1) 윤경로, 「105인 사건과 신민회연구」(일지사, 1990), 145.

을 조작하였다. 1911년 11월 일제는 평북 선천의 장로교 계통의 학교인 신성중학교를 급습했다. 아침기도회를 마치고 각자 교실로 돌아가던 교사 7명과 학생 20명을 체포하여 서울로 압송하였다. 이후 일제는 대대적인 검거선풍을 일으켜 약 700명에 달하는 사람들을 데라우치 총독 암살 미수 혐의로 체포했다. 이들 중 기소된 사람이 123명이었고 그 가운데 105명이 유죄 판결을 받았다. 기소자 105명 가운데 장로교인이 82명, 감리교인이 6명, 조합교인이 2명 등 개신교인이 총 92명에 이르렀다. 감리교인은 김응조, 서기풍, 안경록, 윤치호, 임치정, 정주현이었다. 또한 감리교 선교사로는 해리스, 노블, 벡커, 빌링스, 폴웰 등도 검거되어 조사를 받았다. 피고인들은 재판에 회부되기 전 수개월간 일경에 의해 잔인한 고문을 받았으며, 허위자백을 강요당하였다. 이 사건이 발생하자 선교사들을 통해 곧바로 사건 진상이 알려졌고 미국 해외선교부는 본국에 탄원서를 제출하는 한편, 국제 여론을 조성하여 일제를 압박하였다. 그 결과 미국 정부의 강력한 항의와 세계 여론에 밀려 일제는 징역 3~10년 중형을 선고받은 피의자 모두를 1914년에 석방하였다.

이 사건으로 신민회를 비롯한 서북지방을 중심한 기독교민족운동 세력은 적지 않은 상처를 입었지만 일제 당국도 '무단통치'의 무자비한 실상을 세계에 드러내야 했다. 이 사건을 경험한 민족지도자들은 독립운동 노선을 보다 강경한 무장독립노선으로 전환하기 시작하였다. 105인 사건에 연루된 인사들이 만주, 상하이, 미주 등지로 망명하여 국외 독립군 기지건설과 독립운동 단체를 조직하는 등 국외에서의 투쟁에 전념하였다. 옥고를 치르고 나온 독립운동가들은 경찰의 감시하에 드러내놓고 독립운동을 할 수 없었다. 하지만 국내의 민족주의 세력은 민족운동의 영향력을 넓혀나갔다.

2. 1910년대 감리교회의 현황

1) 북감리회의 현황

1910년대 한국 감리교회는 일제의 강제 속에서도 꾸준히 성장하였다. 그러나 1919년 감리교인들이 3·1독립운동에 대거 참여하여 일제에 저항하였고, 이로 인해 다수의 감리교인들이 체포되거나 재판을 받았다. 일제의 강제로 수개월 동안 정상적인 예배를 드리지 못했고, 각 교회의 전도사와 전도부인 등 교회의 핵심 인사들은 일제 치안당국을 피해 잠적하였다. 이로 인해 한국의 감리교회는 큰 타격을 받았고, 교인 수는 급격히 감소하였다. 1912년 미감리회의 교세는 서울, 평양, 평양서, 영변, 원주, 해주, 수원, 공주서, 공주동 등 9개 지방 66개의 구역에 입교인 10,375명, 학습인 15,445명, 도합 25,818명이었다(213쪽 '북감리회 교인 수 통계' 1912년도와 각주 참조). 그런데 1919년 상황을 반영한 1920년 교세는 서울, 평양, 인천, 수원, 공주, 천안, 이천, 원주, 강릉, 영변, 해주 11개 지방 107개 구역에 입교인 12,659명, 학습인 5,930명, 도합 18,589명이었다. 입교인의 수는 상승하였지만 학습인의 수는 거의 1/3 수준으로 줄었고, 교인 총 수도 7,000여 명이 줄었다. 그런데 1920년대 초 감리교인들의 헌신적인 민족운동 참여는 교회에 대한 주민들의 인식을 변화시켰고, 지역의 청년들을 중심으로 적지 않은 수의 주민들이 교회로 유입되었다. 그 결과 1920년대 초 감리교회는 소수의 교회를 제외하고 대부분의 교회가 1919년 이전의 교세를 회복하고 계속 성장하였다. 1919년 만세운동에 대한 일제의 탄압으로 일시적인 타격을 입었으나 1910년대 감리교는 점차 교세를 확장하고 있었고, 한국의 목회자와 교인들이 이를 주도하고 있었다. 교세의 확장과 한국 감리교 지도자의 성장은 교회 조직의 변화를 가져왔다.

1910년대 선교사들이 지도력을 가지고 한국 감리교회의 선교를 주도하였지만 미감리회를 실질적으로 이끌어 간 세력은 선교사들이라기보다는 한인

교회 지도자들이었다. 이 한인 지도자들 가운데 선교적 열의와 영적 지도력을 갖추고 있었던 인물들이 이미 형성되었고 이들은 실제 교회에서 영향력 있는 지도자로 성장하였다. 그러므로 각 지방 대부분의 구역을 한인 지도자들이 담당하였고 이때부터 지방회도 한인 감리사들이 치리하기 시작하였다. 1912년에 김창식 목사가 한인으로서는 최초로 평양서지방 감리사에 임명되었다. 이어 1913년에 박원백 목사가 원주지방 감리사, 1914년에 최병헌 목사가 제물포지방 감리사, 1916년에 이익모 목사가 강릉지방 감리사, 1917년에 오기선 목사가 인천지방 감리사로 각각 임명되었다.

　미감리회는 초기부터 서울과 제물포를 중심으로 선교를 시작하였다. 미감리회의 교세는 시간이 지나면서 평양지방, 해주지방, 제물포지방, 수원지방, 공주지방, 천안지방, 원주지방 등 전국 각 지역으로 확산되었다. 서울, 경기, 인천 등 중부권은 일찍부터 미감리회가 선교를 시작하고 교세를 확장한 덕에 미감리회의 강력한 선교지역이 되었다. 미감리회는 이처럼 한반도 중부권 지역에 중점을 두고 선교를 전개해 나갔다. 1910년대 미감리회의 교인 수 및 1919년 교세 현황은 다음과 같다.

북감리회 교인 수 통계(1910~1919년)[2]

구분＼연도	입교인	학습인	합계	본처 전도사	주일학교
1910	6,500	18,134	24,724	76	259
1911	8,352	16,674	25,026	76	281
1912	10,375	15,445	25,818	89	310
1913	10,822	9,548	20,370	138	410
1914	10,951	9,828	20,779	159	637
1915	12,125	8,926	21,051	203	358
1916	12,124	8,456	20,580	200	327
1917	12,592	8,088	20,680	203	360
1918	12,346	7,197	19,543	263	412
1919	12,666	5,867	18,533	262	466

2) 「조선미감리회 연회록」(1919), 50. 1910년과 1912~1913년의 합계 수치에 오류가 존재하나 원문 그대로 이기하였음.

지방	감리사	목사	전도사	권사	학습인	입교인	원입인	신자총수	주일학교		
									유년	장년	학생총수
경성	최병헌	10	29	58	504	1,662	1,720	4,406	22	22	2,040
인천	오기선	11	46	66	855	1,806	1,502	4,938	13	40	1,932
수원	노블	8	49	56	1,065	1,708	2,175	5,374	10	65	2,676
평양	무어	11	40	101	1,362	3,577	3,460	9,063	31	51	8,520
해주	워시	3	24	30	431	1,094	1,718	285	16	38	1,885
공주	테일러	7	29	36	730	846	1,277	3,184	12	40	2,085
천안	윌리엄스	4	13	16	245	291	479	1,160	8	15	490
영변	버딕	6	16	15	326	1,001	875	2,458	11	42	2,066
원주	모리스	3	10	8	190	420	397	1,044	7	8	639
강릉	이익모	2	6	13	159	260	463	1,004	4	11	613
합계		65	262	399	5,867	12,666	14,066	35,482	134	332	23,546

2) 남감리회의 현황

남감리회는 미감리회보다 늦게 선교를 시작했지만 선교사들과 한인 사역자들의 노력으로 인해 1910년대에는 활발히 선교하며 교세를 넓히고 있었다. 1910년대 남감리회는 7개의 지방으로 확장되어 성장하고 있었다. 서울지방, 철원지방,4) 개성(송도)지방, 개성동(송도동)지방, 춘천지방, 원산동지방, 원산서지방으로 나누어져 각 지역이 부흥하며 꾸준히 성장하고 있었다. 1918년 남감리회의 교세 현황은 다음과 같다.

---

3)「조선미감리회 연회록」(1919), 412~415. "합계" 항목에 합산 수치가 맞지 않으나 원문 그대로 이기하였음.
4) 철원지방은 한때 지경터지방(1911년), 강원서지방(1912년)으로 불리기도 했다.

1918년 남감리회의 교세 현황[5]

지방 \ 구분	구역	선교사	한인목사	한인전도사	권사	입교인	학습인
춘천	7	5	2	5	18	732	281
철원	5	–	1	5	18	262	89
서울	8	10	2	7	21	894	104
개성	9	10	3	6	28	1,849	71
개성동	7	2	2	6	43	767	111
원산	5	10	3	3	22	614	150
원산서	4	2	1	9	32	338	159

---

5) *Minutes of the Annual Meeting of the Korea Mission of the Episcopal Church, South* (1918), 90.

제6장

3·1운동과
감리교회

1. 3·1운동의 배경과 의의

3·1운동은 1919년 3월 1일을 기점으로 봉기한 항일 독립운동이라는 민족사적 의미와 감리교를 비롯한 기독교인들이 대거 참여한 기독교민족운동이라는 교회사적 의미를 지닌다. 당시 일제의 식민화 정책은 3·1운동을 촉발시키는 배경이 되었다. 헌병경찰제도에 의한 무단통치, 토지조사 사업으로 상징되는 경제 수탈 정책, 우민화와 동화를 목표로 한 식민지교육 등 일제의 강제는 나날이 심화되고 있었다. 이처럼 강화된 조선총독부의 강제는 국민들의 적대적 감정을 증폭시켰다. 여기에 고종 황제가 일제에 의해 독살되었다는 소문이 나돌자 국민들의 반일 감정이 크게 증폭되었다. 일제의 강제와 이에 대한 반일 감정이 함께 작용하면서 독립을 향한 국민들의 열망이 점점 커지고 있었다.

국제정세도 3·1운동에 영향을 주었다. 특히 미국 윌슨(Woodrow Wilson) 대통령의 민족자결주의와 1차 세계대전 종전 직후 열린 파리강화회의는 독립을 갈망하는 민족주의자들을 자극시켰다. 1918년 1월, 미국 국회에서 윌슨은 민족자결주의와 비밀외교 타파, 공해(共海)자유 강조, 법에 의한 통치 등을 골자로 하는 "14개조" 연두교서를 발표하였다. 특히 그는 "피지배민족(식민지나 점령 지역)에게 자유롭고 공평하고 동등하게 자신들의 정치적 미래를 결정할 수 있는 자결권(自決權)을 인정해야 한다."는 민족자결의 원칙을 강조하였다. 미국을 비롯한 1차 세계대전의 승전국인 영국, 프랑스 등은 파리에 모여 전후처리 문제를 토론했다. 각국의 대표들은 미국의 윌슨 대통령이 국회에 제출한 연두교서 "14개조"의 정신이 승전국이나 패전국 측 모두에게 적합하다고 판단하여 이를 수용했다. 바로 이런 의미를 담고 1919년 1월 18일 열린 파리강화회의는 우리 민족이 일제강점의 부당성과 국권회복의 정당성을 알릴 수 있는 적절한 기회가 되었다.

1919년 3월 1일 서울의 태화관에서 독립선언서가 낭독되었고, 파고다공원에 모인 학생과 시민들은 독립선언식을 갖고 만세시위를 벌이기 시작했다. 또한 평양, 진남포, 안주, 선천, 의주, 원산 등 전국 9개 지역에서 만세운동이 일어났다. 이렇게 시작된 만세운동은 1년여 동안 311개 지역으로 확대되었다. 220개 시·군 가운데 218개 시·군에서 시위가 일어날 정도로 만세운동은 한반도 모든 곳에서 발생했다. 심지어 만세운동은 만주 연해주까지 확대되었다. 무려 200만 명 이상의 주민들이 1,500여 회의 만세시위를 전개했다. 이 과정에서 7,500여 명의 희생자와 16,000여 명의 부상자가 발생했고, 46,000여 명이 투옥되었다. 이처럼 대규모로 진행된 3·1운동은 일본 제국주의 침략의 부당성과 식민지배로 인한 비참한 현실을 고발하고 민족의 독립열망을 전 세계에 알리는 계기가 되었다. 3·1운동은 제국주의의 식민정책을 반대하는 의미를 담고 있었다. 이는 〈독립선언서〉에도 나타나 있는데, 이 선언서는 제국주의와 패권주의의 잘못을 지적하고, 인도주의를 내세워 인류가 평화공존의 사회를 추구해야 한다는 방향을 제시했다.[1]

3·1운동의 특징 중 하나는 종교인들이 만세시위를 주도했다는 점이다. 우선 종교인들은 3·1운동의 정당성을 마련하고 조직과정을 주도하였다. 3·1운동의 이념적 근거인 〈독립선언서〉에 서명한 33인 중 대다수가 천도교, 기독교, 불교인들이었다. 기독교는 기독교대로, 천도교는 천도교대로 자체

---

1) 김희곤, "3·1운동과 민주공화제수립의 세계사적 의의", 「한국근현대사연구」 제48집 (2009년 봄호), 16.

조직을 이용하여 각 지역의 만세운동을 조직하고 실행에 옮겼다. 기독교의 경우 당시 전체 인구의 2%도 안 되는 작은 단체였지만, 만세운동은 교회와 기독교 계통의 학교를 기반으로 평양·선천·의주·원산·개성·정주·용천·양양·강서·강동·대동·서울·화성·천안·공주·충주·청주·순천·광주·대구 등 전국으로 퍼져나갔다. 천도교도 예외가 아니었다. 천도교는 1919년 1월 말경에 교주 손병희와 권동진·오세창·이종일·최린 등 천도교 지도부가 논의하여 독립운동을 추진하기로 결정하였다. 1894년 동학혁명 이후 민중종교로 인식되어 3·1운동 당시 교인들의 수가 300만 명에 달할 정도로 천도교는 큰 교세를 형성하고 있었다. 게다가 강력한 중앙집권 체제를 갖추고 있었기에 좀 더 조직적으로 만세운동을 준비할 수 있었다. 민족대표 선정이나 만세운동 자금 확보, 독립선언서 작성과 인쇄·배포, 지역 조직과의 연락 등 모든 일을 체계적으로 처리해 나갔다. 또한 천도교는 대중화, 일원화, 비폭력이라는 3대 원칙에 따라 이 운동을 전개하기로 합의했다.[2] 만세운동이 전국으로 확산될 수 있었던 이유 중에 하나는 이처럼 종교단체들이 적극적으로 만세운동에 개입했고, 자신들의 조직을 기반으로 운동을 조직하고 확대했다는 점 때문일 것이다. 이것은 시위에 참여한 종교인과 종교단체가 일제의 치안당국과 사법당국의 집중적인 견제와 탄압을 받아 제일 큰 피해를 입었다는 것으로도 확인된다.

3·1운동의 다른 특징 중 하나는 민족의 독립을 위해 종교단체가 자신의 교리와 입장을 초월하여 상호 연합하였다는 것이다. 만세운동을 준비하는 과정에서 기독교 측의 이승훈은 천도교 측의 실무를 맡은 최린과 만나 천도교와 기독교가 연합하여 독립운동을 전개할 것을 합의하고, 상호 공조 하에 만세운동을 준비하였다.[3] 이는 〈독립선언서〉 서명자를 선정할 때 기독교인들과 천도교인, 불교인들이 교파와 종파를 초월하여 연대하는 모습 속에서

2) 박현서, "3·1운동과 천도교계", 동아일보사 편, 「3·1운동 50주년 기념논집」(동아일보사, 1969), 226.
3) 「독립운동공판기」(남강문화재단 출판부), 431.

확인된다. 각 지역의 만세시위 과정에서도 기독교와 천도교, 불교는 물론 지역의 유림도 서로 연합하는 모습을 보여주었다. 따라서 3·1운동은 모든 교파와 종파를 초월하여 전개된 독립운동이었다. 특히 기독교는 지역의 천도교는 물론 만세운동에 참여할 수 있는 사람이라면 교리와 신조를 초월하여 그들과 연대하였다. 기독교의 이러한 모습은 민족 문제를 해결하기 위해 교리와 신조를 초월하여 타종파와 연대할 수 있다는 사례를 남겼고, 이는 기독교가 민족의 종교로 자리매김하게 되는 계기가 되었다.

3·1운동의 또 다른 특징 중 하나는 비폭력 평화운동이었다는 점이다. 3·1운동의 기본 노선은 대중화, 일원화, 비폭력화였다. 이중 비폭력 평화운동은 만세운동이 전개되는 거의 모든 곳에서 확인되었다. 1919년 3월 4일 평안남도 강서군 반석면 사천시장에서 발생한 만세시위처럼, 무차별 발포로 주민들을 살해한 헌병에게 대응 폭력을 가한 사건은 일부 지역에서 발생했다. 대부분의 만세시위는 기본적으로 평화적인 방법으로 전개되었다. 잘 알려진 바와 같이 천안 병천 아우내에서는 일제 헌병들의 발포로 19명이 사망했고, 격분한 수천 명의 시위군중이 이들을 제압했지만, 시위자들은 헌병들을 살해하지 않았다. 살인적인 진압 앞에서 총과 칼 대신에 태극기를 들고 대한독립만세를 외친 것이다. 3·1운동이 이처럼 비폭력 평화주의로 전개된 것은 강포와 무력을 멀리하고 평화를 사랑하는 기독교정신에 의거했던 것이라고 생각된다. 물론 타종교들도 평화를 주장했지만, 기독교도 예외는 아니었다는 것이다. 이는 독립선언서 문안을 작성한 최남선의 주장에서도 확인된다. 그는 독립이니 자유니 평등이니 정의니 하는 말은 다 기독교에서 나온 것인 만큼 나의 사상에서 기독교적 영향을 빼면 이해할 수 없다고 말할 정도로 3·1운동은 기독교에 정신적 기초를 삼고 있다고 했다.4) 이렇게 될 수 있었던 것은 이 운동에 참여한 기독교 지도자들이 3·1운동을 하나님의 계시로 생각하고 신앙심에 근거하여 만세운동을 전개했기 때문일 것이다.

4) 전택부, 「한국 기독교청년회 운동사」(범우사, 1994), 244.

민족의 고난 앞에 한국의 기독교인들은 신앙과 민족의 문제를 분리해서 생각하지 않았다. 기독교는 일제의 침탈로 고통을 겪고 있는 나라와 민족의 문제에 응답했다. 이것은 단순히 종교의 자유나 교회 자치권의 획득만을 위해서가 아니라, 나라와 민족에 대한 사랑에서 비롯된 것이라고 할 수 있다. 기독교의 민족 사랑은 구한말부터 발견된다. 복음이 전래된 지 얼마 되지 않았지만, 기독교인들은 협성회와 독립협회 등을 조직하여 민권·국권운동을 전개했다. 상동청년학원은 학생들과 청년들에게 신앙심은 물론 국가와 민족에 대한 사랑의 정신을 심어주었다. 이어 을사늑약 반대투쟁운동과 신민회의 활동과 105인 사건, 신흥무관학교 설립 등 일련의 사건 속에서 기독교인들은 중추적 역할을 해냈다. 불과 몇 십 년이라는 짧은 역사를 가지고 있었지만, 이상의 사건을 통해 기독교가 고난 받는 민족을 적극적으로 끌어안으려 했다는 것을 알 수 있다. 이런 점은 3·1운동에서도 그대로 나타났다. 당시 전체 인구 1,700만 명 중 2%도 안 되는 기독교인들이 전국 각 곳에서 만세시위를 주도했고, 민족대표 33인 가운데 기독교 측 인사가 16인이나 포진되었다는 것을 통해 확인된다.

또한 3·1운동은 자유, 정의, 정직 등 기독교 본질을 통해 기독교인들에게 저항의식을 심어 주는 계기가 되었다. 우선 성서적 신앙으로 만세시위를 했고 교회는 만세운동 중에 3시 기도, 주일금식, 매일 성경읽기 등 지킬 수칙을 정하기도 했다.

2. 3·1운동의 준비

기독교 측의 만세운동 준비는 1919년 1월부터 본격화되었다. 1918년 8월, 여운형·한진교·장덕수·김철·선우혁·조동호 등 6명의 발기로 상하이에서 조직된 신한청년당(新韓青年黨)은 1차 세계대전이 끝나고 파리강화회의가 열

리게 되자, 김규식 장로를 파리강화회의 대표로 파견했다. 이어 신한청년당
은 국제사회에서 한국의 독립 문제를 부각시키기 위해 거족적인 민족운동을
계획, 추진했다. 그 일환으로 장덕수를 일본에 파견하여 2·8독립선언을 촉
발하게 하는 한편, 선우혁·김철을 국내로, 여운형을 간도·시베리아 방면으
로 각각 파견해 독립운동을 진작시키고자 했다.

국내로 파견된 선우혁은 1919년 1월 말, 평안북도 선천에서 개최된 장로
교 평북노회 연합사경회에 참석 중인 오산학교 설립자 이승훈(이명, 이인환)
을 만나 파리강화회담 특사파견에 대한 소식을 전하고 국내 독립만세운동
의 필요성을 논의했다. 또한 2월 초 선우혁은 평양 장대현교회 길선주 목사
와 평양 예수교서원 총무 안세환, 장대현교회 교인 이덕환 등을 만나 파리강
화회담과 독립운동에 대해 논의한 후 2월 10일 선천에서 이승훈을 다시 만나
평양회담에 관해 알렸다. 같은 날인 2월 10일, 이승훈은 오산학교 제자 김도
태를 통해 서울의 최남선이 만나자한다는 소식을 전해 들었다. 당시 천도교
측도 기독교 측과 마찬가지로 파리강화회담에 대한 소식을 듣고 독립운동을
준비하고 있었다. 준비과정에서 천도교 측은 기독교 측과의 연대 필요성을
느끼고 신한청년당-선우혁-이승훈-평양·정주 기독교인들과 연결고리를 갖
고 독립운동을 준비 중인 이승훈과 만나고자 했다. 교섭위원 최린, 최남선,
송진우 중 기독교 측 교섭을 담당하고 있는 최남선이 이승훈과의 면담을 추
진했다.

한편 천도교 측은 1월 하순부터 손병희의 거주지에서 여러 차례 회합을
갖고 일제 정부와 조선총독부, 파리강화회의에 각각 독립청원서를 제출하
기로 하고, 담당자를 최린으로 정하였다. 2월 상순, 최린은 자신의 집에서 서
울 계동 중앙학교 교장 송진우와 이 학교 교사 현상윤, 그리고 최남선과 만
나 천도교 측의 독립청원운동을 알렸다. 참석자들은 이에 동의하고 구체적
인 준비작업에 들어갔다. 이들은 중앙학교 송진우의 집에서 다시 두 차례에
걸친 회합을 가졌다. 이 자리에서 박영효 등 한말의 요직 인사들을 포섭하

고, 기독교 측과 협력하여 독립청원운동을 전개할 것을 결의하였다. 즉 기독교를 포함한 주요 인사를 민족대표로 조직하고 이들의 명의로 독립선언서·독립청원서·의견서를 조선총독부·일제정부·파리강화회의에 제출한다는 것이었다. 기독교 측과의 교섭은 최남선이 담당하기로 했다. 최남선은 교섭 대상을 자기와 잘 알고 있는 정주 이승훈으로 정했다. 2월 7일, 최남선으로부터 오산학교 경영을 구실로 상경하라는 소식을 이승훈에게 전하라는 지시를 받은 현상훈은 서울 정노식의 집에 유숙하는 김도태에게 이 사실을 전달했다. 이승훈의 제자인 김도태는 2월 10일경 선천에 출타 중인 이승훈을 만나 최남선의 지시를 전했다. 같은 날 이승훈은 신한청년당에서 국내로 파견된 선우혁과 만나고 있었다. 선우혁은 2월 초 평양에서 길선주, 안세환, 이덕환 등을 만나 파리강화회담에 대해 의견을 나눈 적이 있는데 그 회담내용을 이승훈과 공유하고 있었던 중이었다.

2월 11일, 최남선의 요청에 따라 상경한 이승훈은 김성수의 집에서 송진우를 만났다. 일본 헌병의 주목을 받고 있다는 이유로 최남선을 만나지 못한 것이다. 송진우로부터 독립선언 및 청원에 참여할 기독교 인사 확보를 부탁받은 이승훈은 당일, 사경회가 열리고 있는 평안북도 선천읍으로 향했다. 2월 12일, 선천읍북교회 목사 양전백의 집에서 정주 덕흥교회 장로 이명룡·의주읍동교회 목사 유여대·의주군 관리교회 목사 김병조를 만났다. 그는 독립운동 계획을 알리고, 유여대와 김병조의 인장을 위탁받는 한편, 양전백과 이명룡을 상경하도록 하였다. 2월 14일, 이승훈은 평양의 기홀(紀笏)병원에서 평양 장대현교회 목사 길선주(吉善宙)와 남산현교회 목사 신홍식(申洪植)에게 독립운동 계획의 취지를 설명하고 함께 참여할 것을 종용하였다.[5] 2월 17일 상경한 이승훈은 최남선을 만나려 했으나 최남선이 기피하여 만나지 못하고 있던 중 중앙청년회 간사 박희도를 만났다.

---

5) 2월 15일경, 기홀병원에서 신홍식 목사가 손정도 목사를 통해서 이승훈 장로를 만났다는 주장이 있다. 그러나 이승훈 장로의 권유가 있기 이전에 먼저 신홍식 목사가 자발적인 참여의사를 밝혔다는 의견도 존재한다.

이승훈과 회담 이후 감리교 측 박희도는 2월 20일, 서울 수창동 229번지 자신의 집에서 남감리회와 미감리회 소속 목사들과 회합을 가졌다. 회합 후 같은 날 밤 감리교 목회자들은 장로교 측 인사들과 만나 다시 회합을 가졌다. 구체적인 합의는 없었으나 독립청원과 독립선언에 대한 대략적인 의견을 나누었다.

2월 21일 이승훈은 최린의 집에서 최남선과 회합을 가졌다. 최남선은 이승훈에게 기독교 측이 천도교 측과 협력하여 독립운동을 전개할 것을 제안했다. 제안을 받은 이승훈은 당일(21일) 서울 남대문 밖 세브란스병원 구내 이갑성의 집에서 박희도·오기선·오화영·신홍식·함태영·김세환·안세환·현순 등과 만나 천도교 측과 연합 문제를 논의하였다. 참석자들은 천도교 측의 독립운동 방법을 확인한 후 결정하기로 하고, 이 문제를 이승훈과 함태영이 담당하기로 하였다. 2월 22일 이승훈과 함태영, 최린이 회합을 가졌다. 이 자리에서 최린은 독립청원서 제출과 독립선언을 함께 병행해야 한다고 주장했다. 당일(22일) 함태영의 집에 모인 이승훈·함태영·오기선·박희도·안세환은 천도교 측의 제안을 받아들여 독립청원과 독립선언을 병행하기로 하고, 천도교와 연대하기로 했다. 2월 24일 이승훈과 함태영은 최린의 집으로 가 이 사실을 알렸다. 이들은 국장(國葬) 직전인 3월 1일 오후 2시에 파고다공원에서 독립선언을 하기로 합의하였다.

2월 26일에 이승훈·박희도·오화영·이필주·함태영·안세환·최성모·이갑성 등 8명은 한강 인도교에서 만나 독립선언서에 명의를 게재할 것과 안세환을 독립의견 진술을 위해 동경에 파견하기로 결정했다. 다음 날인 27일에 이필주(李弼柱)의 집에서 이승훈·박희도·이갑성·오화영·이필주·함태영·최성모·김창준·신석구·박동완 등이 모여, 최남선이 기초한 독립선언서와 기타 문서의 초안을 회람하고, 이에 찬성하였다. 함태영을 제외하고 참석자 모두가 민족대표로서 서명 날인하였다. 함태영은 민족대표들이 투옥될 경우 이들과 가족을 돌볼 역할을 담당하였기에 서명을 하지는 않았다. 이날 결석한 유여대·이명룡·김병조 3명의 인장은 이승훈이 받기로 하였고, 이전에 이미 넘겨받았던 양전백·길선주·신홍식의 인장은 후에 연명자 성명을 기록한 별개의 지면에 압인하였다.[6]

박희도와 이갑성은 서울 시내의 학생들과 연대하여 독립운동을 전개하고자 했다. 연희전문학교 김원벽, 보성법률상업학교 강기덕, 경성의학전문학교 한위건 등과 회합하였다. 학생들 단독으로 독립운동을 전개할 움직임을 보이자 2월 23일경 박희도는 김원벽을 만나 만류하는 한편 천도교와 기독교, 불교가 함께하는 독립운동에 합류할 것을 권유하였다. 2월 28일, 박희도는 김원벽, 강기덕, 김성국, 그리고 10여 명의 중학생들을 소집하여 이들에게 이갑성으로부터 받은 독립선언서 1,500매를 3월 1일 파고다공원에서 배포하라고 하였다.

2월 28일 밤에는 재동(齋洞) 손병희의 집에서 손병희를 비롯한 천도교·기독교·불교 측의 민족대표들과 만나 최종적으로 독립운동 계획을 검토하는 자리에서, 독립선언 장소를 인사동의 태화관으로 변경하였다. 3월 1일 오후 2시경 손병희 등과 함께 민족대표 33인 중 정춘수, 길선주, 유여대, 김병조를 제외한 29명이 독립선언식을 거행하였다. 이들은 선언서를 낭독하고 만세삼창을 외친 뒤 출동한 일본 경찰에 체포되었다.

감리회 측에서 두드러진 활동을 한 사람 중의 하나는 서울 기독교청년회(YMCA) 간사를 맡고 있던 박희도 전도사였다. 그는 이미 1919년 1월 초부터 일본 도쿄에서 한인기독교청년회를 중심으로 진행 중인 독립운동과 파리 강화회담에 대해 파악하고 있었다. 그는 이승훈을 만나기 약 10일 전인 1919년 2월 7일 이천읍교회에서 동석기 목사를 만났다. 박희도는 남양교회 담임자로 이천읍교회에서 사경회를 인도하고 있던 동석기 목사에게 "천도교의 손병희 등이 운동을 하고 있으니 예수교도도 … 찬성"해야 한다는 의견을 전달

6) 「판결문」(경성지방법원, 1919년 8월 1일); 「판결문」(고등법원, 1920년 3월 22일); 「판결문」(경성복심법원, 1920년 10월 30일).

하였다.[7] 어떤 경로로 이와 같은 사실을 파악했는지는 몰라도 그는 2월 초부터 독립운동에 참여할 사람을 규합하고 있었고, 다른 교회 목사들도 이를 잘 알고 있었다.

1919년 2월 16일, 정춘수 목사는 서울 종교교회 오화영 목사의 초청을 받고 주일저녁 예배를 인도하였다. 같은 남감리회 소속 목회자들인 두 사람은 "민족 자결주의"와 "고종 인산(因山)"에 대해 이야기하던 중 "기독교청년회의 박희도가 뭔가를 꾸미고 있다"는 소문을 들었다. 2월 17일 박희도와 오화영, 정춘수가 만남을 가졌다. 한편 같은 날 박희도는 이승훈을 만나 독립운동에 대해 의논했다. 이후 정춘수와 오화영은 남감리회 소속 목회자를 담당하였다. 이들은 서울 수표교교회 목사 신석구와 개성의 남부교회 전도사 김지환, 원산 상리교회 전도사 이가순에게 독립운동에 합류할 것을 제안했고, 김지환·신석구·이가순은 이를 수락하였다. 박희도는 미감리회를 담당하였다. 정동교회 전도사이자 「기독신보」 주필인 박동완과 중앙교회 전도사 김창준, 해주읍교회 목사 최성모, 수원 삼일학교 교사 김세환은 박희도의 제안을 받아들여 독립운동에 함께하기로 했다. 또한 배재학교 졸업하는 아들 문제로 서울에 올라와 있던 최성모는 숙소를 제공해 준 친구이자 정동교회 목사인 이필주의 권유로 이 대열에 합류하였다.

박희도는 기독교청년회와 영신학교에서 근무하고 있었기 때문에 타 교파와 교단 사람들과 교류하기가 용이했고, 이런 연유로 독립운동을 모의할 수 있었다. 당시 서울에 올라와 있던 평양 남산현교회 목사 신홍식은 박희도와 정주 오산학교 설립자였던 이승훈, 상하이에서 파송된 선우혁, 선천북교회 목사 양전백, 의주동교회 목사 유여대, 정주 덕흥교회 장로 이명룡, 관리교회 목사 김병조 등과 "국장을 기해 만세운동을 벌이기로" 뜻을 모았다. 신홍식 목사는 서울에서의 몇 차례 회합을 통해 평안도 지역에서 독립운동에 참여할 사람들을 규합하는 책임도 맡았다.

---

7) "동석기 신문조서", 「3·1 독립시위 관련자 신문조서(검사조서)」, 「한민족독립운동사자료집 14권(삼일운동 IV)」.

2월 20일, 박희도를 비롯한 남감리회와 미감리회 소속 목사들이 회합을 갖고 서울 및 각 지방에서 기독교 측의 동지를 규합하여 함께 일본 정부에 독립청원서를 제출하기로 하고, 정춘수 목사로 하여금 원산(元山) 방면을 담당하게 하였다. 같은 날인 2월 20일 밤, 이갑성의 집에서 남감리회와 미감리회 소속 목회자들이 다시 회합을 가졌다. 이때 장로교 측 인사들도 함께 하였다. 세브란스병원 사무원 이갑성, 평양 기독교서원 총무 안세환, 장로회 조사 오상근이 참석하였다. 미감리회 측에서는 현순 목사가 추가로 참석했고, 이승훈도 함께 있었다. 20일 밤 모임에서 특별히 결정된 것은 없지만 기독교를 대표할 수 있는 감리회와 장로회가 연합하였다는 데 의미가 있었다.[8] 남북감리회와 북장로회의 연대는 천도교와의 연대로 이어졌다. 2월 21일, 최린의 집에서 만난 이승훈과 최남선은 기독교와 천도교의 연대를 공식적으로 의논했다. 천도교 측과의 회담을 마친 당일(2월 21일) 세브란스병원 구내 이갑성의 집에 모인 이승훈·박희도·오기선·오화영·신홍식·함태영·김세환·안세환·현순 등 기독교 측 대표들은 천도교 측 대표와 다시 만나 천도교 측의 독립운동 방법을 확인한 후 연대 여부를 결정하기로 하였다. 감리교와 장로교의 회합을 통해 구성된 기독교 측의 대표는 2월 22일 회합에서 천도교 측 대표로부터 독립청원서 제출과 독립선언을 함께 병행할 것을 요청받고, 24일 회합에서 이를 받아들이는 한편 양측이 함께 이 사업을 전개하기로 결의하였다. 남감리교회와 미감리교회의 합의, 감리교와 장로교의 합의, 기독교와 천주교의 협력에 의해 독립선언식의 주체가 형성되었다.

이상의 사실을 통하여 이승훈과 박희도가 북장로회와 남·미감리회의 독립운동 참여를 주도하였다는 것을 알 수 있다. 이승훈이 북쪽과 장로교의 인사들을 독립운동에 끌어들였다면, 박희도가 남쪽과 감리교 인사들의 조직을 주도했던 것이다. 이를 통해 기독교 민족운동 세력이 연결될 수 있었다. 당

---

8) "박희도 신문조서(제3회)", 「3·1 독립선언 관련자 신문조서(경성지방법원)」, 「한민족독립운동사자료집 11 권(삼일운동 I)」; 「판결문」(고등법원, 1920년 3월 22일).

시 민족대표 33인 중 기독교인은 미감리회의 이필주·박희도·김창준·최성모·박동완·신홍식과 남감리회의 정춘수·오화영·신석구, 그리고 북장로회의 이승훈·길선주·양전백·이명룡·김병조·유여대·이갑성으로 총 16명이었다. 천도교는 손병희 외 15명이었고, 불교는 한용운 외 1명이었다. 이처럼 〈독립선언서〉에 서명한 민족대표 33인은 종교계 대표들로 구성되었다.[9]

서울에 소재한 감리교회는 3·1운동을 준비하는 과정에서 중요한 역할을 했다. 남감리회 소속인 종교교회는 담임자인 오화영 목사와 정춘수 목사가 3·1운동을 논의하는 곳이었고, 미감리회 정동교회는 담임자였던 이필주 목사가 최성모 목사와 박동완 전도사 등 미감리회 목사들은 물론 장로교의 인사들과 함께 모여 독립운동을 논의하는 역할을 담당하였다. 3월 1일 독립선언식이 거행된 태화관에서 지리적으로 가까웠던 중앙교회도 이 교회 소속 박희도 전도사와 김창준 전도사가 민족대표로 참석하였다.

독립을 선언하는 날을 3월 1일로 정하게 된 데에는 종교적인 요인이 작용했다. 3·1운동을 준비하던 민족대표 33인은 처음에는 가장 많은 사람들이 서울로 몰려 들 것으로 예상해 고종의 장례일인 3월 3일을 시위 날짜로 잡았다. 그러나 아직 봉건적 사회 분위기가 가시지 않았던 때라 장례 날 소동을 벌이는 것이 바람직하지 않다고 여겨 날짜를 하루 앞당겨 3월 2일로 잡았다. 그런데 이날은 공교롭게도 주일이었다. 이에 민족대표 절반 이상을 차지하고 있던 목사, 전도사, 장로들은 다른 날짜를 선택할 것을 주장하였고, 그 결과 3월 1일 토요일로 정해졌다. 종교적인 요인을 고려하여 일정을 잡은 것이다.

또한 기독교 지도자들은 민족, 정치, 사회적 측면만을 고려하여 이 운동에 참여한 것이 아니라, 종교적인 측면을 고려하여 참여하였다. 신홍식 목사는 재판 과정에서 민족 독립이 하나님의 뜻임을 당당하게 밝혔다. 서울 중앙교회의 김창준 전도사도 민족대표로 서명한 이유가 기도하면서 결정한 것이

---

9) 「판결문」(경성지방법원, 1919년 8월 1일); 「판결문」(고등법원, 1920년 3월 22일); 「판결문」(경성복심법원, 1920년 10월 30일).

라고 했다. 이필주 목사가 3·1운동 이후 다수의 기독교 인사들이 변절의 길을 걸었을 때, 지조와 절개를 잃지 않았던 것은 신앙에 근거해 나라와 이웃을 사랑했기 때문이었다. 신석구 목사는 3년 투옥 생활, 강점기 일제의 강제, 해방 후 북한 당국과의 갈등을 경험하면서도 변절하거나 타협하지 않고 목회자의 자세를 견지했다. 그는 순교를 통해 민족과 교회에 희망을 준 신앙인이었다. 이와 같이 3·1운동은 한국 기독교인들에게는 독립을 위한 민족운동인 동시에 신앙의 신념에서 나오는 종교행위이기도 하였다.

3. 만세시위 확산과 감리교회의 수난

3월 1일, 서울에서 〈독립선언서〉가 발표되고 학생들의 시위가 시작된 후, 만세시위가 전국 각 지역으로 확산되었다. 만세시위의 전국 확대는 33인의 민족대표를 구성할 당시 구축된 조직과 연락망이 활용되었다. 기독교도 역시 마찬가지였다. 특히 기독교인들은 교회 조직을 기반으로 만세운동을 확산시켜 나갔다. 감리교의 경우 연회, 지방회, 구역회, 교회로 이어지는 기존의 조직이 있었기에 서로 다른 지역이나 교회와의 연락이 용이했다. 〈독립선언서〉 전달과 정보 교환, 대중 동원, 만세시위 등이 바로 이 조직을 통해 이루어졌다.[10] 교회 조직과 집회는 이미 〈독립선언서〉 서명 대표자 규합과정에서 중요한 역할을 하였고, 이 과정에서 만세시위에 대한 정보가 사전에 전국 각 지역의 핵심 인사들에게 이미 전달되어 있었다. 이런 이유로 짧은 기간에 전국 각지에서 동시다발적인 시위가 일어날 수 있었던 것이다. 결국 감리교의 체계적인 조직망은 빠른 시일에 만세운동을 전국 각 지방으로 확산시키는 배경이 되었다. 또한 기독교청년회와 감리교의 여선교회, 장로교의

---

10) 당시 감리교는 미감리회가 1개 연회 10개 지방회에 487교회, 남감리회는 1개 연회 5개 지방회에 238개 교회가 조직되어 있었다.

여전도회, 기독교학교 등 교회 소속 단체들은 각 지역의 조직을 갖고 있어 만세시위 확산의 큰 역할을 하였다. 지방 여행이 비교적 자유로웠던 매서인과 전도부인 등 토착 전도인들도 독립운동 관련 유인물과 정보를 각 지역에 전파하는 데 큰 역할을 했다. 그리고 전국에 설립된 기독교 계통 사립학교들도 시위 과정에서 중요한 연락망이 되었다.

특히 기독교학교 학생들의 활동은 매우 두드러졌다. 3월 1일 평양 남산현교회의 만세운동과 4월 1일 공주읍교회의 만세운동은 각각 평양 광성학교와 공주 영명학교 학생들의 준비와 주도적인 참여가 있었기에 가능했다. 이처럼 기독교 학생들은 교회 교인들과 연대하여 만세운동을 전개하였던 것이다. 천안 병천 시위를 주도한 유관순과 유예도의 사례처럼 서울이나 각 도의 대도시 시위에 참여했던 학생들이 휴교령으로 지방 고향으로 흩어지면서 지방 시위의 중요한 역할을 하기도 하였다. 그 결과 3·1운동 당시 만세시위가 벌어진 곳이 감리교 선교부가 설치된 곳, 혹은 교회나 기독교학교가 설립된 곳과 일치하는 현상이 나타났다. 이것은 기독교인들이 그만큼 3·1운동에 적극 참여하였다는 증거이기도 하다.

남산현교회, 공주읍교회, 백암교회 등 전국 각 지역의 감리교회는 시위운동의 주요 장소가 되기도 하였다. 교인들이 교회 주일예배를 마치고 시위를 벌이는 경우나, 천안의 성환교회처럼 수요일 저녁예배를 마치고 야간 시위를 벌이는 등 교회의 종교집회가 시위로 발전하는 경우도 많았다. 구체적으로 나라와 민족의 자유를 위해 기도를 드리거나 예배와 같은 기독교의 종교 의식을 통해 일제에 저항을 하기도 했다.11) 시위의 효과를 극대화하기 위해 사람들이 많이 모이는 장날을 기해 장터에 미리 잠입한 기독교인들이 시위를 시작하는 일이나, 강화읍감리교회처럼 교회의 타종을 신호로 시위가 시작되는 경우도 있었다. 나아가 기독교인들이 시위를 시작하여 군중집회로 확대되는 경우도 있었다. 교회는 3·1운동 이념 형성 및 확산의 매개가 되

11) 김병조, 「한국독립운동사략」 (아세아문화사, 1974), 34.

었다. 대중투쟁 단계에서 주요 도구로 작용한 것이 태극기와 〈독립선언서〉를 비롯한 각종 격문과 선언서, 지하신문의 보급이었다. 대중투쟁 단계에서 기독교인들은 교회와 학교를 중심으로 태극기와 독립선언서 제작 및 보급에 참여하였다.

3월 1일 서울에서 시작된 만세시위가 전국으로 확산되는 과정에서 교회, 학교, 기독교 단체는 결정적 역할을 했다. 기독교 지도자들과 교인들은 일제에 대항하여 적극적으로 운동에 참여하였다. 기독교가 들어간 지역에서는 예외 없이 만세시위가 일어났고 그로 인한 교회와 교인들의 피해도 컸다. 3·1운동으로 투옥된 기독교인은 타종교인을 합친 것보다 더 많았다. 초기에 체포된 19,000여 명 중 기독교인은 3,373명(17%)이었다. 기독교인들이 뚜렷하게 주도한 시위는 1,200회 중 340회였다. 기독교인이 시위를 주도한 지역은 78지역, 천도교인이 시위를 주도한 지역은 66지역, 양자 공동으로 시위를 주도한 지역은 42지역이었다. 당시 기독교인의 수는 전체 인구 1,679만 명의 약 1.3%에 해당하는 약 22만 8천 명으로 추산된다. 이는 당시 천도교인 수의 1/10도 안 되는 수치라고 할 수 있다. 기독교가 교인 수에 비해 대단히 많은 집회를 주도하였고, 그만큼 희생 규모도 컸다는 것을 알 수 있다. 당시 파괴된 교회당의 수도 40동이 넘었다.

사건 발생 직후, 일본 헌병대의 조사 결과에 의하면 목사를 포함한 교역자 244명이 체포되었는데, 이 수치는 천도교나 불교의 두 배에 달하는 것이었다. 특히 여성 구금자 471명 중 309명이 기독교인인 것으로 확인되었다. 1919년 10월 3·1운동으로 인해 한 달 늦게 열린 제8회 장로교 총회에서는 3·1운동으로 사망한 교인이 52명, 체포된 교인이 3,804명인 것으로 집계되었다. 그러나 체포된 인원 중 재판을 받은 인원의 통계는 밝히지 못했다. 그해 11월 열린 감리교 연회는 목사와 전도사 등 교회 임원 160여 명이 투옥되었다고 했다. 특히 전체 목사 28명 가운데 14명이 구금되거나 투옥되었다. 그러나 감리교의 경우 연회가 열리는 11월까지 전국 각지 교회, 특히 지방 교회의 평신도나 정식 임원으로 등록되지 않은 토착 전도인과 전도부인, 감리교 학교 기독학생, 청년회 회원들의 피해 사실은 거의 파악되지 않았다. 예를 들어 천안지방 입장(직산)구역의 경우 만세시위가 발생한 3월 이후부터 11월 연회가 열리기 직전까지 소속 모든 교회가 집회를 열 수 없었고, 목회자와 교회 임원들은 헌병의 감시를 피해 다니는 것도 힘들었기에 자신들의 피해 사실을 보고하지도 못했다. 따라서 재판, 투옥, 구금, 태형, 현장 사망 등 다양한 형태로 피해를 당한 교인들의 수는 훨씬 많을 것으로 추정되지만 지금도 그 사실을 확인하지 못하고 있는 형편이다.

당시 가장 대표적인 사건이 제암리교회 사건이다. 제암리 3·1운동은 서울과 마찬가지로 천도교와 감리교가 연합으로 전개되었다. 3월 중순부터 시작된 수원지방의 만세운동은 장날을 기점으로 크게 확대됐다. 3월 16일 수원에서 시작된 수원지방 만세시위는 화성군 각 지역으로 확산되었는데 3월 21일 오산 시위, 3월 23일 사강 시위, 3월 29일 오산 2차 시위로 이어졌다. 특히 3월 31일 발안에서 전개된 시위는 수천 명이 참여한 대규모 시위였다. 당시 일본군 헌병들의 발포로 부상자가 속출하자 흥분한 군중은 헌병주재소와 면사무소, 일본인 소학교에 불을 놓았다. 4월 2일 수요 저녁예배를 마친 후 교인들은 인근 산에 올라가 만세시위를 벌였다. 4월 3일 화수리 시위 때, 다시 일본군 헌병대가 발포하자 군중은 주재소를 공격하여 일본인 순사를 때려죽였다. 상황이 이처럼 격화되자 일제는 헌병과 순사 혼성부대를 편성하여 화성 지역 주동자 검거에 나섰다. 진압 작전은 4월 2일부터 6일까지 2차에 걸쳐 진행되었는데 오산, 사강, 남양, 팔탄, 발안, 수촌, 화수 등 시위가 일어난 지역을 돌면서 진압 작전을 벌이며 시위 주동자들을 체포, 사살하는 방식이었다. 이 과정에서 화수리와 수촌리 마을과 예배당이 불에 탔다.

홍원식 권사를 중심으로 구국동지회 활동을 하고 있던 제암리 사람들은 3월 31일 발안 장날 시위를 실질적으로 주도했고 그 후 밤마다 산에 올라 야간 봉홧불 시위를 하는 등 만세시위를 지속해 나갔다. 이런 상황을 파악하고 있던 일본인 사업가 사카가는 4월 15일 아리타 중위가 지휘하는 보병 제79연대 헌병들을 제암리로 안내했다. 사카가는 발안에 거주하면서 발안 인근 서해안 간척 사업을 하던 사업가였다. 그의 안내를 받은 일본군은 마을을 포위하고 "열다섯 살 이상 된 남자들은 예배당으로 모이라."고 지시했다. 그렇게 해서 모인 22명을 예배당 안에 가두고 문을 잠근 다음 창문으로 총을 난사한 후 예배당에 불을 질렀다. 이 과정에서 2명이 탈출하였는데 그중 한 사람은 도망치다 사살되었고 한 사람만 살아남았다. 또한 밭에서 일하다가 예배당에 불이 난 것을 보고 달려왔던 부인 두 명이 현장에서 사살되었다. 이리하여 수원 발안과 제암리 만세시위를 주도한 안종후 권사와 홍원식 권사, 안진순 속장 등 제암리교회 교인 12명과 안종옥 등 천도교인 11명이 희생되었다. 당시 총 23명이 집단으로 희생되었는데 20명은 예배당 안에서, 3명은 예배당 밖에서 각각 희생되었다. 군인들이 지른 불은 편서풍 바람을 타고 제암리 초가 마을 전체를 불살라 버렸다. 진압군은 가까운 고주리 마을로 가서 그곳 천도교 지도자 일가족 6명을 또 살해하였다. 천안 병천에서 3명의 감리교인과 2명의 성공회 교인 등 총 19명이 사망했고, 평남 강서 사천시장에서는 장로교인 다수가 희생되는 등 전국적으로 많은 희생자가 발생했다.

또한 일제는 3·1운동 발생 직후 6개월간 모든 집회를 금지했다. 교회도 저녁 집회를 열 수 없었고 적지 않은 수의 교회가 주일 낮 집회도 갖지 못했다. 또한 교회의 담임목사를 비롯한 전도사, 장로 등 주요인물들이 체포되어 어떤 교회에서는 예배를 인도할 사람이 없어 기도만 하고 흩어질 정도로 교회의 타격은 컸다. 1919년 11월 6일에 제12차 미감리회 조선연회가 서울 정동교회에서 개최되었다. 연회에서 연회 회원 중 만세운동으로 수감된 목회자와 그 가족을 구휼하기로 결의하고 현황을 조사하기로 하였다.[12] 또한 일본 경찰 당국의 삼엄한 감시 속에 진행된 연회에서 3·1운동으로 인한 피해와 아픔을 토로하였다. 경성지방 감리사 최병헌 목사는 다음과 같이 보고했다.

---

12) 「미감리회조선연회회록」(1919), 30~31.

한국 감리교회 역사

금년 3월 1일 조선독립운동으로 인하야 교역자 중에서 피수(被囚)되여 고초를 당함으로 교회 사업이 건둔하오며 간신히 후보자로 대리하면 오래지 않아 또 피착되고 청년 학생들은 탐정의 기찰과 수색의 심함을 인내치 못하야 어디로 도망하였는지 알지 못하며 강도자(講道者)가 없으니 실로 답답한 사정인대 엇던 교회에서는 주일예배에 인도자가 없음으로 교우들이 기도만 하고 폐회한 일도 있으며 정동교회에 이르러는 3월 1일에 이필주 목사와 박동완 전도사가 피수되고 그 후에는 정동교회에 동량(棟梁)과 같은 김진호, 정득성 양씨가 피착되었으며 배재학당 생도들과 이화학당 교사와 생도들이 다수 피수됨으로 교우는 흩어지고 인심은 험악하야 봄부터 가을까지 저녁집회를 정지하였으며 종로교회는 김창준, 박희도 양씨가 체포된 이후로 직원들은 다른 곳으로 피하였고 청년 교우는 사방으로 흩어졌으며 교회 서류를 기록할 자가 없음으로 계삭회 때에 여학생으로 서기를 대리케 한 일도 있나이다.[13]

이어서 수원지방 감리사 노블 목사의 보고는 다음과 같다.

3월 1일부터 조선독립운동이 시작된 후로 교회를 심방하기에 불가능한 것은 선교사들이 회당을 심방한 후에는 순사가 더욱 심함으로 9월 1일까지 교회 시찰하기가 곤란하였습니다. 목사 5인과 인도자 13인이 수감되었고 교인 13인이 일병에게 피살되었습니다. 그럼으로 교역자 52인이 없어졌습니다. 그중 목사 3인은 놓여났고 1인은 보석으로 나왔습니다. 남양과 제암과 오산 구역에 7개 예배당이 일병에게 파괴당하였고 그 근방에 329처 가옥이 불탔고 1,600인이 거처할 곳이 없게 되었고 그 지경에 참사자 수를 분명히 알기 어려우나 신용할 만한 통지에 의하면 신자와 불신자를 합하여 82인이

---

13) "경성지방 감리사 최병헌씨 보고", 「미감리회조선연회록」(1919), 69.

라 합니다.14)

다음으로 평양지방 감리사 무어 목사 보고에는 극심한 피해와 고통이 담겨 있었다.

본 지방회를 개회하려고 할 때에 조선인 목사 중 1인이 말하기를 금년 지방
회는 감옥에서 개회하면 좋겠다 한다. 이렇게 말한 까닭은 금번 조선독립운
동으로 인하여 감옥에 있는 목사, 전도사, 권사, 속장, 학교 교사, 주일학교
교사 합수가 160인이라. 3월 1일에 이 운동이 시작된 후로 지금까지 그 영
향이 있다. 각 교회 형편을 2부로 나눌 수 있으니 1은 운동 전이요 2는 운동
후라. 본래 목사의 수가 28인인대 그중 14인은 구속되고 4인은 사직하다.
고로 남은 이가 불과 10인이라. 집사 성품 받은 목사 10인 중 8인은 구속되
고 1인은 신병으로 휴직하니 연회 연말에는 2인만 남았나이다. 평양 성내 5
처 교회당에서 담임목사 6인이 구속되니 그 후로는 여러 회당이 본처 전도
인 1인과 교회 직원이 합력하야 교회 사무를 처리하여 나가다가 지금은 신
임 본처 전도인들이 각 구역을 담임하고 그중 1구역만 목사가 담임하다가
이 구역에 전도사 1인을 파송하였더니 사무를 시작한 지 1주일이 못되여 또
금고(禁錮)되었다. 엇던 교회는 일주로 4삭간 예배를 정지하는 지경에 잇슬
지라도 하느님의 나라 일은 실패되지 아니하엿나이다.15)

평양 지역에서 3·1독립운동으로 말미암아 천도교나 장로교회가 입은 피
해는 대단히 컸다. 그러나 감리교회가 입은 피해는 이보다 더욱 심각했다.
3·1운동 직후 평양지방회가 개최되었을 때 한국인 목사라고는 1명밖에 없었
다. 그래서 이 목사는 감옥에 목회자가 더 많으니 차라리 감옥에서 지방회를

---

14) "수원지방 감리사 노보을씨 보고", 「미감리회조선연회록」(1919), 71~72.
15) "평양지방 감리사 문약한씨 보고", 「미감리회조선연회록」(1919), 82.

개최하자는 의견을 낼 정도였다. 평양 지역 독립운동을 주도한 곳은 남산현교회였다.[16] 서울에서의 회합을 통해 평안도 동지 모집 책임을 맡은 신홍식 목사는 민족대표에 서명할 동지를 얻기 위해 이향리 아펜젤러기념교회 김찬흥 목사, 이문리교회 주기원 목사, 신양리교회 김홍식 목사 등과 접촉하였다. 독립선언서에 민족대표로서 서명하지는 않았지만 이들은 평양 지역 감리교회의 3·1운동을 주도하였다. 또한 그는 민족대표 33인으로서 서울에 상경하여 평양에 없었지만 그 역할을 남산현교회 부목사인 박석훈에게 맡겼다. 박석훈 목사는 평양과 인근 지역 감리교회를 토대로 만세운동을 주도했다. 신홍식 목사는 숭의여학교 교사였던 박현숙을 통해서 평양 지역 3·1운동에 사용할 태극기를 제작하도록 하였다. 3월 1일 오후 1시 평양 지역 감리교회 교인들은 남산현교회에 모여 독립선언식을 거행하였다. 독립선언식을 마친 교인들은 평양 시내로 행진했고, 같은 시각 벽암리 천도교당에서 독립선언식을 마친 천도교 교인과 장대현교회 옆 숭덕학교 교정에서 독립선언식을 마친 장로교인들도 시내로 시위행진을 했다. 시내 한복판에서 만난 이들은 계획대로 평화적 시위를 이어나갔다. 그러나 일제는 폭력적으로 진압했고, 박석훈 목사 등 시위 관련자들을 체포했다. 다수의 목회자와 교인들이 체포되었다. 특히 남산현교회 부목사 박석훈은 심각한 고문 후유증으로 옥중에서 순국하였다.[17]

일제도 기독교가 만세운동을 주도했다는 것을 매우 잘 알고 있었다. 이들은 신홍식 목사와 같은 핵심 지도자가 풀려날 경우 다시 3·1독립만세운동과 같은 사건이 재현될 것을 우려하였다. 그래서 평양경찰서는 평양의 목회자들에게 감옥에서 풀려나온 신홍식 목사를 환영하는 집회를 하지 말라고 경고하였다.[18] 이는 신홍식 목사의 영향력을 가늠할 수 있는 사건이었다. 이와

---

16) 「판결문」 (고등법원, 1920년 3월 22일).

17) "평남 평양지방회", 「기독신보」 (1920년 10월 27일).

18) "목사에게 시국경고", 「기독신보」 (1921년 11월 16일); "신홍식 목사 환영", 「동아일보」 (1921년 11월 12일), 4.

같이 감리교인들은 민족의 과제를 해결하기 위해 주도적으로 노력하였음을 볼 수 있다. 몇 가지 예를 들자면 앞서서 밝혔듯이 독립선언서에 서명한 민족대표 33인에 감리교 대표가 9명 참여한 것을 비롯해서 서울의 중앙교회 전도사로 시무하면서 기독교청년회 간사로 활동하던 박희도의 3·1운동 준비와 연락 담당 역할이 매우 컸다. 정동교회의 현순 목사는 상하이로 파견되어 전 세계에 한국의 독립의지를 알렸고, 김진호 전도사는 배재학당 학생들을 시위에 동원하는 일을 하였으며 정득성 전도사와 청년 홍호는「독립신문」을 발행하고 배포하는 일들을 하다가 체포되기도 하였다.[19] 해주 엡윗청년회 출신인 정재용은 3월 1일 서울 탑골공원에서 〈독립선언서〉를 낭독하였고, 동대문교회 최상현 전도사는 〈독립선언서〉 영역(英譯) 작업에 참여하면서 이를 외국으로 보내려다 체포되었다. 또한 3월 18일 유봉진을 비롯한 감리교인들이 주도로 무려 1만 명이 참여한 강화읍 만세시위를 벌였다. 이화여학교의 유관순은 서울의 만세시위에 참여한 후 고향으로 내려갔고, 이어 4월 1일 유관순과 지령리교회 교인들의 주도로 수천 명이 참여한 천안 병천면 아오내 만세운동을 일으켰다. 유관순은 만세시위를 주도한 혐의로 체포된 뒤에도 끊임없이 옥중에서 저항하고 투쟁하다가 순국하였다. 이는 감리교가 3·1운동에 얼마나 적극적으로 참여했는지를 보여주는 대표적인 사례라 할 수 있다.[20]

유관순

유관순의 숙부로 1919년 서대문형무소에 유관순과 함께 투옥된 유중무 전도사

19) 송길섭, 「정동제일교회구십년사」 (정동교회역사편찬위원회, 1977), 165~167.
20) 1920년 3·1운동 1주년을 맞아 유관순과 함께 서대문형무소 안에서 '옥중 만세시위'를 전개하였던 어윤희, 신관빈, 권애라, 심명철 등 감리교 여성들의 투쟁도 있었다.

4. 3·1운동에서 여성들의 역할

당시 한국의 여성들은 일제에 의한 억압과 가부장적 굴레에 갇혀 이중고를 겪고 있었다. 이러한 이중적 굴레는 여성의 해방과 민족의 독립이 얼마나 소중한 것인지 깨닫게 했다. 이런 연유로 여자 교인들은 누구보다 열심히 만세운동에 가담했다. 이는 만세시위 참가자 중 여성교인들의 참여율이 매우 높았다는 점을 통해 확인된다. 감리교회가 운영하는 여학교들에는 민족운동 성향이 강한 단체들이 설립되어 있었고 민족의식이 투철한 교사들이 학생들을 지도하고 있었다. 또한 교회의 여성들도 선교회 조직을 통해 중앙과 지역 연락망을 가지고 있어 민족운동의 중요한 세력이 되었다. 이들은 교회의 정기적인 예배 외에도 사경회, 기도회, 부흥회, 선교회 모임 등을 통해 자연스럽게 만나 정보를 교환하고 연락망을 구축하였다. 이러한 과정에서 구축된 조직은 여성들의 만세시위의 근간이 되었다. 서울에서 수천 명, 전국에서 1만여 명의 여학생들이 만세시위에 참여했고, 교회 내 부인회 소속 여성들과 전도부인들이 만세시위에 참여하였다.

3월 1일을 기해 서울과 전국 각 도시에서 일제히 만세시위운동이 전개되었다. 서울과 지방 도시의 기독교계 여학교 학생들도 3·1만세운동에 참여하였다. 3·1만세운동에 참여한 여학교는 서울의 이화학당과 배화여학교, 정신여학교를 비롯하여 평양 숭의여학교와 정의여학교, 개성 호수돈여학교와 미리흠여학교, 광주 수피아여학교, 전주 기전여학교, 목포 정명여학교, 부산 일신여학교, 마산 의신여학교, 해주 의정여학교, 선천 보성여학교, 원산 루씨여학교, 함흥 영생여학교, 수원 매향여학교, 공주 영명여학교, 대구 신명여학교, 천안 입장면 양대리 광명여학교 등 전국 시·군·면 단위에 설립된 수를 헤아릴 수 없을 정도다. 감리교 계통 학교의 여학교도 예외가 아니었다. 3월 1일 당일, 서울에서 전개된 만세시위에 이화여자고등보통학교 여학생들도 참여하였다. 당일 28명의 이화 학생들이 일제에 의해 검거되었다. 또한 이화학당 여학생들은 3월 5일에 열린 서울 지역 학생연합 만세시위에 참여하였다. 학생들의 대대적인 시위 가담에 위험을 느낀 일제는 3월 10일, 휴교령을 내렸다. 그러나 학생들은 고향에 돌아가 만세시위를 주도하였다. 예를 들어 이화여자고등보통학교 학생 유관순과 그의 사촌 유예도는 4월 1일 천안 아우내 장터 시위를 주도했다. 이처럼 학생들이 지방으로 내려가자 자연히 독립운동은 지방으로 확산되었다.[21]

국내에서 3·1운동이 일어난 후 짧은 기간에 서울과 지방에서 동시다발적으로 교회 여성들의 만세시위가 일어날 수 있었던 것은 앞서 살펴본 바와 같이 1900~1910년대 보호여회나 여전도회, 여선교회 같은 교회 여성단체들이 조직되어 지방과 교회를 연결하는 연락망이 갖추어져 있었기에 가능했다. 특히 전도부인들의 역할이 중요했다. 이들은 선교사와 남성 목회자들이 미치지 못하는 사각지대까지 들어가 복음을 전했다. 전도부인들은 전국 각 지방의 교회 단위로 활동하고 있었던 것이다. 강화읍교회 전도부인 김유의는 적절한 사례가 될 수 있을 것이다. 그녀는 〈독립선언서〉 유인물을 거사 직전에 강화읍으로 운반·배포하였고, 3월 18일 강화읍 만세시위 당일에는 교회 종을 타종함으로 강화읍 독립만세시위를 주도했다. 이 일로 그녀는 체포되어 6개월 옥고를 치렀다.[22] 이처럼 전도부인과 기독교학교 여학생, 교회 여성 등 기독여성들은 3·1운동에 적극 참여하였고 그로 인해 체포되어 남성보다 더한 수난을 겪었다.

감리교 계통 여학교 학생들은 3·1운동 1주년을 맞이하여 다시 만세시위를 이어나가기도 했다. 1919년 3·1운동 당시 기숙사 사감 차미리사를 비롯한 교사들과 학생들이 만세시위를 준비하였지만 휴교령으로 인해 무산되었다. 그러나 1920년 3월 1일, 3·1운동 1주년을 맞이하여 배화학당 학생 40여 명은 필운대에 모여 만세시위를 하였고, 일경에게 24명이 체포되어 재판에

---

21) 정요섭, "삼일운동과 여성", 「삼일운동 50주년 기념논집」 (동아일보사, 1969), 336~338; 정요섭, 「한국여성운동사」 (일조각, 1980), 75; 「매일신보」 (1919년 5월 13일).
22) 「삼일운동 재판기록」 (고려서림, 1973), 339.

회부되었다.[23]

5. 3·1운동 이후 기독교인들의 민족운동

3·1운동에 대한 경찰과 군인들의 무력 진압으로 인해 이후 대규모 시위를 동반한 대중적 투쟁은 어렵게 되었다. 오히려 해외 민족 독립운동단체들과 연계된 적극적이고 과격한 무장투쟁이 전개되면서 운동 주도층이 장년·지식인층에서 청년·학생·노동자 계층으로 바뀌었다. 기독교인들의 민족운동 양상이 달라진 것이다.

첫 번째 3·1운동 이후 기독교의 민족운동은 독립적인 활동보다는 해외 독립운동단체와 연계하는 형태를 띠었다. 3·1운동 이후에 우리 민족의 독립정신이 고양되고 민족역량이 강화되어 만주를 비롯한 간도, 시베리아, 상하이, 미주 등지로 독립운동가들이 몰려들었다. 이들을 중심으로 무장독립운동 단체들이 생겨나게 되었다. 이들은 평화적 만세시위운동이 민족의 희생만 더할 뿐이라는 것을 인식하면서 보다 조직적인 무장단체들을 조직하였다.[24] 미주 지역의 민족주의자들은 경제와 교육을 골간으로 하는 민족운동 단체, 즉 안창호를 중심으로 한 흥사단과 이승만을 중심으로 한 동지회가 국내와 연결조직을 형성하면서 자기 조직을 확고하게 굳혀 나가기 시작했다. 그러나 만주, 연해주, 상하이 등 중국과 러시아의 동부 지역에 근거지를 둔 독립운동단체는 다양한 형태의 운동을 전개하면서 각 지역에 산재해 있었다. 이들 중에는 무장투쟁의 필요성을 주장하면서 무장단체를 조직하기도 했다. 북간도 및 서간도 지방에서 대한국민회, 북로군정서, 대한독립군, 군무도독부, 서로군정서, 대한독립단, 광복군총영 등 여러 개의 항일단체 및

---

23) 최은희, 「조국을 찾기까지」 (탐구당, 1973), 149.
24) 신재홍, "3·1운동의 민족사적 재평가", 「통일한국」 (평화문제연구소, 1986), 15.

독립군단이 등장하였다.[25] 특히 3·1운동에 참여한 기독교인들은 해외로 망명하여 상해임시정부와 만주 지역 독립운동단체에 참여했고 이들 중 일부 기독교인들이 밀입국하여 군자금 모금과 독립군 지원자 모집에 열중하였다. 예를 들어 1919년 8월 철원 애국단 사건은 상해임시정부의 자금을 지원하고 국내의 독립운동 조직을 확대하는 역할을 했다. 이를 주도한 것이 바로 철원 감리교회 교인들과 목회자였다. 이처럼 국내외를 연계하는 독립운동이 전개되었고 이들의 활동을 지원하는 데 교회 조직이 이용되기도 하였다. 그리고 보다 적극적인 의미의 무장투장을 통한 저항운동에 참여한 기독교인들도 나타나기 시작했다. 동대문감리교회 교인 김상옥과 하와이 최초 감리교 전도사였던 홍승하의 손자 홍가륵은 의열단에 가입하여 무장투쟁을 전개하기도 한다.

두 번째 3·1운동 이후 교회 여성들도 보다 조직적으로 독립운동을 전개했다. 이미 교회 여성들은 대중 시위과정에서 다른 어떤 종파나 사회단체의 여성들보다 적극적이었다. 감리교 여성들은 3·1운동 직후 비밀 지하단체를 조직하여 수감자 가족 구휼, 임시정부를 지원하기 위한 군자금 모금, 밀입국한 독립운동가 활동 지원 등의 활동을 전개하였다. 1919년 6월 평양 남산현 교회에서 감리교 전도부인과 여선교회 지도자들이 모여 만세시위로 투옥된 이들의 가족과 상해임시정부를 지원할 목적으로 자금을 모으기 시작했다. 손정도 목사의 어머니 오신도와 송죽형제회 안정석과 박현숙, 남산현교회 여선교회 김세지, 기홀병원 박승일 등이 이 모임을 주도했다. 이들은 비슷한 시기 같은 활동을 하고 있던 장로교 여성들을 규합하여 1919년 11월 대한애국부인회를 조직하였다. 서울에도 장선희 등이 주도한 혈성부인회와 경하순 등이 주도한 대조선애국부인회가 조직되어 투옥인사들과 가족들을 지원하고 있었다. 이 두 단체는 대한민국애국부인회로 재조직되었고, 여기에 10월 19일 옥고를 치르고 나온 김마리아와 황애덕이 가세하면서 더욱 강력한 단

---

25) 윤병석, 「3·1운동사」 증보(국학자료원, 2004), 111~117.

체가 되었다. 서울을 중심으로 한 대한애국부인회와 평양을 중심으로 한 대한민국애국부인회는 3·1운동 이후 여성들의 민족운동의 중추적인 역할을 했다. 이 단체들은 기존의 감리교 여선교회 및 장로교 여전도회 조직과 기독교 학교 교사, 졸업생·재학생 조직을 기반으로 전도부인과 교회 여성 지도자들이 주도하여 결성되었다. 초교파적이며 전국적 조직망을 갖춘 것이다. 3·1운동 직후 남성 독립운동가들의 투옥과 망명으로 인해 생긴 민족운동 공백을 여성들이 메웠다는 점에서 의미가 있다.

세 번째, 여성들의 독립만세운동과 이후 계속된 상해임시정부 지원 사업, 군자금 모금, 투옥인사 지원은 감리교를 비롯한 한국 기독교 민족주의 형성에 영향을 주었다. 기독교의 민족주의는 3·1운동을 거치면서 감리교를 비롯한 기독교의 주된 성향으로 자리 잡게 되었다. 이는 1920년대 문화운동, 농촌계몽운동과 실력양성운동, 노동운동, 농민운동을 적극화하는 이념과 신념으로 작용했다. 3·1운동 당시 일제의 감시와 탄압으로 기독교 교세가 감소되고, 목사·전도사·장로 등 교회 지도자들이 시위와 관련되어 투옥되거나 해외로 망명하는 상황이 발생했지만, 2~3년 후 감리교의 교세는 3·1운동 이전 이상으로 회복되었다.[26] 이 과정에서 감리교를 비롯한 기독교 내부에는 기독교 민족주의가 하나의 흐름으로 자리하게 되었다.

---

26) 「미감리회조선매년회회록」(1919), 30~31.

제7장

1910~1920년대
감리교회의 민족운동 및
농촌·사회운동

한국에 기독교 복음이 전파되어 뿌리를 내려가던 시기, 우리 민족은 외세의 침략과 지배를 경험하였다. 특히 1903년 원산 부흥운동에서 1907년 평양 대부흥운동에 이르는 기간 중에 일제의 침략과 그로 인한 민족의 수난은 극에 달했다. 1904년 러일전쟁에서 승리한 일본은 한반도 점령과 지배에 박차를 가해 1905년 을사5조약을 체결, 국가 주권의 상징인 외교권을 늑탈하였고 1907년에는 헤이그 밀사 사건을 빌미로 고종 황제를 강제 퇴위시킨 후 정미7조약을 체결, 정부관리 임용권마저 늑탈하였으며 또 다른 국가 주권의 상징인 군대까지 해산시켰다. 그러자 이에 항거하는 민족적 저항운동이 일어났다. 이 시기 조약반대 상소운동으로 시작하여 국채보상운동과 의병운동, 납세거부운동, 민족계몽운동 등 다양한 형태의 항일 민족운동이 전개되었다. 그리고 이런 민족 독립운동 현장에서 기독교인들의 모습도 발견되었는데 거기에는 교회 여성들도 다수 포함되었다.

1. 구국기도회와 국채보상운동

1905년 소위 을사늑약이 체결되자 한국교회는 구국기도회를 시작하였다. 1903년 원산 부흥운동 이후 성령을 체험한 교인들은 기도회 모임을 갖기 시작했다. 이들은 선교사의 지시나 간섭을 받지 않고 자발적으로 주기적인 기도회를 열었다. 대표적인 예가 1904년 서울 정동교회 여성교인들이 시작한 '골방기도회'였다. 을사늑약 체결 후 이화학당 교사와 학생들이 매일 오후 3시 교내에 모여 '구국기도회'를 갖고 있었던 것이다.

한말 기독여성의 민족운동 참여를 보여주는 또 다른 예는 1907년 일어난 국채보상운동(國債報償運動)이었다. 이 운동은 일제의 정치·경제적 침략에 대한 민간 차원의 저항운동이었다. 교회 여성들도 여기에 적극 참여하였다. 이 운동에 참여한 남성들은 주로 술과 담배를 끊고 그 비용을 국채보상금으로 납부하였는데 여성들은 현금 가치가 있는 쌀과 반지 등을 국채보상금으로 냈다. 인천 지역 교회 여성들은 끼니마다 쌀을 푸며 "이 애국미를 수합하여 국채를 보상하고 국권을 회복하여 주옵소서." 기도한 후 그것을 매주일 교회로 가지고 가서 국미적성회에 납부하는 형식으로 국채보상운동에 참여하였다. 기존의 한국교회의 성미 문화가 민족적 위기 상황에서 국권회복운동의 한 방편으로 이용된 것이다.

또한 여성들은 손에 낀 반지를 빼서 국채보상금으로 냈다. 이를 위해 여성들은 '탈환회'(脫環會)란 여성단체를 조직했다. 탈환회 운동은 정치적 국권회복운동뿐만 아니라 하나님이 남녀를 평등하게 내셨다는 기독교적 이해에 근거하여 남녀평등을 추구하는 여성 인권운동의 성격도 포함하고 있었다.[1] 기존의 가부장적 봉건체제에서 벗어나 나라와 민족의 자주독립이라는 정치·사회적 가치를 추구하는 여성상을 추구한 것이다. 이러한 국채보상운동은 여성들의 적극적인 구국기도회와 함께 기독여성의 관심과 활동이 가정과 교회 울타리를 넘어 일반 정치사회로까지 확장되고 있음을 보여주는 예라 하겠다. 기독여성의 사회현실 참여는 민족주의 여성단체 결성으로 더욱 구체화되었다.

---

1) "탈환회 취지서", 「대한매일신보」(1907년 4월 23일).

2. 송죽형제회와 이문회

남성들이 중심이 된 민족운동을 지원하고 연대하기 위한 비밀 여성 지하 조직이 결성되었다. 105인 사건 이후 투옥 또는 해외 망명한 남성 민족운동 가들로 인해 생긴 국내 독립운동 공백을 기독여성들이 메운 것이다. 평양 숭의여학교를 배경으로 해서 조직된 '송죽형제회'가 그런 배경에서 조직되었다. 즉 1913년 당시 숭의여학교 교사였던 황애덕과 이효덕, 김경희, 그리고 재학생이던 박현숙과 송복신, 최자혜, 박경애 등이 독립운동 비밀결사를 조직했다. 당시 개화된 여학교 학생들 사이에 유행했던 의형제 조직을 이용, 언니와 동생 관계를 기반으로 회원을 모집했다. 이 조직은 점조직 형태를 띠고 있었다.[2] 모임 상징이 된 소나무나 대나무 모두 우리 민족 전통문화에서 충절과 절개를 나타내는 것으로 '송죽형제회'(松竹兄弟會)라 하였다. 회원들은 매월 15일 학교 기숙사 지하실에서 모임을 가졌는데 생일축하를 가장해 실제는 독립운동과 사회 문제에 관해 토론했으며 해외 독립운동단체 지원을 위한 회비 모금에 노력하였다.

적은 수의 학생들로 시작한 모임이 시간이 흐르면서 참여 학생이 늘어났다. 졸업생들도 계속 연락을 취하게 됨으로 송죽형제회는 자연스럽게 숭의여학교 재학생과 졸업생의 연합모임으로 발전했다. 숭의여학교는 미국 북장로회와 미감리회 여선교부 연합으로 경영하던 학교였다. 그래서 숭의여학교에는 이효덕, 박현숙 등 감리교 출신은 물론 장로교 출신의 교사와 학생들도 있었다. 또한 학교가 평양에 있었지만 전국 각지에서 학생들이 왔기 때문에 송죽형제회는 자연스럽게 교파와 지역을 초월한 전국적 조직망을 갖출 수 있었다. 철저한 비밀조직으로 운영되어 어떤 장부나 기록도 남기지 않았기 때문에 정확한 조직 규모와 활동상황을 파악할 수는 없지만 10대 여학생들

---

2) 홍우준 편, 「평창의 별 리효덕 전도사」 (한국기독교문화원, 1980), 39~40; "황애덕 선생", 「구원의 햇불」 (중앙여자중고등학교, 1971), 41~45.

이 민족주의 비밀결사를 조직했다는 사실 하나만으로도 중요한 의미를 지닌다.

한편 서울의 이화학당에서도 비슷한 성격의 학생단체들이 조직되어 활동했다. 즉 1900~1910년대 이화학당 안에는 '이문회'와 '공주회', '십자기회', '선교회'와 같은 학생 자치단체들이 있었다. 이들 학생단체는 비밀결사였던 송죽형제회와 달리 교사들의 지도를 받으며 학내에서 공개적으로 활동하였다. 대부분 학생들의 친교와 신앙 훈련, 전도 활동을 목적으로 조직된 단체들이었는데 그중에는 사회와 민족 문제에 관심을 갖고 활동하는 단체도 있었다. 이문회가 대표적이었다.

이문회는 1907년 이화학당 한문교사 이성회(李聖會)가 조직한 학생자치단체로서 초기에는 친교와 문화 활동에 주력하다가 1910년대 들어서 미국 유학을 다녀온 하란사를 비롯하여 신마실라, 박인덕, 신준려, 김활란, 황애덕 등 민족의식이 강했던 교사들이 지도하면서 여성 지도자 육성과 훈련에 초점을 맞추었다. 이문회 회원들은 연설과 토론, 음악과 연극 등 다양한 프로그램을 가졌다.[3] 교회와 사회에서 활발하게 활동하는 여성 지도자들에게 교육을 받은 학생들은 위기 상황에 처한 민족의 문제를 해결하기 위해 적극적으로 투쟁했다. 대표적인 예로 1919년 3·1운동 당시 이문회 회원들은 '전 교생 만세'를 결의했고 실제로 이문회 회원 신덕심과 유점선, 김마리아, 노예달 등은 3월 1일 탑골공원까지 나가 남학생들과 함께 만세시위를 벌였다. 그리고 유명한 천안 '아우내 장터' 시위를 주도하고 옥중 순국한 유관순도 이문회 활동을 통해 지도력을 키웠던 이화 학생이었다.[4] 이처럼 이문회를 비롯한 이화학당 학생단체들은 일제강점기 여성 지도자 양성을 위한 훈련장이 되었다.

---

3) "Report of Ewha Haktang", *Minutes and Reports of The Korea Woman's Conference of The Methodist Episcopal Church* (1917), 18~19.

4) 이화100년사편찬위원회 편, 「이화백년사」 (이화여자중고등학교, 1994), 159~160; 이정은, 「유관순」 (한국독립운동연구소, 2004), 208~209.

3. 애국부인회

3·1운동을 거치면서 독립운동 거점이 국내에서 해외로 옮겨짐에 따라 국내 민족운동 세력이 약화되었고 그나마 국내에 남은 민족운동 진영도 일제의 집요한 감시와 탄압으로 활동이 크게 위축되었다. 이 같은 상황에서 기독교 여성을 중심으로 애국부인회가 평양과 서울에 각각 조직되었는데, 이 단체의 목적은 국내 민족운동 공백을 메우고 해외 민족운동 단체와 연계해서 지속적인 민족 독립운동을 전개하는 것이었다. 이 단체들은 투옥된 민족운동가와 그 가족을 구휼하는 일부터 시작했다. 이후 점차 사업 영역을 확대하여 상해임시정부를 위한 독립운동 자금을 모금하고, 만주에서 밀파된 독립운동가들의 국내 활동을 지원하기 시작했다.

서울의 애국부인회는 정신여학교 졸업생들이 1919년 3월 중순 '혈성애국부인회'를 조직하고 수감자 가족 구휼 사업을 시작한 것에서 출발하였다. 또한 비슷한 시기 '대조선독립애국부인회'가 조직되어 혈성애국부인회와 유사한 활동을 하고 있었다. 이 두 단체는 임시정부에서 파견된 임득산의 중재로 '대한민국애국부인회'로 조직되었다. 이런 상황에서 동경 2·8독립선언서를 갖고 들어와 국내 만세운동에 가담했다가 투옥된 김마리아와 황애덕이 그해 8월 가석방으로 출옥하여 이 단체에 가세했다. 이 단체는 김마리아 모교인 정신여학교와 황애덕 모교인 이화학당 교사와 학생, 졸업생들이 참여하였고 이들을 매개로 해서 서울 시내 감리교회 및 장로교회뿐 아니라 성결교회 여성들도 참여함으로 명실공한 초교파 에큐메니칼 여성 민족운동 단체로 변모해 나갔다. 1919년 10월 김마리아가 회장, 황애덕이 총무부장으로 선임되면서 대한민국애국부인회는 중앙 조직과 지방 조직을 일신하고, 보다 적극적인 민족운동을 전개해 나갔다.[5]

개편된 애국부인회 조직에는 결사부, 적십자부 같은 부서를 두어 독립전

---

5) "애국부인회", 「독립신문」 (1920년 1월 1일).

한국 감리교회 역사

쟁까지 염두에 두고 활동하였으며 전국으로 조직을 확대하여 부산, 대구 등지에도 지부를 두었다. 서울 애국부인회에 참여한 감리교 여성들은 이화여학교 교사 황애덕과 박인덕을 비롯하여 배화학당 교사 이성완, 동대문부인병원 간호사 김태복, 감리교 부인성경학원의 성경애 등 50여 명에 이르렀다. 이들은 각기 자기가 속한 기관에서 회원들을 포섭하고 지도하는 책임을 지고 있었다. 하지만 애국부인회는 상해임시정부 산하기관인 청년외교단과 연락을 취하며 군자금 모금, 독립운동 지원 활동을 펼치다가 전국 조직망으로 발전하려는 순간, 일제의 경찰망에 걸려 조직원들이 체포됨으로 실패하고 말았다. 1개월 만에 일본 경찰망에 포착되어 김마리아와 황애덕을 비롯한 중앙간부 20여 명이 체포되어 옥고를 치렀다.[6] 결국 대구에서 진행된 재판에서 주모자급 김마리아와 황애덕은 징역 3년, 나머지는 1~2년을 선고받았고,[7] 이로 인해 조직이 와해되었다.

같은 시기에 평양에서도 구속된 독립운동가와 가족 지원, 해외 독립운동단체 후원, 국내 잠입한 독립운동가 활동 지원을 위해 대한애국부인회가 조직되었다. 1919년 6월 중순, 평양 남산현교회에서 감리교 전도부인들과 여선교회 지도자들이 모였다. 3·1운동 직전 상하이로 망명하여 임시정부 초대 의정원 의장이 된 손정도 목사의 어머니 오신도와 딸 손진실, 과거 송죽형제회를 이끌던 안정석과 박현숙, 그리고 남산현교회 여선교회를 이끌던 김세지·이성실·최순덕, 기홀병원 간호사로 있던 박승일 등이 모임을 갖고 돈을 모으기 시작했다. 거의 같은 무렵 만세운동에 가담하고 투옥되었다가 2개월 만에 풀려난 평양 장대현교회 유치원 보모 한영신을 비롯한 김보원, 김용복 등 장로교 여성들도 비슷한 모임을 결성하고 활동하고 있었다.

이 두 단체는 상해임시정부에서 파견된 조직원과 연결되면서 1919년 11월 '대한애국부인회'로 통합되었다. 당시 총재는 손정도 목사의 어머니인 오

---

6) "애국부인회 간부피착", 「독립신문」 (1919년 12월 27일); "애국부인회", 「독립신문」 (1920년 1월 1일).
7) 박용옥, "여성 항일운동의 조직화", 「한국 여성독립운동사」 (3·1여성동지회, 1980), 235~253.

신도, 회장은 안정석, 부회장은 한영신이었다.[8] 평양 대한애국부인회는 장로교와 감리교 여성들로 구성되었고, 평양에 본부를 두고 평안남도 3·1운동 당시 가장 많은 희생자와 부상자 그리고 투옥인사가 나온 곳 중 하나인 강서군을 비롯해 증산·진남포·함종·순천 등지에 지회를 조직했다. 서울 애국부인회가 정신여학교와 이화학당을 중심으로 결성되었다면, 평양 대한애국부인회는 기존 감리교 보호여회와 장로교 여전도회를 토대로 조직되었다.

이어서 은밀하게 지방 조직을 확대시켜 나갔는데 진남포에서 전도부인 양진실과 속장 안애자, 강서에서 전도부인 김성심과 한독신, 함종에서 전도부인 김명덕과 강현실, 증산에서 전도부인 송성겸과 박치은 등 감리교 여선교회 지도자들이 가담하였다. 여기에 진남포와 순천 지역 장로교 여성들도 참여하여 전체 회원은 100명이 넘었다. 그리고 애국부인회의 구체적 조직과 활동에 대해서는 본부 임원과 지회 회장 정도만 파악했고 일반 회원들은 기존 교회 여성단체 활동으로 알고 회비를 내는 식으로 참여하였다. 따라서 대한애국부인회는 조직과 활동을 노출하지 않고 비교적 오랫동안 조직을 유지할 수 있었다.

회원들은 기존의 감리교 여선교회(보호여회의 후신) 조직을 통해 포섭되었는데 이 과정에서 전도부인들은 회원들을 지도하는 역할을 하였다. 회원들은 대단히 헌신적으로 활동했다. 현금이 없는 회원들은 금가락지와 은가락지, 비녀를 바쳤다. 심지어 머리카락을 잘라 바치거나 뜨개질을 해서 번 돈을 독립자금이나 투옥된 인사의 후원비로 바쳤다. 이들은 이렇게 1년여 간 활동을 이어나갔으나 1920년 10월 일경의 비밀 첩보망에 걸렸다. 핵심 간부 50여 명이 체포되었고, 그중 간부급 15명이 징역 1~3년형을 언도받고 옥고를 치렀다.

서울의 대한민국애국부인회와 평양의 애국부인회는 조직 1년여 만에 와해되었다. 그러나 애국부인회가 남긴 공헌은 적지 않다. 3·1운동으로 남성

---

8) 박용옥, "여성 항일운동의 조직화", 「한국 여성독립운동사」 (3·1여성동지회, 1980), 248~251.

독립운동가들이 투옥되거나 해외로 망명함으로 독립운동 추진 세력에 공백이 생길 수밖에 없는 상황에서 여성들이 그 공백을 메웠다는 점, 여성들이 보다 더 적극적으로 독립운동을 전개하여 항일투쟁의 수준으로 끌어올렸다는 점, 재정적 지원을 통해 상해임시정부와 연대하였다는 점, 임시정부 등 해외에서 밀파된 독립운동가를 지원함으로 국내와 국외의 독립운동을 연결시켜주었다는 점은 높이 평가되어야 한다. 이처럼 교회 여성들은 민족 현실을 외면하지 않고 적극 참여하는 실천적 신앙의 본을 보여주었다. 이러한 활동은 기독교 복음에서 '자유와 해방'의 메시지를 찾은 교회 여성들이 일제의 침략과 지배로 인해 민족이 당하고 있는 시련과 고난 현실에 침묵하지 않고 민족의 해방과 자유를 구현하기 위한 독립운동에 참여한 결과라 볼 수 있다. 그리고 이러한 여성 독립운동 조직이 전도부인과 교회 여성을 중심한 교회 여성단체와 기관(학교와 병원)이 중심이 되어 이루어졌다는 점에서 기독교 민족운동의 실제적인 예를 보여주었다. 무엇보다 이런 독립운동에 교회 여성들이 교파를 초월하여 적극 참여함으로 기독교 여성 에큐메니칼 민족운동의 전통을 수립했다는 점에서 한국교회사에 중요한 위치를 차지하고 있다.

4. 기독교 농촌운동

3·1운동 이후 1920년대에 들어와 농촌경제가 악화되었고 그에 따라 농촌교회 역시 침체되었다. 본격화된 일제의 농지 수탈과 농업 통제 정책으로 인해 농촌이 경제적으로 피폐해졌다. 당시 교인들의 대부분은 농촌에 살고 있었기 때문에 이 같은 현상은 한국교회 전반에 위기감을 불러일으켰다. 재정과 교인이 줄자 교회로서는 농촌 문제에 대한 대책 마련에 부심하게 되었다. 교회가 농촌 문제의 심각성을 인식하고 이를 해결하기 위해 적극적인 자세를 취하게 된 계기가 여기에 있다. 이미 한말 때부터 민족운동 구심점의 하

나로 자리 잡은 기독교청년회는 3·1운동 이후 이 같은 사회 현실을 인식하고 문제 제기하며 농촌 현실을 조사하고 사업을 시작하였다. 1925년부터 기독교청년회는 농촌 사업에 착수하였으며 농촌 사업은 농민을 대상으로 한 의식계몽운동과 문맹퇴치운동을 필두로 농민 잡지 「농촌청년」 발행, 농사법 개량을 통한 생산 증가 등 다양한 내용으로 전개되었다.

1928년 예루살렘에서 개최된 국제선교대회는 한국교회가 농촌선교의 필요성을 깨닫고 교파를 초월하여 농촌운동에 보다 적극적으로 참여하는 계기를 마련해 주었다. 한국교회에서는 이 대회 공식 대표로 감리교의 양주삼·신흥우·김활란과 장로교의 정인과 등을 파견하였다. 한국 대표들은 예루살렘 대회에 참석하기 전·후로 유럽의 대표적인 개신교 농업 국가인 덴마크를 방문하여 선진 농업 기술과 농촌 사업을 시찰하였다. 적지 않은 자극을 받은 시찰단은 국내로 돌아와 덴마크의 농촌 사업을 국내에 접목시키려 하였다. 감리교회와 장로교회, 기독교청년회와 여자기독교청년회 등은 자신들이 가지고 있는 전국적인 조직을 통해 농촌운동을 전개하였다. 또한 교회에는 지식층 신자들이 상대적으로 많았으며, 공간과 시설을 어느 정도 갖추고 있었기 때문에 농촌계몽사업을 전개하는 데 비교적 용이하였다.

당시 가장 두드러지게 농촌운동을 전개했던 단체 중의 하나는 기독교청년회였다. 기독교청년회는 토론회, 좌담회, 강연회, 환등회를 통하여 농촌계몽운동을 전개하였다. 또한 감리교와 장로교의 연합신문인 「기독신보」는 1928년 10월부터 "농업란"을 마련하여 농업지식의 소개와 함께 농민들의 의식을 개혁하려 하였다. 기독교 농촌운동이 시작되면서 각 기관들은 농사강습회를 꾸준히 개최하였다. 농사강습회는 농민들을 한 곳에 모아놓고 농업 및 농촌 문제에 대한 교육을 시키는 것으로, 전문가들이 지방을 순회하며 1~2주간에 걸쳐 진행하였다.

감리교의 농촌운동은 예루살렘 선교대회에 참석한 사람들이 덴마크 농촌을 시찰하고 난 이후 본격화되었다. 예루살렘 선교대회를 기점으로 감리교회는 교회 차원에서 적극적으로 농촌 사업을 전개하기 시작하였다. 미감리회와 남감리회는 연회 안에 농촌사업위원회 혹은 농촌부를 설치하고 지방교회 조직을 이용하여 협동조합 결성과 농촌 강습소 설치를 추진하였다. 감리교회의 농촌 사업은 남·북 감리교 연합으로 운영되던 교역자 양성 기관인 협성여자신학교와 관련되어 추진되기도 했다. 1929년부터 협성여자신학교안에 농촌사업과가 설치되었는데 그해 1월 미국 유학을 마치고 돌아온 황애덕이 주임교수로 부임하여 협성여자신학교 농촌사업과와 여자기독교청년회(YWCA)를 연결하여 사업을 전개했다. 이 사업은 주로 신학생들을 중심으로한 농촌계몽운동이었다. 바로 이 과정에서 최용신이 황애덕 교수에게 발탁되어 농촌운동가로 활동하게 된다. 장로교도 9월에 개최된 장로교 총회에서총회 안에 농촌부를 설치하고 주요 사업으로 농촌 사업 전문가 초빙, 농민잡지 「농민생활」 발간, 모범 농촌 설립, 농업전문학교 설립 등을 제안하였다. 그리고 1930년부터는 매년 10월 셋째 주일을 '농촌주일'로 지켜 농촌운동에대한 교인들의 인식 확대를 꾀하였다.

1922년 설립된 여자기독교청년회의 농촌운동 시발점은 1927년 평양지방에서 농촌 부녀자들을 상대로 계몽 교육을 실시한 것이라 할 수 있지만, 본격적인 농촌 사업은 김활란이 예루살렘 선교대회에 감리교 대표로 참석하고 돌아온 후 여자기독교청년회 안에 농촌부를 창설한 1928년 이후부터 시작되었다.[9] 김활란의 주도로 조직된 농촌부에 협성여자신학교 교수로 부임한 황애덕이 위원으로 가세하면서 신학교 내의 인적 자원을 활용할 수 있게되었다. 당시 농촌부는 서울 여자기독교청년회뿐 아니라 지방 기독교여자청년회에도 조직되어 있었다. 이 조직에 기초해 전국 각 지역의 농촌 부녀자와 아동을 대상으로 한 문맹퇴치운동, 부녀자들의 농가 부업, 아동 보건사업 등을 전개할 수 있었다. 특히 기독교여자청년회 회원 중 협성여자신학교와 이화여자전문학교 학생들은 자신의 전공을 살려 농촌의 무산아동(無産

---

9) 이효재, 「한국 YWCA 반백년」 (한국YWCA연합회, 1976), 56~57.

兒童)을 위한 야학교와 간이학교를 설립하고 문맹퇴치와 의식화 교육을 주요 사업으로 추진하였다. 최용신의 농촌운동도 이러한 과정에서 나온 사업이다. 감리교 협성여자신학교에

공주지방 대표적 야학교인 공금학원(1935)

다니던 최용신은 농촌운동에 뛰어들어 수원 샘골교회를 토대로 농촌 아이들과 부녀자들을 대상으로 한글과 성경을 가르치며 농촌계몽운동을 전개하였다.

감리교회 농촌계몽운동은 무산아동을 비롯한 대중의 문맹을 퇴치하는 일에 열중하였다. 이를 위해 농촌계몽운동가들은 야학을 설립하였는데 당시 남성보다 여성야학의 비중이 매우 높았다. 남성에 비해 여성의 사회·경제적 지위가 상대적으로 낮아 보통학교 이상의 교육을 받을 기회가 적었기 때문이다. 야학의 교육과목은 주로 한글과 산술이었다. 그러나 일부 야학은 한문, 일어, 상식, 그리고 농촌경제나 농사실습을 병행하기도 하였다. 1930년 직전부터 남감리회 철원지방 각 교회는 '서당'을 설립해 무산아동을 교육한 바 있다. 1930년 이후 감리교회는 이처럼 일부 지역에서 실시되던 서당교육을 받아들여 강습소 형태의 교육기관으로 발전시켰다.

문맹퇴치와 관련하여 야학과 서당 못지않게 중요한 역할을 한 것이 하기아동성경학교였다. 장로회에서는 1922년, 감리회에서는 1923년부터 매년 여름이면 아동들을 모아 성경과 노래, 유희를 가르쳤다. 특히 대부분의 교회학교가 성경학교를 이용하여 문맹자들에게 한글을 가르쳤다. 하기아동성경학교는 거의 모든 교회에서 실시한 행사였으므로 그 효과도 컸다. 1932년의 통계에 의하면, 아동성경학교는 952개, 교사 5,167명, 학생 68,852명이었다. 1년에 한 번뿐인 단기강습이라는 한계가 있었지만, 대규모의 학생과 교

사가 참여한다는 점에서 하
기아동성경학교는 매우 중
요한 문맹퇴치 기구였다.[10]
더구나 초기 아동성경학교
는 1주일 정도 단기 과정이
아니라, 최소 15일에서 최
대 한 달까지 지속되었다.
예를 들어 1924년 개성 중앙

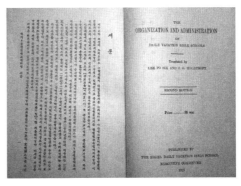

하기아동성경학교관리법(1927)

감리교회가 실시한 하기아동성경학교는 그해 7월 28일에서 8월 16일까지 총
20일에 걸쳐서 송도고등보통학교에서 열렸다. 참여대상은 6~15세였고, 교
과과목은 성경과 창가, 수공, 체조, 그리고 당시 보통학교 학생들이 배우는
교과를 일부 가르치기도 했다.[11]

하기아동성경학교의 교육 대상 중에는 미취학 아동이 포함되어 있었다.
예를 들어 1924년 7월 28일부터 실시된 평남 용강군 대대면 덕동교회 아동
성경학교의 교육대상은 취학을 하지 못한 무산아동과 방학중인 아동들이었
다. 그런데 당시 하기아동학교는 그 비중이 대단히 컸다. 이것은 교사진을
통해 확인된다. 당시 이 교회 하기아동성경학교의 총무는 정일형이었고 교
장은 조만식이었다. 교사도 정신근·안신우·오교성·차복실·박정옥·이온
순·차응삼·정신형·박광복·안행행·오화영·차응섭·차응세로 그 수가 적지
않았다. 불과 100여 명의 무산아동과 보통학교 학생들을 가르치기 위해 당
대 최고의 기독교민족주의자들이 동원된 것이다. 1930년대 들어와 사회주의
자들의 활동을 포함한 각종 집회에 대한 일제의 탄압이 강화되자 교회에서
운영하던 야학과 서당도 점점 침체에 빠졌지만 하기아동성경학교는 종교교
육의 하나였으므로 탄압을 비교적 덜 받으며 꾸준히 성장할 수 있었다.

---

10) 한규무, 「일제하 한국기독교농촌운동」 (한국기독교역사연구소, 1997); 장규식, 「일제하 한국기독교 민족
    주의 연구」 (혜안, 2001).
11) "하기아동성경학교조직", 「기독신보」 (1924년 7월 30일).

1929년 9월, 감리교와 장로교의 각 선교회, 기독교청년회(YMCA)와 기독교여자청년회(YWCA)의 대표들은 '농촌사업협동위원회'를 조직하고 농촌선교사업을 후원하는 사업을 시작하였다. '농촌사업협동위원회'는 1929년 12월부터 다음해 3월까지 전국의 19개 지역에서 농사강습회를 개최하였는데 정식으로 강습회에 참가한 인원은 4,081명이었으며, 야간강습회의 임의 참가자 숫자는 대략 4만여 명 정도였다.

기독교 농촌계몽운동은 여성계몽을 비롯한 문맹퇴치와 농민의 의식향상에 적지 않은 영향을 주었다. 그러나 기독교 농촌계몽운동은 당시 사회주의자들로부터 일제의 정책에 타협하는 개량적 행위라고 거센 질타를 받았으며, 교회 내부에서도 일부 비판을 듣기도 하였다. 이는 기독교 농촌운동이 일제가 규정한 법적 테두리 안에서 이루어진 데 따른 결과였다.

5. 절제운동

절제운동은 1920~1930년대 한국교회의 대표적인 사회운동 중의 하나로 일제의 정책에 대항하여 부패한 문화를 변혁시키고, 나라를 살리는 방법으로 전개되었다는 점에서 민족운동의 성격을 가진다. 이 운동은 3·1운동 직후 변화된 정치·사회 상황에서 이해해야 한다. 일제는 한민족의 거족적인 저항운동으로 일어난 3·1운동을 겪으면서 그 한계와 문제점을 인식하게 되었고 이에 '문화통치'로 통치 개념을 바꾸었다. 일본은 3·1운동이 끝난 뒤 한반도의 지배정책을 문화정책으로 바꿔 일제의 갖가지 퇴폐문화를 한국에

절제운동 행진(1930)

들여왔다. 술, 아편, 공창 등이 급속하게 퍼져나갔다. 예를 들어 술과 담배를 총독부 사업으로 전개하면서 이를 장려했다. 재정의 상당부분을 주세와 연초 세금에서 충당할 수 있었기 때문이다. 한일강제 병합 이후에는 주세 등이 급속히 늘어 총독부 예산의 절반을 차지할 정도였다. 1920년대 들어 일본의 왜색 퇴폐문화가 물밀듯이 들어왔고 많은 청년과 학생들이 그 문화에 급속히 오염되었다. 우리 민족의 문화적 전통은 무너지기 시작했다. 그중에도 술과 담배, 아편, 성 매매 같은 퇴폐 소비문화의 폐해가 심했다. 이와 같은 일제의 술 담배 등으로 인한 이익 챙기기와 민족정신말살 정책으로, 한국사회가 타락해져 가는 것을 지켜보던 기독교 지식인들은 의식개혁운동으로 절제운동을 전개했다.

이미 1895년 전후부터 기독교는 금주와 단연의 필요성을 강조하는 계주론(戒酒論)을 펴기 시작했다. 이것은 선교사들의 청교도적 신앙생활의 결과이기도 하지만 한국인의 신앙적 유익과 한국사회 개화를 위한 의도도 있었다. 술은 백성들을 점점 곤궁토록 만들며, 장부의 기운을 꺾어 회복하지 못하도록 함으로, 건강과 재산의 손실을 가져온다고 생각하였기 때문이다. 한국기독교는 선교 초기부터 시대상황에 교회가 끌려가지 않고 변혁하고 개선하는 일에 앞장섰다. 금주·단연운동은 단순히 건강상의 이유나 신앙상의 이유에서만이 아니고 민족운동과 관련된 것이다. 즉 금주·금연으로 절약한 재화로 외채 청산을 하자는 정신이 있었다. 1911년에 주한 선교사들은 기독교 절제회를 조직하여 1년 동안 금주, 금연, 순결에 관한 문서를 제작 배포하고 금주홍보운동을 펼쳤다. 1917년부터는 주일학교 '감(監)·장(長)연합공의회'가 발행하는 주일학교 장년 및 유년공과에 절제에 관한 내용을 삽입하여 교회학교에서 절제교육을 실시하였다.

1923년 5월 세계기독교여자절제회에서 파견한 순회 강사 틴링(C. I. Tinling)이 내한해서 전국을 돌며 기독교학교에서 금주 강연회를 개최한 것을 계기로 조직적인 금주운동을 벌이게 되었다. 즉 이화학당 교사로 틴링의 통역이 되어 금주 강연회에 동행했던 손메례는 틴링 강연회를 계기로 한국에서도 절제운동을 적극 추진하기로 결심하고 장로교와 감리교 여성 지도자들을 규합하여 1924년 8월 조선여자기독교절제회를 창설하였다. 일제는 이러한 절제운동을 방해했다. 지방을 순회하며 절제운동을 "죽어가는 조선을 살리는 운동"이라고 역설하는 손메례의 강연이 경찰 당국의 감시와 방해를 받았다. 이 활동의 핵심은 금주운동이었다. 찬송가 〈금주가〉(禁酒歌)는 1920년대 이화여전에서 음악을 가르치던 임배세가 작사 작곡하여 1931년 새로 편찬한 「신정 찬송가」에 수록된 이후 주일예배는 물론이고 부흥회나 사경회 같은 연합집회 때 자주 불렸다. 이 찬송의 주제는 물론 "술은 일체 입에도 대지 말라"는 '금주'이지만 내용은 "금주해서 남은 돈으로 학교 세워 자녀 교육에 쓰자", "술로 몸을 망치지 말고 건강하여 나라 위해 몸 바치자"는 것이다. 계몽운동 속에는 다분히 민족주의적 성격이 담겨 있었다.

서울 기독교청년회는 1920년대 초부터 각 지방 기독교청년회를 통해 금주·금연회를 조직하여 절제운동을 전개하였다. 1923년 감리교회도 각 지방에 금주회를 조직하였다. 1930년에는 각 연회에 절제부를 두어 이 운동을 총괄하였다. 1933년에 공포된 감리교회의 "사회신경"(社會信經) 7조에 "심신을 패망케 하는 주초와 아편의 제조, 판매, 사용 금지" 조항이 삽입되었다. 이 무렵 감리교인 임배세 여사가 작사한 절제 계몽가인 "금주가"가 1931년 간행된 「신정 찬송가」에 포함되기도 했다. 이러한 금주·단연운동은 1930년대 전국적 운동으로 전개되었다. 특히 1935년 2월 10일은 금주의 날로 선포되었고, 이때를 전후하여 조선기독교여자절제회와 조선예수교연합공의회 등이 주최하는 금주 가두 행렬, 금주 강연회 등이 전개되었다.

절제운동에 남성들보다는 여성들이 적극적이었는데 이들은 전국을 순회하며 강연집회를 열었다. 장로교회의 경우 청년들을 중심으로 이뤄져 오던 절제운동을 확대하여 1932년 5월 5일 평양신학교에서 '조선기독교절제운동회'를 조직하였다. 기독교를 비롯한 사회 각 단체의 절제운동은 입법 활동을 통해 법제화하려는 운동으로 이어졌다. 절제운동단체는 1937년 6월에 당시 총독에게 "미성년자 음주 흡연 금지법 실시에 관한 참고자료"를 제출하고 이 법을 실시해야 할 필요성과 이유를 설명하였다. 수많은 노력 끝에 1938년 3월 26일 미성년자 금주·금연법이 통과되어 칙령 제145호 법령으로 제정되었고, 1938년 4월 1일자로 효력을 발생하게 되었다.

6. 신간회와 근우회

신간회는 1920년대 후반의 대표적인 항일단체로 1927년 2월 '민족 유일당 민족협동전선'이라는 표어 아래 민족주의를 표방하고 민족주의자와 사회주의자가 제휴하여 창립한 민족운동단체이다. 1920년대 중반 국내외에서는 민족주의와 공산주의, 기독교와 사회주의 운동 세력들 사이에 갈등과 마찰을 빚고 있었다. 그러자 양측의 민족운동 지도자들이 이념과 신념을 초월하여 단일 민족운동 연합 전선을 결성하였다. 3·1운동 때 신분과 계급, 지역과 종파 장벽을 극복하고 전개된 거족적 항일 독립운동을 밑바탕으로 해서 이러한 운동이 계획되었다. 구체적으로 이러한 시도는 사회주의 경향을 취하고 있던 조선일보 측과 기독교청년회(YMCA) 지도자들을 중심으로 전개되었다. 안재홍을 비롯한 34명이 발기인이 되어 초대 회장에 이상재(李商在), 부회장에 권동진(權東鎭)을 선임하여 출범하였다.[12]

이 모임 이름을 신간회로 한 것은 "뿌리나 가지는 여럿일 수 있지만 줄기는 하나"라는 의미로 그동안 있었던 민족운동 단체들 간의 반목과 갈등을 접고 하나로 뭉쳐 민족의 자주 독립을 추구하자는 취지였다. 신간회는 좌표를 '반제국주의', '반식민주의', '반봉건주의' 민족운동으로 설정하였다. 여기에 사회주의 계열과 민족주의 좌파 세력이 참여하였다. 그리고 기독교 민족

---

12) 이문원, "신간회와 이상재", 「월남 이상재 연구」(로출판, 1986).

운동가들도 민족주의 좌파 계열 몫으로 신간회에 대거 참여하였는데 이상재를 비롯하여 연희전문학교 교수 출신인 조병옥이 적극 참여하였고 이외에 박동완, 이갑성, 정춘수, 이동욱, 김활란, 김영섭 등이 참여하였다. 기독교계 참여자 중 감리교 출신이 많았는데 이는 그만큼 당시 감리교회가 사회와 민족 문제에 적극적인 자세를 취하였기 때문이다. 또한 이들은 대부분 미국이나 일본에서 유학한 지식인들이 많았고, YMCA와 직간접적으로 관련을 맺고 있었다. 신간회는 창립대회 후 조직의 강화를 위해 가장 먼저 지회 설립 사업에 치중하였다. 지회 설립의 중요한 토대는 각 지역에 이미 창립되어 있던 YMCA 지회들이었다. 신간회 지회와 YMCA 지회 임원들은 거의 일치될 정도로 서로 연결되어 있었다. 특히 기독교 측 핵심 지도자로 활약했던 조병옥은 미국에서 신학을 공부하고 돌아와 기독교와 사회주의 대화의 필요성을 강조하였는데 그 때문에 선교사들의 눈 밖에 나 연희전문학교 교수직에서 밀려나 기독교청년회 청년부 간사로 근무하고 있었다. 그는 진보적 기독교 지도자들을 규합하여 교회의 적극적인 사회 참여운동을 전개하기도 하였다.

신간회(新幹會)는 1927년부터 1931년까지 존속하면서 일제의 식민지 정책에 큰 타격을 주었는데 실제로 일제는 동양척식회사 등 국책 회사들을 통해 추진하던 한반도로의 일본인 이민정책을 중단했고 농민, 노동자에 대한 수탈도 벽에 부딪히지 않을 수 없었다. 신간회는 전국에 200여 개의 지회(支會)·분회가 조직되어 1930년 회원 수가 39,000명에 이르렀으며, 일본에까지 조직된 각 지회를 중심으로 활동을 전개하였다.

근우회도 신간회와 같은 절차를 밟아 가면서 신간회보다 3개월 늦은 1927년 5월에 창설되었다. 신간회의 자매 기구격인 근우회(槿友會)는 신간회와 마찬가지로 민족운동을 지향하였지만 여성의 지위 향상이라는 시대적 과제를 하나 더 가지고 있었다. 근우회는 여성 차별 법령 철폐, 조혼 금지와 결혼의 자유, 여성 노동자 임금 차별 철폐, 농촌 여성 경제생활 개선 등 적극적인 의미의 여성 권익 향상 운동을 추진하였다. 근우회는 사회주의 계열인 여성동우회와 기독교여자청년회(YMCA)를 중심한 기독교 여성운동가들이 대거 참여하였다. 초대 회장으로 김선이 선출되었고, 발기인단 중 기독교 여성은 차미리사, 김선, 김영순, 김활란, 김일엽, 김순복, 길정희, 양매륜, 방신영, 손정규, 신알벳트, 유각경, 이은혜, 차사백, 최은희, 최활란, 현덕신, 홍애시덕, 이효덕 등이었다.[13] 숫자로 보면 여성동우회 측 인사보다 기독교 인사들이 배이상 많았으며 그중에 감리교 여성이 반 이상을 차지하였다. 기독교 여성들은 3·1운동 당시 애국부인회 사건에 연루되어 옥고를 치른 인사들과 3·1운동 후 조직된 기독교여자청년회, 기독교여자절제회 등 초교파 여성운동단체에 참여했던 인사들이 주류를 이루었다.[14] 기독교 여성들이 사회주의 여성들과 함께 협동하면서 창립 초기부터 1928년 임시대회까지 1년여 동안 활발한 활동을 전개하였다. 근우회는 여성 지도자 훈련을 위한 프로그램, 재정 마련을 위한 기부금 모금 및 자체 수익 사업, 지회 설립을 통한 전국 여성 단일 단체 구성, 그리고 민족운동 지원 등의 사업을 벌였다.

신간회와 근우회에 참여한 기독교인들은 1928년 중반까지 사회주의 진영의 인물들과 표면적으로는 큰 마찰 없이 조직을 강화하는 데 열중하였다. 1928년 중반 이후에 신간회는 일제의 탄압을 받아 조직적으로 큰 타격을 받았다. 「조선일보」의 일본군의 산동 침략을 비판하는 기사 때문에 이와 관련된 인물은 더 이상 신간회에서 활동할 수 없었다. 점차 기독교인들의 신간회 운동이 침체되어가자 조병옥을 비롯한 수양동우회 계열은 기독교인들의 신간회 내부 역량 강화를 위해 1929년 5월 기독신우회를 발족하였다. 1929년 11월 광주학생운동과 관련된 민중대회 사건으로 인해 중심인물들이 체포되면서 신간회 운동은 약화되었다.

근우회 운동에 참여했던 기독교 여성들은 1928년 중반을 전후로 하여 운동노선을 전환하기 시작하였다. 그 결과 많은 기독교 여성들이 근우회에서

---

13) "근우회 발기총회", 「동아일보」(1927년 4월 27일); 「동아일보」(1927년 4월 28일).
14) 최은희, 「조국을 찾기까지」 하권 (탐구당, 1973), 115~119.

탈퇴하였다.

신간회나 근우회는 1927년 처음 출발할 때 민족주의자, 혹은 기독교인들이 전면에 나서 운동을 이끌었으나 1년 만에 주도권이 사회주의 쪽으로 넘어갔다. 근우회 역시 처음에는 기독교인들이 주도하였지만 1928년 지방 조직화 과정에서 사회주의 계열이 대거 참여함으로 밀리기 시작하다가 1929년 7월 전국대회에서 허헌의 딸인 허정숙이 집행위원장이 되면서 근우회도 사회주의 노선을 적극 취하였고 이것을 계기로 기독교 측 인사들은 대부분 근우회를 떠났다.

비록 오랜 기간 활동하지 못했지만 신간회와 근우회는 한국 근대사에 중요한 의미를 지닌다. 무엇보다 신간회와 근우회는 3·1운동 직후 일제의 민족 내분 정책에 의해 민족운동 내부의 갈등과 분열이 심화되고 있던 상황에서 다시 한 번 이념과 종파를 초월하여 사회주의와 기독교, 민족주의운동 세력들이 단일 민족운동 전선을 구축하였다는 점에서 중요한 의미를 지닌다. 3·1운동에서도 나타나듯이 민족 문제를 해결하기 위해서 종파나 이념을 초월하여 연대한다는 민족의식이 신간회와 근우회를 통해 재확인된 것이다.

7. 엡윗청년회의 재건과 활동

1) 남북감리교회 엡윗청년회 재건

감리교회의 청년들은 엡윗청년회의 해산으로 그 이름을 빼앗겼지만 청년들은 이름에 상관없이 집회를 갖고 활동을 계속 펼쳐나갔다. 엡윗청년회가 재조직된 것은 해산당한 지 만 10년이 되는 1917년 6월 이후였다. 1916년 미감리회 한국연회에서 이익모, 이하영, 손정도, 김유순 등이 엡윗청년회 재건을 건의하여 받아들여졌다. 그러나 엡윗청년회 규칙에는 민족운동을 차단시키고 엡윗청년회 새 헌장 사업 부서로 명시된 전도부, 구제부, 문학부, 사교부 등 4개 부서 안에서 기도회, 성경공부, 노방전도, 개인전도, 유년주일학교 지도, 병자와 노인 위문, 빈민구제, 금주와 금연 등에 힘쓸 것과 회원 자신들의 교양과 상호 친목에 주력하라는 의미의 헌장이 포함되어 있었다. 당시 감리교회는 사회·정치적인 활동에 제약이 있었기에 청년들의 내적인 영성 개발과 전도와 계몽운동을 포함한 교회 활동 등을 장려하였다.

3·1만세운동 후 엡윗청년회 활동은 1920년에 이르러서야 활성화되기 시작하였다. 3·1운동을 통해 비조직적이고 일시적인 운동의 한계를 느낀 청년들은 청년단체를 설립하여 지속적이고 적극적인 운동을 전개해야 한다는 인식을 가지게 되었다. 이러한 외적인 상황의 변화에 따라 청년들의 기독교 입교가 이루어지기 시작했고 감리교회에서도 '엡윗청년위원회'를 설치하여 지속적으로 엡윗청년회 설립 및 청년 운동의 활성화를 적극 지원하였다. 1910년대 남감리회 엡윗청년회 활동은 부진하였지만 양주삼 목사가 미국 유학을 마치고 귀국하여 1918년 남감리교회 조선연회 선교100주년기념사업회 총무로 취임한 후 한국인 지도자들의 장려로 1920년대 초반부터 엡윗청년회도 활기를 띠게 되었다. 미감리교회 청년회의 경우 당시 장년회와 유년회로 구분되어 있었는데 1919년 회원 수를 보면 장년회원이 579명, 유년회원이 110명으로 총 689명[15]이었는데 1920년에는 그 수가 증가하여 장년회원이 3,717명, 유년회원이 535명[16]으로 늘어났다. 남감리교회의 경우 1920년대 중반 사회주의 사상이 도입되자 청년들이 서서히 교회를 이탈하였고 일시적으로 침체를 보였다. 그 후 일제의 사회주의 사상에 대한 탄압으로 청년들이 다시 교회로 들어와 1927년 이후 청년회 활동이 활성화되었다.

또한 청년회 활동이 어느 정도 궤도에 올라서자 개 교회 청년회의 한계를 깨닫고 이를 극복하기 위해 연합회의 필요성을 느껴 예수교청년연합회를 창

---

15) 「미감리회조선회의록」(1919), 46.
16) "통계표", 「미감리회조선회의록」(1920).

립하기에 이르렀다. 이에 사전 준비작업을 거쳐 예수교청년연합회 창립총회를 1921년 4월 20일부터 21일까지 서울 중앙교회에서 개최하였다. 41개의 청년회 단체들에서 34명의 대표자가 참석하여 총회를 갖고 사업 계획과 예산 및 헌법을 통과하고 임원을 선출하였다.[17] 이후 예수교청년연합회는 찬성회원을 모집하여 조직의 확장을 꾀하였고 순회강연단을 조직하여 각 지방을 순회하며 청년들의 의식을 깨우치는 활동을 전개하였다.

2) 엡윗청년회의 활동

새로 조직된 남북감리교회 엡윗청년회의 활동은 우선 전도운동으로 시작되었다. 청년들은 성경을 연구하고 기도한 후 지역의 청년들을 찾아가 전도를 하였다. 순수한 신앙운동으로 전도하였지만 3·1운동에서 좌절감을 느낀 한민족에게 새 희망을 불어넣어주고 시들어가는 신앙심을 일깨워주자는 의미도 있었다. 이런 전도운동은 먼저 평양 엡윗청년회 연합회 전도부를 비롯하여 강원도 간성엡윗청년회, 강화 길상청년회, 원산 중리엡윗청년회, 충주읍엡윗청년회, 서울의 궁정동엡윗청년회, 창천엡윗청년회, 철원 장포리엡윗청년회, 철원읍엡윗청년회 등 여러 청년회에서 순회전도 내지는 전도집회를 통해서 청년신자들을 확보하였다.

또한 교육 활동도 청년회의 두드러진 활동이었는데 이들은 부인들과 문맹 아동에 대한 교육과 토론회, 강연회를 통한 의식개발, 금주운동, 절제운동 등을 전개하였다. 특히 인천 내리엡윗청년회의 경우 1920년에서 1926년 사이에 16회의 강연회와 13회의 토론회를 개최하여 청년의 사명, 여성 문제, 위생 문제, 자녀 문제 등을 논의하였고 지역사회의 청년운동과 계몽사업에 앞장서고 야학 설립에도 힘썼다. 나아가 엡윗청년회에서는 체육, 예술 활동에도 관심을 가지고 이를 적극 활용하였다. 강화 엡윗청년회의 경우 자선 악

---

17) "야소교청년회연합", 「기독신보」 (1921년 5월 11일).

극단을 조직하여 일주일 동안 공연하고 그 수익금을 3·1운동으로 구속된 형제들의 가족 구제금과 교육 사업을 위한 지원비로 내놓았다.[18] 또한 운동회 및 체육행사들이 활발히 진행되었다. 체육행사로는 정동엡윗청년회가 1925년 10월 10일에 '전조선기독교여자정구대회'를 개최하기도 하였다.[19] 그 밖에도 엡윗청년회는 농촌운동과 절제운동에 앞장서서 한국을 살리는 금주, 금연운동 등 계몽운동과 교육 활동 및 민족운동에 동참하였다.

8. 남궁억의 민족 교육과 나라 사랑

한서(翰西) 남궁억(南宮檍)은 감리교 민족운동가 가운데 한 인물로서 일제강점기에 우리나라의 국화인 무궁화를 지키고 가꾼 애국지사이다. 그는 1863년 서울 정동에서 태어나서 1884년 어전통역관이 되어 관리생활을 시작하였다. 일찍이 개화에 눈을 뜬 그는 사회 교육운동과 언론계에서 활동을 했다. 그는 1896년 독립협회 운동이 전개되자 독립협회 임원으로서 적극 참여하였다. 독립협회가 해산되자 남궁억은 언론계에 투신하게 되는데 황성신문 사장으로 취임한 남궁억은 1902년 일본이 러시아와 한반도 분할 안을 토의하는 것을 폭로하여 일제의 침략야욕을 세상에 알렸다. 이처럼 그는 '충군애국', '국권회복'을 위한 정치운동에 참여했다. 친구 윤치호의 권고로 종교교회에서 세례를 받은 후 황성기독교 청년회 회원과 이사로 참여했다. 또한 그는 내부 주사와 칠곡 부사, 성주 목사를 역임하였고 1905년 11월 일본이 강제로 을사조약을 체결하고 국권을 박탈하자 통분을 참지 못하고 사임한 뒤 귀경하였다. 1906년 2월 다시 양양군수에 임명되자 애국계몽운동에 참가하여, 1907년 7월 양양에 현산학교(峴山學校)를 설립하고 구국교육을 실시하

18) "강화교회 엡윗청년회의 자선연극회와 그 결과", 「기독신보」(1921년 1월 28일).
19) "축 전선여자 정구대회", 「기독신보」(1925년 9월 30일).

였다. 1907년 일본이 헤이그 특사 사건을 구실삼아 고종을 강제 양위시키고 정미7조약을 체결하자 관직을 사임하고 상경하였다. 1907년 11월 대한협회(大韓協會)를 창립하고 회장으로 취임하고 애국계몽운동을 전개하면서 기관지로「대한협회월보」와「대한민보」를 발행하였다. 1908년 4월 강원도 지방의 애국계몽운동단체로 관동학회(關東學會)를 창립해 회장으로 활동하며, 교육구국운동 잡지로서「교육월보」를 발행하였다. 남궁억은 1910년 8월 일본이 우리나라를 병탄하자 정치보다 교육에 더 많은 관심을 갖고 교육현장에 뛰어들어야 한다고 생각하여 그해 10월 배화학당(培花學堂) 교사가 되었다. 1912년에는 민족계 학교인 상동청년학원(尙洞靑年學院) 원장을 겸하면서 독립사상 고취, 애국가사 보급, 한글서체 창안 및 보급에 힘썼다.

남궁억은 1918년 고향인 강원도 홍천군 서면 모곡리, 속칭 '보리울'로 낙향하여 교회와 학교를 세우고 새로운 차원의 민족운동을 전개하였다. 그는 먼저 모곡리 고향 마을에 교회를 짓고 농민운동의 터전으로 삼는 한편 자신이 직접 전도사가 되어 예배를 드리며 신앙운동을 펼쳐나가는 동시에 주일학교를 개선하였다. 그리고 고향에 4년제 학교를 세운 후 인재들을 양성하고 농민 교육운동을 시작했다. 또한 기숙사를 지어 학생들의 잠자리를 마련하였다. 남궁억은 학교 뒤뜰에 무궁화 밭을 일구어 7만 주나 되는 많은 무궁화 묘목을 길러서 몰래 나누어주기 시작하였다. 그는 무궁화 노래를 지어 널리 퍼트리는 등 애국적 찬송가를 만들어 전국의 교회와 기독교계 학교들에 보급하면서 민족정신을 일깨웠다. 남궁억은 무궁화만이 아니라 국어와 국사교육을 통해서도 민족정신을 고취하였다. 그는 모곡학교 뒷산 유리봉에 올라 기도하던 중 받은 영감으로〈삼천리 반도 금수강산〉찬송가를 지었고, 그가 직접 쓴 역사책으로「동사략」이 있고「조선 이야기」라는 동화도 국사책이었다. 국사교육이 더욱 어려워지자「조선어 보충」이라는 한글 책에 국사 이야기를 담아 가르치기도 하였다.

1933년 동부연회 기간 중 춘천여자관 지하실에서 홍천, 춘천, 인제 등지

감리교 전도사와 평신도들이 '십자가당'을 조직하였다. 이 단체는 은밀한 활동을 벌이면서 남궁억의 '무궁화운동'을 각 지역으로 확산시켰다. 그러나 십자가당은 제대로 활동을 해보지도 못하고 무산되었는데 홍천, 춘천 지역의 불온운동에 냄새를 맡은 일본 경찰이 1933년 11월 초 모곡학교를 급습하여 교사들을 연행했다. 이어 속속 관계자들이 체포되어 옥고를 치렀다. 남궁억 또한 체포되어 8개월간 투옥되었다. 남궁억은 노령이 참작되어 석방되었으나 일본 경찰로부터 받은 잔혹한 고문의 여독으로 결국 병을 얻어 1939년 4월 5일 사망하였다. 그는 임종 시 "내가 죽거든 묘를 만들지 말고 과목 밑에 묻어 거름이 되게 하라."는 유언을 남기고 숨을 거두었다.

그가 모곡학교 뒷산 유리봉에 올라 새벽 기도를 드리던 중 시상이 떠올라 지은 찬송, 〈삼천리 반도 금수강산〉은 지금도 한국 교인들이 애창하는 찬송가로 널리 불리고 있다. 일생을 민족운동가로 살아온 한서 남궁억은 기독교에 입교한 이후 이를 신앙으로 승화시켰으며 이로 인해 그의 민족운동은 더욱 빛났다. 그는 하나님 신앙과 나라 사랑은 일치되는 것이며 동포와 나라 사랑은 곧 신앙운동이라 믿었다.[20] 한서 남궁억은 교육자이며, 민족운동가요, 계몽운동가로서 평생 헌신하였으며 그의 무궁화정신, 즉 나라 사랑은 신앙인의 삶에 본을 보여주고 있다.

---

20) "西湖問答", 「大韓每日申報」(1908년 3월 12일).

제8장

기독교조선감리교회의 형성

1. 남북감리교회 합동의 준비와 합동 배경

미국 감리교회는 미국에서 일어난 흑인 노예 문제와 남북전쟁의 여파로 남과 북으로 나누어졌다. 미국 감리교회는 남북전쟁 후에도 통합되지 못하고 남북으로 나뉜 상태에서 국내외 선교를 추진하였다. 이러한 배경에서 두 감리교회는 각자 별도로 한국 선교를 시작하였다. 미감리회는 1885년에 아펜젤러와 스크랜턴 가족, 남감리회는 1896년 리드 가족을 각각 한국의 개척선교사로 파송하였다. 비록 미국 감리교회가 나뉘어 들어왔으나 먼저 들어온 미감리교회가 10년이나 늦게 선교를 시작한 남감리교회를 위해 선교 부지를 알선해 주고 한국인 전도인들을 리드 목사에게 보내어 돕는 등 협조를 아끼지 않았다. 이후에도 남북감리교회 선교사들은 교육과 의료, 복음 전도 및 문서선교, 교역자 양성 등을 위해 서로 연대하였다. 이런 상황에서 남북감리교회가 협동하려는 움직임이 일어났다. 실질적으로 남북감리회의 합동 노력은 1905년부터 "한국복음주의선교연합공의회"를 통해 선교사와 토착교회 지도자 사이에 '하나 된 교회'를 조직하려는 운동으로부터 적극적으로 전개되었다. 이는 교파를 초월한 단일 개신교회 설립 운동으로 감리교와 장로교 선교사 사이에 본격적으로 추진되었다. 이때에 이러한 운동의 일환으로 찬송가와 주일학교 공과를 공동으로 발행하여 사용하였다.[1] 본국 교회의 정치적 입장 차이로 단일교회의 설립은 이루지 못했지만 당시 장로교회와 감리교회의 통합이 불가능하면 남북감리교회 통합이라도 추진하자는 움직임이 감리교계 안에서 일어났다.[2] 하지만 미국 감리교회의 정치적인 입장 때문에 이러한 움직임은 곧 사그라졌다. 그러나 그때까지 '미이미(美以美)교회'라는 명칭을 남감리교회와 같이 감리교회로 고쳐 미감리회로 하였다. 또한 그동안 남북감리교회가 공동 운영해오던 신학반을 제도화하여 1907년 미감리교회 조선연회와 남감리교회 조선선교연회가 교역자 양성을 위한 신학교인 '협성성경학원'을 창설하였다. 1910년 이 학교는 학교체제를 개량하고 확장하여 '감리교협성신학교'로 함께 운영하였다.[3] 뿐만 아니라 두 교회는 성서공회, 예수교서회, 세브란스병원, 연희전문학교, 배재학당 등 문서선교, 의료 및 교육 사업에 있어서 장로교 선교부와도 함께 참여하여 활동한 적이 있어서 연합 사업에 동참하는 것은 익숙한 것이었다. 이처럼 조선의 남북감리교회 사이에는 서로 긴밀한 협력관계가 형성되어 있었다.

그러다가 1916년 9월 종교교회에서 열린 남감리회 제20차 조선선교연회에서, 미국 남북감리교 총회에서 두 교회 통합 논의가 진행된다는 소식을 알리면서 감리교 합동에 대한 논의가 시작되었다.[4] 이러한 상황 속에서 남북감리회 선교사들은 본국 교회의 해외선교 100주년을 기념하는 전도운동과 기념사업을 남북 공동으로 전개하기로 하고 1918년 두 연회가 연합 전도운동을 전개하기로 하였다. 하지만 1919년 3·1운동으로 인해 이 연합 전도운동은 무산되었다. 당시 한국 교인들은 1919년 일제의 침략과 지배로부터 벗어나려는 민족의 자주 독립운동을 경험하였고, 한편으로는 선교사와 미국

---

1) 5th Annual Meeting of The General Council of protestant Evangelical Mission in Korea (Oct. 8~9, 1909), 25~26.
2) "하나이 될 것", 「그리스도신문」 (1906년 8월 16일).
3) 「신학세계」 제1호 (감리교신학교, 1916), 168.
4) "남감리회연회", 「기독신보」 (1916년 9월 27일).

교회와 종속관계를 극복하는 차원에서 미국교회의 지원과 관리에서 벗어난 '독립교회'를 설립하려는 운동이 일어났다. 1923년에는 한국의 남북감리교회 합동운동이 본격적으로 진행되었는데 미감리회와 남감리회 연회는 각각 '진흥위원회'를 연회 안에 두었다.[5] 남북감리교회의 통합 논의를 위해 1924년 3월 5~6일, 남감리회의 '진흥방침위원회'와 미감리회의 '진흥위원회' 위원들이 함께 모여 3·1운동 이후 침체한 한국교회를 부흥시킬 수 있는 여러 가지 방안을 논의하는 중에 우선 두 교회가 연합하여 할 수 있는 전도 사업, 교육 사업, 출판 사업 등을 공동으로 추진하기로 하였다. 이들은 1) 예문 통일, 2) 연회원 입회 규칙 통일, 3) 교회 임원 명칭 통일, 4) 선교기념예배당 건축 등의 사업을 결정했다. 이중 선교기념예배당 건축 사업은 아시아 선교를 개척한 미감리회의 가우처 박사와 남감리회의 램버트 감독을 기념하기 위해 한국의 남북감리교회가 합동으로 예배당을 건축하는 사업이었다. 두 감리회는 연합으로 '기념예배당건축위원회'를 조직하고 전국 교회에 모금운동을 전개하였다.[6]

그동안 교육과 의료, 출판과 언론 사업, 특히 협성신학교를 통한 교역자 양성 사업에서 두 교회가 연합한 경험이 축적되어 있어 두 교회 연합 사업 전망은 밝았다. 미국의 남감리회 총회와 미감리회 총회에 한국감리회의 합동안이 상정되었는데 1924년 미감리회 총회에서는 이 합동안이 통과되었으나 1925년 남감리회 총회에서는 4분의 3 찬성을 얻지 못해 부결되었다. 그러나 한국교회 지도자들은 실망하지 않고 계속 미국교회에 합동을 청원하는 한편, 한국에서 두 교회가 연합하여 다양한 선교 사업을 전개하였다. 1925년 봄 사경회를 남북감리교 연합으로 실시하여 좋은 성과를 거뒀다.[7] 조선 남북감리교회의 통합을 목표로 하고 연합이 아닌 합동운동을 본격적으로 전개

---

5) 「조선남감리교회매년회의록」(1923), 3.
6) 양주삼, "조선 남북감리교회 통합운동의 내력", 「조선남감리교회30년기념보」(남감리교회 전도국, 1930), 140~141.
7) 「조선남감리교회매년회의록」(1925), 62.

하기 시작했다. 그리하여 1926년 두 교회 대표들로 '조선남북감리교회통합 방침연구연합위원회'가 조직되었다. 위원회는 여러 차례 회의를 거쳐 다음 과 같은 "합동 5원칙"을 정하였다.

1. 조선에 있는 남북 두 감리회를 합동하여 단일 감리교회로 만든다.
2. 합동 후에는 '미감리' 또는 '남감리'라는 명칭은 사용하지 않고 새 이름을 지어 부른다.
3. 교회에서 사용하는 예문과 장정을 통일시킨다.
4. 교역자들은 조선감리회 감독이 남북감리회를 가리지 않고 어디든지 파송 한다.
5. 국내에 있는 남북감리회의 모든 사업은 새로 조직되는 조선감리회에 흡 수되며 조선감리회 감독의 지시를 받는다.[8]

이 같은 원칙은 1927년 남북감리교회 조선연회에서 그대로 채택되었고, 두 교회가 합동으로 미국 감리교 총회에 〈합동 승인 청원서〉를 제출하였다. 이 청원서에는 하나님의 은혜로 조선의 감리교회가 성장하여 6만여 명이 넘 는 신자를 확보하였고, 이제는 조선에 있는 남북감리교회를 통합하여 하나 의 조선감리교회로 조직해야 함이 역사적 사명임을 역설하며 전권위원들을 택하여 통합의 기초법을 제정하고 조선에서 총회를 소집할 수 있도록 하는 등의 내용이 포함되었다.[9] 한국으로부터 합동 승인 요청이 들어오자 이전과 는 다른 분위기 속에서 미국의 두 감리교회는 긍정적인 반응을 보였다. 그리 하여 1928년 5월에는 미감리회 총회가, 그리고 1930년 5월에는 남감리회 총 회가 조선 감리교회의 합동을 승인하게 되었다. 이 과정에서 주목할 만한 점 은 미국의 남북감리교회는 정작 자신들의 합동이 이루어지지 못했음에도 피

8) 양주삼, "조선남북감리교회통합에 대하여", 「조선남감리교회30년기념보」, 147.
9) 「조선감리회연회록」(1927), 74~75.

선교지 한국에서의 합동을 승인하였다는 점이다.

2. 조선감리교회의 탄생

이 같은 과정을 거쳐 1930년 11월 18일 미국의 남북감리회 총회 대표와 두 교회의 한국 연회 대표, 두 교회의 한국 주재 감독 등으로 합동전권위원회가 구성되었다. 한국인 16명, 미국인 15명으로 구성된 합동전권위원회 위원장은 웰치(H. Welch) 감독이 맡았다.[10] 이 전권위원회에서는 미감리교의 조선연회와 남감리교의 조선연회가 합동하여 하나의 감리교회를 창립하고 성명서를 1회 총회에 제출하면 즉시 두 연회가 폐지되고 전권위원들이 헌장과 입법안을 협정 제출하기로 하는 등 "조선감리교회 합동과 조직에 대한 성명서"를 작성하고 이를 발표하였다.[11]

12월 2일 마침내 역사적인 '기독교조선감리회' 창립총회를 서울 냉천동 협성신학교 강당에서 개최하였다. 임시회장 웰치 감독의 사회로 찬송가 32장 〈주 예수 이름 높이어〉를 합창하고 사도신경을 낭독한 후 신석구 목사가 기도하였다. 이어 웰치 감독이 에베소서 2장 14절의 본문으로 말씀을 전하였고 베이커 감독이 사회봉을 회장에게 선사하여 이 총회를 집행하는 데 증정하였고 기독교조선감리교회의 성명서를 합동위원회 회장 웰치 감독은 영문으

기독교조선감리회 제1회 연회 완속회원 일동(1931. 6. 10)

10) 「기독교조선감리회 제1회 총회 회의록」(1930), 2~4.
11) 「기독교조선감리회 제1회 총회 회의록」(1930), 11.

로, 부회장 윤치호 씨는 국문으로 낭독하였으며 조선감리교회의 시작을 알리고 기존의 두 조선연회의 폐지를 선언하였다.[12] 이처럼 신속하고 원만하게 합동 작업이 추진될 수 있었던 이유는 3년여에 이르는 합동연구위원회의 철저한 연구 작업이 있었고 합동전권위원회에 참석했던 두 교회 대표들의 양보와 협력이 있었기 때문이었다. 그리고 무엇보다 한국 감리교인들의 합동에 대한 열망이 더해졌기 때문이다.

한편 1930년 남북감리교 합동과 조선감리회 총회의 탄생은 연회 조직의 변화를 가져왔다. 조선감리회는 중부, 동부, 서부, 만주 등 네 연회로 조직되었다. 서울과 개성, 인천과 수원을 중심으로 한 경기도 지역과 천안 및 공주를 중심으로 한 충청남도 지역을 묶어 중부연회를 조직하였고, 춘천과 강릉, 철원을 중심한 함경남도 일부 지역을 묶어 동부연회를 조직하였다. 북한 지역 교회는 평양과 진남포, 사리원을 중심한 평안남도 일부 지역과 해주를 중심한 황해도 일부 지역, 영변을 중심한 평안북도 일부 지역을 묶어 서부연회를 조직하였고, 용정과 길림, 하얼빈, 훈춘 등 동만주와 북만주 일대를 하나로 묶어 만주선교연회를 조직하였다.

이로써 한국 선교 초기 남북으로 '나뉘어 들어온' 한국 감리교회가 이제 하나로 통합하게 되었다. 1930년의 기독교조선감리회 창립은 다음 몇 가지 점에서 중요한 의미를 지닌다.

첫 번째, 한국 감리교회 창립에 있어서 한국 감리교인의 주체적인 의식이 나타났다는 점이다. 교회 합동은 먼저 한국교회의 주도적인 의지와 노력으로 이루어졌다. 이것은 한국 감리교회가 주체적이고 자립적인 특징을 가지고 있음을 보여주는 것이다. 합동 논의가 한국에서 먼저 시작되었고 미국교회는 한국교회 요청에 승인하는 형태로 진행되었다. 한국교회의 합동은 미국교회 합동운동에도 촉매가 되어 나뉘었던 미국 감리교회도 결국 1939년에 합동을 이루게 된다. 결국 한국에 남북으로 각각 나뉘어 들어왔던 감리교 신

---

12) 「기독교조선감리회 제1회 총회 회의록」(1930), 23.

앙 전통을 하나로 묶어 미국교회보다 먼저 하나의 감리교회 전통을 수립했다는 점은 매우 의미 있는 일이다.

두 번째, 한국 감리교회의 최고 지도자가 지휘하는 행정기구가 탄생되었다는 점이다. 한국 감리교회를 이끄는 최고 기관으로 총리원이 세워지고 한국인 총리사(이후 감독)를 갖게 되었다. 총리사는 총리원 이사회의 자문을 받아 그 정치적 기능을 수행하게 되었다. 한국인 감리교 최고 지도자를 세워 한국인이 한국 감리교를 이끌어 나갈 수 있는 제도를 만들었다. 아직 경제적인 면이나 신학적인 면에서 선교사로부터 완전히 독립할 수는 없었지만 조직과 정치면에서 한국교회가 주도적 역할을 수행할 수 있게 되었다는 점은 상당한 의미를 갖는다고 볼 수 있다.[13] 한국 감리교회가 '감독'이란 칭호 대신 '총리사'란 칭호를 채택한 배경에 미국의 '모교회'의 최고 수장의 명칭을 함께 쓸 수 없다는 동양의 '겸양' 문화가 작용하였지만 한국 감리교회는 미국교회의 간섭이나 지휘를 받지 않고 독자적인 정치와 행정기능을 수행할 수 있는 자치하는 교회가 되었다. 이때부터 비로소 한국 감리교회는 미국 감리교회와 대등한 위치에서 선교 협력을 할 수 있게 된 것이다.

세 번째, 교회 여성운동에 전환점을 이루었다. 합동 총회는 여성 성직의 문호를 개방하여 여성목사 안수를 줄 수 있도록 하였다. 비록 한국의 여성교역자가 아닌 선교사들이었지만 1931년 6월 14일 연회에서 여성목사 14명이 배출되었다. 이때 안수 받은 성직자들은 모두 여성으로서 내한해 오랫동안 수고한 여선교사들이었다. 이들은 1931년 한국에 창설된 연회에서 안수 받음으로써 한국 감리교회의 연회에 소속되어 남성 목사들과 동등한 자격으로 활동할 수 있었다.[14] 1932년 연회에서는 10명의 여성목사가 배출되었다. 비록 안수 받은 여성들이 미국인 선교사들이었다는 점에서 아쉽지만 한국인 감독의 손으로 한국에서 처음 여성목사가 배출되었다는 점에서 의미 있다.

---

13) "신설되는 조선감리교회에 대하야", 「기독신보」 (1930년 10월 8일).
14) 「기독교조선감리회 동부·중부·서부연합연회회록」 (1931), 33.

이 같은 여성목사는 당시 미국교회도 채택하지 않던 혁신적인 제도였고 감리교 여성운동의 선구적인 위상을 보여주었다. 하지만 아직은 한국인 여성에게 목사 안수를 허용할 만큼 한국교회의 내적 분위기가 성숙하지 못했기에 한국인 여성에 대한 안수는 해방 후로 미루어질 수밖에 없었다.

네 번째, 평신도 운동에 중요한 전기를 마련했다. 합동 총회는 모든 의회 대표를 구성함에 있어서 평신도와 성직자 동수로 구성하도록 규정하였는데, 평신도의 참여와 역할을 극대화시키기 위한 조치였다. 이 같은 의회 구성은 당시 미국교회에서도 실시하지 못했던 혁신적인 내용이었으며 한국교회는 그만큼 평신도들의 역할을 중요시하였다. 평신도의 참여와 역할에 대한 전통은 오늘까지 지켜져 내려오고 있다.

다섯 번째, 한국 감리교회는 개인의 영혼 구령과 함께 사회 구원에 대한 책임을 강조하는 교회로서 자리매김하였다. 한국 감리교회는 영혼 구원에 대한 구령의 열정과 교역자들을 어느 곳이든지 필요한 대로 파송하여 복음을 전파하는 선교 조직을 가지고 있음을 표명하였다. 또한 감리교의 신앙 전통에 충실하면서도 교파주의의 장벽을 넘어 교리와 신조가 다른 교파, 교단과 열린 자세로 선교 협력을 꾀하는 에큐메니칼 노선을 확립하였다는 점과 한국의 전통문화와 사회현실에 적응하는 토착화 노선을 추구하면서도 미국 및 세계교회와 연결과 협력을 모색하여 '세계 속의 한국' 교회를 지향하였다는 점에서 중요한 의미를 발견할 수 있다. 민족에게 유익을 주기에 적합한 조직으로서 조선적 교회를 추구한 '토착적 선교'를 하면서 타 교회와 협력할 수 있는 세계적인 감리교회를 지향한다는 점에서 매우 의미 있다.

3. 한국 감리교회의 정체성과 3대 조직원리

1930년 12월 2일 기독교조선감리회 창립총회가 서울에서 열렸다. 회원들은 11일 동안 회무를 처리하고 조직을 정비하였다. 초대 총리사로 양주삼 목사가 선출되었고, 한국 감리교회의 자치교회 시대가 열렸다. 한국 감리교회는 그 설립 취지로 "진정한 기독교회", "진정한 감리교회", "조선적 교회"라는 3대 원칙을 선포하고, 신앙 및 신학 원리로 8개조를 담은 "교리적 선언"과 16개조를 담은 "사회신경"을 채택하였다. 그리고 모든 의회 구성을 평신도와 성직자 동수로 하여 평신도의 역할을 증대시켰으며, 여성 성직의 문호를 개방하였다. 그 결과 1931년 연합연회에서 한국 최초로 여선교사 14명이 목사 안수를 받을 수 있었다. 그러나 한국인들은 미국 선교사들의 지위를 고려하여 감독 대신 감독과 감리사의 중간 형태인 총리사로 하여금 조선감리교회를 치리하게 했다. 또한 별도로 조직된 중앙협의회는 선교사들과 한국인으로 구성하여 상호 협력을 유지하도록 했다.

두 개로 갈라진 감리교회가 한국에 각각 정착되었지만, 1930년 이들이 연합하여 자치 교회를 수립했다는 것은 한국교회의 연합운동에 중요한 의미를 갖는다. 그러나 한국 감리교회는 경제적으로 선교사들로부터 독립할 수 없었기 때문에 독립이 아닌 자치 교회 형태를 띠었다. 경제적 독립 문제와 미국교회 및 선교사와의 관계 설정 문제는 예민했다. 지금까지 한국 감리교회는 선교사와 미국교회로부터 전폭적인 재정적 지원을 받아 선교 사역을 감당해 왔다. 아직 재정적 능력이 확보되지 못한 상황이기에 미국교회의 지속적인 경제 지원과 정치적 자립 기능을 어떻게 조화시켜야 할지가 중요한 과제로 남았다. 한국교회 지도자들도 경제적 자립이 담보되지 않는 한 정치적 독립은 의미가 없음을 잘 알고 있었다. 그러기에 미국교회의 재정 지원과 한국교회의 정치적 독립을 어떻게 연결하느냐가 관건이었다. 국제적인 불황과 선교비 삭감으로 목회자 생활비나 교회 운영비를 감당하기 어려운 상황에 놓인 한국 감리교회가 병원이나 학교, 연합선교기관과 같은 규모가 큰 기관을 독자적으로 운영하는 것은 대단히 큰 문제였다. 기존의 선교 사역을 유지하기 위해서 미국교회의 재정 지원은 불가피했기에 미국교회와의 지속적인 관계가 필요하였던 것이다.

한편 1930년 12월 2일, 남북감리회 합동으로 기독교조선감리회 총회가 성립되던 날, 합동전권위원장으로 두 교회 합동 작업 책임자였던 웰치 감독은 총회 석상에서 합동전권위원회 대표자들이 합의한 새로 건설될 한국 감리교회의 성격을 진정한 기독교회가 되게 하는 것, 진정한 감리교회가 되게 하는 것, 진정한 한국적 교회가 되게 하는 것이라고 했다.

첫 번째로 새롭게 탄생되는 한국 감리교회는 진정한 기독교회가 되어야 한다는 것이다. 다시 말하면 그리스도의 뜻대로 행하여 그의 친구가 되어 그리스도를 배우고 그를 따르려는 모든 이들에게 문을 열고 환영하여 열린 교회를 지향한다는 것이다. 또한 진정한 교회는 전도와 교육, 사회사업을 수행함으로 개인은 "진리와 사랑의 권능으로 구원하고" 사회는 "옛 그리스도의 정신으로 봉사하며 그의 정신으로 변화시켜야" 하는 사명을 완성한다는 것이다. 결국 전도와 교육, 사회봉사를 균형 있게 전개함으로 개인 구원과 사회 구원의 조화를 이루고 연결되어야 함을 믿는다는 것이다.

두 번째로 한국 감리교회는 진정한 감리교회가 되어야 한다는 뜻은 감리교 창시자 웨슬리의 정신에 충실한 교회임을 말한다. 진정한 감리교회는 독선적이고 이기적인 교파주의를 배격하며, 복음이 우주적이고 보편적인 진리인 것을 믿으며 그 안에서 다른 교파, 종파와 대화할 수 있는 에큐메니칼 교회를 지향한다. 그러므로 감리교회는 성령에 의한 뜨거운 체험이 있어야 하며 세계를 교구로 삼는 오이쿠메네의 꿈이 있어야 하며, 사랑이 지배하는 사회적 성화의 열매를 맺게 해야 한다는 것이다. 또한 사도행전 시대부터 교회는 변화와 성장을 계속해 왔다고 지적하면서 교회는 생래적으로 진보적일 수밖에 없다고 지적한다. 그런 의미에서 "진정한 감리교회는 진보적이므로 생명 있는 이의 특색을 가졌으니 곧 그 시대와 지방을 따라 자라기도 하며 변하기도 할 것"[15]이라고 그 특징을 설명하였다.

---

15) 「교리와 장정」, 제1장 전권위원회 제1절.

세 번째로 한국 감리교회는 한국적 교회가 되어야 한다는 것이다. "조선적 교회"라는 말로 표기된 한국적 교회는 한국의 민족적 상황과 현실에 능동적으로 참여함을 의미한다. 웰치 감독은 "조선적이라 하는 말은 이 교회를 조선인으로만 조직하자"는 의미도 아니고, "조선적이라는 말은 협소하게 교회 생활 중에 무엇이던지 조선에서 된 것이 아니면 내어버린다."는 의미도 아니며, "수천 년 동안 기독교 역사에 유전하여 온 바를 경시하거나 부인한다는 말"도 아니라고 하였다. 이 조선적 교회라 함은 "우리는 고금을 통하여 전래한 바를 감사한 마음으로 받아서 예배나 치리에나 규칙에 잘 이용하되 조선의 문화와 풍속과 관습에 조화되게" 하는 것이라고 했다. 이는 한국의 기독교가 지나친 배타적 성향을 가지거나 혹은 서구 기독교의 답습만 하는 것을 경계하면서 한국 고유의 토착 전통을 중요시한 한국적 교회가 되어야 한다는 것이다. 한국인들은 기독교인이며 동시에 한국인이기 때문이다.

웰치 감독에 의해 제시된 한국 감리교회의 3대 원리는 한국 감리교회의 성격과 방향을 규정한 것이라고 할 수 있다. 이를 다시 한 번 정리하면, 한국 감리교회는 "진정한 기독교회"로서 폐쇄적 교회 전통을 극복하여 열린 교회를 추구하고, 교회 안에 남아 있는 성별·직업·경제적 불평등이라는 차별구조를 극복하여 평등 교회를 추구하며, 복음 전도와 교육과 사회봉사를 통해 개인 구원과 사회 구원을 동시에 추구한다는 것이다. 그리고 "진정한 감리교회"로서 독선적 교파주의를 극복하여 교회 일치운동을 추구하고, 비생산적 제도와 관습을 무비판적으로 고수하려는 보수주의를 극복하여 사회 변화에 능동적으로 대처하는 진보적 변화와 성장을 추구하는 살아있는 교회를 지향한다. 마지막으로 "한국적 교회"로서 현실 도피적 이기주의 신앙을 극복하여 민족주의 신앙을 추구하고, 무비판적 서구 기독교 모방과 답습을 극복하여 민족 전통과 기독교 전통의 창조적 융합으로 이루어지는 토착 교회를 추구한다. 이 같은 과정을 통해 한국 감리교회는 세계 기독교 전통 및 한국 토착 종교 전통과 연결되면서도 우리 고유의 것을 갖는 교회가 되는 것이다.

결국 한국 감리교회의 3대 원리는 보편성과 지역성을 동시에 추구하고 있으므로, 기독교대한감리회는 창립부터 그리스도교적이고 감리교적이면서도, 한국적이기를 추구하는 교회다.

4. 한국 감리교회 교리적 선언과 사회신경

18세기에 시작한 감리교회는 주요 교리와 교회 역사적 신조를 표명하였는데 이는 웨슬리의 종교 강령과 설교집, 신약 주석 등에 나타나 있다. 이제 시작된 한국 감리교회도 감리교회 정체성에 입각해서 독자적으로 주체적인 신앙고백을 하게 되었고 이것이 기독교조선감리회의 교리적 선언으로 나타나게 되었다. 총회 조직과 함께 채택한 "교리적 선언"은 합동전권위원장 웰치가 초안한 것을 한글로 번역하고, 그것을 베이커·양주삼·홍병선·김종우 목사 등의 검토를 거친 후 총회에 제출하였다. 총회는 논의 끝에 다음과 같은 교리적 선언을 채택하였다.

1. 우리는 만물의 창조자시오 섭리자시며 온 인류의 아버지시오 모든 미와 선과 애와 진리의 근원되시는 오직 하나이신 하나님을 믿으며
2. 우리는 하나님이 육신으로 나타나사 우리의 스승이 되시고 모범이 되시며 대속자가 되시고 구세주가 되시는 예수 그리스도를 믿으며
3. 우리는 하나님이 우리와 같이 계시사 우리의 지도와 위안과 힘이 되시는 성신을 믿으며
4. 우리는 사랑과 기도의 생활을 믿으며 죄를 용서하심과 모든 요구에 넉넉하신 은혜를 믿으며
5. 우리는 구약과 신약에 있는 하나님의 말씀이 신앙과 실행에 충분한 표준이 됨을 믿으며

6. 우리는 살아계신 주 안에서 하나이 된 모든 사람들이 예배와 봉사를 목적
   하여 단결한 교회를 믿으며

7. 우리는 하나님의 뜻이 실현된 인류사회가 천국임을 믿으며 하나님 아버
   지 앞에 모든 사람이 형제 됨을 믿으며

8. 우리는 의의 최후 승리와 영생을 믿노라. 아멘.

모든 사람에게 생명과 자유와 환희와 능력이 되는 이 복음을 선전함이 우리
의 신성한 천직인 줄 알고 헌신함.16)

교리적 선언은 남북감리교회 합동으로 새롭게 형성된 기독교조선감리회
의 신앙 및 신학적 입장을 밝히려는 목적에서 제정된 것이었다. 그것은 조화
와 일치, 주체성 확립이라는 개념으로 정리될 수 있다. 교리적 선언에 나타
난 한국 감리교회의 신학 노선을 살펴보면 첫째, 감리교회는 제도적으로 기
독교나 경직된 교리를 강조하는 것이 아니라 영적이며 도덕적인 생활에 기
초한 인격적인 종교임을 강조한다. 결국 감리교회는 누구든지 그의 삶이 진
정한 경건과 부합된다면 개인의 신앙 자유를 인정하는 것이다. 감리교회의
교리는 성령 안에서 자유와 희락의 삶을 강조한다.

둘째, 교리적 선언에 나타난 감리교의 신학 노선은 진보적이다. 이는 초
안 작성자인 웰치는 물론이고 양주삼 등 번역과 교열에 참여했던 한국인 신
학자들의 신학 경향이 사회복음주의로 대표되는 진보적 신학에 익숙한 인물
들이었기 때문이라 볼 수 있다. 당시 감리교회 안에도 근본주의 신학 원리에
충실한 보수적 목회자들이 없지 않았으나 전반적으로 감리교회는 진보적 신
학이 우세하였다. 웰치 감독은 그의 전권위원회 보고에서 "진정한 감리교회
는 진보적이므로 생명이 있는 이의 특색을 가졌으니 곧 그 시대와 지방을 따

16) "교리적 선언", 「기독교조선감리회 제1회 총회 회의록」 (1930), 62~63.

라 자라기도 하며 변하기도 할 것"[17]이라 했다. 양주삼 총리사는 '진보적'이라는 말을 '실제적'이란 뜻으로 사용하였다. 즉 전통적인 교리의 번거로움에서 벗어나 하나님의 은혜로 구원받고 영생을 얻는 복음에 대한 실제적인 신앙고백이란 의미로 사용하였다. 결국 우리의 교리적 선언은 교리에 얽매여 만들어진 것이 아니라 한국의 역사적 상황과 문화적 풍토 속에서 형성된 것이라는 것이다. 그러므로 교리적 선언은 감리교회의 회원이 되고자 하는 사람들에게 어떤 교리적 경험을 강요하는 것이 아니라 예수 그리스도께 충성할 것과 그를 따르도록 하게 하자는 것이다. 이는 개인의 충분한 신앙의 자유를 인정하고자 하면서도 참되고 경건한 신자가 되기를 강조한 것이다. 하지만 교리적 선언을 통해 한국 감리교회의 신앙과 신학 원리를 반영하여 조선적 기독교를 충분히 표현하는 데 한계가 있었음을 볼 수 있다.

셋째, 교리적 선언에 나타난 한국 감리교회는 자유주의적 경향을 가진다. 한국 감리교회는 1930년대 한국교회 상황에서 볼 때 자유주의로 인식될 정도의 진보적 입장을 취하고 있음을 부인할 수 없다. 그리스도의 마리아 성신 잉태, 유혈 속죄, 육적 부활과 재림 심판 등 근본주의 교리가 일체 빠진 것은 물론이고 2조 그리스도론에서 "스승"과 "모범"이라는 단어를 사용한 것이나 7조 천국론에서 "하나님의 뜻이 실현된 인류사회가 천국"이라는 표현을 사용한 것은 1920년대 미국의 자유주의신학 계열, 특히 라우셴부시(Walter Rauschenbusch)의 사회복음주의(Social Gospel) 신학을 반영한 대표적인 예였다. 그리고 5조 성경론의 "구약과 신약에 있는 하나님의 말씀"이란 표현도 읽기에 따라서 "성경에는 하나님의 말씀이 아닌 것도 포함되어 있다" 혹은 "성경 밖에서도 하나님의 말씀을 들을 수 있다"는 식으로 해석할 수도 있어 성경 유오설(聖經有誤說, 성경은 인간의 기록이기 때문에 오류가 있을 수 있다는 입장)과 자연 계시론(自然啓示論, 그리스도와 성경 이외에 자연과 일반 역사에서도 하나님의 계시를 발견할 수 있다는 입장)을 수용하는 진보적 신학 노선을 취하

---

17) "교리적 선언", 「기독교조선감리회 제1회 총회 회의록」(1930), 29.

고 있음을 분명히 하였다. 여기에서 자유주의 신학이란 통일된 신학체계나 특정 신학의 파를 말하는 것이 아니라 환경과 시대에 따라 성서의 진리를 재해석한다는 자유주의 신학이 개신교 신학의 기본원리로 정착되었던 것이다. 당시 한국 감리교회를 이끌고 있던 주류 신학이 동시대 장로교회가 취하고 있던 근본주의적 보수주의 노선과는 상당한 거리가 있는 진보적이고 자유주의적인 노선을 취하고 있었음을 확인할 수 있다. 이처럼 한국 감리교회가 독자적으로 교리적 선언을 제정하여 신앙고백으로 삼게 된 것도 한국교회의 위상을 보여주는 것이었다.

한국 감리교회는 다른 교파 교회에 비해 사회사업, 현실 참여에 강한 전통을 가지고 있기에 사회 구원을 내용으로 하는 사회선교 신학 수립에도 선구적이었다. 한국 기독교 역사에서 감리교회가 가장 먼저 사회신경을 채택한 배경이 여기에 있다. 우리말로 된 최초 "사회신경"은 1919년 남감리회 조선매년회에서 발행한 「남감리회 도리와 장정」을 통해 소개되었다. 남감리회에서 1914년 이 "사회신경"을 채택하고 교리와 장정에 삽입하였던 것을 양주삼 목사가 한글로 번역하면서 한국교회에 처음으로 "사회신경"이란 이름으로 소개되었다. 이 사회신경은 20세기 초 미국 신학의 큰 흐름이었던 사회복음주의를 바탕에 깔고 있었기 때문에 전체 분위기가 진보적이었다. 그 내용도 노동조합 결성, 노사 간의 쟁의 조정, 노동시간 단축, 최저 노동 임금 보장, 부녀자와 아동 노동 보호 등 노동자의 권익을 최우선으로 하는 미국 산업사회의 실정을 반영하고 있었다. 특히 이 신경은 감리교회의 사회적 관심과 선교 의식을 간접적으로나마 보여준다는 점에서 그 의미가 적지 않다. 또한 남감리회의 사회신경은 1930년에 제정된 한국 감리교회 사회신경의 기초가 되었다는 점에서 중요한 의미를 지닌다. 즉, 1930년 12월 합동 총회는 8개조 "교리적 선언"을 채택하면서 동시에 13개조 "사회신경"을 채택하여 사회 선교와 봉사의 원리로 삼게 되었다. "교리적 선언"은 이틀에 걸친 축조심의를 거쳐 긴 논란 끝에 채택한 것과 달리 "사회신경"은 별도 심의 없이 「교

리와 장정」의 선교국 조항에 삽입되어 원안대로 채택되었다. 그렇게 채택된
감리교회의 "사회신경" 본문은 다음과 같다.

> 人類는 種族과 邦國의 別이 없이 天地의 主宰시며 오직 하나이신 하나님의
> 같은 子女임을 믿으며 人類는 兄弟主義 아래서 이 社會를 基督主義의 理想
> 社會로 만들음이 우리 敎會의 急務로 믿어 우리는 左의 社會信經을 宣言하
> 노라.
>
> 1. 人類의 同等權利와 同等機會를 믿음.
> 2. 人種과 國籍의 差別撤廢를 믿음.
> 3. 家庭生活의 圓滿을 위하여 一夫一妻主義의 神聖함을 믿으며 貞操問題에
>   잇어서 男女間 差別이 없음을 믿으며 離婚의 不幸을 알아 그 豫防을 講究
>   實行함이 當然함을 믿으며.
> 4. 女子의 現代地位가 敎育, 社會, 政治, 實業各界에 잇어서 向上發達하여야
>   될 것을 믿음.
> 5. 兒童의 敎育을 받을 天賦의 權利를 是認하여 敎育에 힘쓰고 兒童의 勞動
>   廢止를 믿음.
> 6. 人權을 是認하여 公私娼制度 其他 人身賣買의 여러 가지 社會制度를 反
>   對함.
> 7. 心身을 敗亡케 하는 酒草와 阿片의 製造販賣使用을 禁止함이 當然함을
>   믿음.
> 8. 勞動神聖을 믿고 勞動者에게 適合한 保護와 待遇를 함이 當然함을 믿음.
> 9. 正當한 生活維持의 勞賃과 健康을 害하지 않을 程度의 勞動時間을 가지게
>   함이 當然함을 믿음.
> 10. 七日中 一日은 勞動을 停止하고 安息함이 必要함을 믿음.
> 11. 勞動爭議에 公平한 仲裁制度가 잇음이 必要함을 믿음.

12. 貧窮을 減少하게 함과 産業을 振興케 함을 믿음.

13. 虛禮와 奢侈와 娛樂으로 金錢과 時間을 浪費함은 社會에 대한 罪惡임을 믿음.

1930년 "사회신경"은 이전의 남감리회 사회신경의 골격을 그대로 유지하며 지나치게 미국적인 내용이나 한국 상황에 맞지 않는 조항을 폐지하는 대신 당시 한국사회 상황에 적합한 항목을 추가하는 형태로 조정하였다. 남감리회 사회신경과 비교할 때 노동 문제에 관한 구체적인 조항들을 대폭 삭제하였고 대신 당시 한국교회의 중요 관심사 중에 하나였던 절제운동과 관련하여 술과 담배, 아편 금지, 공·사창을 통한 성매매 금지, 낭비성 사치와 오락 금지 조항이 추가되었다. 또한 일부일처제, 여성의 지위 향상, 남녀평등 같은 여성 문제에 깊은 관심을 기울였다. 특히 인류 평등과 민족 간 차별 철폐 조항을 "사회신경" 제일 앞에 두었다. 이는 일본의 한국민 식민 지배 구조에 대한 저항의 성격 외에 1920년대 후반 들어 한국교회가 당면한 문제의 하나로 지적된 일부 외국인 선교사들의 문화 우월주의와 인종 차별주의에 대한 경고의 의미를 담고 있는 것으로 보인다.

이처럼 "사회신경"은 "교리적 선언"의 제7조, "우리는 하나님의 뜻이 실현된 인류사회가 천국임을 믿으며 하나님 아버지 앞에 모든 사람이 형제 됨을 믿으며"라는 고백에서 확인되는 사회복음주의 신학을 바탕으로 하여 작성되었음을 알 수 있다. 즉 "사회신경"은 사회 현실에 대한 교회의 적극적 대응과 구체적 참여를 적시한 것으로 여기서 한국 감리교회의 적극적 현실 참여 전통을 다시 한 번 확인할 수 있다. 그리고 이 신경은 다른 교파 교회의 사회신경 제정에도 영향을 주어 초교파연합운동단체인 조선기독교연합공의회에서 1932년 제정한 12개조 "사회신조"의 기초가 되기도 했다. 한국 감리교회의 사회신경은 개인의 영혼 구원은 사회의 부조리와 불합리 구조를 척결하여 공동체 구원으로 연결되어야 한다는 웨슬리의 사회적 성화를 구현하려는 감리교 사회운동의 원리를 반영한 것이라 할 수 있다.

5. 감리교회 한국 선교 50주년 기념행사

1884년 6월 24일, 내한하여 고종으로부터 선교 허락을 받은 매클레이의 방한을 기념하는 50주년 집회가 1934년 6월 19일부터 25일까지 서울과 평양에서 성대하게 개최되었다. 또한 1885년에는 부활주일(4월 5일)에 첫 정착 선교사로 내한한 아펜젤러의 방한을 기념하는 50주년 집회가 1935년 4월 21일(부활주일)에 역시 서울과 평양을 비롯한 전국 각 지방에서 개최되었다.

1930년 12월 2일, 그동안 두 개의 감리교회로 활동하던 조선의 남북감리교회는 미국 감리교회의 합동에 앞서 하나의 조선감리교회가 되어 자치 능력을 신속히 키워 나갔다. 1931년 6월 10일 개성북부예배당에서 서부·중부·동부 등 3개 연회가 처음으로 합동 연회로 모여 제1회 연회를 개최하였다.[18] 이 연회에서는 여자목사 제도를 두어 14명의 여자선교사들에게 목사 안수를 주었다.

1934년 6월 24일은 일본에 있던 감리교 선교사 매클레이 박사가 한국에 첫 선교사로 입국하여 고종 황제로부터 교육과 의료 사업의 윤허를 받은 지 50주년이 되는 뜻깊은 날이었다. 1933년 9월 7일과 8일에 열린 연합감리사회의는 1884년을 선교 기점으로 삼아 희년을 선포하고 50주년 기념식 및 기념사업 등의 행사를 거행할 것을 이사회에 요청하였다.[19] 한국 감리교회는 1934년부터 그 이듬해까지 2년에 걸쳐 '선교 50주년' 행사를 치렀다. 1934년 1월 27일에 모인 총리원 이사회에서는 감리교 한국 선교 50주년을 기념하는 행사를 다음과 같이 결정했다.

---

18) "조선감리회 제1회 연회", 「기독신보」(1931년 6월 17일).
19) "연합감리사회결의안", 「감리회보」(1933년 10월 1일), 2.

① 1934~1935, 2년 간에 감리교회가 조선에 들어온 지 50주년이 됨을 기념한다.

② 50주년 기념사업 범위는 영적 사업과 물질적 사업과 축하식으로 한다.

③ 감리교회가 50년간 이룩한 사업과 양성한 인재를 소개하되 국문과 영문의 소책자로, 또는 신문과 잡지에 게재, 소개한다.

④ 감리교회 50년사를 국문과 영문으로 편집 발행한다.

⑤ 기념식은 전국적으로 하되 방법은 아래와 같다.

㉮ 매클레이 박사가 한국에 도착한 6월 24일을 기해 전국의 교회, 학교, 기관에서 기념식을 한다.

㉯ 선교사들과 외국인을 위해서는 6월 19~20일 양일간 영어로 거행한다.

㉰ 아펜젤러 목사가 도착한 지 오십 년이 되는 1935년 4월 5일은 경성에서 축하식을 가진다.

㉱ 기념사업 중에 장로교회와 연합하여 할 것은 연합해서 한다.

㉲ 기념사업위원은 33명으로 한다.[20]

위와 같은 결의에 따라 50주년 기념행사는 계획대로 진행되었다. 1934년 6월 19~20일 양일은 정동제일교회에서 200여 명의 선교사들과 그 가족들이 함께 모인 가운데 선교 50주년 기념식과 축하행사를 가졌다. 또한 2일 동안 강연이 진행되었는데 양주삼 총리사가 사회와 개회 강연을 맡았다. 당시 강연의 제목과 강사는 다음과 같다.

첫째 날(19일)

감리교조선선교 50주년 기념에 제하야: 양주삼 총리사

미감리회 조선선교사: 케블 박사

미감리회 개척자들: 노블 박사

---

20) "조선감리교회50주년기념", 「감리회보」(1934년 2월 10일), 4.

남감리교회 조선선교약사: 하디 박사

남감리교회 개척자들: 저다인 목사

회고담: 벙커 부인

조선감리교회 창설: 윤치호 박사

둘째 날(20일)

감리교회 교육 사업: 아펜젤러 목사

감리교회 사업: 홀 박사

초대조선교인의 사적: 노블 부인

조선여성의 발달: 김활란 박사

감리교의 구령운동: 스톡스 박사

평신도와 교회: 신흥우 박사

활력있는 감리교: 무어 박사

감리교회 장래의 전망: 빌링스 박사

첫째 날인 6월 19일 저녁에는 배재학교 강당에서 선교 50주년을 기념하는 "은사국의 문에서"란 역사극이 공연되었다. 한국으로 파송 받은 최초의 감리교 선교사인 아펜젤러와 스크랜턴의 한국 도착 이전까지의 선교과정을 그린 연극이었다.[21] 영어 축하식에서 개회 연설을 맡은 양주삼 총리사는 매클레이 박사에게 내린 고종의 선교 윤허가 개신교의 출발점이라고 강조하였다. 양주삼은 1934년을 선교 50주년으로 정하고 축하행사를 한 이유를 다음과 같이 밝혔다. "우리가 과거 50년 동안에 성취한 것을 위하여 하나님께 감사한 뜻을 발하고자 함이요, 선구자로서 사업을 위하야 한 이들에게 감사를 발함으로서 우리가 새 영감을 얻고자 함이요, 이 기회를 이용하여 우리 조선교회의 기를 더 견고게 하며 장래 사업을 위하여 더 큰 방침을 계획코자 함

---

21) "선교50주년을 기념하는 역사극 성황", 「감리회보」(1934년 7월 10일), 4.

인 줄 압니다."[22] 기념예배는 6월 24일 전국 감리교회와 기관에서 거행되었다. 특히 서울 배재학교 교정에서는 5천여 명이 모여 기념집회를 가졌다. 기념집회가 끝난 후 참석자들은 기행렬을 하였다. 기행렬은 선두에 기독교조선감리회 기(旗)부터 시작하여 양주삼 총리사와 총리원 직원, 그리고 선교사들이 따르고 이어 그 뒤에 학교 기들이 따랐다. 이들은 기념가를 부르고 전단 40,000장을 뿌리며 서울 시내를 돌면서 행사를 가졌다.[23] 평양에서도 성대한 기념식이 열렸는데 6월 25일 오전 10시 남산현교회에서 감리교회 50주년 기념식을 거행했다. 이어서 감리교회 50주년을 기념하는 기를 들고 지방감리사와 선교사, 각 구역 목사, 각 학교의 기행렬이 진행되었다. 기행렬 뒤에 각 교회 남녀 교인들이 뒤를 따르며 평양 시내에 선전문을 배포하면서 시가행진을 하였다.

1935년은 1885년 4월 부활절에 아펜젤러가 한국에 도착한 지 50주년이 되는 해였다. 한국 감리교회는 이를 기념하기로 하고 1935년 4월 21일을 기해 한국과 만주에 있는 모든 감리교회가 일제히 기념예배를 드렸다. 기념예배에서는 감리교회에서 선교사를 한국에 보내어 부활하신 주님을 믿게 하신 것과 감리교회가 조직되어 한국인들에게 복음의 진리가 계속 전파된 것을 감사하는 기도를 드렸다. 또한 기념예배를 통해 모은 헌금 700여 원으로 감리교회 조선선교 50주년 기념비를 제작하였다. 4월 12일, 정동제일교회에 선교 50주년 기념비를 세우고 제막식을 가졌다.[24] 이 제막식에는 한국 감리교회를 대표하여 전국 23개 지방 감리사들이 참석하였다. 1885년 선교사 5명으로 시작된 한국 감리교는 선교 50년을 지나면서 982개의 교회와 기도처, 119명의 선교사, 215명의 목회자(목사·전도사·서리), 60,505명의 교인을 둔 교단으로 성장하였다. 1934년 12월 말 현재 한국 감리교회의 통계 대요는 다음과 같다.

---

22) "선교50주년기념에 제하여", 「감리회보」 (1934년 8월 10일), 3.
23) "평양교회연합 기념식과 기행렬", 「감리회보」 (1934년 7월 10일), 5.
24) "감리교회조선선교50주년기념비", 「감리회보」 (1936년 5월 10일), 2.

기독교조선감리회 교세 통계 대요(1934년 12월 31일 현재)[25]

번호	조목		서부	중부	동부	만주	합계
1	지방수		7	12	7	2	26
2	구역수		50	83	52	14	185
3	교회수		168	343	208	19	719
4	기도회처수		33	77	78	9	188
5	남선교사		3	17	5	1	25
6	여선교사		13	35	16	–	64
7	목사		30	133	60	13	223
8	전도부인		46	79	52	11	177
9	본처목사		13	25	8	7	46
10	본처전도사		257	343	159	31	759
11	남입교인		1,783	3,173	1,789	667	6,745
12	여입교인		2,546	4,855	2,546	909	9,947
13	남학습인		571	1,174	522	146	2,267
14	여학습인		815	1,862	884	149	3,561
15	남수세아		1,133	2,098	910	336	4,141
16	여수세아		1,089	1,980	863	379	3,932
17	남원입인		2,806	5,569	2,234	782	11,391
18	여원입인		3,864	6,461	3,169	844	14,338
	교인총수		14,983	27,752	13,266	4,274	60,275
19	금년 신설교회수		5	12	6	5	23
20	금년 새신자수		1,972	3,849	1,804	615	7,625
21	금년 세례수	유년	316	590	212	153	1,271
		장년	320	397	185	97	999
22	주일학교		152	249	163	18	564
23	주일직원		1,577	1,181	881	237	3,639
24	주교생도		17,659	17,734	10,956	3,252	46,349
25	엡윗회		64	88	75	32	227
26	엡윗회원		1,533	2,263	1,678	988	5,474
27	목사보수		19,761	25,723	11,959	4,463	57,443
28	전도부인보수		4,132	3,516	711	940	8,359
29	기타비용		89,471	128,948	42,310	12,396	260,729
30	연금총액		113,364	158,187	54,980	17,799	326,531

25) "기독교조선감리회통계대요", 「감리회보」 (1935년 4월 10일), 7.

6. 아빙돈 단권 성경주석 발행

50주년기념위원회는 선교 50주년을 기념하면서 「단권 성경주석」을 펴냈다. 이 주석은 한국 기독교의 52명으로 구성된 집필진이 1930년 미국 아빙돈 출판사에서 출간된 *The Abingdon Bible Commentary*를 번역하여 역술한 주석서로 세칭 '아빙돈 주석'이라고 불리었다. 「단권 성경주석」은 1934년 12월에 한국 선교 50주년을 기념하여 출간됐다. 류형기 목사는 이 책을 간행하면서 당시 영어를 할 수 있는 학자들을 총동원했다. 밀러·스톡스·케이블·아멘트 등 한국말을 잘 하는 선교사들과 감리교의 양주삼·변성옥·정경옥·김활란·변홍규·장석영·김준옥·임영빈·김인영·배덕영·김창준·김종만·전영택·홍에스더·김우종, 장로교의 송창근·한경직·김재준·채필근·김관식·조희렴·오천석·윤인구·문재린·임두화·김명선·이대위 등 50명이 넘는 신학자와 목사들이 번역 혹은 집필자로 참여했다. 류형기 목사의 개인 출판사인 신생사에서 발행했는데 4·6배판 1,146면에 달하는 대작(大作)이었다. 하지만 이 주석은 출간 후 감리교와 장로교 사이에서 의견을 달리하며 적지 않은 반향을 일으켰다. 이 책은 당시 미국과 유럽의 대표적 성서학자들이 집필한 것으로 성경 해석에서 고등비평·문서비평 등 진보적인 학설을 그대로 수용하였다. 감리교회는 1910년대부터 신학교에서 이 같은 학설을 가르쳐 왔기 때문에 별 무리가 없었지만 근본주의에 가까운 보수적 신앙이 주류를 이루고 있는 장로교는 큰 문제였다. "성경의 본문 편집 과정에서 오류가 있을 수 있다"는 비평학설은 축자영감설에 근거하여 성서를 신앙과 생활의 유일한 규범으로 둔 장로교 입장에서는 받아들일 수 없는 것이었다.

1935년 9월, 평양 서문밖교회에서 개최된 장로교 제24차 총회에서 이 책이 심판대에 올랐다. 이 총회 정치부는 황해노회장 김응순의 헌의를 받아들여 신생사 발행 「단권 성경주석」이 "우리 장로회의 도리에 불합한 고로 우리 장로회에서는 구독하지 않고 그 주석에 집필한 장로회 사역자에게는 소관된 각 교회에서 살핀 후에 그들로서 집필한 정신태도를 기관지를 통하여 표명케" 하도록 결의했다.[26] 당시 길선주 목사를 비롯한 적지 않은 수의 총회 회원들이 「단권 성경주석」을 이단서(異端書)로 규정하고 불살라 버릴 것을 주장했다. 이로써 장로교 안에서 이 책은 이단서로 낙인찍혔고 번역에 참여한 장로교 목사들은 심사위원회에 불려 나가 조사를 받아야 했다. 그리하여 보수파 장로교회에서는 이 책을 구입하지도 못하고 읽을 수도 없는 금서가 되었다. 그러나 이 책이 감리교 목회자들에겐 성경을 깊이 이해하는 데 도움을 주는 책으로 인기를 끌었다. 감리교의 진보적 신학과 장로교의 보수적 신학 사이가 멀다는 것을 확인하고 신학의 차이를 표면화시키는 계기가 되었다. 그러잖아도 1930년대 들어 장로교와 감리교 사이에 예수교서회(현 기독교서회)와 조선예수교연합공의회(현 기독교교회협의회) 운영 주도권을 놓고 갈등이 심화되어 사사건건 충돌하고 있었다. 30년 가까이 함께 쓰던 찬송가마저 갈라져 감리교는 「신정찬송가」, 장로교는 「신편찬송가」를 따로 사용하였고, 20년 넘게 초교파 신문으로 발행하던 「기독신보」도 개인 신문으로 바뀌고 대신 감리교는 「감리회보」, 장로교는 「종교시보」란 별도 기관지를 내고 있었다. 이런 상황에서 '아빙돈 주석 사건'이 터졌으니 두 교회 사이에 갈등의 골은 더욱 깊어질 수밖에 없었다. 하지만 이 사건으로 인해 「단권 성경주석」은 불티나게 나갔고 계속 재판이 출판되었다. 이 책은 1960년대까지 한국교회의 대표적인 주석으로 널리 읽혔다.

---

26) 「조선예수교장로회 제24회 총회회록」 (1935), 9.

제9장

1930년대 감리교회의 모습

1. 기독교조선감리회 여선교회의 탄생

1930년 12월 남북감리교회가 합동이 되면서 '기독교조선감리회 여선교회'
가 정식으로 출범하였다. 남북감리교회의 합동 후 1931년 6월 제1회 기독교
조선감리회 여선교회대회가 140여 각 지방 대표들이 참석한 가운데 서울 정
동교회에서 개최되었다. 이 여선교회대회에서 새로 출범하는 여선교회를 이
끌어 나갈 새로운 임원을 선출하였는데 회장에 홍에스더, 부회장에 장귀련,
서기에 김인호, 김현숙, 총무에 쿠퍼, 회계에 양매륜, 최활란 등이 선출되었
다.[1] 그리고 곧 서적위원, 영적위원, 사회사업위원, 소녀사업위원, 청년사업
위원의 부서를 두기로 하고 위원장을 선출하고 각 지방총무를 선정하여 대
회 조직을 마쳤다. 조직에 있어 처음에는 연회가 3연회로 나뉘어져 연회 차
원의 여선교회를 조직하고자 하였으나 1932년 2차 대회부터 대회만은 하나
그대로 두는 것이 옳다고 결의함으로써 여선교회만은 연회 차원의 조직이
없이 대회-지방회-지회형태의 구조를 갖게 되었다. 이후 혁신교단에 의해
이 조직이 '부인회'로 바뀔 때까지 매년 조선감리회 여선교회대회를 가졌다.
여선교회 활동은 1930년대를 거치면서 지속적인 성장이 있었는데 그 이유는
엡윗청년회와는 달리 조직력이 잘 갖추어져 있었고 활동이 비교적 활발했기

---

1) "기독교조선감리회 여선교 제1회 대회", 「기독신보」(1931년 6월 10일).

때문이다. 매년 연회 직전에 모이는 여선교회대회는 여선교회 국내외 선교 사업에 대한 중대한 결정을 하였다. 종래의 남북감리교 여선교회 시절에 하던 사업을 계속 진행시키면서 만주, 일본 및 인도에 선교비를 보조하고 국내 선교사에게 선교비를 지급하는 등 국내외 교회의 건축비 보조, 극빈자 구제, 감리교 수양관 건축비 보조 등의 활발한 사업을 실시하였다. 또한 국내외 학교에 대한 재정보조나 만주에 여전도인 파견 및 지원 등의 활동을 전개하였다. 여선교회 각 지방 및 지회들도 계속 활발한 활동을 펼쳐 이제 여선교회는 감리교 안에 독립된 전도단체로 부각될 정도로 충분한 역할을 담당하며 자리매김을 하였다.

2. 남감리교회의 만주·시베리아 선교와 미감리회의 북만주 지역 선교

만주는 아시아 대륙의 동쪽, 즉 중국의 동북부 지역 일대를 가리키는 말이다. 감리교의 만주 선교를 이해하기 위해서는 선교 이전과 선교 당시 만주에 사는 한국인들의 상황을 살펴보아야 한다. 구한말부터 만주에 한인들이 이주해 들어오기 시작하였다. 만주로 이주한 한인들은 계속되는 흉년과 관리들의 학정에 시달린 사람들과 후에는 일제의 토지 수탈정책을 피해 이주한 사람들, 일제의 침탈에 맞서 독립운동을 전개할 목적으로 이주한 사람들이었다. 오늘날 연변(延邊)이라고 일컬어지는 북간도(北間島) 지역에는 주로 지리적으로 인접한 함경남도와 함경북도 사람들이, 서간도(西間島) 지역에는 평안남도와 평안북도 사람들이 이주했다. 그 뒤 경상도·충청도·강원도 등지의 사람들은 서·북간도 지역을 피해 새로운 개척지인 흑룡강성·길림성 지역으로도 이주해 갔다.

한인 이주자들의 수는 1900년경 약 7만 5천 명, 1910년 10만 5천 명, 1920년 46만 명으로 증가하였다. 해마다 증가하던 이주민은 해방 당시 200만 명으로 증가했다. 만주로 이주한 한인들의 생활은 그리 쉽지 않았다. 혹한을 견뎌야 했고 황무지를 개간해 농지를 만들어야 했다. 중국 지주들의 학대와 중국 관리들의 탄압, 그리고 마적들의 습격이나 위협도 계속적으로 되풀이되었다. 이러한 고달픈 생활을 살아가는 한인들은 자신들의 생활을 보호해 주고, 고단한 삶을 위로해 줄 수 있는 존재가 필요했다. 감리교회의 만주 선교는 고국 땅을 떠나 이처럼 목자 잃은 양과 같이 고단한 삶을 살아가는 동포들을 보살피기 위해 시작되었다.

만주 선교는 미감리회보다 남감리회가 조금 일찍 시작하였다. 1908년 남감리회는 이화춘 전도사를 북간도로 파송하였다. 1908년 남감리회로부터 전도사 직첩을 받은 그는 같은 해 9월 매서인 이응현·함주익과 함께 용정에 도착하여 전도를 시작하였다. 이곳에서 한 해 동안 열심히 전도한 결과 용정과 인근 촌락 9개의 예배 처소를 마련하고, 500명의 교인을 얻을 수 있었다. 특히 그곳에 거주하는 애국지사 박무림의 도움으로 순조롭게 선교 활동이 진행되었다. 이렇게 되자 남감리회는 간도 지역을 원산구역으로 편입시키고, 이를 원산구역 구역장인 하디 선교사로 하여금 간도 지역을 관리·지원하게 하였다. 그러나 1909년 장로회와 선교구역 분할협정에 따라 강원도 지역 내 캐나다장로회 선교구역을 이양 받는 대신 간도 지역을 캐나다장로회 선교부에 이양하게 되었다. 상당한 성과에 크게 고무되어 있던 이화춘 전도사 일행은 간도 선교 1년 만에 귀국했다. 남감리회의 간도 선교는 일시적으로 중단되었다. 중단되었던 남감리회의 간도 선교가 재개된 것은 10년이 지난 뒤였다. 3·1운동 이후 한인들이 대거 만주나 시베리아로 이주함에 따라 감리교인들도 이주하면서 감리교회를 설립하게 되었다.

1919년 9월 열린 제2회 남감리교회 조선매년회 직후, 원산에서 선교사 회의가 열렸다. 이 회의에서 시베리아와 만주 선교의 가능성을 알아보기 위해 이 지역을 조사하기로 하였다.[2] 1920년 5월 남감리교회 조선매년회는 만주·

---

2) 양주삼, 「조선남감리회 30년 기념보」, 33.

시베리아 선교 사업을 시행하기로 결정했다. 이에 따라 램버트 감독은 만주로 이주한 감리교인들을 위해 선교사 크램을 만주·시베리아 지방감리사로, 양주삼, 정재덕을 관할 목사로 파송했다.[3] 이들의 헌신적인 전도 사역으로 인해 교세가 급증하였고 결국 남감리교회는 1921년 8월 노령(露領) 니콜로스크에서 마침내 '시베리아·만주선교연회'를 조직하기에 이르렀다.[4] 1922년 시베리아·만주선교연회는 블라디보스토크, 연추, 니콜스크, 길림, 북간도 등 5개 지역 17개 구역회를 조직하였다. 1922년 미감리교회와의 선교구역 협정에 따라 길림을 중심한 북만주 지역 선교는 미감리회에 이양하였고, 북간도 지역은 장로회와의 선교지역 협정에 따라 캐나다장로회로 이양하였다. 따라서 남감리회의 선교는 블라디보스토크, 니콜스크를 중심한 시베리아에 치중하게 되었다. 1924년 이화춘 목사가 간도지방 관리자로 부임한 뒤 이듬해 도인권, 신광현, 이호빈 등이 합류했다. 이들은 시베리아를 중심으로 선교를 재개하여 간도까지 선교지역을 확대해 나갔다.

남감리회 여선교회 역시 시베리아 선교에 가담하였다. 1922년 남감리교회 조선매년회에서 여선교회는 최나오미를 시베리아 선교사로 파송하였다. 최나오미는 8월에 임지에 도착하였다.[5] 그는 니콜스크와 블라디보스토크를 중심으로 시베리아 각지를 순회하며 지방 교회에 여선교회를 조직하고 사경회를 인도했다. 그 결과 1925년 시베리아 지역에 여선교회 13개와 회원 109명을 얻을 수 있었다.

그러나 1917년 볼셰비키 혁명으로 러시아는 공산화되고 있었다. 시베리아 지역에서 공산주의자들이 기독교를 탄압하기 시작했고, 이로 인해 교회는 날로 쇠약해져 갔다. 1922년 시베리아와 만주 지역을 합쳐 129교회와 6,873명의 교인들이 있었지만, 1929년 이곳에는 불과 81교회와 3,497명의 교

3) 양주삼, 「조선남감리회 30년 기념보」, 33.
4) Minuts of the Annual Meeting of Siberia-Manchuria Mission of the Methodist Episcopal Church, South (1921), 10.
5) 양주삼, 「조선남감리회 30년 기념보」, 36.

인밖에 없었다. 절반으로 교세가 격감한 것이다. 결국 남감리회는 시베리아 선교 사업에서 점차 손을 떼기 시작했다. 그 대신 간도지방 선교에 주력하였다. 이때 대부분의 목회자들도 러시아에서 간도로 옮겨왔다. 하지만 김영학 목사는 끝까지 시베리아에 남았다. 1920년 3월 철원 애국단 사건으로 투옥되었다가 1922년 출옥한 김영학 목사는 러시아 블라디보스토크의 한인 집단 거주지인 신한촌(新韓村) 선교사를 자원하였다. 그는 이곳에서 전도 사업과 애국사상을 고취시키는 일을 병행했다. 1929년 소련공산당에 체포되어 10년의 중노동형을 선고받고 복역 중이던 그는 1933년 11월에 희생되었다.[6]

한편 미감리회 만주선교지역은 북지린, 장춘, 하얼빈 등이었다. 미감리회의 만주 선교는 1911년 미감리회 조선연회가 손정도 목사를 이 지역 선교사로 파송하면서 시작되었다. 손정도 목사는 북경과 천진 사이에 거주하면서 1년 동안 중국어를 배운 후, 1912년 러시아정교회가 다수를 차지하고 있던 하얼빈으로 파송되어 선교 사업을 시작하였다.[7] 손정도는 하얼빈에 파송 받아 온 장로교회의 최관열 목사와 협력하여 선교 사업을 추진하였는데 이들은 조선인, 중국인, 러시아인들을 대상으로 선교 사업을 전개하였다. 선교에 착수한 지 얼마 되지 않아 중국인 3명과 한국인 40여 명의 신자를 얻은 두 사람은 하얼빈에 300여 평의 대지를 구입하여 건물을 짓고 학생들을 가르치기 시작하였다. 그러나 이때 105인 사건이 발생했다. 당시 러시아에서 활동하던 손정도는 가츠라 암살 혐의자로 체포돼 서울로 압송되었고, 이후 전라남도 진도에서 유배생활을 하게 되었다. 이 일로 인해 미감리회의 하얼빈 선교는 중단되었다.[8]

1918년 미감리회 조선연회가 배형식 목사를 만주선교사로 파송하면서 만주 선교는 재개되었다. 그는 1년여 간 만주 일대를 시찰하고 순회하면서 선교기지를 마련하기 시작했다. 본격적인 활동에 들어가면서 장춘과 하얼빈

6) "김영학 목사의 순사", 「기독신보」, (1933년 10월 25일), 4.
7) "미감리회 만주선교사업", 「신학세계」 제7권 5호 (1922년 10월), 124~127.
8) 「북감리회제6회연회일지」 (1913), 14.

에 교회를 설립했다. 또한 여러 지역을 다니면서 선교 범위를 넓혀 기도처와 예배소를 만들어 갔다. 그리하여 1922년에 북만주 일대의 교인은 481명이었고, 이중에 세례교인은 158명이었다.[9] 남감리회와 선교구역 분할 협의후 1923년 지린성까지 미감리회의 선교구역으로 편입되었다. 선교지역과 교세가 확대되면서 배형식 목사를 감리사로 하는 만주지방회가 별도로 조직되었다.[10] 계속해서 만주 지역의 교세가 증가하자 1924년 미감리회 조선연회는 최성모·손정도·동석기·김응태 목사를 추가로 파송하였다. 특히 최성모 목사는 몽고 선교에 착수하여 내몽고에 교회를 두 곳이나 설립하는 등 감리교의 북방 선교를 몽고까지 확대시켰다. 1924년 만주지방 미감리회 교세는 교회가 32개소이고, 교인 총수는 1,353명이었다. 전년도 총 교인 수가 481명이었던 것을 고려하면 대단히 큰 폭의 성장이라고 할 수 있다. 또한 당시 이 지역 한인 거주자가 약 13,900명이라는 것을 감안하면, 약 10%가 교인이었다. 교인 중 입교인은 463명, 학습인 169명, 세례아동 88명, 원입인 632명이었다.[11] 미감리회의 만주 선교는 급격한 성장세를 이어가고 있었다.

한편 미감리회 조선연회 소속 여선교회도 국외선교에 깊은 관심을 갖고 있었다. 여선교회는 1924년 양우로더 선교사를 하얼빈으로 파송하여 배형식 목사와 함께 북만주 지역의 여선교회 활동을 지원하였다. 이어 여선교회는 이배세와 남경순 등을 파송하여 1930년대 후반까지 만주 선교를 추진했다. 남북감리회가 합동하던 1930년까지 미감리회 만주지방회의 교세 통계 및 목회자 상황은 다음과 같다.[12]

9) "만주선교상황2", 「기독신보」(1922년 9월 20일).
10) 「예수교미감리회 제16회 조선연회록」(1923), 33.
11) 「예수교미감리회 제16회 조선연회록」(1923), 33.
12) 「한국기독교의 역사 II」(기독교문사, 1990), 122.

구분 \ 연도	교회		교인		목회자		재정
	교회	기도처	세례교인	총교인	목사	전도사	
1923	32(기도처 포함)		463	1,535	2	6	2,525
1924	18	10	411	1,591	4	5	4,987
1925	19	7	456	1,365	4	2	8,845
1926	17	11	489	1,440	4	2	12,167
1927	19	15	538	1,465	4	–	9,962
1928	15	20	475	1,302	4	–	4,333
1929	8	10	355	1,150	3	–	2,878
1930	11	6	445	1,340	5	–	2,493

3. 만주선교연회와 조선기독교회

1930년, 남북감리교회가 합동되어 기독교조선감리회가 조직되자 만주선
교사업도 기독교조선감리회 만주선교연회로 일원화되었다. 1931년 12월 4
일, 제1회 만주선교연회가 간도 용정 램버트예배당에서 개최되었다. 당시 만
주선교연회는 2개의 지방회, 15개의 구역, 4,990명의 교인, 42처의 교회, 25
처의 기도처소로 구성되었다.[13] 그런데 만주에서 돌발적인 사건이 벌어졌
다. 1935년 2월 만주선교연회 소속 감리교 목회자 10여 명이 감리교회를 탈
퇴하고 '조선기독교회'라는 초교파 독립교회를 세우겠다고 성명서를 발표한
것이다. 북만주지방 감리사 현성원(玄聖元) 목사와 하얼빈교회의 변성옥(邊成
玉) 목사 등 북만주지방의 거의 모든 목회자들이 이 성명에 동참하였다. 이들
은 북만주 지역 선교를 끌고 나가던 젊은 목회자들로 교포 사회에서도 인정
받는 유능한 일꾼들이었다.

이들이 조선기독교회를 설립하게 된 이유는 만주 지역의 특수한 선교 상
황 때문이라고 할 수 있다. 이미 1900년대 시작된 만주 지역 선교는 국내와

---

13) 제1회 만주선교연회회록 통계표.

마찬가지로 장로교와 감리교 선교부 사이에 '선교지역 분할협정'을 맺어 교파별로 선교지역을 정하여 추진되었다. 즉 봉천·안동을 중심한 남만주 지역의 선교는 미북장로회가 담당하고 있었고, 용정·훈춘을 중심한 북간도, 즉 동만주 지역의 선교는 캐나다장로회가 담당하고 있었다. 감리교에서는 동만주 지역 일부를 남감리회가, 길림과 하얼빈을 중심한 북만주지방을 미감리회가 각각 담당하고 있었다. 선교 초기에는 각 교단이 경계선을 잘 지켰지만 3·1운동을 지나 1920년대에 들어서자 상황이 달라졌다. 1920년대에 들어서면서 만주로 이주하는 사람들이 급증하였고, 이주한 기독교인들 중 기존에 자기가 속해 있던 교파를 유지하려는 사람들이 생기자 협정에 따라 분할된 선교지역이 복잡해지기 시작하였다. 현지에서는 본국 교회에 자기 교파 목회자를 보내 달라고 호소하는 상황이 발생하기도 했다. 본국 교회에서는 처음에 선교 협정을 이유로 응하지 않다가 만주 교인들의 간절한 요청에 따라 점차 자기 교파 목회자를 다른 교파 선교구역에 보내기 시작했다. 이로 인해 만주에서 장로교와 감리교 목회자 사이에 충돌이 빚어질 수밖에 없었다.

이 같은 분위기에서 "만주에서만큼은 교파를 따지지 말고 연합교회를 세워 운영하자"는 목회자들의 뜻이 모아졌다. 만주 목회자들이면 누구나 동감하는 문제였기에 처음에는 북만주뿐 아니라 남만주에서도 호응이 있었다. 장로교 쪽에서도 이 의견에 동의하는 목회자와 평신도들이 생기기 시작했다. 이런 취지에 동조한 목회자와 평신도들은 조선기독교회라는 초교파 독립교회를 세웠다. 그러나 처음 선언서에 서명했던 목회자와 평신도들 중에 상당수가 본국 교회 지도자들의 회유와 설득으로 입장을 철회하였다. 결국 현성원과 변성옥 등 몇 명의 목회자들만 남게 되었다. 이들은 현성원 목사가 시무하던 길림교회를 중심으로 조선기독교회라는 독립교회를 조직하고 신학교도 별도로 설립하여 자체적으로 운영하였다. 1935년 6월, 만주 신경교회에서 열린 감리교 제4차 만주선교연회에서 이들의 이름이 연회 회원 명부에서 삭제되었다.

조선기독교회를 조직한 목회자와 평신도들은 나라 밖 만주 땅에서라도 '교파 없는 교회'를 만들려고 했지만 기성교회의 두터운 벽에 부딪히게 되었다. 그러나 이 사건은 한국교회가 교파를 중심으로 한 교권주의 병폐를 척결하고 선교사로부터 정치적으로, 재정적으로 독립해야 한다는 시대적 명제를 재확인하였다는 점에서 의미가 있었다. 만주선교연회는 1939년 6월 제6회 연회까지 개최되었다. 이후 1941년 3월 조선감리교단 만주교구가 되었다가 11월에 만주에 있는 개신교가 합동됨으로 그 맥이 끊어지고 말았다.

4. 연회의 발전

앞서서 밝혔듯이 1930년 남북감리교회가 합동하여 단일 총회를 구성함에 따라 기존 두 교회의 연회도 재조정되었다. 기존 남북감리교회의 선교지역을 통합하여 지역별로 연회를 조직하였다. 새롭게 조직된 연회의 경계는 경기도와 충청 서북부 지역을 제외한 충청 전 지역은 중부연회에, 황해도, 평안도, 함경 이남을 제외한 함경 전 지역은 서부연회에, 강원도와 충청 서북부 지역, 함경 이남 지역은 동부연회에 속하게 되었다. 연회 경계에 따라 각 연회에 속하게 된 지방은 중부연회에 개성, 개성북, 인천, 수원, 이천, 천안 공주, 홍성, 경성이었고, 서부연회는 영변, 평양, 진남포, 사리원, 해주, 그리고 동부연회는 원주, 춘천, 강릉, 원산, 철원 등이었다.[14] 제1회 총회 이후 경성에서 열린 1931년 제1회 합동 연회에서 만주지방을 빼고 지방 수를 19개 지방에서 23개로 늘렸다. 조선 감리교회 창립 후 두 번째 합동으로 1932년 3월 16일부터 22일까지 정동제일교회에서 연회(서부, 중부, 동부연회)가 개최되었다. 합동 연회에 정회원이 4백 명이 넘고 준회원과 협동회원까지 5백 명이 넘는 대규모 회의였다. 연회에서는 전도와 교육 각 방면에서 수고해 온

---

14) 「基督教朝鮮監理會 敎理와 章程」(1931), 169.

노블 박사의 한국 선교 40주년 기념식이 있었다. 또한 시베리아의 선교를 위해 수고하다가 소련당국에 체포되어 있는 김영학 목사를 위한 간절한 기도와 위문에 대한 결정을 하였다. 한편 예산 삭감에 의해 만주선교비가 1천 원이나 삭감되었는데 연회에서 회원들이 한마음으로 헌금한 결과 7백 원이 모아졌다. 제3회 연회는 중부연회가 1933년 3월 15~20일에 정동제일교회에서, 서부연회가 1933년 5월 31일~6월 5일에 평양 남산현교회에서, 동부연회가 1933년 4월 19~23일에 춘천 허문리예배당에서 각각 열렸다. 각 연회의 회장은 모두 양주삼 총리사였다. 제7회 연회는 일제가 교회에 대한 탄압을 점차 가중시켜 갈 무렵인 1939년 5월 3일부터 10일까지 정동제일예배당에서 중부, 서부, 동부 3개 연회 합동으로 열렸다. 신임 김종우 감독 취임 후 첫 번째로 열린 합동 연회는 일본 국기 게양, 궁성요배, 황국신민서사 제창, 전몰상이장병과 유족을 위한 묵도 등 일제의 암울한 종교탄압의 분위기 속에 개최되었다. 한 주일 동안 열린 7회 합동 연회에서는 다음과 같은 사항이 결정되었다.

첫째, 지난 3회 총회에서 조선 감리교회의 최고 임원을 총리사나 감독으로 청한다고 헌법을 개정한 것을 연회원 2/3 이상 절대다수의 가결을 얻어 통과시켰다. 따라서 이후에는 총리사란 호칭도 사용하였지만 총리사 대신 감독이라 부르게 되었다.

둘째, 신학교 주일은 1월 셋째 주에 지키기로 한다.

셋째, 각 지방 감리사와 선교사 웝스, 젠센, 무어와 경성 시내의 윤치호, 김활란, 정춘수 씨를 양 총리사 동상 준비위원으로 정하였다.

넷째, 장정에 의하면 은퇴 연령이 만 65세라 하였는데 '만'이란 말이 모호하므로 어느 목사든지 그 생일이 연회 후 6개월 이내에 있으면 은퇴하기로 결의하였다.

다섯째, 신학교 이사를 동부에 전진규, 김난시, 중부에 홍에스더, 방훈, 서부에 이윤영, 이덕신 씨를 선정하였다.

여섯째, 총리원 사회국에 명예총무를 두기로 총회에 천원하고 종교교육위 원들이 경성 시내에 유학생 기숙사와 종교적 지도자를 두자는 제의를 접수 하고 그 실행위원을 선정하였다.

일곱째, 전도사업은 감·장구역이 철폐된 이상 중요지역에 감리교회를 확장 할 것이며 각 지방마다 교역자 수련회를 개최한다. 또 연회마다 고등성경학 원을 설립할 것.

여덟째, 찬송가는 장로회와 성결교회와 할 수 있는 대로 합동하여 편집 실행 하되 총리원 교육국에 위임키로 결의하였다.15)

5. 양주삼 총리사와 제2회 총회

양주삼은 한국 감리교의 창설의 주역으로서 1930년 남북감리교회가 합 동이 된 후 초대 총리사로서 선출되어 한국 감리교회를 이끌어 갔다. 그는 1879년 1월 25일 평남 용강군 산남면 홍문리에서 가난한 가정의 맏아들로 출생하였다. 어려서부터 조부에게 한문을 배웠고 한학자에게서 전통 유학 을 배웠다. 그러나 가정불화와 조선조 말기 지방 관리들의 학정에 따른 사회 불안 등으로 십대에 정신적인 방황을 하게 된다. 이 같은 상황 속에서 탈출 하기 위하여 그는 유교, 불교, 그리고 동학에까지 종교적 구도를 찾았다. 그 러나 어디에서도 영혼의 안식을 찾을 수 없었다. 이때 소년 양주삼의 호기심 을 끈 것이 바로 서양인의 종교 기독교였고, 1898년 열아홉 나이에 스스로 용강읍에 있는 교회를 찾아 갔다. 기독교에 입문한 그는 더 많은 공부를 위 해 헐버트(H. Hulbert)와 콜리어(C. Collyer) 선교사의 소개장을 받아 들고 중 국 상해로 가서 1901년 5월 남감리교회에서 운영하는 중서서원에 입학하였

---

15) 「監理會報」(1939년 6월 1일).

다. 재학 중 파커 원장에게서 1902년 10월 7일 세례를 받았고, 학교 졸업 후 미국으로 건너가 샌프란시스코 한인 교회를 설립하여 한인 교포들의 권익을 보호하며 교육까지 실시하는 종합적 사회사업 기구로까지 발전시켰다. 이때 양주삼은 이 교회 전도사 일을 보게 되었고 1907년 3월 샌프란시스코 지방회에서 정식 전도사 직첩을 받았다. 1908년에는 대도를 창간, 재미 한인 교포들을 위한 계몽지로 키워 나갔다. 1909년 7월 어느 날, 그는 기도 중에 주님의 부르심을 듣게 되었고[16] 샌프란시스코 한인회 전도사직을 사임하고 1910년 1월 밴더빌트대학 신학부에 입학하여 1913년 6월에 졸업하였다. 재학 중인 1912년 10월 집사목사 안수를 받아 비로소 목사가 되고 밴더빌트대학을 졸업한 후 1913년 9월 예일대학 신학부에 입학하여 1년간 수학하였고 1915년 1월에 15년 만에 귀국하였다. 귀국하자마자 그는 감리교협성신학교 교수로 취임하였고 그해 6월 용강출신 감리교 여자성경학원 교수 김매륜(1888~1980년)과 결혼하였다. 그해 10월에는 남감리회 조선매년회에서 장로목사 안수를 받았고 자교교회 담임도 겸하였다. 1916년 2월에는 협성신학교 기관지인 「신학세계」 창간에 참여, 편집을 맡기도 했다. 1916년 9월, 그는 연회 파송으로 개성으로 임지를 옮겨 한영서원의 교사로 부임하였고 이듬해 부원장이 되어 1년간 봉직하였다. 1918년 미국 감리교 선교 1백주년기념사업의 총무가 되어 5년에 걸친 전도운동을 주관하였으며 1919년 9월에는 종교교회 담임목사가 되어 2년간 시무하였다. 1923년부터는 다시 협성신학교 교수로 취임하여 목회자를 양성하였는데 그는 신학자라기보다는 목회자로서, 선교와 교회관리자로서 자신의 역량을 발휘했다. 그는 만주, 시베리아 선교관리자, 철원지방 장로사, 서울지방 장로사 남감리회 조선연회장으로서 교회를 치리하였다. 또한 그는 국제적으로 한국의 감리교회를 대표하는 인물로 부각되었다. 연희전문학교 이사, 세브란스의학전문학교 이사, 조선기독교 연합공의회 회장을 역임하였으며 한국교회 대표로 미국 남감리회 총

---

16) 류형기, 「白沙堂先生小傳」, 7~8.

회, 일본메도디스트교회 총회, 예루살렘 국제선교대회에 각각 참석하였다.

　이 같은 교회 안에서의 지도력을 확보한 양주삼 목사는 1930년 한국 안에서 남북감리회가 합동하여 기독교조선감리회를 창설하는데 주도적인 역할을 하였다. 이 모든 과정에서 양주삼 목사는 합동연구위원, 합동전권위원으로 활약하였음은 물론이고 합동 총회에서 초대 총리사로 선출되었다. 제2회 총회가 1934년 10월 3~11일 냉천동 감리교신학교 강당에서 열렸다. 총회는 한국 감리교 의회의 최고 의결기관이므로 그동안의 여러 가지 미비점을 보완하고 발전적인 교단의 장래를 결정하는 회의였다. 총회에서 먼저 한국 감리교회 공로자 네 명을 소개하여 기념 메달을 증정하는 표창식이 거행되었고, 총리사 선거에서는 1차 투표에서 압도적 다수로 양주삼이 총리사로 재선되었고, 만주선교비 모금을 결정하였다. 그 외에 주요 안건을 보면 교역자 보수 문제에 있어서 교역자 봉급 평균제를 실시하여 그 재원을 각 교회 신자들의 의무금으로 하되 연회에서는 이 금액을 총괄적으로 수급하여 적절한 기준을 세워 각 교역자에게 지급한다는 결의를 하였다. 의회제도에 있어서 연회는 매년 교역자를 파송할 필요가 없으므로 2년에 한 번씩 모이고 연회의 업무를 대폭 줄이고 지방회의 업무를 더욱 충실히 하는 것으로 하였다. 총리원 4국(전도국, 교육국, 사회국, 재무국)에는 위원장과 총무제도를 두고 이사회에서 각국 위원을 택하기로 하였다. 또한 경성지방 종로4가 동편을 동부연회 지경으로 한다는 등의 결의가 이루어졌다. 이처럼 양주삼은 8년간 한국 감리교회를 이끌어 갔다. 행정과 조직에 남다른 재능을 보유하고 있던 그였기에 한국 감리교회는 창립 초기 어수선한 상황에서도 그가 지휘하는 총리원을 중심으로 감리교회 특유의 중앙집권적 행정체제를 구축하고 다양한 선교 사업을 전개했다. 그는 1938년 제3차 총회에서 김종우를 후계자로 세우고 한국 감리교회의 최고 책임자에서 물러났다. 총리사직에서 물러난 후 그는 만주선교사업에 관심을 가지고 만주 지역의 교포선교에 힘썼다.

6. 제3회 총회와 김종우 감독

제3차 총회는 일제의 침략전쟁이 노골화되는 때인 1938년 10월 5일 감리교신학교 강당에서 열렸다. 제3차 총회가 다른 총회와 달리 특이한 점은 총회 개회 3일째 되는 10월 7일을 애국일로 정하고, 오전에는 일본메도디스트교회 감독인 정궁 감독의 강설을 들은 후 오후에는 총독부를 방문하였다는 것이다. 오후 1시 반에 정동 배재중학교 운동장에서 총회원들과 시내 교인, 그리고 감리교계의 20여 개 교인 7천 명이 모여 황거요배, 황국신민서사를 제송한 후 총독부를 방문하였다. 총독의 연설 후 총회원들은 일본 천황과 총독을 위한 만세삼창을 한 후 남산 조선신궁에 참배하였다. 감리교회 최고 임원인 총리사의 호칭을 "총리사나 감독이라 칭함"으로 결정되었다. 이어서 감독선거가 있었는데 감독선거는 총표수의 2/3 이상으로 당선이 가능하게 되어 있으므로 당선이 확정되는 득표를 얻을 때까지 계속되었다. 당선자가 나올 때까지 계속해서 투표를 해보았으나 당선자가 없었다. 결국 23회를 거쳐 투표한 결과 김종우 감독이 선출되었다.[17] 이날 오후에는 교육국 총무선거가 있었는데 류형기 목사가 단번에 당선되었다. 총회는 계속되어 만주 선교를 위해 1천 원을 연보하였다.

제2대 감독으로 취임한 김종우 목사는 1884년 9월 21일 경기 강화도에서 유학자 집안인 안동 김씨의 가문 김용하 선생의 장손으로 출생하였다. 유학자인 조부 김용하에게 정통 유학과 유교 교육을 받고 자랐다. 1901년 8월 조부가 기독교에 감화를 받고 개종하자 김종우도 개신교인이 되었다. 그해 스크랜턴에게 세례를 받고 속장이 되었다. 그는 1907년 배재학당에 입학하여 1911년 졸업을 하였다. 김종우는 기도 중 하늘의 음성을 듣고 신학을 위해 결단하고 피어선성경학교, 협성신학교 등을 차례로 입학하여 졸업했다. 그는 기도에 힘써 기독교 성령의 진리를 체험했고 정동제일교회 전도사로 임

---

17) *The Korea Mission Field* (Nov. 1939), 241.

명받은 직후 담임 현순 목사와 남산에서 100일간 새벽기도를 하던 중 1914년 11월 23일 정동제일교회당에서 새벽기도회에 참석한 회중 200여 명과 함께 오순절 다락방의 성령 강림과도 같은 성령 체험을 하였다. 이처럼 그는 감리교회 영적인 목회자로서 활동을 하였다. 목회는 1908년 동대문 밖 12교회 순회 전도사로 시작하여 동대문, 상동, 수표교를 거쳐 정동교회 시무 중 경성지방 감리사를 역임한 후 1938년 감독에 피선되었다. 하지만 그는 일제의 신사참배 강요 등의 압박으로 한국교회가 위기를 맞는 시기에 활동하였기에 일제에 강력히 맞서거나 이들의 정책에 거부하는 모습을 보여주지 못했다. 결국 그는 1년 정도밖에 감독직을 수행하지 못하였는데 일제의 강요로 일본에 가서 다른 교파 지도자들과 함께 신사참배를 마치고 돌아온 직후 1938년 9월 17일 악성 패혈증으로 별세하였다.

7. 이용도의 부흥운동과 영성

1) 이용도의 부흥운동의 배경

1919년 3·1운동 이후로 한국교회의 상황은 이전과는 달랐다. 한국교회의 말씀과 기도운동은 선교 초기 한국사회를 이끌어 온 지도력과 영적 생명력을 상실하고 있었다. 1900년대 초부터 강력히 일어난 한국교회의 민족운동은 현저히 저하되었고, 초기 부흥운동 역시 그 힘이 약화되었다. 하나님의 말씀은 교양이나 윤리규범 정도로 이해되었고 기도는 개인의 축복과 번영, 그리고 모순된 현실 세계로부터 도피하는 수단으로 전락되었다. 이용도가 본 1920년대 후반의 한국교회는 겉으로는 화려했지만 속으로는 텅 빈 영적 공황상태였다. 당시 민족의 현실도 마찬가지였다. 1930년대에 들어서면서 경제, 문화, 정치에 걸친 일제의 강제는 더욱 심해졌다. 이처럼 이용도의 부흥운동은 기독교와 민족의 현실이 암울해질 때 일어나기 시작했다.

이용도는 한국교회를 생명이 없는 고목과 같이 죽은 교회라고 하였다. 말씀과 찬송, 기도와 봉사는 있지만 '예수'가 없기 때문이라는 것이다. 감격과 고백이 없는 찬송, 회개와 중생이 없는 설교, 자기의 부인과 순종이 없는 기도, 감사와 사랑이 없는 전도…. 이 모든 것이 한국교회가 예수를 머리로만 이해하고 가슴으로 체험하지 못한 데서 기인한 것이라는 것이다. 이용도는 이런 문제가 발생하는 것은 예수와의 신비적 합일이 없기 때문이라고 생각했다. 그는 한국교회가 본질을 상실하고 형식화되는 현상에 대해 통렬하게 비판하면서 한국교회에 새로운 영적 메시지를 던지고자 하였다.

2) 이용도의 생애

이용도는 1901년 4월 6일에 황해도 금천군 서천면 시변리에서 이덕홍의 셋째 아들로 태어났다. 이용도 목사의 어린 시절은 평범한 아이들과 같았다. 하지만 어려서부터 잔병을 많이 앓아 다른 아이들에 비해 약한 편이었다.[18] 이용도의 가정은 불안정했고 가난한 편이었다. 하지만 어머니의 충실한 기도생활은 어린 시절 이용도의 신앙에 매우 큰 영향을 주었다. 불과 13세 때, 그는 예배당 종각 꼭대기에 올라가 여러 시간을 기도했다. 때로 밤을 새우며 기도하기도 했다. 이런 기도생활을 통해 그는 체험적 신앙인으로 성장하고 있었다.

이용도는 시변리 공립보통학교를 졸업하고 1915년에 개성 송도고등보통학교의 전신인 한영서원에 입학했다. 힘든 가정형편 때문에 이 시기 그는 고달픈 생활을 하였다. 1924년, 감리교협성신학교에 입학하기 전까지 약 5년 동안 독립운동에 열중했다. 1919년에 손봉애와 결혼한 그는 3·1운동에 적극 가담하여 옥고를 치렀다. 상해임시정부가 발행한 독립공채 등으로 군자금

---

18) 변종호 편저, 「이용도목사전집 제2권」(초석출판사, 1986), 18.

을 모집할 목적으로 조직된 '조선독립준비단'의 단원으로 활동하다가 1920년 12월 다시 체포되어 투옥되었다. 또한 1921년 11월 10일 송도고등보통학교 4학년 재학 당시 미국에서 개최된 태평양회의에서 조선 독립에 관한 문제가 의제로 선정된 것을 축하하는 의미로 동맹휴교를 선동하였다. 이로 인해 1922년 3월 1일 경성복심법원에서 징역 6개월을 선고 받았다. 그는 1924년 감리교협성신학교에 입학하기 전까지 무려 네 번에 걸쳐 구금되거나 투옥되었다.19)

이후 교장의 권면으로 신학교에 입학하게 되었다. 하지만 민족의 독립을 더 우선으로 생각했었기 때문에 이용도는 신학교 초기 시절 신학에 대해서 큰 관심을 두지 못했다. 당시 이용도는 그저 신문이나 잡지, 시가, 소설, 법률, 정치와 관련된 서적이나 읽고 학생들과 모일 때마다 논쟁에 열중하였다. 그래서 사람들은 그를 이론가, 논쟁가, 말썽꾼, 경우꾼, 싸움패, 과격파라 했다. 그러나 이때에 이용도는 미래의 주인인 어린이들에 대해 생각하게 된다.20)

1925년 겨울, 이용도는 폐병 3기라는 진단을 받는다. 이호빈과 이환신은 이용도에게 자신들의 고향인 평안남도 강동으로 휴양을 가자고 권한다. 이들은 이용도에게 부흥회를 인도해 줄 것을 부탁했고, 이용도는 이를 수락하였다. 이용도는 밤새워 기도를 하고 새벽기도를 인도하였다. 집회를 인도하는 중 그는 계속해서 눈물을 흘렸다. 찬송을 불러도 눈물이 흐르고, 기도를 해도, 설교를 할 때에도 눈물이 멈추지를 않았다. 집회에 참석한 모든 회중도 함께 울고 통곡했다.21) 강동교회의 집회를 통해 중생의 체험을 한 그는 다시 신학교로 돌아갔다. 1928년 1월 28일, 협성신학교를 제14회로 졸업한 이용도는 1월 29일 강원도 통천으로 파송을 받아 첫 목회를 시작했다.

---

19) 변종호 편저, 「이용도목사전집 제2권」, 23; "조선독립주비단원 이윤천 등이 황해", 「일제침략하 한국36년사 5권」; 「판결문」(경성복심법원, 1922년 3월 1일).
20) 변종호 편저, 「이용도목사전집 제5집」, 75~76.
21) 변종호 편저, 「이용도목사전집 제2권」, 28~29.

목회 초기 이용도는 본인의 능력으로 무엇인가를 해보려고 부단히 노력하였다. 그러나 뜻대로 되지 않자 그는 자주 산으로 들어가 기도하기 시작했다. 그러던 중 금강산으로 들어가 10일 동안 금식 기도를 하면서 은혜를 체험하였고, 이후 그는 기도하는 전도사가 되었다. 어느 날 새벽 3시에 이용도는 이런 기도를 드렸다.

아버지여 나의 혼을 빼어버리소서. 그리고 예수에게 아주 미쳐 버릴 혼을 넣어주소서. 예수에게 미쳐야겠나이다. 예수에게 미치기 전에는 주를 온전히 따를 수 없사옵고 또한 마귀와 싸워 이기지 못하겠나이다.[22]

이 무렵 이용도는 영적인 싸움을 하고 있었다. 영적 싸움을 통해 깊은 영적 세계로 들어가겠다는 갈급함으로 가득했다. 1928년 12월 24일 새벽에 환상 속에서의 마귀와의 투쟁(승마 체험)은 그가 부흥사로 전환하는 계기가 되었다.

이후 이용도가 집회를 여는 곳마다 회개의 역사가 일어나고 뜨거운 성령의 불길, 부흥의 불길이 일어났다. 그러나 이용도에 대한 시기도 일어났다. 이후 이용도는 주일학교연합회 간사로 파송을 받았고, 다시 경성지방 순회목사로 파송을 받았다. 이런 상황에서도 이용도 목사의 인지도는 점차 높아졌고, 경성지방뿐만 아니라 전국의 수많은 교회가 그를 부흥 강사로 초청하였다.[23] 8일간 영동에서 열린 주일학교강습회에서 이용도는 기도와 은혜를 언급하였다.

아 한국의 교회는 장·감(長·監)을 물론(勿論)하고 그 정지가 가련(可憐)하였구나! 저희가 기도를 몰랐으니 어디 가서 신비(神秘)한 은혜에 접할 기회가 있

---

22) 변종호 편저, 「이용도목사전집 제2권」, 37.
23) 변종호 편저, 「이용도목사전집 제2권」, 66~68.

었으랴!? 오- 주여 저희들에게 기도를 가르쳐 주옵소서.24)

이용도는 찬송과 기도와 설교의 사람이었다. 언제나 열정적으로 부흥회를 인도했으며, 기도·체험·성령 충만을 무엇보다 강조하였다. 특히 영혼구원에 가장 집중하였다. 신학보다는 삶으로, 형식보다는 은혜로, 제도·율법보다는 사랑의 은사를 강조하였다. 이는 당시 교회의 실패 원인이 바로 성령을 받지 못한 것 때문이라고 보았기 때문이다. 1929년, 20여 교회에서의 부흥회를 인도하였고, 이러한 부흥집회는 1930년도에도 계속되었다. 1930년, 주일학교연합회 간사로 부임한 이후에도 계속해서 부흥회를 인도하였다. 5년 목회 기간 동안 그가 인도한 부흥회는 100여 회에 달하였다.

그의 새로운 신앙운동은 기성교회들로부터 강력한 비판과 제재를 받았다. 이용도의 설교가 기성교회를 공격하고 있다는 점, 소등 기도 등 매우 파격적인 집회를 행한다는 점을 들어 이용도의 집회를 비판하였다. 또한 김교신의 「성서조선」이란 잡지를 선전한다는 이유로 그를 무교회주의자로 규정하였다. 1931년 10월 장로교의 황해노회가 그에게 금족령을 시달하였으며, 1932년 4월에는 평양노회가 평양기도단에 제한을 가하여 그를 규제하였다. 조선감리회 중부연회는 1933년 3월 휴직처분을 결정하였고, 1933년 대한예수교장로회 22회 총회는 이용도 목사를 이유도 명시하지 않고 그대로 이단으로 정죄하였다. 1933년 '예수교회'가 창립되었지만 이용도 목사는 몇 달 뒤인 1933년 10월 2일 원산에서 폐결핵으로 사망하였다.

3) 이용도 목사가 본 한국교회의 문제

첫째는 변질된 예수 그리스도이다. 암울했던 일제 식민지 속에서 민족의 횃불 역할을 하며 민중의 편에 섰던 한국교회는 더 이상 십자가에서 고난을

---

24) 변종호 편저, 「이용도목사전집 제2권」, 63.

당하신 예수 그리스도를 원하지 않았다. 이용도는 1927년 2월 9일 일기에 한국교회의 현실을 다음과 같이 적었다.

> 한국교회는 부흥되어야겠다. 한국교회에 없는 것 : 기도, 개인전도, 열심, 사랑, 용기, 감사, 찬송, 협동, 성경공부, 구도심, 봉사, 가정기도. 있는 것 : 잔말, 말질, 평론, 돈만 모으려는 생각, 게으름, 시비 투쟁, 비겁, 공포, 불평, 근심, 걱정, 분열, 연문학, 구금심, 탐욕, 이기, 가정 불안.25)

특히 이용도 목사는 교회가 물질과 명예에 사로잡힌 채 세속화되어서 교회의 자리를 잃어버리고 제 역할을 하지 못하는 것에 대해 한탄했다. 그리고 왜곡되고 변질된 예수 그리스도를 찾는 성도들과 왜곡되고 변질된 예수 그리스도를 전하는 목사들을 보면서 탄식을 금하지 못했다.

> 현대의 교인은 [괴이한 예수]를 요구하매 현대목사는 괴이한 예수를 전한다. 참 예수가 오시면 꼭 피살될 수밖에 없다. 참 예수를 저희들이 죽여 버리고 말았구나. 그리고 죄의 요구대로 마귀를 예수와 같이 가장하여 가지고 선전하는구나. 화 있을진저 현대교회여! 저희의 요구하는 예수는 육(肉)의 예수, 영(榮)의 예수, 부(富)의 예수, 고(高)의 예수였고, 예수의 예수는 영(榮)의 예수, 천(賤)의 예수, 빈(貧)의 예수, 비(卑)의 예수니라. 예수를 요구하느냐. 하나님의 아들 예수를 찾으라. 사람의 예수 너희가 만들어 세운 예수 말고! 예수를 갖다가 너희 마음에 맞게 할 것이 아니라, 너를 갖다가 예수에게 맞게 하라.26)

이용도 목사는 당시의 이러한 세속화된 교회가 전하는 예수 그리스도를

---

25) 변종호 편저, 「이용도목사전집 제3권」, 21.
26) 변종호 편저, 「이용도목사전집 제3권」, 87.

"괴이한 예수"라고 비판했다. 교회의 강단에서 육적인 예수와 영광스러운 예수, 그리고 높은 자리의 예수만이 선포되고 있다는 것이다. 즉 고난받은 예수 그리스도를 우리 인간의 욕심을 채우기 위한 도구로서 전락시켜 버린 것이다. 이처럼 한국교회의 강단에서 예수 그리스도를 왜곡하는 설교들이 행해지고 있고, 이는 예수 그리스도를 죽이는 것이라고 비판하였다.

둘째는 사랑과 헌신이 없는 이기적인 기독교인에 대해 비판하였다. 이용도 목사가 집회기간 중에 한겨울 거리에서 떨고 있는 거지 최억성을 돌보아준 적이 있다. 예수 그리스도를 믿는 사람이 이렇게 많음에도 불구하고 이 불쌍한 어린아이 하나 돌보아 줄 교인이 한 명도 없다는 것에 대해 크게 분노하면서 그는 교회 안에 이기적인 기독교인들이 있다고 지적하였다. 은혜받고 복 받으려는 교인들은 많지만 사랑을 나누는 교인은 찾기 힘들다고 한탄한 것이다.

셋째는 교리 중심적이고 형식화된 교회를 비판하였다. 1930년대에 들어서면서 한국교회는 교리에 치중하는 교회가 되어 교회 공동체와 민중에게 진정한 생기와 활력을 불어 넣지 못한다고 보았다.

아! 이 조선교회의 영들을 살펴주소서. 머릿속에 교리와 신조만이 생명 없는 고목같이 앙상하게 뼈만 남았고, 저희들의 심령은 생명을 잃어 화석이 되었으니 저의 교리가 어찌 저희를 구원하며, 저희의 몸이 교회에 출입한다고 하여 그 영이 어찌 무슨 힘과 기쁨을 얻을 수 있으오리까. 교회의 표면에 쳐놓은 신성(神聖)의 막(幕), 평화의 포장을 걷어치우고 그 내용을 들여다보면 분쟁, 시기, 냉정, 탐리(利)의 마(魔)가 횡행하오니 어찌 그 속에서 천국을 찾아보며 또 신성을 보겠나이까. 어서 주의 신령한 손이 일하여 주시고 진리와 사랑의 성신이 충만히 임하여 주옵소서. 아멘.[27]

---

27) 변종호 편저, 「이용도목사전집 제3권」, 181.

310

이용도 목사는 당시대 교회를 고목이고 화석이라고 비판했다. 고목과 화석은 형상은 있으나 생명력은 없다는 것을 의미한다. 교리와 신조들로 편을 가르고, 신앙적 실천은 없는 교회였다. 이런 교회들을 향한 이용도 목사의 비판은 멈추지 않았다.

넷째는 목회자들의 교권주의(권위주의)였다. 선교사들을 통해서 전해진 교파 교회의 정치제도와 직제가 그대로 이식된 한국교회는 교회 속에 질서와 교권적인 파벌주의가 자리 잡게 되었다. 생명력과 힘을 잃어버린 교회와 목회자는 지도력을 상실해 버렸다. 이렇게 되자 종교적 권위주의로 성도들 위에 군림하려고 했다.

한국교회는 점점 무력해 간다. 점점 속화해 간다. 교회 안에는 훈훈한 맛이나 따뜻한 맛이 조금도 없고 들어서면 찬바람이 쓸쓸히 돌 뿐이다. 시기가 가득하고 분쟁이 사람의 이목을 놀라게 한다. 대구 사건 마산 사건이 이를 증명한다. 하나님을 위한 봉사나 남을 위한 봉사를 하기는커녕 도리어 자기의 이익만을 찾기에 눈이 벌개서 덤빈다. 연회의 보고 중에는 내용 없는 숫자만이 교역자의 입을 통해서 들어옵니다. 허위가 가득차고 싸움이 가득 찼습니다.[28]

이용도 목사는 직업적인 목사와 직업적인 부흥사들을 향해서 거침없이 비판했다. 또한 목회자의 세속화와 도덕적인 타락을 지적하고 교권주의의 문제에 대해 강력한 비판을 가했다.

4) 이용도 목사의 영성

첫째, 이용도 목사 영성의 원천은 바로 기도이다. 그는 깊은 기도를 통해

---

28) 변종호 편저, 「이용도목사전집 제3권」, 32.

서 하나님과의 교제와 하나님의 생명, 그리고 주시는 힘을 얻어 살았다. 기도는 바로 이용도가 가장 강조했던 신앙의 중심이었다. 이용도 목사의 기도는 단지 하나님께 바라는 소원을 말하거나 하나님의 음성을 듣는 것으로 끝나는 것이 아니라 신비로운 생명이 탄생하는 시작점으로 본 것이다. 세상 속에서 힘들게 삶을 사는 사람들의 지치고 오염된 생명이 평화와 자유, 기쁨으로 가득한 하나님의 새 생명을 얻어 새롭게 거듭난다는 것이다. 그래서 이용도 목사는 신앙생활을 '생명의 역환'이라 하고, 기도를 '생명의 역환소'라고 했다.[29] 이용도 목사는 기도를 통해 병을 치유 받았고 신비한 체험도 했으며 또한 기도를 통해 자신의 모습까지 다시 바라보기도 했다. 이용도 목사는 기도가 믿음을 달아볼 수 있는 저울인 동시에 기도를 통해서 생명과 진리를 얻었다고 생각했다. 그러기에 한국교회를 향해 기도가 필요하다고 무수히 외쳤다. 이용도 목사의 기도는 목숨까지 건 필사적인 기도였다. 그러기에 그의 기도를 듣는 사람마다 뼈에 사무칠 정도로 공감하며 누구 하나 아멘을 외치지 않는 이가 없었다. 이용도 목사의 집회에는 뜨거운 기도의 불길이 수그러들지 않았고, 교인들은 기도단을 결성하여 끊임없이 기도하였다.

둘째, 이용도 목사 영성의 중심은 고난이었다. 이용도 목사는 일제강점기 시절에 태어나 억압과 가난, 또한 병고의 아픔을 경험하며 살았다. 그래서 그는 자기 자신의 고난과 민중의 고난을 예수 그리스도의 십자가 고난과 통일되게 볼 수 있었고, 그로 인해 고난 속에서 살아계신 예수를 깊이 체험할 수 있었다. 이용도 목사의 입장에서 예수의 십자가는 영광의 십자가가 아니라 고난과 비천함을 나타내는 십자가였다. 이용도의 영성은 고(苦)와 빈(貧), 비(卑)의 영성이라고 할 수 있다.

'고는 나의 선생'(오 주여, 나로 하여금 모든 것을 끊어버리고 다만 당신과 당신의 십자가밖에는 아무것도 모르고 아무것도 보지 않고 아무것도 들리지 않는 불구자로

29) 성백걸, "영원의 향유: 이용도의 생애와 사상", 「이용도목사 탄신 100주년 기념 논문집」, 35~37.

만들어 주옵소서.)

'빈은 나의 애처'(내가 주께 은총을 입었사오니 내 생명이 다할 때에 발가벗은 몸으로 지하에 들어가게 하시고 나의 소유라고는 생전에 다 주를 위하여 무가 되게 하여 주시기 바라옵나이다.)

'비는 나의 궁전'(오 주여, 나를 당신의 겸비의 끈과 은혜의 사슬로 매어 주시므로 당신께서 어디로든지 끄시옵소서. 나의 육은 죽여주시고 나의 영이 주님과 더불어 교통하게 하옵소서.)**30)**

나아가 이용도 목사는 자신이 예수와 같이 십자가에 달리는 그 고통 속에 동참하면서 순교자와 같은 비장한 각오를 가졌다. 이용도 목사는 모든 것을 포용하겠다는 자세로 고난의 예수를 따라가려 한 것이다.

> 뙨아! 나는 나의 일에 대하여 아무 手段도 방법도 없는 것을 알아다오. 무슨 깊은 철학적 원리를 나에게 묻지 말아다오.
>
> 죽음! 이것만이 나의 수단이오 방법이오 원리라고나 할까! 그리하여 날마다 죽음을 무릎쓰고 그냥 무식하게 돌진하려는 것뿐이다. 어느 날이든지 나의 빛없는 죽음! 그것이 나의 완성일 것이다.
>
> 형아! 나는 理없이 光없이 죽으려 한다. 뒤에 理있이 光있이 싸울 사자가 나오기를 바라면서. 나는 無理하게 죽을께 형은 有理하게 살아주지 않으려나! 나는 法없이 條理없는 운동에 祭物이 되거든 형은 法적으로 條理 있게 일하여다구!
>
> 이를 위하야 나는 먼저 떨어져 죽는 작은 밀알 한 알갱이가 되려 하노라.**31)**

셋째, 이용도 목사의 영성은 예수 그리스도와 사랑의 연합을 이루는 영성

---

30) 변종호 편저, 「이용도목사전집 제1권」, 86.
31) 변종호 편저, 「이용도목사전집 제2권」, 275.

이다. 이용도 목사는 이것을 예수 그리스도와의 사랑의 연합, 또는 사랑의 결혼을 체험하는 것으로 표현하였다. 그래서인지 그는 아가서를 즐겨 읽거나 강해하기도 하였다. 에로스적인 사랑을 아가페적인 사랑으로 승화시키며 예수와의 달콤한 사랑의 교제를 누리며 살고자 했던 것이다. 이용도 목사의 삶의 목표는 만유의 주 하나님과 그의 아들 예수 그리스도를 자신 안에 모시고 그와 하나가 되는 것, 즉 예수 그리스도와 사랑으로 연합을 이루는 데 있었다.

넷째, 이웃 사랑의 영성이다. 예수와 사랑으로 연합하기 위해서 이용도 목사는 이웃 사랑을 실천함으로 그의 영성을 드러냈다. 사랑이 없는 신앙은 신앙이 아니라며 사랑을 강조한 것이다.

> 사랑으로 시작되지 않은 신앙은 허위의 신앙이니 이는 사람을 죽일 신앙이니라. 세상에 신앙에 사는 사람이라 하여 쟁투가 많은 것은 사랑에 근거를 두지 않은 신앙 곧 무애신앙의 소유자가 많은 까닭이니라. 사랑은 곧 생명이라. 사랑 없는 신앙은 생명 없는 신앙이니라. … 네가 신앙의 소유자이냐. 그러면 너는 사랑의 소유자가 될지어다. 사랑이 없는 신앙은 불 꺼진 등이오. 맹인의 안경이니라.[32]

이용도 목사는 먼저 내가 살고서 남을 살리는 것이 사랑이 아니라 자기 생명을 버리면서까지 남을 살리는 것이 진정한 사랑이라 믿었다. 이것이 구체적인 삶으로 나타나야 한다고 생각하였기에 이를 실천하며 살았다.[33] 결국 이용도 목사의 예수를 사랑하는 마음이 이웃을 사랑함으로 구체화된 것이다. 세리와 창녀, 강도 모두를 사랑하고 포용했던 예수 그리스도의 사랑을 이용도 목사는 몸소 실천한 것이었다.

---

32) 변종호 편저, 「이용도목사전집 제3권」, 177~178.
33) 변종호 편저, 「이용도목사전집 제5권」, 207.

5) 이용도 부흥운동의 의의

이용도의 부흥운동은 당시 암담한 현실 속에서 그 출구를 찾을 수 없었던 한국 기독교인들에게 열광적인 환영을 받았다. 그의 부흥운동은 영성에 기초한 것이기에 교인들에게 내적 확신을 주었다.

그는 당시 서양 선교사들이 전한 서구 신학의 틀에 갇혀 있던 목사들과 달리 조선식 도포 차림으로 조선의 언어로 회개와 신앙을 부르짖었다. 서구의 신앙과 신학을 일방적으로 답습하기보다 자신이 살고 있는 이 땅의 문화와 정서가 담긴 신앙을 가질 때, 영적 세계에 쉽게 들어갈 수 있다고 확신했다. 그러므로 그는 설교뿐 아니라 가야금을 뜯으면서 가극과 연극, 시, 편지, 일기를 통해서도 초월적 하나님의 음성을 듣고 전했다. 그는 이런 면에서 토착적 신앙을 소유한 영성가였다.

그는 한국교회의 개혁을 외친 설교자였다. 비록 5년여에 불과한 짧은 기간이었지만, 깊은 영적 체험에 근거한 교회의 개혁은 당시에는 물론 오늘까지 큰 울림이 되고 있다.

그리고 그는 그리스도의 말씀대로 살아 보려고 몸부림친 예언자이며 사랑의 실천가였다. 1930년대 초 그는 각종 부흥회 집회와 기도운동을 이끌면서 한국교회에 작지 않은 영적 파장을 일으켰다. 전국 곳곳 교회가 앞을 다투어 그를 초청했고, 그가 집회를 여는 곳마다 변화의 바람이 불었다. 그는 당시 조선교회의 위기가 무엇인지 진단하고 있었고, 이 문제를 어떻게 풀어갈 수 있는지 파악하고 있었기에 많은 교인들이 그의 영성운동에 공감하였다. 일제강점기라는 어두운 시기에 빛의 역할을 하지 못하는 한국교회를 비판만 한 것이 아니라, 그 문제를 극복할 수 있는 대안을 몸소 보여준 예언자였다.

8. 정경옥의 복음적 자유주의 신학

1) 정경옥의 생애

정경옥은 1903년 5월 24일 전라남도 진도읍 교동에서 출생했다. 부잣집 맏아들로 태어난 그는 고향에서 소학교를 졸업하고 서울 경성고등보통학교(현 경기고교)에 입학했다. 이 학교에 재학 중이던 1919년 3·1운동 당시 학생 시위에 참가했다가 제적당하였다. 이후 고향에 내려와 한학을 공부하였는데 함께 공부하던 고향 친구 박종현, 박석현, 김인수 등과 '보향단'을 결성하였다. 「독립신문」 등을 제작·배포하다 체포된 정경옥은 목포형무소에서 6개월간 옥고를 치렀다. 그는 감옥생활 중 기독교인 수감자가 전해 준 성서를 읽으면서 신앙 체험을 하였다. 이후 그의 인도로 기독교인이 되었다. 석방된 후 진도로 돌아온 그는 1920년 함께 개종한 옥중 동지들과 힘을 모아 진도읍 교회를 설립하였다.[34] 목회자가 되겠다고 결심한 그는 서울로 올라가 기독교청년회(YMCA) 학관에서 영어를 배우다가 일본으로 건너가 도쿄 아오야마학원(靑山學院)에서 신학을 공부하였다. 그가 신학을 공부할 때인 1923년 9월, 관동대지진이 일어나 어쩔 수 없이 귀국하게 되었다. 그러나 그의 신학 공부는 계속되었다. 1924년 감리교신학교 영문과에 입학하여 1928년 1월 28일 졸업하였다. 당시 그는 이용도·박연서·유자훈·배덕영·이동욱·조신일·이강산·윤태현 등과 함께 공부하였는데 그의 동기는 총 41명이었다.[35] 그는 신학교 시절에 신학적인 토론을 즐겨하였고, 이용도는 그의 좋은 파트너이자 경쟁자였다. 일단 논쟁이 시작되면 밤이 새도록 계속되었다고 한다. 정경옥은 신학교 졸업 직후 「기독신보」에 여덟 번에 걸쳐 "사랑"이란 글을 연재

---

34) 이성삼, 「감리교와 신학대학사」 (한국교육도서출판사, 1977), 312.
35) 이성삼, 「감리교와 신학대학사」, 312.

하면서부터 교계의 주목을 받았다.[36] 1928년 9월, 미국으로 건너가 1930년 개렛신학교에서 공부했다. 당시 그를 지도한 교수는 해리스 프랭클린 롤이었다. 1931년 9월 노스웨스턴대학에서 조직신학 석사학위를 받았다. 계속해서 박사과정을 밟으려 하였으나 모교인 감리교협성신학교의 요청을 받고 귀국하였다.

1931년부터 감리교신학교에서 강의를 시작한 그는 해박한 지식과 학문에 대한 진지한 자세, 깊이와 넓이를 겸한 열정적 강의로 인해 곧바로 인기 있는 교수가 되었다. 그는 학교 강의뿐 아니라 교회에도 자주 초빙 받아 강연과 설교를 하였는데 그의 열변은 온 청중을 사로잡을 정도로 설득력이 있었다. 그의 강의와 글은 누구나 이해하기 쉬웠고, 지식과 함께 감동을 주었기에 대중에게 널리 읽혔다. 한국 감리교회 신앙고백인 "교리적 선언"을 해설한 책 「기독교의 원리」는 한국 감리교회의 신앙과 신학의 원리를 정리한 것이다. 이 책은 교파를 초월하여 읽혀지기도 했다.[37] 정경옥은 교수로 부임한 이후 강의뿐만 아니라 논문 집필에도 힘을 기울였다. 감리교신학교 교지인 「신학세계」의 주간을 맡으면서 1932년에서 1936년까지 5년간 60여 편의 신학 논문을 발표했고, 단권 서적인 「기독교의 원리」(1935년)를 집필하였다. 이 외에도 여러 논문과 일기, 수상, 설교 등을 발표하면서 강연 활동을 하였다.

1933년부터 수표교교회에서 목회를 시작한 그는 1937년 제6회 중부연회에서 목사 안수를 받았다. 하지만 감리교신학교에서 교수로 재직한 지 5년 만인 1937년 3월, 교수생활을 청산하고 고향인 진도로 내려갔다. 그가 낙향한 이유는 교수로 재직하는 동안 자신도 모르게 젖어든 타성과 타협의 생활 습관에서 오는 영적 위기 때문이었다. 낙향 이후 정경옥의 생활은 단순했다. 영성 회복을 위한 구도에 집중했다. 자연에서 생활하는 단순한 삶은 영을 소생시키고 마음을 정화시켰다. 이런 생활을 하면서 그는 서서히 잃어버렸던

---

36) 정경옥, "사랑(1~8)", 「기독신보」 (1928년 2월 15일~6월 6일); 정경옥, 「정경옥 교수의 글모음」 (감리교신학대학교 출판부, 2005), 383~397.
37) 정경옥, 「기독교의 원리」 (감리교신학교, 1935).

자아를 다시 보게 되었다. 그는 성경을 읽고 묵상하면서, 또한 화순의 성자 이세종과 교류하면서 예수를 재발견하고 그 감격을 담아 1938년 「그는 이렇게 살았다」를 저술하였다.

정경옥은 1939년 봄부터 다시 서울로 올라와 감리교신학교 교수직을 맡았다. 2년 만에 고향에서 돌아온 그는 신학 지식이 아닌 신앙 진리를, 머리가 아닌 가슴으로 전하기 위해 애썼다. 이런 가운데 1939년 한국 최초의 조직신학 개론서인 「기독교신학개론」을 집필하였다. 그러나 1940년 봄 감리교신학교가 일제에 의해 폐교되어 학교에서 쫓겨나게 되었다. 당시 그는 만주로 이동하여 만주신학교 교장을 맡았다. 그러나 부임한 지 1년이 채 안 되어 이 학교도 폐쇄되었고, 결국 진도로 다시 내려왔다. 1942년 봄, 일제에 의한 한국인 친미파 검거과정에서 체포되어 재판도 받지 못한 채 8개월간 진도경찰서에 구금되었다가 풀려났다. 그 후 1943년 2월 광주중앙교회 장로들로부터 "청년과 학생들을 지도해 달라"는 요청을 받고 2년여 동안 목회를 했다. 정경옥은 광주중앙교회에서 목회하는 동안 이미 친일교단으로 변질된 '일본기독교조선장로교단'의 지시를 받아들여 전남교구장을 맡는 등 외견상 일제에 협력하는 자세를 취하였다. 이런 와중에도 은밀하게 월요일부터 금요일까지 매일 새벽 4시부터 6시에 교회 청년 10여 명을 모아 신학을 가르쳤다. 이때 정경옥의 영향을 받은 인물이 조선출, 성갑식, 김천배, 김학준, 신성철, 정인보, 박요한, 조아라, 김상백, 이준묵 등이다. 1944년 12월 복막염으로 건강이 급속히 악화되었다. 제자들의 정성어린 간병에도 불구하고 해방 4개월 전인 1945년 4월 1일 부활주일에 별세하였다. 투병 중 그를 찾아온 교인이나 청년들에게 유언처럼 남긴 말이 있는데 그것은 "곧 날이 밝는다. … 복잡에서 단순으로, 복잡에서 단순으로, 복잡에서 단순으로…."라는 것이었다.[38] 정경옥은 끝까지 조국 광복에 대한 희망을 놓지 않고 숨을 거두었던 것이다.

---

38) 선한용, "철마 정경옥 교수의 생애에 대한 재조명", 20.

2) 정경옥의 신학

정경옥의 신학은 첫째, 종합적 복음주의 신학이라 할 수 있다. 정경옥이 스스로의 입장을 밝힐 때 "나는 신앙에 있어서 보수주의이요 신학에 있어서 자유주의란 입장을 취한다."고 했는데 이 말은 이후 한국 감리교회 신학 노선을 설명하는 대표적인 명제가 되었다.[39] 이를 통해 그가 단순히 자유주의 신학 노선만을 추구하지 않았음을 알 수 있다. 그에게는 복음주의적 입장과 계시신학의 입장이 병존하고 있었다. 바르트 신학의 근본정신에 찬동하는 신학자였다. 정경옥이 귀국하여 신학 강의를 시작할 때 한국 교계는 성서 비평학과 기독교인의 현실 참여 등의 문제를 놓고 갈등과 마찰을 빚고 있었다. 이러한 때 그는 자신의 신학적 입장을 "신앙에 있어서 보수주의요 신학에 있어서 자유주의"로 정리하였던 것이다. 갈등과 대립보다는 조화와 대화를 중시하는 감리교 특유의 중용 노선을 유지한 것이라고 할 수 있다. 정경옥은 기독교 진리를 종합적으로 추구했으며 자신의 신학 안에서 존 웨슬리와 슐라이어마허, 리츨, 해리스 롤, 칼 바르트 등 현대 신학자들 그리고 이세종의 장점을 종합하였다. 그러므로 그의 신학은 종합하는 신학이었다고 할 수 있다.

둘째, 경험을 바탕으로 한 실천신학이다. 정경옥은 "신학은 종교적 진리를 체계적으로 이해하려는 학문이다."고 전제하면서 기독교신학은 추상적 개념이 아니라 2천 년 기독교의 과거 경험으로부터 시작해야 한다는 것이다. 성서뿐만 아니라 2천 년 교회역사의 의식과 제도, 이상과 사업, 교리와 신조, 성도들의 신앙고백과 자서전과 기타의 종교문헌을 고려해야 한다는 것이다.[40] 그는 추상적 방법이 아니라 일상적인 경험을 강조하였다. 그에게서 신학은 우리 자신의 삶과 앎을 성찰하여 신학화하는 지적 행위이다. 이처럼 정경옥은 실존적인 경험을 강조한 신학을 전개하였다. 또한 그는 기독교신

---

39) 윤성범, "정경옥, 그 인물과 신학적 유산", 354.
40) 정경옥, 「기독교신학개론」(삼원서원, 2010), 46~47.

학이 반드시 실천적이어야 한다고 보았다. 신학은 넓고 복잡한 이론에만 그치면 안 되고 실생활의 원칙과 표준을 제공하여야 한다는 것이다. 따라서 기독교신학은 추상적 개념이나 원칙에서 시작하지 않고, 구체적이고 역사적인 경험을 내적으로 성찰함으로 시작된다고 보았다. 이런 내적 성찰을 통하여 획득된 것을 외적인 이론형식으로 표출할 수 있어야 하며, 이것은 실생활의 원칙과 표준이 될 수 있어야 한다는 것이다. 바로 이러한 것을 만들어서 제공하는 지극히 실천적인 학문이 신학이라는 것이다.41)

셋째, 토착화 신학이다. 정경옥은 신학의 역사를 시대별로 살펴보면서 "신학의 표현형식은 시대가 변하고 장소가 바뀜에 따라 가끔 변해왔다."고 하면서 자신의 신학적 임무를 다음과 같이 제시하였다.

> 오늘날 통절하게 필요한 신학은 시대정신에 동정할 수 있으면서도 시대정신에 맹목이 되지 아니하는 신학이다. 한편으로는 기독교의 독자적인 전통을 존중히 여기어 그 진리 파악을 확실히 하고 또 한편으로는 명철한 관찰과 식별을 가지고 시대가 이해하고 요구하는 방법에 의하여 신학을 수립하여야 할 것이다. 이 시대는 각각 자기 문화에 대한 자아반성을 요구하고 있다. 기독교는 세계의 소유이다. 그러므로 기독교를 해석하는 방법과 그 형태는 각자의 문화형태에 비추어 향토화(鄕土化)하고, 시대화(時代化)하지 않으면 안 된다. 이것이 이 시대에 있어서의 신학의 임무일 것이다.42)

정경옥은 신학의 사명을 "시대화"와 "향토화"로 제시하였다. 시대화가 기독교의 독자적인 전통을 "시대가 이해하고 요구하는 방법에 의하여" 진술하는 작업이라면 향토화는 그 전통을 "각각 자기 문화에 대한 자아반성"을 바탕으로 "각자의 문화 형태에 비추어" 설명하는 작업이다. 시대화가 신학의

---

41) 송길섭, 「한국신학사상사」 (대한기독교출판사, 1987), 337.
42) 정경옥, 「기독교신학개론」, 59~60.

한국 감리교회 역사

시간적 작업이라면 향토화는 신학의 공간적 작업이다. 따라서 신학자는 기독교 전통 속의 진리에 확실해야 하고 시대의 흐름에 예민할 뿐 아니라 자기 민족 고유의 문화 전통에도 진실해야 한다. 그렇게 할 때 한국 신학은 세계 신학 전통과 민족의 종교, 문화 전통에 동시에 충실할 수 있다. 정경옥은 이런 시대화와 향토화 측면에서도 신학은 기독교 메시지를 새로운 상황과 상호 관련시키는 작업이라고 보았다. 그는 신학의 궁극적인 방향이 토착화로 나타나야 함을 주장하였고, 그의 예수전인 「그는 이렇게 살았다」에서 이를 실현하고자 하였다.

넷째, 성서론이다. 정경옥의 성서관은 역사비평학을 수용하는 입장이다. 그는 그의 저서에서 성서에 대한 태도를 다음과 같이 표현했다.

현대의 성서에 대한 태도는 먼저 성서의 내용을 아무 가리움이 없이 그대로 비판하고 연구하고 음미하고 생명으로 삼자는 데 있다. 선입견을 가지고 신학적 외장을 씌워서 해석하려는 것은 결국은 성서를 성서로 보려고 하지 않고 자기의 의견이나 교리를 증명하는 도구로 사용하려는 태도밖에 더 다를 것이 없다. 그러므로 현대적 해석에 의하면 성서는 성서 그대로 가장 자연스럽게 그리고 자유롭게 비판하여야 한다는 것이다.[43]

정경옥은 역사비평학을 수용하면서도 신앙의 눈으로 성서를 보아야 하나님의 말씀을 잘 이해할 수 있다고 말한다. 즉 성서는 하나님의 책이면서 인간의 책이다. 하지만 정경옥이 성서비평학을 수용하는 기본 전제가 있다. "성서를 볼 때에는 무엇보다도 먼저 이것이 하나님의 말씀인 것을 알아야 한다. 하나님의 계시라는 관념을 떠나서 우리는 성서의 근본정신을 바로 이해할 수 없다."는 것이다. 정경옥은 성서비평학을 수용한다는 면에 있어서 자유주의 신학을 받아들이고 있지만, 바르트의 경우에도 성서비평학을 받아들

---

43) 정경옥, 「기독교신학개론」, 396.

이므로 성서비평학을 수용한다고 하여서 모든 신학을 '자유주의' 신학이라고 부르기에는 무리가 있다.[44]

3) 정경옥의 영성

첫째, 정경옥의 영성은 그리스도 중심적 영성이라고 할 수 있다. 이것은 「그는 이렇게 살았다」에 잘 나타나 있다. 그의 신학도 기독론이 중심이었다. 정경옥은 진도에 있을 때 전남 화순까지 가서 이세종과 만나 교류하였다. 오직 예수처럼 살기 위해 애쓰는 이세종을 지켜보면서 강력한 도전과 자극을 받았다. 이때 정경옥은 현대의 절박한 위기 상황에서 예수를 깨워야 한다고 확신했다. 그는 교회와 기독교인은 예수를 모시기는 하였으나 예수를 깨워보려고 하지 않고, 예수를 믿기는 하는데 예수의 삶을 살지는 않는다고 생각했다. 이런 측면에서 그는 역사적 예수보다는 신앙의 그리스도에 더욱 관심을 가졌다. 생활 전체와 교회의 조직과 활동에 있어서 그리스도의 생명이 넘쳐나야 한다는 것이다. 그러므로 그의 영성은 이 시대에서 예수를 어떻게 이해하고 적용할 것인가에서 출발한다. 그에게 예수는 그 무엇과도 바꿀 수 없는 '절대 진리'였고 이런 예수를 오늘의 삶에 적용하는 것이 신학자인 자신의 사명이며 과제라고 생각했다. 결국 정경옥은 서구 신학자들의 사상이나 이론이 아닌, 성경이 증언하는 예수의 사상과 인격과 구속의 은총을 '나의 것' 으로 삼아 살아가기를 소원하였다. 그래서 철저한 예수주의자로서 살고자 하였다. 정경옥은 그리스도의 겸비와 구유의 모습 속에서 포기의 영성을 구한다. 사람이 이 세상에서 사람다운 생활을 하기 위하여 먼저 자기중심의 생활을 떠나고 자기를 포기하여야 한다는 것이다. 그의 진도에서의 삶은 예수에게 붙잡혀 포기하는 삶을 배우고 실천하는 시간이었다.

---

44) 정경옥, "위기신학 사상의 연구", 「신학세계」 21권 3호 (감리교신학교, 1936), 41~42; 정경옥, 「정경옥 교수의 글모음」, 351~352.

둘째, 정경옥의 영성은 사랑의 영성이다. 그는 요한일서 강해에서 요한에게 생명의 도가 나타났다는 사실보다 더 중요한 점이 우리 인류가 이 생명의 도와 밀접한 인격적 관계를 가져야 한다고 강조한다. 주님의 사랑받는 요한처럼 친밀한 관계를 맺어야 한다는 것이다. 그리스도의 생활은 처음부터 끝까지 사랑이었다. 모든 인류가 어떠한 방법으로든지 서로 사랑하여서 하나가 되는 것이 천국의 이상이라고 본 것이다.[45] 사랑은 하나님과 사람을 결합하게 하고 성령은 이 사실을 확증한다. 성 요한은 사람을 사랑하는 근거는 하나님을 사랑하는 데 있고, 하나님을 사랑하는 근거는 그의 계명을 지키는 데 있다고 보았다. 정경옥에 의하면, 요한일서 3장 16절의 앞부분은 예수 그리스도 안에 나타난 하나님의 구속의 사실에 대한 말씀이요, 뒷부분은 예수 그리스도 안에서 사유함을 받은 우리들이 서로 사랑하여야 할 의무에 대한 말씀이다. 전자는 기독교 신학의 중심이요, 후자는 기독교 윤리의 기초가 된다. 정경옥의 신학은 언제나 구속의 하나님의 은총에 기초하여 전개된다. 기독교의 생활은 바로 구속의 사랑에 감격하여 고마움과 기쁨이 넘쳐나서 형제를 위하여 희생하는 사랑이다. 정경옥의 영성은 구속의 하나님의 사랑에 감격하여 형제를 위하여 생명을 버리는 요한적 사랑을 강조하는 영성이었다.

셋째, 정경옥의 영성은 일상생활 속의 영성이다. 그의 영성은 평범한 일상적인 삶에서 하나님을 발견하는 일상생활의 영성이었다. 참된 영성은 기독교인의 평범한 생활 현장에서 나타나는 것이다. 한국 기독교의 최대 약점이 일상생활과 교회생활의 분리 즉 평일과 주일의 삶이 따로따로인 것이다. 그래서 삶으로 그리스도의 향기를 내는 생활신앙이 아니라 신앙생활을 한다. 정경옥은 「기독교신학개론」에서 평범한 일상생활에 함께하시는 하나님에 대하여 다음과 같이 강조하였다.

---

45) 정경옥, "요한1서 강해(7회)", 「신학세계」 20권 5호 (1935), 69~70; 정경옥, 「정경옥 교수의 글모음」, 64~65.

하나님은 일상생활의 평범한 사실에 현현하신다. 하나님은 반드시 이적이나 기적적인 일에서만 계신 것은 아니다. 모든 일이 종교적으로 해석될 때에 이것이 기적이요, 경이라고 보게 되었다.[46]

정경옥은 단순한 삶 가운데 하나님의 함께하심을 말한다. 홍해의 기적과 같은 초자연적인 특별한 방법으로 기적적인 것을 바라는 신앙이 아니라 소박하고 단순한 일상생활의 평범성에서 참된 영성을 찾는다. 일상적인 것 가운데 임하시는 하나님의 임재를 일깨우는 것은 특별한 상황 속에서 하나님의 큰 역사만을 추구하는 사람들에게 귀중한 교훈이다. 당시의 신비주의적 영성을 추구하는 신령파의 사람들에게는 일상생활보다는 산속의 기도원이나 특별한 은혜 체험만을 중요시하는 약점이 있었다. 생활로 나타나지 않는 기독교 신앙은 참된 신앙이 아니며, 기독교는 일상생활의 힘이 되어야 한다. 또한 우리의 삶의 구석구석에서 하나님이 드러나지 않으면 종교는 이름뿐이며 사회에 이바지하는 것이 없다고 말한다.

4) 정경옥의 한국교회사적 의의

우선 정경옥은 감리교 신학을 정립하는 데 공헌하였다. 그는 감리교신학교 교수로 취임한 이후 서양의 현대 신학과 감리교 신학을 소개하고 정리하였다. 1930년대 감리교회는 자신의 정체성을 감리교인들에게 밝힐 필요가 있었는데, 이것은 "교리적 선언"에 대한 해설을 통해 이루어졌다. 1930년대에 접어들면서 한국교회는 각기 다른 신학적 이론(異論)으로 다양한 형태의 갈등과 분쟁을 경험하였다. '아빙돈성경 주석 사건'은 감리교회와 장로교회 신학의 차이를 극명하게 보여주었다. 보수적인 색이 강한 장로교회에서는 감리교회의 신학을 자유주의 신학으로 해석하여 '이단적' 요소를 지닌 경

---

46) 정경옥, 「기독교신학개론」, 227.

계 대상으로 보기 시작했다. 이에 한국 감리교회의 신학이 '개신교회 역사와 신학 전통'을 계승한 보편적 기독교 전통에 서 있음을 변증할 필요가 있었다. 이러한 동기에서 나온 것이 정경옥의 「기독교의 원리」이다. 그는 「기독교의 원리」를 통하여 한국 감리교 신학을 정립하고자 했다. 서론에서 그는 한국 감리교회의 교리적 특색을 언급하면서 "하나는 종교적 경험을 강조하는 것이오, 또 하나는 선교의 정신을 고취하는 것이다. 전자를 경건주의라 한다면 후자는 복음주의이다."라고 했다. 감리교 신학의 특징으로 종교 체험을 바탕으로 하며, 열린 자세로 기독교의 보편적 진리를 추구한다는 것이다. 이러한 입장은 당시 장로교의 신학에 비해 감리교 신학이 개방적이고 진보적이었다는 것을 보여준다. 그는 또한 한국 신학사의 커다란 이정표가 될 조직신학 관련 서적을 저술하고, 토착화 신학의 이론과 그 구현을 우리에게 보여주었다. 그 한복판에 정경옥의 영성이 있었다. 그의 영성은 그리스도 중심적 영성으로 예수의 사상과 인격, 구속의 은총을 구체적인 삶 속에서 실현하고, 또한 그렇게 살아가는 것이다. 이런 면에서 그는 철저한 예수주의자로서 살고자 하였다.

제10장

일제 말기
교회의 변질

1. 신도와 신사 문제

신도는 3~4세기에 발생한 일본의 토착종교로서 다신교적인 정령신앙, 자연숭배, 조상숭배, 영웅숭배, 천황숭배를 포괄하는 토착신앙의 형태를 지니고 있다. 신도주의는 일본의 고대신화를 기반으로 해서 후에 일본 천황은 태양신의 후손으로 신적 통치권을 가지고 있다고 주장하였다. 신도주의는 천황 중심의 통일국가를 이루던 때부터 정치적인 의도로 강화되면서 종교화되었다. 일본은 천황제 국가를 확립하기 위하여 황실신도를 끌어들여 천황을 신성시하면서 국가신도로 발전시켰다. 결국 국가신도는 일본의 군국주의 사상을 정당화시켰고 제국주의 침략의 통치 이데올로기로 사용되었다. 이를 위해 일본은 천황신을 모시는 신사를 건립하고자 했고 결국 식민지가 된 한국에 수많은 신사를 건립한 후 한국인들에게도 신사참배를 강요하였다.[1] 천황의 통치에 대한 복종을 의미하는 신사참배에 대한 일제의 강요는 한국 기독교인들에게 거부감을 가져오게 하였다. 신사참배는 한국 민족으로서의 자존심과 기독교인으로서 신앙양심과 관련되어 있었다. 따라서 기독교인들은 신사참배를 우상숭배로 보았기 때문에 굴복할 수 없는 것이었고 이에 대한 반대가 일어날 수밖에 없었다.

---

1) 한국기독교역사학회, 「한국기독교의 역사 I」 (기독교문사, 2011), 285~294.

1931년 일본이 대륙 침략을 위해 만주사변을 일으켰고, 일제는 조선에서 내선일체를 주장하고 신사참배를 강요했다. 일제는 전쟁 수행을 위해 한반도를 대륙침략을 위한 병참 기지로 사용하면서 물적·인적 착취를 하기 시작하였고, 신사참배를 통해 민족 말살 정책을 펼쳐나갔다. 중일전쟁을 발발하면서부터 일제의 교회 탄압은 더욱 노골화되었다. 일본에 대한 한국인의 충성을 요구하면서 한국인을 보다 더 충실한 신민으로 만들고자 했다. 모든 한국인들이 신사에 참배하는 것을 의무화했다. 이를 통해 일제는 천황을 중심으로 하여 국민정신의 통합을 이루려고 하였다. 즉 신사참배를 국민의례라고 선전하면서 이를 강요하기 시작하였던 것이다.

신사참배는 먼저 학생들에게 강요되었다. 예를 들어 1935년 일제는 평양에 있는 공·사립 중등학교 교장들을 소집하여 그들에게 신사참배를 할 것을 요청하였다. 이때 회의에 참석했던 숭실학교 교장 매큔과 숭의여학교 교장 대리 정익성 등 기독교계 교장과 교사들이 신앙의 양심으로 신사참배 거부의사를 밝혔다. 이를 계기로 일제는 점령 지역의 학교와 교장 및 교사들이 신사참배를 거부하는 것을 천황을 모독하는 행위라고 협박하였고, 조선총독은 신사참배를 거부하는 학교장은 파면할 것과 이에 응하지 않는 학교는 폐교시키는 강경책을 펼쳤다. 또한 일제는 신사참배를 정당화하는 논리를 만들어 대중을 회유하는 정책을 펼쳤다. 즉 신사참배는 종교의식이 아니라 일본 조상에게 경의를 표하는 국민의례라는 점과 이 의식을 통해 학생들에게 천황의 신민이 되게 하는 교육을 시켜야 한다는 점이었다. 그러나 기독교 측에서는 신도가 종교이고 신사참배에 응하는 것은 종교행위이기 때문에 우상숭배에 해당한다는 점을 들어 반대하였다. 이처럼 매큔과 숭의여학교 교장 스누크는 신사참배를 거부하면서 결국 교장직에서 파면당하였다. 이어 1938년부터는 신사참배를 거부한 장로교계 학교들이 속속 폐교되었다.

하지만 3·1운동 이후 일제의 회유공작에 의해 친일화된 교계 지도자들이 존재했다. 특히 1937년 중일전쟁을 전후하여 수양동우회 사건(1937년 6월)과

홍업구락부 사건(1938년 5월)에 연루된 대부분의 기독교계 지도자들은 일제의 끈질긴 전향공작에 의해 친일화되었다. 일제의 친일화 공작은 어느 정도 성공을 거두었고, 그 결과 기독교계의 친일행각이 본격적으로 나타나기 시작하였다. 신사참배 강요에 대한 일부 교인들의 저항이 있었지만 다수의 교계 지도자들과 대다수의 기독교인들은 일제의 강요에 굴복하고야 말았다. 그리고 이러한 행각은 개인적 차원에서뿐만 아니라 당시 교단적 차원에서도 이루어졌다. 조선총독부는 경찰력을 동원하여 동화정책의 일환으로 기독교계에 신사참배와 신도 신앙을 강요하면서 개체 교회, 노회 및 총회에서 신사참배를 결의하도록 압박을 가했다. 처음에는 신사참배를 거부했던 종교단체들도 일제에 굴복하기 시작해 천주교, 성공회, 성결교, 구세군, 감리교가 신사참배를 받아들였다. 1938년 9월에 장로회도 총회에서 일본 정부의 명령에 굴복하여 신사는 종교가 아니기에 기독교 교리에 위배되지 않는다고 결의해 신사참배를 받아들였다.[2] 결국 모든 교단과 교파가 신사참배를 받아들였다.

2. 감리교회의 친일화 작업

1936년 총독부의 학무국장은 감리교의 양주삼 총리사에게 신사 문제에 통첩을 보내 압박하였다. 그 내용의 골자는 "신사의 봉사는 종교가 아니다. 각 개인의 신교는 자유다. 신사참배는 전에 국민교육상 필요해서 나온 것이므로 학교를 떠나서 각 개인에게 대하여 신사참배를 강제로 하라는 것은 아니다."였다. 이에 조선감리교회는 총독부의 통첩을 받아들이기로 하고 1937년 6월 17일 선교사들과 함께 신사참배에 대한 성명서를 발표하였다. 그리고 1938년 9월 3일 총리사 양주삼 목사의 명의로 "년 전에 총독부 학무국에서 신사참배에 대하여 조회한 바를 인쇄 배부한 일이 있거니와 신사참배는 국

2) 「조선예수교장로회총회제27회회의록」 (1938년 9월), 9.

민의 반드시 봉행할 국가의식이요, 종교가 아니라는 것을 잘 인식하셨을 줄 압니다. 그런고로 어떤 종교를 신봉하든지 신사참배가 교회에 위반이나 신앙에 구애됨이 추호도 없는 것을 확실히 알 수 있습니다."3)라고 통보하였다. 결국 신사에 참배하는 것은 종교 행위가 아니라 단순히 국가의식이라고 설명하고 신사참배 문제를 쉽게 넘어갔다. 이처럼 감리교회의 당국자들은 교회의 존립을 위한 '순응'이란 논리로 신사참배에 대한 자기변명을 하면서 신사참배 문제에 대해 유약함을 보였다.

교단적 차원의 부일협력 이외에도 일제는 기독교계 지도자들을 시국강연회 연사와 각종 어용단체 조직원으로 동원하여 이용하는가 하면, 그들의 이름으로 친일논설을 언론에 게재하게 하기도 하였다. 예를 들면 1937년 9월에 실시한 시국순회강연에는 신흥우·류형기·윤치호·박희도·차재명 등 쟁쟁한 기독교계 인사들이 동원되었고, 이듬해 10월에 기독교청년회관에서 개최된 전쟁협력 강도(講道)에도 정춘수·차재명·박연서·이동욱·홍병선 목사 등이 연사로 참여하였다.

1938년 10월 5일부터 서대문의 감리교신학교에서 기독교조선감리회 제3차 총회가 개최되었다. 이 무렵부터 일제의 강력한 압박이 시작되었고 일제의 노골된 황민화 정책으로 일제는 모든 교회에 신사참배와 동방요배, 국민서사 낭송 등을 강요하면서 일본식 기독교로 체제와 조직을 전환하라는 요구를 하였다. 10월 7일 총회 세 번째 날 오후에는 일제의 요구에 의해 배재학교 운동장에서 '애국일' 행사를 거행하였다. 총회에 참석한 총대는 물론 서울 시내 감리교회 목회자와 평신도, 감리교 계통 학교 학생들이 총동원되어 일본국가 봉창, 동방요배, 국민서사 낭송 등으로 이어졌고, 참석자들이 전원 총독부까지 행진하여 미나미 총독의 고사를 들은 후 남산의 조선신궁으로 가서 참배까지 하였다.4) 감리교회는 총독부 측에 의해 짜여진 각본대로 총

3) 전택부, 「한국교회 발전사」 (대한기독교출판사, 1987), 252~253.
4) 「기독교조선감리회3차총회회의록」 (1938년 11월), 21.

회 회원 모두가 동원되어 철저하게 타의로 행사가 강행되었다.

또한 3차 총회에서 양주삼 총리사 후임으로 새로운 지도자를 뽑기 위해 23차 투표 끝에 김종우 목사를 제2대 총리사로 선임하였다.[5] 1939년 5월의 연합연회 때부터 '총리사' 호칭을 '감독'으로 바꾸어 부르게 되었다. 그러나 1939년 10월 17일 김종우 감독이 재임 10개월 만에 갑자기 병으로 별세하자 10월 28일 총리원 이사회를 소집하여 아홉 번의 투표 끝에 정춘수 목사를 후임 감독으로 선출하였다.[6] 신사참배 문제에 대한 교회 지도자들이나 선교사들의 입장이 전부 일치하지는 않았다. 일부에서는 신사참배의 압박이 있어도 완강히 거부하고 신앙의 정결을 지키자는 지도자들이 있었는가 하면, 한편에는 일본이 주장하는 대로 신사참배는 국민의례로 애국적 차원에서 인정하고 받아들이자는 입장도 있었다.

정춘수 감독은 3·1운동 때 민족대표의 한 사람으로 민족적 지도력을 발휘한 인물이었지만 흥업구락부 사건으로 검속되었다가 전향서를 발표하고 풀려나오면서부터는 친일 인사로 활동하기 시작하였다. 그는 감독 취임 직후 1939년 12월 19일 전국 감리사 회의를 열고 다음 해에 조선감리교회 창립 10주년을 맞아 각 교회 교인 배가 대전도운동을 실시하고, 기념식 등을 거행하기로 결의하였다.[7] 하지만 1940년대부터 일제는 중일전쟁의 장기화와 국제 정세가 불리함을 느끼고 한국인들과 교계에 대해 압박과 강요에 대한 수위를 한층 높였다. 신사참배를 교계에 관철시킨 것에 만족하지 않고 한국교회의 교리나 제도에까지 간섭하여 한국의 교회를 일본화시키려는 작업을 적극 추진하였다. 일제는 1940년 2월 '창씨개명령'을 공포하였고 이어 4월에는 종교단체법을 시행하여 교단을 통제하는 법을 만들고, 교육령을 발표하여 일어를 상용하게 하고 대부분의 한글 신문 및 잡지들을 폐간하게 하여 황국

5) 「기독교조선감리회3차총회회의록」, (1938년 11월), 43.
6) "신임감독선거", 「조선감리회보」 (1939년 10월 1일), 3.
7) "감리사회의 상황", 「조선감리회보」 (1940년 1월 1일), 3.

신민화 작업에 열을 올리고 있었다.[8]

이러한 상황에서 정춘수와 감리교회 집행부에서는 일본 감리교회와의 합동을 적극 추진하는 한편, 신사참배와 창씨개명, 국민정신총동맹 결성 등 총독부의 종교정책을 적극 지지하며 이를 실천에 옮겼다. 대표적인 예로 일제의 시책에 따라 외래어를 쓰지 말자는 입장에서 한국 감리교회에서 오랫동안 쓰던 엡웟청년회를 해산하고 일본메도디스트교회에서 쓰는 공려회(共勵會)로 개편하기로 하였다. 이에 전국 교회 청년회에 공문을 보내고 공려회 규칙을 발표했다.[9] 이처럼 감리교청년회도 총리원 교육국에서 행사 지침을 내려 이름도 바꾸고 청년회를 통제하기 시작하였다. 1940년 국민정신총동원연맹 조직령이 내리자 정춘수 감독은 즉시 본인을 이사장으로 하는 이사진을 구성하여 "국민정신총동원기독교조선감리교연맹"을 조직하였다. 이어 국민정신을 총동원하여 내선일체의 전 능력을 발휘하여 복음 선전 사업을 통하여 성전(聖戰)의 목적을 관철하자는 시국선언문을 발표하고 국민정신총동원 기독교조선감리회 각 지방연맹 규약과 동 지방 규약, 교회 애국반 규약 등을 발표하였다.[10] 이처럼 한국 감리교회는 일제의 지시에 끌려가는 상황을 맞았고, 한편 정춘수를 비롯한 감리교 지도부에서는 일본메도디스트교회와 한국 감리교회와의 합동을 생각하고 양측이 회합을 가지면서 양쪽 감리교회의 합동을 구체적으로 논의하였다.

이어 정춘수가 일제 당국으로부터 교회 개혁의 지시를 받은 직후인 1940년 10월 감리교 총리원 이사회가 열렸는데 이 이사회는 일본기독교로 혁신하라는 "혁신안"을 발표하였다.[11] 이 혁신안은 "우리 국체의 진정신과 내선일체의 원리를 실현하야 총후국민의 의무를 이행하고 신체제에 순응함은 우리 기독교인의 당연한 급선무이다. 그러므로 기독교조선감리회 총리원 이사

---

8) 윤춘병, 「한국기독교신문잡지백년사」 (기독교출판사, 1984).
9) "공려회조직에 대하여", 「조선감리회보」 (1940년 2월 1일), 6.
10) "국민정신총동원 기독교조선감리회 연맹", 「조선감리회보」 (1940년 9월 1일), 2~3.
11) "기독교조선감리회 감독제의 신안", 「조선감리회보」 (1940년 10월 1일), 2.

회는 좌기 신안을 솔선결의 실행을 기함"이란 내용으로 통과되어 일제에 협력한다는 것이었다.[12] 결국 이것은 미국 선교사들의 영향을 받고 있는 기독교에 대해 선교사를 배제시키고 일제가 교회를 실제로 장악하려는 의도에서 탄생된 것이다. 이 혁신안은 크게 사상선도, 교학쇄신, 사회교육, 군사후원, 기관통제 등의 분야로 나누어져 있는데 전반적으로 신체재로 혁신을 이루어 기독교의 본질을 왜곡시키고 한국교회를 일제의 도구로 사용하려는 의도를 가진 악법이었다.[13] 이처럼 노골적으로 친일체제로 전환하면서 한국 감리교회의 내용과 형식을 일본교회와 같이 완전히 개조하려는 것이었다. 이 내용은 교회는 신사참배나 국민정신총동원령운동, 개체교회 애국반 활동, 지원병 촉구, 신학교와 감리교 계통 학교 학생들의 군사훈련 등 정치적 활동을 적극 추진하고 교단 차원에서는 선교사의 간섭과 영향력을 일체 배제하고 선교사와 한국교회협의기구인 중앙협의회를 해산하고 궁극적으로 한국 감리교회를 일본 감리교회에 통합시킨다는 것이다.

결국 일제는 한국의 기독교를 선교사들의 영향권에서 벗어나게 하여 기독교계를 장악하는 것이 최대의 목표였던 것이다. 나아가 감리교회의 혁신 작업에 박차를 가했는데 이 혁신안은 형식과 체제의 변화에 그치지 않고 신학과 신앙 내용에 있어서도 강력한 재제를 가했다. 즉, 각 교파 기관지 통폐합을 비롯해 교회에서 구약성경 전체와 신약에서도 유대교 영향이 강한 야고보서와 히브리서, 마태복음 등은 읽지 못하도록 하였다. 심지어 찬송가 개편 작업을 통해 '재림'이나 '평화', '그리스도 왕', '구세주' 같은 주제나 단어가 들어간 찬송을 시국에 맞지 않는다는 이유로 삭제하거나 개작하여 부르도록 지시하였다.[14] 이러한 '혁신안'은 총독부와 경찰 당국에서 만든 것으로 1940년 9월 내한한 일본 감리교회 아베 감독을 통해 감리교 지도부에 통보된 것

---

12) "사상선도에 주력 군사원호에 진충, 감리교혁신안 발표", 「매일신보」 (1940년 10월 4일).
13) "기독교조선감리회 감독제의 신안", 「조선감리회보」 (1940년 10월 1일), 2.
14) "찬송가 개정에 대하야", 「조선감리회보」 (1942년 4월 1일), 9.

이었다.15) 이 안을 받아들여 이끌어간 인물들은 정춘수 감독 이외에도 이동욱, 신흥우, 박연서, 김인영, 심명섭 등이 있다.

이러한 혁신안이 발표되자 전국적으로 혁신안에 반대하는 인사들이 나타나기 시작했다. 양주삼 목사를 비롯하여 윤치호, 류형기, 정일형, 김활란, 김종만, 김준옥, 이윤영, 문창모, 이환신, 마경일, 전희철, 송정률, 배덕영 등 주로 이북 출신 인사들이었다. 정춘수 감독은 혁신안을 통과시키기 위해 1941년 2월 5일 중앙교회에서 임시총회를 소집하였지만 반대파의 강력한 이의제기로 총회가 무산되고 말았다. 그러나 이에 포기하지 않고 각 지방에 사람들을 파견하여 반대자들을 설득시켰고, 「감리회보」를 통해서 계속적인 혁신안 홍보작업을 펼쳐나갔다. 한편 일제 당국의 힘을 빌려 1941년 3월 4일 '시국대응신도대회'를 열어 친일 인사들의 회유로 1천 명 이상이 모이는 큰 집회를 개최했다. 이는 전국적으로 일반신자들이 혁신안에 찬성한다는 것을 보여주는 작업이었다. 드디어 3월 10일 정동제일교회에서 특별총회를 열어 반대자들을 참석하지 못하게 하고 일본 경찰의 감시하에 회원들에게 위압감을 주면서 입을 봉하게 함으로써 혁신안을 일사천리로 통과시켰다.

이런 과정을 거쳐 기존의 '기독교조선감리회'를 해산하고 혁신안을 골자로 하는 '기독교조선감리교단'을 조직하였다. 이 혁신교단의 규칙은 일본 감리교단 규칙을 일부 수정하여 만들어졌는데 이로 인해 그동안의 한국 감리교회의 전통과 성격이 심각하게 훼손되는 아픔을 맛보게 되었다. 감독은 통리자로, 감리사는 교구장으로, 담임목사는 담임주관자로, 연회는 교구로, 총리원은 교단본부로, 여선교회는 부인회로, 목사는 교사로, 권사는 권도사로, 주일학교는 일요학교로, 장정은 교단 규칙으로 바뀌었다. 그러면서 종래 동부, 중부, 서부, 만주선교연회로 나뉘었던 교회 조직도 일괄 재조정하여 강원동, 강원서, 충청, 경기남, 경기북, 경성, 황해, 평안동, 평안서, 만주 등 10개 교구로 재편되었다. 이후 만주교구는 1940년 초교파적인 만주기독교회가

---

15) 「윤치호 일기」 (1940년 9월 24일).

조직되면서 그곳으로 흡수되고 말았다.[16]

기독교조선감리교단은 혁신안을 관철시키기 위해 우선 전통적인 기독교를 가르치는 신학교의 문을 닫았다. 결국 일제의 황민화 작업은 감리교신학교의 혁신화로 구체화되었다. 1940년 10월 2일 열린 신학교 이사회는 신학교의 무기휴교를 결정하고, 신체제에 순응하는 교과목과 교수진을 작성할 것 등을 결의했다. 혁신안을 통과시킨 정춘수는 1941년 6월 3일 휴교 중이던 감리교신학교를 개교하면서 황민화 교육에 앞장설 수 있는 교수진을 구성했다. 그리하여 교장 김인영, 교무 갈홍기, 교수 심명섭(윤리), 박연서(목회학) 등이 구성되었고, 2~3명의 일본 신궁 강사가 파견되었다.[17] 또한 홍현설, 임흥빈을 교수로 보강했다. 그러나 감리교신학교는 전 학년을 합쳐 학생 20명을 넘지 못했다. 하는 수 없이 1942년 조선신학교(장로교)와 성결교 경성신학교를 합동했으나 교파 합동이 결렬되면서 두 신학교는 분리해 나갔다. 그 후 신학교는 교사연성소로 이름을 고치고 남은 신학생은 성결교 경성신학교에서 수업(교파불문)했고, 냉천동 감리교신학교는 일본군부에 탈취당해 황도문화관 본부 신세를 면치 못하게 되었다. 일제는 신학교의 교수를 중심으로 황민화 작업을 주도하도록 했다. 이러한 신학교에 대한 조치는 일본 제국주의와 그 정신적인 기초인 신도사상에 맞추기 위한 신학교의 재편을 의미하는 것이었다.

이런 혁신교단의 조처에 불만을 표시하거나 비협조적인 교계 인사들은 파면, 휴직, 대명(代命) 등의 조처로 목회 현장에서 추방되었고 반발의 강도가 심한 사람은 경찰 당국에 체포되어 조사를 받아야 했다. 일제는 기독교 지도자들을 억압·회유하여 그들의 침략정책 수행에 이용하고자 하였기 때문에, 지도적 위치에 있던 기독교인들까지도 민족적 양심과 신앙적 지조를 지키지 못하고 자의적으로, 혹은 타의적으로 일제에 부역할 것을 강요받았

---

16) 「조선감리회보」 (1941년 3월 1일); 「제8회중부동부서부연합연회회록」 (1941), 36; "기독교조선감리교단 규칙", 「조선감리회보」 (1941년 4월 1일), 7~20.
17) 金村仁泳, "감리교회신학을 재개하면서", 「조선감리회보」 (1941년 3월 1일).

다. 이 시기 윤치호, 김활란, 신흥우, 홍병선, 조민형, 장정심, 박인덕 등 감리
교 평신도 지도자들은 시국 연설과 징병 및 정신대 찬양 연설, 친일적 언론
활동 등 노골적인 친일 행각을 벌이기도 하였다. 이러한 행위는 역사에 지우
지 못할 오점을 남기게 되었고 교회와 민족에게도 심각한 충격과 피해를 가
져다주었다. 특히 이러한 기독교계의 부역행위 때문에 감리교를 비롯한 한
국교회는 적지 않은 수의 기독교 지도자들을 잃었다. 교인 수도 급격히 줄어
들었을 뿐 아니라, 교회 지도자들에 대한 시민들의 기대와 신뢰도 급격하게
추락하였다.

3. 추방당하는 선교사들

혁신교단이 조직된 이후 일제는 황민화 정책을 수행하기 위해 서양문화
와 사상을 배격하고 외국의 세력을 제거하기 위해 선교사 배척운동을 펼쳤
다. 일제는 한국 기독교 안에서 중요한 역할을 맡고 있는 선교사들을 추방해
야만 한국 기독교를 일본화하기 용이하다고 판단하였다. 이리하여 1930년대
중반 이후부터 반서구(反西歐)·반선교사(反宣敎師) 운동을 펼쳐나갔다. 1939
년부터 선교사를 기독교 각 기관의 주요 책임자로 있는 것을 금하기 시작하
였다. 그리하여 감리교신학교 교장인 빌링스 박사를 해임시키고 변홍규 박
사를 취임시켰고, 이화여자전문학교 교장 아펜젤러를 해임하고 김활란 박
사를 취임하게 하였다. 또한 평양 요한학교장에는 이환신 목사, 평양여자고
등성경학교 교장에는 배덕영 목사가 각각 교장이 되었고 채핀 선교사가 설
립한 만주신학교는 1939년 9월에 이사장 배형식 목사와 교장 송득후 목사로
교체되었다.[18]

이미 혁신안에 선교사 배제정책을 명문화하여 외국인들의 지도를 받지

---

18) C. A. Sauer, *Methodist in Korea* (대한기독교서회, 1973), 88.

않도록 하고, 선교부와 공동 연락을 위하여 조직된 중앙협의회도 해산시키는 등 일제는 선교사 추방정책을 구체화하고 있었다. 미국과 일본 사이에 전쟁의 암운이 보이자 일제는 더욱 선교사들에 대한 압박을 가하여 선교사들이 한국에서 물러가도록 조치를 취하였다. 그리하여 각 선교부에서 최소한의 인원만을 남겨놓고 219명의 선교사들이 1940년 11월 16일 한국을 떠났다.[19]

이보다 앞서 일제 당국은 선교사를 추방하기 위해 소위 '만국부인기도회 사건'을 조작하였다. 1937년 중일전쟁 이후 일제의 황국신민화 정책 속에서 선교사를 추방하고 한국교회를 탄압하여 일본적 기독교의 확립에 결정적인 계기를 마련한 것이 1941년 '만국부인기도회 사건'이었다. 1941년 2월 28일 한국 장로교와 감리교 여성들이 '세계기도일' 예배를 드린 것에 대해 일제가 기도문의 내용을 문제 삼아 선교사들과 이에 주도적으로 참여한 한국교회 여성들을 검거하였다. 한국에서 만국부인기도회는 1925년경부터 실시되어 왔으며, 1941년에도 예년대로 2월 28일을 전후하여 실시되었다. 기도회 개최의 실질적 책임자는 버츠 선교사였다. 그녀는 1940년 11월경부터 준비하였고, 전국 각지의 선교부 선교사들을 통해 기도회 순서지를 배포하였다. 이 기도회는 여전도회 등 각 지역 혹은 각 교회의 여성단체를 통해 준비되고 실행되었다.

만국기도회는 세계의 평화와 인류의 행복을 주제로 정하고 기도하는 프로그램이었다. 더욱이 1941년 기도회의 내용은 하늘의 뜻이 이 땅에서도 이루어지기를 간구하며, 국제간의 분쟁과 혼란을 돌아보고, 이에 대한 기독자의 책임을 자복하고, 나아가 화평한 세상의 도래를 기원하는 것이었다. 침략전쟁을 벌이고 있던 제국주의 국가에게 평화와 박애를 위한 기도는 근본적으로 용납될 수 없는 것이었다. 따라서 일제는 이 기도회를 만국부인기도회의 이름을 빌렸을 뿐 실제로는 일제의 정책을 비판하고 특히 반전(反戰) 분위

---

19) "宣敎師引退", 「조선감리회보」(1940년 12월 1일).

기를 야기함으로 인심을 교란시켜 치안을 방해하려 획책한 반전 모략 사건으로 규정하였다.

일제는 만국기도회를 주도한 선교사들과 한국교회 교인들 27명을 기소하는 한편 이 기도회에 주도적으로 참여한 교인 672명을 체포해 심문하였다. 일제가 이 기도회를 통해 얻고자 했던 바는 우선 선교사를 추방하고, 사상통제를 강화하여 한국교회를 일본기독교에 종속시키고자 함이었다. 이 기도회 사건에 연루된 선교사의 철수는 1941년 3월부터 시작되었다. 끝까지 남고자 했던 미북장로회 선교사들도 1941년 10월 한국을 떠나게 되었다.

4. 임종기의 감리교회

감리교회의 부일협력은 갈수록 늘어났다. 1940년 10월, 일제는 국민정신총동원 기독교조선감리회연맹을 조직하여 일본적 복음을 천명하고 교인들에게 지원병으로 참가하게 할 수 있도록 종용하였다. 1941년 12월 8일 일본군의 진주만 기습으로 태평양전쟁이 발발하자 일제는 한국국민을 전쟁에 동원하기 시작했다. 대학생을 비롯한 청년들은 학도병과 군인으로 차출되었고, 일반인은 노무자로, 여성은 정신대로 끌려갔다. 이러한 상황에서 1942년 2월 13일 정춘수는 통리자의 명의로 각 교구장에게 "황군 위문 및 철물 헌납의 건"이라는 공문을 보내 교회의 철문·철책은 물론 "교회종도 헌납하야 성전(聖戰) 완수에 협력"해야 할 것이라고 하였다. 이처럼 감리교의 적지 않은 교회가 국방헌금 납부를 비롯하여 일제의 전쟁에 협력하는 활동을 하였다. 1942년 가을 중앙교회에서 열린 서울지방 교역자회의에서 감리교 변홍규 총리사와 이동욱 총무국장이 대동아성전에 모든 교회가 비행기 헌납으로 적극 참여한다는 시국관련 담화문을 발표하였다. 비록 형사가 입회한 상황에서 발표된 것이라 해도 이것은 대단히 충격적인 사건이었다. 이 헌납 선언 후 감리교 소속 교회 38개 처와 여선교회 부지 2만 평 등이 강매되었다. 이 과정에서 일제에 비협조적인 교회 담임자가 교회 방매와 함께 교단에서 추방되었다. 1942년 12월 2일 혁신교단 반대자들이 배제된 가운데 제2회 조선감리교단 정기총회가 열렸다. 이 총회에서 신도의 황민화와 교단의 혁신화, 교파 합동 안이 가결되고, 변홍규가 새로운 통리자로 선출되었다. 그러나 변홍규 통리자는 6개월 정도 활동하고 자리에서 물러나야 했다. 왜냐하면 감리교회가 일부 장로교회와 합동하여 일본기독교조선혁신교단을 조직하였기 때문이었다. 감리교를 비롯해 장로교, 성결교, 구세군, 일본기독교조선교구회 등 5개 교파 대표들은 교파 합동에 대해 논의하였다.

5개 교파 대표로 구성된 준비위원회는 1943년 1월 26일 감리교 측에 9개 항의 합동 안을 제시하였다. 하지만 이 안은 부결되었다. 이후 감리교 측은 장로교 총회 부회장인 전필순과 협의하여 그가 노회장으로 있던 경성노회와 '일본기독교조선혁신교단'을 만들었다. 그리하여 이들은 통리자에 전필순, 총무국장에 이동욱, 교육국장에 윤인구, 재정국장에 최거덕, 연성국장에 갈홍기를 선임함으로 교단을 조직하였다. 이러한 처사는 당연히 감리교와 장로교 양측의 반발을 불러일으켰다. 장로교 경성노회는 임시총회를 열고 전필순 등 장로교 목사를 제명시키기에 이르렀다. 감리교 측에서도 임시총회를 열어 혁신교단의 불법성을 규탄하고 '기독교조선감리교단'으로의 환원을 선언하고 교단본부를 구성하였다. 그러나 이들은 총독부 경무국장의 승인을 받을 수 없었기에 인정받지 못하여 뜻을 이루지 못했다. 혁신파 인사들은 1943년 10월 14일 임시총회를 열고 '일본기독교조선감리교단규칙'을 만장일치로 가결한 후 정춘수를 다시 통리로 선출했다.[20] 그리고 감리교회 교단 명칭을 '일본기독교조선감리교단'으로 바꾸고 산하에 경기, 평안, 충청, 강원, 경성, 황해 등 6개 교구를 두었다. 이처럼 혁신교단은 연회와 지방회를 통폐합하여 교구로 재조직하고 교구장으로 하여금 교회를 관리하게 하였다.

20) 「기독교신문」 (제77호), 2.

이제 교단의 최고 책임자인 통리로 복귀한 정춘수가 이끄는 '혁신교단'은 더 이상 반대파의 저항을 받지 않고 총독부의 지시를 충실히 이행하였다. 교단의 모든 역량을 사상 통제와 전쟁 후원에 맞추면서 일제에 협력하는 것이다. 예를 들어 전국 교회에 신사참배와 궁성요배를 비롯한 신도의식을 철저히 준수할 것을 지시하였고, 성경과 찬송을 시국 상황에 맞게 개편·삭제하였고, 소위 연성으로 불리는 목회자들의 정신교육을 한층 강화하였다. 주일 예배도 오전, 오후 두 번 모이던 것을 1회로 축소하되 가급적 밤 집회로 모이도록 하였고 지원병과 정신대 참여를 독려하였다.[21]

그밖에도 정춘수 통리는 1944년 3월 3일 교단 상임위원회에서 '애국기 헌납 및 교회 병합 실시에 관한 건'을 통과시켰다. 그는 교회를 통폐합하여 비행기 3대를 헌납하기로 결의하기도 하였다. 그해 9월에는 황도문화관(관장 갈홍기)을 설립하여 목사들에게 일본정신과 문화를 강의한 후 한강에 가서 미소기바라이(淸淨)를 하였다. 그리고 일장기가 그려진 두건을 쓰고 남산까지 뛰어가서 신궁에 참배하도록 했다. 이리하여 한국교회는 자율성을 상실한 국가교회 형태가 되었으며, 종교보국이라는 슬로건 아래 일제의 정치도구로 전락하고 말았다. 결국 해방되기 보름 전인 1945년 7월 19일 총독부 관리의 지도하에 감리교회와 장로교회, 구세군, 성공회 등이 통폐합되어 '일본기독교조선교단'으로 조직되었고, 각 지방별로 '교구'를 조직하였다. 그러나 지방별로 교구를 조직하는 과정에서 일제는 패망했고, 결국 교구 조직은 이루어지지 못했다.

5. 감리교인들의 저항적 신앙운동

이처럼 대부분 교회 지도자와 목회자들이 일제의 강압에 굴복하고 비신

---

21) "일본기독교조선감리교단통보", 「기독교신문」(1944년 5월 1일).

앙적이고 반민족적인 모습을 보여주고 있을 때, 일부 감리교인들은 신사참배를 거부하며 신앙을 지키려 하였다. 철원읍교회의 강종근 목사와 회양읍교회의 권원호 전도사, 삼척읍 천곡교회의 최인규 권사가 대표적인 인물이라고 할 수 있다. 당시 총리원은 '신사참배가 종교 행위가 아니라'고 해석하였지만 성경과 신앙의 양심

강종근 목사

에서 볼 때 신사참배는 종교적 행위라는 것이 널리 퍼져 있었다. 혁신교단이 교권을 장악하고 친일행각을 벌이며 전횡을 일삼았던 상황에서도 민족의식에 분명한 양심적 신앙인들은 신사참배를 거부하며 투쟁하였다. 또한 일제에 항거했던 대표적인 인물로 남궁억 선생을 들 수 있다. 그는 3·1운동 직전에 배화학당 교사직을 내려놓고 강원도 홍천 모곡 보리울로 낙향하였다. 여기서 학생들과 주민들에게 우리나라의 역사와 글을 가르치고 무궁화를 재배해 보급하는 운동을 펼침으로써 민족혼을 살리는 데 힘을 기울였다. 그러던 중 남궁억 선생과 홍천·춘천지방 목회자들과 평신도들은 '십자가당'을 만들어 항일투쟁을 전개했다. 이들은 무궁화묘목을 배급하는 등의 활동을 벌이다가 1933년 11월, 일제 경찰에 의해 남궁억, 이기섭, 이병구, 김복동, 남궁경숙 등 교사와 남천우, 유자훈 목사를 비롯한 춘천·홍천 지역 목회자들이 체포, 투옥되면서 활동을 멈추었다.[22]

동부연회 철원읍교회 강종근 목사(1901~1942년)는 1940년 9월에 사상범 '예비검속령'으로 검거되어 희생되었다. 그는 '반일선동'과 '신사참배 거부'란 혐의로 1년 선고를 받고 투옥되었다. 그러나 일제의 회유와 폭력에 굴하지 않고 자기 신앙을 굳건히 지켰다. 이로 인해 체포, 구금, 투옥 과정에서 심한 고문을 당했던 그는 후유증으로 사경을 헤매던 중 병 보석으로 풀려났다. 그러나 끝내 건강을 찾지 못하고 1942년 6월 3일 "나는 주를 따라 간다. 마음이 기쁘다."는 말을 남기고 사망하였다.

22) 김세한, 「동아의 얼-한서 남궁억, 선생의 생애」 (한서남궁억선생기념사업회, 1960), 307~322.

또한 회양읍교회의 권원호 전도사(1904~1944년)는 평안남도 중화 출신으로 3·1운동 때 고향에서 만세시위에 참여했고 농촌운동을 전개했던 인물이었다. 그는 1937년부터 통천 협곡교회에서 목회를 시작하여 1939년 회양읍교회의 전도사로 시무하고 있었다. 당시 정신적 스승이었던 고성읍교회의 이진구 목사가 일본 경찰서에 연행되는 것을 계기로 그는 일제를 반대하는 메시지가 담긴 설교를 했다. "지금은 말세다. 흉년, 악역, 전쟁 등이 그 증거다. 말세는 하루가 가깝게 절박해 온다. 말세가 지나면 예수님이 지상에 재림하셔서 만왕의 왕이 되어 세계 인류를 지배한다. 그러므로 일본 천황은 현재도 장래도 예수님의 지배를 받게 된다."는 등의 설교를 하였고 권원호 전도사는 일제의 요시찰 대상이 되었다. 1941년 7월 10일 그는 신사참배를 반대하고, 주일예배 때 동방요배를 실시하지 않았다는 이유로 회양경찰서에 체포되었다. 그의 방에서 태극기가 나왔고 평소 쓰던 노트 여섯 권이 압수되었다. 그는 불경죄와 치안유지법 위반으로 도합 징역 3년형을 선고받고 복역하였다. 조사 과정에서 당한 고문으로 인해 건강이 악화되었지만 그는 옥중투쟁을 계속했다. 그 결과 1944년 4월 13일, 서대문형무소 병감에서 옥사하였다.[23]

강원도 강릉지방 천곡교회 최인규 권사(1880~1942년)는 삼척읍 송정리 출신으로 40세가 되어 삼척읍교회에 나가기 시작하였고, 50세에 권사가 되었다. 1932년 권화선 권사와 함께 천곡교회를 개척한 그는 자기의 전 재산을 교회에 헌납하고 목회자가 없는 그곳 교회에서 설교를 맡아 하며 '평신도 목회자'로 사역하였다. 그는 신사참배와 궁성요배는 설명이 필요 없는 우상숭배와 죄라고 설교했다. 스스로 이를 거부하였음은 물론 교인들에게도 신사참배를 거부할 것을 권고하였다. 정춘수의 혁신교단이 '국민정신총동원감리교연맹'을 결성하고 교인들에게 신사참배와 궁성요배를 적극 권장하기 시작한 1940년 5월 그는 이를 반대하다가 삼척경찰서에 체포되었다. 경찰은 요

---

23) 윤춘병·조명호, 「마라나타: 권원호의 생애와 사상 그리고 유산」(보이스사, 1990).

지부동인 그를 굴복시킬 작정으로 천곡 마을로 끌고 와 '똥지게'를 지고 마을을 돌게 하였다. 경찰은 뒤에서 채찍을 휘두르며 "나는 신사참배를 거부한 최인규요!"라고 외칠 것을 강요했다. 그때 최인규는 '십자가'를 지는 감격으로 그 수모를 극복했다. 이로 인해 그는 더욱 심한 고문을 당했다. 결국 그는 천황을 모독했다는 혐의인 '불경죄'로 기소되었고, 1941년 11월 함흥재판소에서 징역 2년형을 선고받았다. 대전형무소로 옮겨진 그는 신사참배에 대한 전향서 서명을 거부한 것은 물론이고 다른 죄수들은 대부분 따라하는 국민서사와 궁성요배, 일장기 경례까지도 거부하였다. 그 때문에 간수들에게 끌려가 심한 집단 구타를 당한 것은 물론 독방에 갇히는 등 악행에 시달렸다. 심한 고문 후유증으로 회복 불가능한 상태에서 대전형무소 병감으로 옮겨진 후 1942년 12월 16일 옥중에서 사망하였다.

비록 소수였지만 일제 말기 강압적 통치에 반대하여 신앙 투쟁을 벌이며 저항했던 사례는 이외에도 더 있을 것이다. 감리교회의 지도자들이 신앙을 버릴 때 박해와 희생을 감수하면서도 신앙을 지켰던 분들이 계셨다는 것을 잊어서는 안 될 것이다.

III

해방 이후 감리교회 역사

(1945~2006년)

해방과 분단시대의 감리교회

1960년대의 교권 다툼과 독립교회의 출발

1970년대 이후 교회 부흥운동과 사회참여

감리교회 100주년

제11장

해방과 분단시대의
감리교회

1. 교회 재건 – 재건파와 복흥파

1945년 8월 15일 광복의 날이 찾아왔다. 일제 지배로부터 해방의 날이 온 것이다. 교회 지도자들은 교회와 나라를 다시 세우는 일에 힘을 썼다. 기독교인들에게 무엇보다 시급한 것은 무너진 교회 조직을 재건하는 일이었다. 일제는 1945년 7월 소위 종교통합정책에 의거해 강압적으로 일본기독교조선교단을 조직한 바 있다. 해방 직후 이 교단의 임원들은 '일본'이라는 단어만 삭제하고 교단의 명칭을 조선기독교단으로 바꾸었다. 1945년 9월 8일 이들은 서울에서 남한만의 교단대회를 소집하고 이를 남부대회라 했다. 1946년 4월 30일부터 5월 2일까지 서울 정동제일교회에서 열린 제2차 남부대회는 "각 교파는 각자 성격대로 활동"하기로 한다는 결정을 내렸다.

해방 후 교파 교회의 재건은 감리교로부터 시작되었다. 1945년 9월 8일 새문안교회에서 소집된 남부대회에서 이규갑, 변홍규 목사 등 수십 명이 "감리교회는 따로 재건하겠다."고 회의장에서 퇴장하였다. 이들은 '재건파'라 불

1945년 8월 출옥한 독립운동가들

리었는데, 11월 동대문교회에서 감리교회 재건위원회를 조직하였고, 1946년 4월 5일 냉천동 감리교신학교에서 기독교조선감리회 중부·동부연회를 소집 하여 중부연회장에 이규갑 목사, 동부연회장에 변홍규 목사를 선출하였다. 중부 및 동부연회의 참석자는 85명이었다. 이 연회에서 기독교조선감리회 유지위원회 위원장 이규갑 명의로 발표한 선언서는 "1939년 이후 왜인의 탄 압정책 하에서 우리 교회가 내정간섭을 당한 것은 사실이다. 그로 인하여 된 행정이나 규정된 것은 일체 차를 부인"하고 "금번에 기독교조선감리회에 속 한 목사들과 각 구역에서 선임한 신도 대표들로 구성한 중부연회 동부연회 는 기독교조선감리회의 법적 상속자요 새 조직체가 아님"을 선언하였다.

1. 1939년 이후 왜인의 탄압정책 하에서 우리 교회가 내정간섭을 당한 것은 사실이다. 그로 인하여 행정이나 규정된 것은 일체 차를 부인함.
2. 기간에 왜인의 간섭으로 인하여 소집되지 못하였던 기독교조선감리회 중 부 급 동부연회는 지금에 소집된 것을 자에 선언함.
3. 금번에 기독교조선감리회에 속한 목사들과 각 구역에서 선임한 신도 대 표들로 구성한 중부연회 동부연회는 기독교조선감리회의 법적 상속자요 새 조직체가 아님을 자에 선언함.1)

재건연회는 감리교신학교에서 신학교육을 재개했다. 이들 재건파 중에 는 일제 말기 친일파 교회 지도력으로부터 휴직이나 파면조치를 당했던 교 역자들이 많았다. 재건파에 속하지 않았던 사람들은 재건파 연회 조직 직후 인 1946년 4월 7일 수표교교회에서 감리교 수습대책위원회를 조직하고 "교 회 복흥 방침"을 발표하였다. 여기서 '복흥파'(復興派)란 용어가 나왔다. 평신 도 수습대책위원회 책임자 장세환과 조민형 명의로 발표된 성명은 복흥재건 을 바라되 재건파의 독선적 혁명적 연회 창설을 배제 거부하고 "1941년 3월

---

1) 「기독교조선감리회 중부·동부연회 회록」 (1946년 4월 5~7일), 14.

10일 오전 10시에 경성 정동예배당에서 소집된 기독교조선감리회 임시 특별총회가 그 헌장을 폐기하는 결의를 짓던 이전으로 복흥"한다는 입장을 밝혔다.

기독교조선감리회 수습대책위원회는 이에 기독교조선감리회 복흥의 기본방침을 성명한다.

첫째, 복흥은 반드시 진정한 기독교회가 되게 하자는 것이다.

둘째, 복흥은 진정한 감리교회가 되게 하자는 것이다.

셋째, 복흥은 조선적 기독교회가 되게 하자는 것이다.

우리는 이 원칙적인 정신에 측하여 교회와 교회의 전통과 감리교회의 헌장급 신도들의 양심적인 여론 등의 구비된 복흥의 제 조건을 존중히 생각하며 이에 의거할야는 것이다. 이런 의미에서 합법적이고 합리적인 타당한 방도를 취하는 복흥재건을 희구하는 것이다. 고로 유지위원회의 독선적 독단의 소위 혁명적 연회 창설을 배제 거부한다.

1941년 3월 10일 오전 10시에 경성 정동예배당에서 소집된 기독교조선감리회 임시 특별총회가 그 헌장을 폐기하는 결의를 짓던 이전으로 복흥하여 해 헌장에 준거한 교회당회가 조직되는 것이 복흥의 순서일 것이다.[2]

이 그룹은 먼저 기독교조선감리회 복흥준비회를 조직하고 1946년 9월 기독교조선감리회 총회에서 강태희 목사를 감독으로 선출했다. 재건파도 1948년 1월 자기들만의 총회를 열고 장석영 목사를 감독으로 선출했다. 한국 감리교회 역사상 처음으로 두 개의 총회, 두 명의 감독 시대가 시작됐다. 재건파와 복흥파는 상대편을 비방하는 한편 교회 쟁탈에 나섰다. 감리교회를 다시 세우겠다는 재건파나 감리교회를 다시 일으키겠다는 복흥파가 뜻으로는 다른 것이 없었으나 역사를 보는 시좌(視座)는 크게 달랐다. 위 성명에서

2) 「기독교조선감리회 특별총회 회의록」(1946), 35.

한국 감리회 역사

346

볼 수 있듯이 재건파는 감리교의 가장 대표적인 친일파 정춘수가 감독이 된 1939년 이후에 만들어진 제도 및 규정 일체를 부인하였으나 복흥파는 친일적 감리교 혁신안과 기독교조선감리교단 규칙을 통과시킨 1941년 3월 이후의 감리교 역사를 인정하지 않았다.

재건파와 복흥파의 분열은 해외에서도 문제가 됐다. 1948년 암스테르담에서 세계교회협의회(World Council of Churches, 이하 WCC) 창립총회가 열릴 때 재건파는 변홍규를, 복흥파는 갈홍기를 한국 감리교회 대표로 각각 추천했다. WCC는 창립총회에 한 사람의 대표를 추천해 줄 것을 요구했다. 재건파는 이 총회에 변홍규 목사를 보냈으나 WCC는 그를 한국 감리교회의 총회 대표로 인정하지 않았다.

이 상황에서 평신도들과 선교사들이 나섰다. 일제 말기 추방당했다가 해방 후 귀환한 미감리교회 선교사들은 양측의 화해를 촉구하였다. 1949년 1월 인도 선교사이자 부흥운동가 스탠리 존스(Stanley Jones)가 한국을 방문하여 화해와 일치를 촉구한 것도 양측 교회 지도자들에게 영향을 끼쳤다. 합동 논의는 그해 2월부터 시작되었다. 3월 30일, 양측은 마침내 "무조건 통합"의 원칙을 받아들였다. 4월 26일 정동제일교회에서 개최된 감리교 '통합 연합연회'와 '통합 총회'는 김유순 목사를 감독으로 선출하였다. 감리교회의 새로운 출발이었다. 교파 명칭이 '기독교조선감리회'에서 '기독교대한감리회'로 바뀐 것도 이때였다.

이 시기 감리교회의 교회 재건은 선교사들을 통해서도 이루어지고 있었다. 태평양전쟁(1941~1945년)이 발발한 직후 미국 선교사들은 적성국 국민으로 몰려 모든 권리를 박탈당했고, 그들의 재산은 적산(敵産, 적의 재산)으로 분류되었다. 선교사들은 자국정부의 권고에 따라 1940년 11월 16일 배편으로 인천항을 떠났다. 이날 219명의 선교사들이 철수했으며 1942년 여름까지는 한반도에 단 한 명의 서양 선교사도 남아 있을 수 없었다. 선교사들은 한국을 떠났지만 그들이 원해서 철수한 것이 아니었으므로 많은 선교사들은 다시 한국에 돌아가 선교 사업을 하고 싶어 했다. 선교 사업의 재개는 1945년 11월 미군정 사령관 하지(John R. Hodge)가 미국 국무성에 20명(개신교 10명, 천주교 10명)의 선교사를 파견해 주도록 요청함으로써 가능하게 되었다. 1946년 말까지는 빌링스(Bliss W. Billings), 베커(Arthur L. Becker), 젠센(Anders K. Jensen) 등 9명의 감리교 선교사들이 서울에 돌아왔다. 여성 선교사로는 아펜젤러(Alice R. Appenzeller), 하워드(Clara Howard)가 내한했다. 1948년까지는 45명의 감리교 선교사들이 입국했다.[3]

2. 38선 이북의 감리교회

1945년 8월 제2차 세계대전이 종결될 당시 남북의 경계는 38선이었다. 6·25전쟁 후 남북의 경계는 휴전선이었다. 따라서 오늘날 북한 지역의 감리교회라 하면, 휴전선 이북에 있던 교회를 말한다. 서울에서 감리교회 지도자들이 교회 재건을 내세우고 재건파와 복흥파로 나뉘어 싸우기 시작할 때, 이북의 감리교회들은 감리교 교역자 심령부흥회를 통해 교회 재건에 착수했다. 1945년 9월 평양 중앙교회에서 열린 교역자 심령부흥회는 "과거 신사참배한 죄를 회개하고 새로운 마음으로 목회에 임하자."는 취지로 열렸다. 5일 동안 열린 이 집회의 강사는 이윤영 목사였다. 이윤영은 일제 말기 평양지방 감리사로 있다가 정춘수 감독의 혁신교단에 반대했다는 이유로 목사직에서 파면 당한 인물이었다. 이 집회에 모인 50

해방 직후 38선과 미군

---

3) Charles A. Sauer, *Methodists in Korea, 1930-1960* (Christian Literature Society, 1973), 162.
   1946~1950년 사이 감리교 입국 선교사들의 명단은 이 책의 부록 D에 있다.

여 명의 목회자들은 일제강점기에 저지른 잘못에 대해 회개하였다. 이북 목회자들은 이런 방식으로 반성의 자세를 취하였으며, '서부연회'의 재건을 논의하였다. 1930년 기독교조선감리회가 조직된 후 한반도 북부의 감리교 선교 사업은 해주, 평양, 영변은 미국 북감리회 선교사들이, 개성, 철원, 원산은 남감리교회 선교사들이 지휘하고 있었다. 서부연회는 평안도와 황해도 지역 교회를 관장하던 연회였다. 심령부흥회 참가자들은 1941년 친일 혁신교단이 기존연회를 해산하고 '평안교구', '황해교구'라 했던 것을 옛 이름으로 재건하였고, 동부연회에 속했던 함경도 원산과 강원도 통천 지역을 서부연회에 포함시켰다. 이윤영 목사가 연회 책임자로 추대되었다. 이윤영은 두달 후인 11월 3일 조만식이 창당한 조선민주당에서 부당수에 선출되었다.

서부연회는 지방회와 구역회 조직을 정비하고 1946년 6월 성화신학교(聖化神學敎)를 설립했는데 이것은 분단 상황에 대비하기 위한 조치였다. 교장은 배덕영 목사, 교감은 박대선이 맡았고, 교수와 강사는 김용옥·한승호·명관조·조윤승·김창일·김학수·윤창덕·이피득 등이었다. 1947년 9월에는 18세 이하의 학생들을 위해서 3년 과정의 고성과(高聖科)를 신설하였고 2년제 야간 신학과도 두었다.[4]

이후 재건된 서부연회는 계속된 시련을 겪어야 했다. 김일성 정권은 기독교와 민족주의 세력에 대하여 처음에는 우호적인 입장을 취했으나 1946년부터는 정권 수립의 장애 요인으로 간주하고 통제를 가하기 시작하였다. 교회와 공산당 사이의 충돌은 불가피했다. 첫 번째 충돌은 1946년 3·1절 기념행사에서 발생하였다. 3·1절 기념행사는 한국기독교인들의 3·1운동 참여와 희생에도 불구하고 일제하에서는 한 번도 갖지 못한 행사였다. 따라서 해방후 첫 번째 맞는 3·1절 행사의 의미는 컸다. 평양의 감리교와 장로교 신도들은 북한 당국의 참석 요구에도 불구하고 그들이 주최한 기념식에 불참하고, 장로교의 장대현교회에서 별도의 기념식을 가졌다. 이 일로 무장 경비대가

---

4) 고성은, "해방 이후 평양에 설립된 성화신학교의 역사", 「한국기독교와 역사」 제45호 (2016년 9월), 294.

교회에 난입하여 3·1운동 기념식을 방해하였다. 이날 감리교에서는 박대선, 이피득 목사 등이 끌려갔다. 그날 저녁 고령의 신석구 목사는 평양방송에 출연하여 공산당 정책을 비판하는 연설을 했다. 이 일로 그는 인민위원회로 연행되었다. 비운의 날이었지만 교회에 더 큰 비운을 예고하는 날이기도 했다.

1947년부터 월남한 이윤영 목사 후임으로 송정근 목사가 서부연회장을 맡았다. 그러나 송정근 목사는 1947년 5월 '기독교자유당' 창당 사건에 연루되어 김화식 목사와 함께 구속되었다. 장로교와 감리교 지도자들이 창당 준비를 하고 있었는데, 창당 예정일 하루 전에 지도급 인사들이 체포됨으로 더 이상 진전되지 못했다. 이때 서부연회 서기 이피득 목사도 체포되었다. 대표적인 감리교 교역자들의 구속 상황에서 1947년 6월 평양 신양리교회에서 어렵게 서부연회가 개최되었다. 연회 시작 직전 풀려난 송정근 목사는 고문의 후유증으로 개회만 선언했다. 이 연회는, "성화신학교는 남북통일이 될 때까지 잠정적으로 운영하고 통일이 되면 폐지"하며, "졸업생은 서부연회에서 교역자로 등용"하기로 결의했다.[5]

그러나 이 연회는 사회를 보던 신석구 목사가 연행되는 바람에 어수선한 분위기에서 끝났다. 위기는 성화신학교에도 찾아왔다. 성화신학교는 교장 배덕영 목사가 1949년 12월 16일 남산현교회에서 열린 방학예배 및 성탄축하음악회 직후 납치당하면서 큰 위기에 처했다. 교장 납치 후 북조선기독교도연맹(현재의 조선그리스도교연맹)의 지휘하에 성화신학교와 장로교의 평양신학교가 1950년 3월 합병되었다. 교명은 '조선기독교신학교' 또는 '평양기독교신학교'로 불렸다.[6] 정원은 120명이었는데 6·25전쟁 이후에 폐교되었다.

1947년의 서부연회 후에 북쪽에서 목회하던 목회자들이 대거 신앙의 자유를 찾아 월남하면서 서부연회는 더욱 축소되었다. 1948년과 1949년에도 연회는 열렸으나 정상적인 연회는 아니었다. 1949년 6월 1일, 감리교 진남

5) 윤춘병, 「8·15이후 감리교서부연회수난사」, (기독교대한감리회 원로목사회, 1987), 157~158.
6) 고성은, "해방 이후 평양에 설립된 성화신학교의 역사", 307.

포지방 제4회 지방회가 이전의 진남포교회였던 중앙교회에서 열렸다. 이듬해의 지방회는 억량기교회에서 모이기로 했지만 6·25전쟁으로 모이지 못했다. 결국 이북 교역자들은 6·25전쟁 때 목숨을 잃거나 월남함으로써 서부연회는 그 기능을 상실했다.

3. 6·25전쟁과 감리교회

1950년 6월, 북한 인민군의 남침으로 전쟁이 일어났다. 6월 27일 국회가 '서울 사수(死守)' 문제를 놓고 갑론을박하고 있는 가운데, 감리교와 장로교, 성결교 교역자들은 종로2가 기독교서회 사무실에 모였다. 이들도 서울을 떠날 것인가 아니면 서울에 남을 것인가를 놓고 이야기했다. 38선 이북에서 월남한 교역자들은 우리라도 서울에 남아 공산당을 막아야 한다면서 서울 사수를 주장했다. 그날 오후 서울의 감리교 교역자들도 인사동 중앙교회에 모였다. 김유순 감독의 제안에 따라 다수의 감리교회 교역자들은 피난을 포기하고 서울에 남기로 했다. 대부분의 교회와 교회 관련 기관의 건물들은 인민군에 징발당했다. 교역자들은 인민위원회에 불려 나가 자술서를 썼으며, 인민군 환영대회가 열리면 그들을 환영한다는 기도와 설교를 해야 했다. 이 환영대회 이후 서울에 남아 있던 교역자들은 대부분 서울을 빠져나갔다. 서울을 떠나지 못한 사람들은 납북되거나 조선인민공화국 치하 3개월 동안 공포의 시간을 보내야 했다.

1950년 여름에는 피난하지 않고 사역지를 지키던 선교사들과 한국인 교역자들이 강제로 북송되었다. 7월 말부터 8월 초 사이에 과학자들, 문화계와 법조계 인사들이 먼저 북송되었다. 종교인들의 체포는 8월 23일에 일어났다. 새벽부터 학생, 청년들로 구성된 '민주청년연맹' 대원들이 목사들을 찾아다녔다. 이날 구금된 목사는 김유순 감독과 양주삼 목사, 박만춘 목사(총리원 전도국 총무), 김희운 목사(종교교회), 방훈 목사(자교교회), 서태원 목사(감리교신학교), 박연서 목사(기독교서회), 심명섭 목사(기독교교육협회) 등 20여 명에 이르렀다.[7] 감리교 목사들은 종로2가 기독교서회 사무실, 서대문형무소, 아현동 김유순 감독 사택에 며칠 동안 분산 수용되었다가 8월 말에 북쪽으로 끌려갔다.

감리교 인물들 중에는 양주삼, 김유순 감독처럼 끌려간 사람들도 있었지만 자의로 월북한 사람들도 있었다. 3·1운동 민족대표 33인 중 한 사람이었던 김창준 목사는 1947년 2월 서울에서 '기독교민주동맹'을 조직하여 활동하다가 1948년 4월 '전조선정당사회단체 대표자연석회의' 참석차 평양에 가서서울로 돌아오지 않았다. 김창준은 처음에는 평안남북도 일대의 기독교인들을 기독교도연맹에 가입시키는 일을 했으며, 최고인민회의 부의장, 조국통일민주주의전선 중앙위원회 의장에 추대되어 활동하다가 1959년 69세를 일기로 사망했다. 역시 3·1운동 때 옥고를 치른 적이 있고 배화여자중학교 교사와 교장을 지낸 이만규는 전조선정당사회단체 대표자연석회의에 참석, 그후 최고인민회의 대의원, 조국통일민주주의전선 중앙위원, 조국통일사 사장직에 올랐다.

김창준과 이만규는 1950년 7월 서울에 와서 기독교민주동맹을 재건하는일을 하다가 후퇴하는 인민군을 따라 평양으로 돌아갔다. 태화여자관(현재의 태화기독교사회복지관)에서 활동했던 앤 월리스(Ann Wallis)도 북한을 택한인물이다.[8] 그녀는 인민군이 서울을 점령하였을 당시 '서울의 수'(Seoul City Sue)란 이름으로 미군들에게 선무방송을 했다.[9]

---

7) "Korea News Letter", no. 3 (Nov. 2, 1950), 김흥수 편, 「WCC 도서관 소장 한국교회사 자료집-한국전쟁편」 (한국기독교역사연구소, 2003), 160~163; "순교 또는 납치 교역자 명부", 「감리회보」 (1952년 1월 1일).

8) 월리스는 1930년 미국 남감리회 여선교회 파송을 받아 춘천과 서울 태화여자관에서 일했다. 1940년 귀국했다가 해방 후 다시 서울로 와서 서울외국인학교 교사로 있으면서 태화여자관 사업을 도왔다. 이때 월리스는 태화여자관에서 무산아동 구락부를 맡아 극빈층 아동 교육을 담당했던 서규철과 결혼했다. 6·25전쟁이 일어나자 다른 선교사들은 거의 다 한국을 떠났지만 월리스는 서울에 남았다.

9) 이덕주, 「태화기독교사회복지관의 역사 1921-1993」 (태화기독교사회복지관, 1993), 357.

6·25전쟁으로 500만 명 이상의 사상자들이 발생하였고, 한반도 전역이 초토화되었다. 가족은 물론 법과 윤리, 사회의 기본 질서가 완전히 붕괴되어 많은 사람들이 극단적인 위험에 노출되었으나 이들을 보호할 사회적 안전망은 없었다. 1952년 3월 통계에 의하면, 전쟁으로 집을 잃은 피난민이 261만 8천 명, 전쟁으로 물자상실이나 지원수단이 파괴되어 고통을 받는 전쟁 이재민이 342만 명, 전쟁과 관계는 없으나 가난하고 인플레이션으로 괴로움을 받는 지방 빈민이 436만 8천 명이었다. 이렇듯 1천만 명이나 되는 사람들이 구호대상자였다.[10] 1951년 당시 남한의 전체 인구는 약 2천 1백만 명이었다.

전쟁 중에 교회가 입은 피해도 상당했다. 완파된 예배당은 감리교 84곳, 장로교 152곳이었다. 반파된 곳이 감리교 155곳, 장로교 468곳에 달했으며 기독교 계통 학교와 병원, 기관 건물들도 대부분 파괴되었다. 전쟁으로 가족을 잃은 고아와 미망인, 부상자, 생활 능력이 없는 이재민과 월남한 피난민 가족들의 호구지책도 심각한 문제였다. 전쟁으로 인한 처참한 피해의 모습이 미국교회에 알려졌다. 감리교의 류형기, 장로교의 한경직 등도 미국교회에 가서 전쟁의 참상을 알리고 모금을 호소했다. 미국 감리교회의 선교부 관계자들은 수시로 방한하여 한국 상황을 미국에 알렸다. 미국 감리교회는 감리교해외구제위원회(Methodist Committee on Overseas Relief, MCOR)와 세계선교부(Methodist World Mission)를 통해 신속하게 지원에 나섰다. 1950년 가을부터 감리교해외구제위원회를 통해 매년 10만 달러 이상을 보내주었다.

감리교회의 구제 사업과 복구 사업에 새로운 전기가 된 것은 1954년 6월 23일부터 30일까지 대천에서 열린 '한국 감리교회 재건 연구위원회'였다. 재건연구위원회는 다섯 개 소분과(교회 재건과 사업위원회, 사회사업위원회, 교육사업위원회, 선교부와의 관계위원회, 지도자양성위원회)를 두었는데 가장 역점을 둔 것은 교회 재건과 사업위원회였다. 대천회의에 참석했던 미국 대표들은

10) 국회도서관 입법조사국, 「국제연합 한국통일부흥위원단보고서(1951~1953)」, 입법참고자료 제34호 (1965), 223; 하상락 편, 「한국사회복지사론」(박영사, 1989), 90.

353

귀국 후 '감독호소기금'(Bishops' Appeal Fund)으로 명명된 모금운동을 전개하여 목표액 100만 달러를 훨씬 상회하는 160만 달러를 모금했다.11) 11월 14일의 모금운동에는 미국의 2만여 감리교회들이 일제히 참여하였다. 이 모금의 3할은 구제 사업, 7할은 예배당·신학교·병원·선교사 주택 등의 복구 사업에 쓰기로 하였다. 지원은 전쟁 중에 급히 마련되었던 부산의 임시 총리원에서 이루어졌다. 교역자와 그 가족, 납치된 교역자 유가족들의 생활을 지원하였으며, 평신도들에게도 구제금, 치료비, 융자금 등을 통해 구호 사업을 펼쳤다. 김광우의 말대로, 이 시기는 "교회 구제 사업 시대"였다.12)

외국의 교회와 기독교 계통의 구호 단체들은 한국교회에 다량의 구호금품이나 구호 활동가를 보냈다. 40여 개에 달한 이 단체들은 민간 구호단체의 대부분을 차지하였다. 한국에 구호단체를 보낸 교파는 감리교를 비롯하여 장로교, 침례교, 나사렛교회, 메노나이트, 퀘이커, 동양선교회, 안식교, 유니테리언교회, 루터교, 가톨릭 등 다양했다. 기독교 외원단체들은 고아, 아동, 미망인, 피난민을 위한 응급 구호 사업을 중심으로 활동했지만 결핵 퇴치나 상이용사 재활과 같은 활동도 펼쳤다. 이 시기 외원단체의 구호 활동은 '가톨릭구제위원회'(Catholic Relief Service)와 '기독교세계봉사회'(Church World Service)가 가장 활발했다. 기독교세계봉사회는 미국 기독교교회협의회에 속한 35개 교파의 구호 활동을 주관했다. 다른 서방국가의 교회와 단체가 보내는 구호품도 전달해 주었으며, 세계교회협의회, 루터교세계구제회 등의 활동을 대행했다. 기독교세계봉사회의 한국 책임자는 아펜젤

천안 성환감리교회가 운영하던 애신원(1954)

11) Charles A. Sauer, *Methodists in Korea* (The Christian Literature Society, 1973), 216~217.
12) 황미숙, "내한 미국 감리교회 선교사들의 사회복지사업 연구, 1885-1960", 박사논문, 목원대학교대학원 (2014), 178.

러 선교사의 아들 아펜젤러(H. D. Appenzeller)가 맡았다.

긴급한 교역자의 생계를 위한 지원과 더불어 무너진 교회를 복구하는 사업도 진행되었다. 예배당이 완전히 파괴되거나 수리가 필요한 교회도 많았다. 무너진 교회는 75개, 수리해 쓸 수 있는 것이 149개였다.[13] 교회 복구는 1954년부터 복구비를 교회에 배분하면서 활발하게 진행되었다. 4년 동안 신축 예배당이 359개, 구입한 예배당이 40개에 달했다. 연회는 남부연회가 새로 생겨 3개 연회가 되었고, 지방은 9개가 늘어 32개가 되었다. 교회는 150개가 늘어 기도처를 포함하면 예배 처소는 1,106개였다.

전쟁의 참화를 피해 다수의 피난민들이 모인 곳은 부산이었다. 원래 20만 명밖에 되지 않던 부산은 1·4후퇴 당시 피난민들의 유입으로 1백만 명을 상회하는 도시가 되었다. 선교사 윌리엄 쇼(William E. Shaw)가 미군의 민간인 군목으로 재직하면서 교역자들의 피난을 도왔다. 교역자들을 위한 임시 주택을 마련하는 일이 최급선무였다. 이 일은 류형기 목사가 담당했다. 감리교회는 서울 수복 후 김유순 감독의 납북이 확인되자 류형기 목사를 임시 총리원 원장으로 선임해 놓은 상태였다. 류형기 목사는 1·4후퇴 때 부산에 내려와 미국 감리교해외구제위원회의 도움으로 부민동에 2층 집을 사서 사무실을 열었다.[14] 선교부는 과거 일본 사람이 쓰던 주택을 얻어 피난 교역자 가족을 수용하였다. 주일에는 이 주택에서 예배를 드렸다. 피난 교역자들이 많아지자 선교부는 인근 섬으로 교역자 가정을 분산시켰다. 찰스 스톡스(Charles D. Stokes)는 제주도, 가덕도에 교역자들의 거처를 제공하는 일을 맡았다.[15] 제주도는 장로교 교역자와 감리교 교역자들의 공동 거주지가 되었다. 가덕도는 감리교 교역자들이, 거제도는 장로교 교역자들이 거주했다. 또한 제주도에는 총리원 임시 분원이 설치되어 교역자 구호 업무를 담당했다. 제주도와 가덕도에 살던 교역자들은 정부에서 주는 식량과 총리원 선교부에

---

13) "감독의 편지 – 우리 교회의 현황과 앞날의 기대", 「감리회보」 (1952년 2월 1일).
14) 류형기, 「은총의 팔십오년 : 류형기 감독 회상기」 (한국기독교문화원, 1983), 160~161.
15) 목원대학교 신학연구소 엮음, *Letters of Charles D. Stokes* (한국기독교역사연구소, 2004), 74.

서 지급하는 선교비를 받았다. 감리교신학교도 1951년 5월 4일 부산 수정동에 판잣집을 짓고 수업을 재개하였다. 감리교인 피난민 때문에 교회도 생겼다. 대신동의 부산제일교회를 필두로 보수, 수정, 시온, 동래, 해운대교회 등 15개 교회가 부산에 설립되었고, 부산지방회가 조직되었다. 부산을 넘어 경상도 일대(마산, 진주, 진해, 대구, 김천, 경주)와 제주도, 전라도 지역(전주, 군산, 이리, 광주, 목포, 여수)에도 감리교회가 설립되었다.

총리원을 이끌던 김유순 감독과 전도국과 사회국 총무를 겸하고 있던 박만춘 목사가 납북된 상황에서 류형기 목사는 부산에 내려오자마자 선교사들과 협의하여 부민동에 총리원 사무실을 마련하였다. 임시 총리원 원장으로 재직하면서 정식 감독을 선출하여 교회조직을 정상화하는 일을 서둘렀다. 감리교 목회자와 평신도들은 1951년 11월 1일 부산의 중앙장로교회 예배당을 빌려 기독교대한감리회 특별총회를 개최하였다. 당시 한국을 방문 중이던 미국 감리교회 무어(A. J. Moore) 감독이 특별총회의 사회를 맡았다. 무어는 1930년 미국 남감리회 감독으로 선출된 이래 동아시아 선교 책임자로 한국교회를 여러 번 방문한 적이 있는 인물이었다. 류형기, 김응태, 조신일, 김인영 목사가 감독 후보로 출마한 가운데 평북 희천 출신의 류형기 목사가 선출되었다. 그런데 투표 직후 일부 총회 회원들이 류형기 감독의 자격을 문제삼았다. 감리교 장정의 감독 자격 조항 중에 "연회에서 정회원으로 6년 이상 계속 시무"라는 것이 있는데, 류형기 목사는 당시 연회 정회원으로 6년 이상을 시무하지 못했다. 1934년 정회원 목사가 되었지만 1941년 9월 정춘수 감독하에서 목사직을 파면당하여 교회를 떠나 있었다. 해방 후에도 교회와 무관한 조선인쇄주식회사를 운영하다가 1949년에야 교회에 복귀, 교육국 총무가 되었다. 문제를 제기한 사람들은 6년 이상 계속 시무라는 조항을 들어 류형기 목사가 감독의 자격이 없다고 주장했다. 과거 재건파에 동조했던 인물들은 류형기가 감리교의 친일파 지도력에 의해 목사직을 파면당해 쫓겨난 것이라면서 법을 문자적으로 적용하면 감독 자격자는 한 사람도 없다고 주장했다. 양측의 주장이 팽팽히 맞서자 무어 감독은, 감리교회가 겪어야 했던 어려운 시기가 있어 "6년 이상 계속 시무" 규정을 문자적으로 적용하기는 어려운 일이라면서 이번 총회에서만 이 조항을 보류한다는 임시조치법을 제정하자는 중재안을 냈다. 총회는 임시조치 규정과 서부연회 대표의 연회 참가 청원의 건을 가결했다.

이 총회의 최대 안건은 납북된 김유순 감독의 후임을 뽑는 선거였다. 선거는 기립투표 방식을 채택하였는데, 다수의 회원들이 찬성 의사를 표했다. 류형기는 66명의 총회원으로부터 44명의 지지를 얻어 감독에 당선되었다. 류형기 목사는 감독 취임을 고사하다가 특별교섭위원의 권고를 받아들였다. 류형기는 미국의 오하이오 웨슬리안대학, 보스턴대학, 하버드대학에서 공부한 인물이었다. 류형기 감독 시대는 이런 진통 속에서 시작되었다. 이때 특수한 상황에서 교회법을 준수하지 않아도 된다는 결정은 후일 같은 문제의 반복을 예고하는 것이었다.

4. 이승만 정부와의 관계

류형기 감독의 재임 시절 교회 재산이 눈에 띄게 증가하였다. 전후에 감리교회는 미국 감리교회의 지원으로 다수의 사회사업기관을 운영했는데, 그것도 재산 증가의 한 원인이었다. 일제가 남기고 간 적산가옥의 불하도 재산을 늘려주었다. 1950년대 감리교 재산을 가장 많이 증가시킨 총리원 건물 부지도 적산을 불하 받은 것이었다. 1958년 6월 총리원 건물 기공식을 가졌다. 류형기 감독은 1958년 9월 총회의 감독 연설에서 이런 말을 했다.

1930년 총리원이 생긴 이래 집 없이 지나던 총리원은 모교회의 후의로 두 달 전에 광화문 네거리에 감격에 넘치는 기공식을 거행했습니다. 광화문 네

거리에 245평을 얻는다는 것은 생각도 못했던 것입니다. 그 터를 얻는 데 힘써 주신 이들이 많습니다만, 특별히 우리의 존경하는 이기붕 의장의 수고가 컸으며 또 그 터에 건축 허가를 얻는 데는 우리 회원의 한 분이신 김활란 총장의 수고가 컸습니다. 그 두 분과 또 직접 간접으로 수고해주신 여러분께 감사를 드립니다.16)

총리원 건물 기공식을 가진 광화문 네거리 땅의 토지는 일본인 소유였다가 해방 후 국방부에서 주차장으로 사용하고 있었다. 불하를 신청한 단체는 모두 27개였다. 적산관리청과 국방부를 설득하여 감리교회가 이 땅을 불하받는 데는 "이기붕 의장의 수고"가 컸다. 이기붕은 국회의장이었다. 총리원 건축위원이었던 이기붕의 아내 박마리아도 도움을 주었다. 이화여자대학의 박마리아에게 건축위원을 맡긴 것은 그 대학의 김활란 총장이었다.

총리원 건축비는 미국 감리교회에서 보내온 10만 달러로 충당했다. 1959년 9월 11일 낙성식을 가졌다. 총리원 건물은 1950년대에 감리교회와 이승만 정권과의 밀착관계를 보여주고 있었다. 이 시기 이승만 정권과의 밀착관계는 1956년 5월에 실시된 정·부통령 선거에서도 확인할 수 있다.

1956년 5월 15일의 정·부통령 선거를 열흘 앞두고, '정·부통령선거추진기독교도중앙위원회'(위원장 전필순)는 호소문을 발표했다. "우리나라의 정치에 하나님의 뜻이 이루어져서 자유의 꽃이 피고 번영의 열매가 맺도록 이승만 장로와 이기붕 권사를 우리 한국교회 백이십만 신도는 밀고 또 밀어주시기를 삼가 권고하는 바입니다."17) 이 위원회는 자유당을 지지하는 기독교계 인사들로 조직되었다. 부위원장 김광우 목사, 상임위원 조경우, 류형기, 송정률, 조신일, 김활란, 임영빈 등 당시 감리교회의 주요 인사들이 이 위원회에 참여하였다. 이승만이 55%에 해당하는 500만여 표를 얻어 대통령에 다시

---

16) 「기독교대한감리회총회회록」(1959), 78.
17) "전국 교회의 형제 자매여!", 「기독공보」(1956년 5월 14일).

당선되기는 했지만 부통령 선거에서 이기붕은 장면에게 20만 표 차이로 패배하였다. 선거 당시 감리교 측은 감리교 기관지와 연회를 이용하여 노골적으로 이승만·이기붕 지지운동을 벌였다. 1956년 5월 15일 정·부통령 선거를 앞두고 「감리회보」(4, 5월 합본호)는 그들의 신앙 및 정치경력을 홍보해 주었다. 또한 1956년 3월 열린 감리교 동부연회와 중부연회는 이승만의 재출마를 건의하는 성명을 내기로 결의하였다.[18] 이처럼 감리교회는 다른 교파와는 달리 연회와 기관지를 통해서 이승만과 이기붕의 선거운동을 공공연히 지원하였다.

해방과 국가 재건 시기부터 교회 지도자들은 현실정치에 깊이 개입하였다. 특히 1945년부터 1948년까지의 해방정국에서 기독교 정신을 토대로 국가를 재건해야 한다는 주장이 교회나 기독교인 정치가들로부터 공공연히 제기되었다. 기독교인 정치인들이 기독교적 국가 재건의 구상을 밝힌 것은 1945년 11월 조선기독교남부대회 주최로 서울 정동교회에서 열린 임시정부 요인 환영대회였다. 이 자리에 해방정국의 세 영수 김구, 김규식, 이승만이 모두 참석하여 기독교 정신 위에 새로운 나라를 세우자고 주장했다. 그러나 기독교를 건국의 기초로 본 정치 지도자 가운데 그것을 실천할 기회를 얻은 사람은 이승만밖에 없었다. 이승만은 국가의 공식 행사에서 기독교적 의식을 행한 최초의 정치인이었다. 1948년 5월 대한민국 초대 국회 개원식에서 국회의장 이승만은 국회의원이며 감리교 목사였던 이윤영에게 먼저 기도할 것을 부탁했다.

임시정부 요인 환영 꽃마차

---

18) 「기독교대한감리회 제7회 동부연회회의록」 (1956), 25; 「기독교대한감리회 제7회 중부연회회의록」 (1956), 81~83.

이승만도 국회의장 자격으로 "하나님과 애국선
열과 삼천만 동포 앞에" 선서했다. 그는 초대 대
통령에 당선되어 취임식을 할 때도 "하나님과
동포 앞에서" 직무를 다할 것을 선서했다. 이후
제1공화국의 국가의식은 기독교식으로 진행되
었으며, 기독교적 국가 제도가 등장하고 정부의
각 부서에 기독교인이 중용되었다.

「십자기」 최초 군종 잡지(1952)

　이런 것들이 이승만 정부 하에서 교회와 정
부의 유착을 심화시켰다. 더구나 1950년대의 군
종제도, 국기 주목례(注目禮)를 이승만이 기독교적 국가 재건 이념을 실천한
사례로 받아들이면서 교회는 이승만 정권을 더욱 지지하게 되었다. 군종제
도는 1949년부터 교회에서 논의되다가 전쟁 중인 1950년 9월 선교사 신분으
로 미군 군종부 문관으로 임명된 천주교의 캐
럴(George Carroll) 신부와 감리교 선교사 쇼
(William. E. Shaw)가 이승만에게 한국군 군종
제도의 창설을 건의함으로써 구체화되었다.
이런 것들로 이승만은 집권 이래 교회의 전폭
적인 지지를 받았다. 이승만을 지지하는 교회
의 선거운동은 1952년 8월에 실시된 제2대 대
통령 및 제3대 부통령 선거에서 절정에 달했
다. 감리교회는 1960년 3월 15일 정·부통령
선거에서도 자유당을 지지하고 나섰다.

기독교도중앙위원회의 이승만 지지
포스터

제12장

1960년대의
교권 다툼과
독립교회의 출발

1. 4·19혁명과 감리교회

자유당 정권은 '3선 개헌'을 통과시킨 후 1960년 3월 15일 정·부통령 선거에서 또다시 이승만, 이기붕 카드를 내놓았다. 야당은 이번에도 장면을 부통령 후보로 내세웠다. 교계 지도자들은 달라진 민심 때문에 1956년 선거 때만큼 노골적이진 않았지만 1960년 선거에서도 이승만, 이기붕 선거운동을 지원했다. 이승만(명예장로), 이기붕(권사), 박마리아(장로)가 정동제일교회에 출석하고 있어서 감리교인들은 자유당 지지를 당연시하였다. 그것을 기독교인의 양심과 양식으로 생각하였다. 감리교회는 여당이라는 소리가 들렸다.[1] 감리교회뿐만이 아니었다. 교회들은 각종 행사에 자유당 인사들을 초청했고 직접 선거운동에 나선 교역자와 장로들도 있었다. 물론 이것은 한국교회 전체에서 볼 수 있는 현상이었다. 이런 내력 때문에 3·15부정선거 이후 교회들은 침묵을 지킬 수밖에 없었다. 4·19 직후 감리교신학대학 학장 홍현설은 4·19를 겪고 나서 낡은 세대에 속하는 사람들은 "부끄러움과 자책하는 마음"에서 학생들 앞에서 머리를 들 수 없다고 고백했다.[2] 자유당 독재정권을 지지했던 교회의 죄책 고백이었다. 송흥국 목사는 「감리교생활」에 아예 "반

---

1) 윤춘병, 「한국감리교 교회성장사」(한국감리교사학회, 1997), 827.
2) 홍현설, "4·19에서 얻은 교훈", 「기독교사상」(1960년 6월), 23~24.

성과 참회"라는 제목으로 글을 썼다.

우리 교회가 과거에 저지른 과오는 무엇이었던가? 1) 교회는 정권과 손을 잡
았거나 그렇지 않으면 이용하기도 하며, 이용도 당하였다. 교회는 언제나 야
당적 입장에서 예언자적 지위를 고수해야 한다. 2) 교회는 한 몸 된 의식을
잊어버리고 교회 내에서 파쟁으로 교회를 약화시켰으며 교회가 사회 정화
와 구원의 사명을 감당하지 못했다. 3) 교회는 속화되어 복음의 선전보다 교
권의 장악을 위한 계획과 활동에 많은 시간과 정력을 허비하였다.[3]

이러한 자아비판은 마침내 자유당을 지지했던 교계 지도자들의 퇴진을
요구하는 숙정(肅正) 운동으로 발전하였다. 감리교신학대학 학생들은 1960
년 5월 광화문 총리원을 방문하여 "3·15부정선거와 관련된 감리교 지도자들
의 회개"를 촉구했다. 6월 6일 남산교회에서 기도회를 개최한 평신도들은 교
계 정화를 촉구하였다. 이런 요구에 총리원 이사회는 7월 1일 성명을 발표하
였다. 이 성명은 이승만, 이기붕 두 사람이 감리교인이었기 때문에 감리교회
는 유달리 사회의 비난과 공격의 대상이 되고 있는데, 그들의 부정을 시정하
지 못한 것을 부끄럽게 여겼다. 이어서 성명은 결의사항에서 교회 전체의 책
임은 이사회가 사과하되 "교역자로서 3·15 때 집권당에 가담한 자", "교역자
로서 3·15부정선거에 강단을 통하여서나 또는 개인적으로 가담한 자"는 교
회법규에 의하여 처리하기로 한다는 입장을 발표하였다.[4]

그러나 중견 교역자들은 총리원 이사회의 소극적인 처리에 대하여 불만
을 터트렸다. 7월 22일 경기도 입석 캠프장에서 열린 전국기독교교육지도자
강습회에 참석했던 교역자들은 "집권당에 아부하여 교회의 권위를 손상케
한 교역자를 현직에서 사퇴케 할 것 – 만일 이것을 단행할 수 없거든 감독과

---

3) 송흥국, "반성과 참회", 「감리교생활」 (1960년 8월 9일), 82.
4) 김광우, 「한국 감리교회 백년. 제도변천기」 (전망사, 1990), 384~386.

각국 총무는 깨끗이 물러 갈 것"을 요구하였다.[5] 결국 김종필 감독을 비롯한 각국 총무들과 총리원 이사들은 사표를 낼 수밖에 없었다. 한 달 후 이 문제를 처리하기 위한 특별총회가 열렸다. 8월 30일 특별총회가 열리고 있는 종교교회 입구에서는 '3·15부정선거 관련자 퇴진'을 요구하는 신학생들과 소장 목회자들의 시위가 벌어졌다. 총회장 주위에 감리교의 규탄 대상자 명단이 나돌았다. 이런 분위기에서 감독과 총리원 임원들에 대한 신임 투표가 시작되었다. 김종필 감독은 재신임에 필요한 3분의 2를 간신히 넘겨 감독직을 유지하게 되었다. 전도국 총무 마경일과 교육국 총무 김주병, 사회국 총무 한영선, 회계 장기수의 사표는 모두 수리되었다. 총리원 이사는 기존 이사 28명 중에 3분의 2가 넘는 19명이 새 인물로 교체되었다.

2. 감독선거와 파벌정치 – 호헌파, 성화파, 정동파

해방 이후 감리교는 몇 차례 분열을 겪었다. 해방 직후 재건파와 복흥파의 분열이 있었고, 1950년대에는 총리원 측과 호헌파의 분열이 일어났다. 1950년대의 두 번째 분열은 감독 선거를 둘러싸고 전개되었다. 1949년 통합된 총회에서 김유순이 감독에 선출되었지만 1950년 전쟁 중에 납북되는 바람에 새로운 감독의 선출이 불가피하게 되었다. 그래서 1951년 11월 부산에서 열린 특별총회는 정회원 6년 연속 시무의 조항을 이번만은 보류하기로 하고 류형기를 감독으로 선출하여 활동하도록 한 바 있다. 1949년 총회에서 개정된 헌법에 따라 감독의 임기는 2년이었다. 대전제일교회에서 개최된 1953년 총회는 류형기 감독의 임기 만료에 따라 새로운 감독을 선출해야 했다. 류형기를 다시 감독으로 추대하자는 의견이 지배적이었다. 교회를 복구하려면 미국교회의 지원이 필요한데, 류형기가 미국교회의 지원을 얻어내는 데

5) 「감리교생활」 (1960년 10월), 37.

가장 적합한 인물로 보였다. 그런데 감독 임기를 2년 더 연장하자는 헌법개정안과 헌법은 그대로 두고 감독선거에서 임시법을 사용하자는 견해로 의견이 갈려 1954년 3월로 총회가 연기되었다. 서울 정동교회에서 열린 1954년 3월 총회는 류형기 지지파와 반대파의 각축전이 되었다. 반대파는 수적으로 열세했을 뿐 아니라 미국교회와 선교사들의 지지도 얻어내지 못했다. 미국교회는 이번에도 무어 감독과 레인스(Richard C. Raines) 감독을 총회에 파견하여 류형기 감독에 대한 지지를 표명하였다.

이때 쟁점으로 떠오른 것이 이른바 '선교불'(宣敎弗)로 알려진 사건이었다. 류형기 감독 시절 총리원은 미국교회에서 보내온 선교비를 원천공사라는 무역업체에 투자하였는데, 이 과정에서 30,750달러의 막대한 손해를 보았다. 물론 이것은 류형기 감독 단독으로 결정한 것은 아니었다. 총회 이사회 실행부에서 구성한 선교부 보조금 운영위원회가 결정하여 투자한 것이었다. 총회는 감독의 임기를 2년에서 4년으로 개정하고 감독 선거에 들어갔다. 류형기 목사가 재선에 성공하였다. 류형기 반대파들은 류형기가 선교비 사건에 책임을 져야 하며, 지난 총회에서 보류했던 감독자격 조항(감리교 정회원 6년 연속 시무)을 반드시 적용해야 한다고 하면서 당선 무효를 주장했다. 유권 해석 요청을 받은 무어 감독은 "한국교회가 30여 년 전에 제정된 헌법 조문의 소극적이요 고식적 해석을 고집한다면 온 감리교회 안에 감독후보 적격자가 태무할 것이며, 이리되면 한국교회의 생명은 거의 질식될지도 모를 것"이라면서 "교회의 법은 교회의 생명을 위해 적극적이며 건설적으로 해석되어야만 할 것"이라고 했다.[6] 무어 감독의 개입은 법적 근거 없는 것이었다. 그러나 전쟁 직후 모든 것이 파괴된 상황에서 교회 복구비와 교회 운영과 선교를 위해 필요한 비용 전체를 지원하고 있고, 앞으로도 지원할 것을 약속한 미국교회 감독의 권고를 나서서 반대할 사람은 없었다. 류형기 감독은 1951년 총회 때처럼 이번에도 감독 취임을 몇 차례 거부하다가 감독직을 수락했다. 총

---

6) 윤춘병, 「한국감리교 교회성장사」, 827.

회는 류형기 감독 측 인사들로 각국 총무와 총리원 이사회를 구성하고 "내회 장소를 평양 남산현교회로 한다."는 결의를 하고 회무를 끝냈다.[7]

류형기 감독의 재선을 받아들일 수 없었던 총대들과 방청석의 반대파 목사들은 4월 20일 인사동 중앙교회에 모여 '기독교대한감리회 수습대책위원회'를 결성하였다. 이들은 "이 일은 위헌이고 이 일을 법대로 처리해야 한다."는 취지의 성명서를 「서울신문」(1954년 5월 4일)에 게재하였다. 그래서 호헌파(護憲派)란 명칭이 생겨났다. 주로 충청남도 출신들로 구성된 호헌파는 류형기 감독의 총리원을 비양심적이요 수단과 방법을 가리지 않는 "불법 집단"이라고 공격하였다. 이에 맞서 총리원 측은 호헌파를 "편협한 분열주의자들," 일제 말기 혁신교단에 참여했던 친일 경력의 소유자들이라고 비난하였다. 호헌파는 류형기 감독을 비롯한 총리원 측 책임자들을 공금 횡령 및 유용 혐의로 경찰과 검찰에 고발했다. 기소를 당한 총리원 측 인사들은 기소 유예처분을 받았다. 총리원 측은 이 사건의 배후로 당시 공보처장을 맡고 있던 감리교 목사 갈홍기를 의심했다.

결국 호헌파는 1955년 3월 1일 천안읍교회에서 열린 '전국호헌신도대회'에서 연회와 총회를 조직하고 김응태 목사를 감독으로 선출하였다. 총리원과 신학교도 서울 중앙교회 안에 설치하였다. 당시 호헌파에 속한 교회가 30여 곳, 참여한 목회자는 40여 명 정도였다. 이는 한국 감리교회의 10% 미만에 해당하는 수치였다. 이후 4년간 일부 교회에서는 목사와 평신도들이 서로 예배당을 차지하려고 주일마다 몸싸움을 벌이기도 했다. 호헌 총회 직후, 호헌 측에 속한 교회들은 교회 부동산 등기를 총리원에서 개체교회 교인 공동명의로 옮기려 하였다. 이 일로 40여 건의 교회재산 소유권 소송이 벌어졌다.[8] 총리원 측은 호헌파 목사를 파면시키거나 설교 강단에서 끌어내렸다. 신문들은 연일 '싸우는 감리교회' 소식을 전했다. 호헌 측은 이 과정에서 미

7) "파란을 뚫고 질서를 찾은 총회", 「감리회보」(1954년 6월 1일).
8) 박설봉, "법정에 이르기까지", 「호헌 감리회보」(1955년 8월 1일).

국 자유감리교회와 관계를 갖고자 했다. 미국 자유감리교회로부터 이 소식을 들은 미국 감리교회의 동아시아 총무 브럼보(T. T. Brumbaugh)는 총리원 측에 호헌파를 받아들이지 않으면 선교비 지원을 중단하겠다는 서신을 보냈다.[9] 이것이 해방 후 한국 감리교회가 겪은 두 번째 분열의 모습이었다.

서로 갈등이 깊어질 대로 깊어지자 장세환, 맹기영, 신창균 등 평신도들이 양측 목회자들을 설득하고 나섰다. 결국 류형기 감독이 1958년 2차 임기를 마치고 물러난 후에야 합동 분위기가 이루어졌다. 1958년 3월 총회에서 류형기 감독 후임으로 선출된 김종필 목사는 곧바로 교회 합동을 추진하였다. 1959년 초 양측 대표들로 구성된 '교회통일전권위원회'에서 합동을 논의하였다. 2월 7일 "1954년 이후에 감리교회가 양측으로 분열케 한 슬픈 사실을 인정하는 동시에 심히 유감된 일임을 통감하여 이에 양측은 하나의 감리교회로 무조건 통합할 것을 원칙으로 한다."는 성명서를 발표하였다.[10] 이 원칙에 따라 호헌 측 소속 신학생은 감리교신학교와 감리교대전신학교에 편입시키고, 분규 중에 있는 교회들은 모든 쟁소를 중지하기로 하였다. 3월 17일 서울 정동제일교회에서 양측 교회 합동 연회가 개최되었다. 분열된 지 5년 만에 합동이 이루어졌다. 이로써 감리교회는 하나의 감리교회가 되었지만, 이후로는 지역을 중심으로 하는 서클정치가 자리 잡았다.

한국 감리교회 서클정치의 기본 틀이 형성된 것은 1962년 7월 총회에서였다. 이 총회의 감독 선거에서 이환신·변홍규·김광우·장석영·임영빈이 출마한 가운데, 평남 강동 출신의 성화파 이환신 목사가 41차 투표 끝에 선출되었다. 남북 분단 직후 서부연회는 평양에 성화신학교를 설립했는데, 성화파는 이 신학교 출신의 교수와 학생이 주축을 이루기는 했으나 류형기 감독 중심의 이북 출신 교회 정치 세력을 뜻했다. 1962년 총회에서 호헌파는 감독에 성화파 이환신을 선출했지만, 그 대신 전도국을 제외한 두 자리, 즉 교육

9) 고명균, 「잡동산이 Ⅲ」, 청산 고명균 목사 목회만필(청옥재, 1988), 99.
10) 윤춘병, 「한국감리교 교회성장사」, 822.

국과 사회국의 총무직을 차지했다. 이 당시 서클정치의 구조는 총리원 측-호헌파 구도였다. 1966년 9월 20일 정동교회에서 열린 총회부터 서클정치의 구조는 성화파-호헌파-정동파로 변하였다. 이 총회에서 성화파 이환신이 재선을 노리고 다시 감독에 출마하였다. 호헌파에서는 공주 출신의 변홍규 목사를 감독 후보로 내세웠다. 여기에 김광우 목사의 출마는 '정동파'란 새로운 서클을 등장시켰다. 경기도 덕적도 출신인 김광우 목사는 총리원 측에 가담하여 전도국 총무를 지냈으나 1966년 총회를 계기로 정동파라는 독자노선을 구축하였다. 그는 1963년 정동제일교회를 담임했는데, 거기서 이름을 따온 정동파는 서울과 강화, 인천 지역 출신 목회자들이 주류를 이루고 있었다.

1966년의 총회는 110차례나 감독 선출 투표를 했는데도 출마자들이 당선에 필요한 득표를 하지 못하여 총회를 끝냈다. 총회 후 서클 간의 막후 협상이 진행되어 교권을 분산하는 연회장 제도를 채택하기로 했다. 결국 1967년 3월 2일 특별총회는 충남 공주 출신의 호헌파 변홍규 목사를 3차 투표 끝에 감독으로 선출하였다. 정동파 이병설 목사는 총무국 총무에, 성화파 나사행 목사는 교육국 총무에 선임되었다. 이어 3월 29일 개최된 각 연회에서 정동파에서 중부연회장(김광우), 성화파에서 동부연회장(윤창덕), 호헌파에서 남부연회장(이강산)을 뽑았다. 한국 감리교회의 서클정치는 그 후에도 막후 흥정과 담합을 통해서 이루어졌다. 교역자들은 충청도 출신은 호헌파로, 중부 출신은 정동파로, 이북 출신은 성화파로 분류되었다.[11] 지역감정에 기반을 둔 서클정치는 1970년대 또다시 교회 분열의 원인으로 작용하였다.

3. 신학교육과 신학연구

6·25전쟁 시기의 감리교 재건 과정에서 발생한 문제 중 하나는 교역자

---

11) 이덕주, 「이덕주 교수가 쉽게 쓴 한국교회 이야기」 (신앙과지성사, 2009), 295.

의 부족이었다. 1951년 11월 1일부터 4일까지 부산의 중앙장로교회에서 열린 기독교대한감리회 연합연회 및 총회에서 3년제 전수과 설치 건의안이 상정된 것도 교역자의 부족 때문이었다. 1953년 9월 서울 감리교신학교에 전수과가 개설된 것은 이런 이유 때문이었다. 전수과(專修科)는 학교 교육 과정의 본과(本科)라기보다는 그것에 부속되어 단기간 공부하는 과정으로 일제시기의 간이학교와 같은 것이었다. 전수과는 1953년 9월 21일 감리교신학대학 냉천동 교사에서 개강하였다. 그러나 전수과의 설치로도 부족한 교역자를 양성하는 데 한계가 있었다. 1953년에는 500여 교회가 있었는데 1년 후인 1954년에는 700여 개로 증가했다. 이 문제를 해결하려면 1년에 100명 이상의 교역자가 필요했다.

류형기 감독은 1954년 3월 기독교대한감리회 동부·중부 연합연회에서 이 문제를 제기했다. 서울에 있는 전수과만으로는 교역자가 충분하지 않다면서 대전이나 그 근방에 제2의 전수과 설치를 제안하였다. 류형기 감독의 제안은 정식 교역자로서 교육받기에는 이미 연령이 많은 남자들과 20세 이상의 여자들을 교육시켜 남자는 정식 교역자의 직무를 대리하는 서리(署理)로, 여자는 여전도인으로 활용하겠다는 것이었다. 서리나 전도인은 정식 교역자라기보다는 보조자의 위치에 있는 사람들인데 이들을 교육시키는 장소로서 대전을 언급한 것이었다. 이처럼 기독교대한감리회는 대전에서의 신학교육을 본과가 아닌 전수과, 정식 교역자가 아니라 서리 교역자, 교역자가 아니라 전도인 교육 차원에서 접근하고 있었다. 이들이 단기 교육을 받은 후 가야 할 곳도 도시가 아니라 가난한 농촌이었다.

전수과 성격을 띤 대전신학교 설립 준비에 나선 사람들은 김용연(충북)·송득후(논산)·이형재(대전)·김창일(전라)·윤창여(당서)·김양환(원주)·이강산(충서)·김영배(천안)·도인권(제주) 등의 목사들과 선교사 베시 올리버(Bessie Orena Oliver), 찰스 스톡스(Charles D. Stokes)였다. 서울과 경기도를 제외한 강원도·충청도·전라도 지역의 교역자들이었다. 이들은 1954년 3월 4일 대전에서 '농촌교역자 양성기구추진위원회'를 조직하고, 대전에 농촌교역자 양성기관을 설립해 줄 것을 기독교대한감리회 제5회 동부·중부 연합연회에 청원했다. 1954년 5월 4일 신학교가 문을 열었다. 연합연회는 감리교대전신학교 설립의 책임자로 찰스 스톡스와 전희철 목사 두 사람을 파송하였다. 그후 1954년 11월 29일 열린 창립 이사회는 이사장에 류형기 감독, 설립자에 찰스 스톡스, 학원장에 전희철 목사를 선임하였다. 설립과정을 보면 감리교대전신학교의 설립은 한국 감리교회의 필요에 따라 한국 감리교회가 주도했다는 것을 알 수 있다. 찰스 스톡스에게 학교 설립하는 일을 맡긴 것도 한국 감리교회이며 그를 설립자로 선임한 것도 한국 감리교회가 파송한 감리교대전신학교 이사회였다. 1956년 3월에는 서울 전수와 학생 1, 2학년 90여 명이 대전신학교에 편입하였다. 이호운 교수가 2대 교장으로 취임한 것은 1958년 4월이었다. 그 후 10여 년 동안 이 학교는 농촌교역자 양성이라는 목표와 이상을 구체화하였다.[12]

신학교 설립에 따른 교수 충원도 과제였다. 미국이나 유럽으로의 자비 유학이 불가능했던 시기에 미국으로 유학갈 수 있는 길은 '십자군장학금'을 받는 것이었다. 미국 감리교회는 2차 세계대전이 끝날 무렵인 1944년부터 대대적으로 십자군 운동(The Crusade for Christ)을 전개하였다. 4년간 매년 2천 5백만 달러를 모금해 전후 복구 사업과 선교 확장운동에 투입하는 운동이었다. 이 운동에는 제3세계 교회들의 복구 사업도 포함되었다. '감리교해외구제위원회'(MCOR)가 이 사업을 위해 조직되었으며, 모금액의 일부는 '십자군장학금'으로 사용되었다. 십자군장학금의 목적은 제3세계의 선교 현장에서 유망한 인재를 발굴해 차세대 지도자로 육성하는 것이었다. 한국에서는 1947년 감리교신학교의 이환신, 이화여대의 김애마, 김연희가 처음으로 십자군장학생이 되었다. 1949년까지 십자군장학금으로 유학한 사람은 홍현설, 송정률,

---

12) 김흥수, "감리교대전신학교의 개교과정, 1954-1957", 「신학과 현장」 제5집 (1995); "이호운과 목원대학교의 신학교육", 「신학과 현장」 16집 (2006) 참조.

이호운, 김철손 등이었다. 1950년대에는 문인숙, 박대선, 김용옥, 윤성범, 전종옥, 윤정옥, 마경일, 윤창덕, 김주병, 한영선, 남기철, 정행덕, 유동식, 이상호, 손명걸, 박봉배 등이 이 장학금을 수령하였다.[13] 십자군장학금은 50여 명에 달하는 사람들을 신학자와 목회자, 사회 지도자로 양성하는 역할을 했다.

1950년대 신학교육기관의 확충과 십자군장학금을 통한 유학이 신학연구의 기반을 조성한 것이라면, 1960년대에는 토착화 신학연구의 풍토가 형성되는 시기였다. 토착화 신학연구의 대표적인 인물은 윤성범과 유동식이었다. 윤성범은 1961년 「감신대학보」에 토착화 신학의 개념과 방법론을 제시하는 "한국신학방법 서설"을 기고했으며 그의 책 「기독교와 한국사상」(1964년)에 재수록하였다. 윤성범은 이 책에서 "감", "솜씨", "멋"이라는 독특한 개념으로 한국적 신학방법론의 틀을 제시하였다. '감'('옷감', '일감' 같은 재료)이 토착화 신학의 재료가 되는 기독교와 한국문화 전통을 뜻한다면, 두 전통을 통일시키는 신학적 기술은 '솜씨'이며, 감과 솜씨를 통해서 생산한 결과물을 '멋'이라 하였다. 그는 이러한 감, 솜씨, 멋이 새 신학의 역동성을 보여준다고 하였다.

토착화 신학에 대한 관심은 1962년 8월 서울을 방문한 인도 감리교회의 감독 나일즈(D. T. Niles)에 의해 더욱 제고되었다. 그는 아시아 기독교를 서양 선교사들이 화분에 심어 놓은 화초로 비유하면서 "이제 아시아의 기독교인들은 자신들의 옥토 속에 이 화초를 심어 힘차게 자라게 해야 한다."고 역설했다.[14] 유동식은 나일즈의 서울 방문 두 달 후 '복음의 토착화와 한국에서의 선교적 과제'라는 글을 발표했다. 그는 이 글에서 토착화를 "초월적 진리가 정체성을 유지하면서 일정한 역사적 상황 속에 적응되도록 자기를 변화하는 것"으로 정의했다.[15] 「한국 종교와 기독교」(1965년)에 의하면 유동식의

13) C. A. Saur, *Methodists in Korea* (The Christian Literature Society, 1973), 259~261.
14) D. T. Niles, "성서연구와 토착화 문제", 「기독교사상」(1962년 10월), 67.
15) 유동식, "복음의 토착화와 한국에서의 선교적 과제", 「감신학보」(1962년 10월). 또 유동식의 「한국신학의 광맥」(전망사, 1982), 238 참조.

토착화론은 기독교의 복음과 한국 문화의 바탕이 되는 한국 종교에 대한 이해를 바탕으로 전개되었다.

윤성범과 유동식의 토착화 이론은 호의적인 반응을 얻었지만, 혼합주의, 절충주의라는 비판도 받았다. 비판자들은 신학의 재료로서의 '감'과 기독교와 한국문화 전통을 연관 짓는 신학적 기술로서의 '솜씨' 모두를 문제 삼았다. 한국신학대학의 신약학자 전경연은 주로 유동식의 입장을 문제 삼았다. 유동식에게 토착화는 주체자의 현실에 대한 적응이었다. 그러나 전경연에게 유동식의 '현실'은 "복음의 공격"에 의하여 불태워져야 할 것이었다.16) 전경연의 관점은 같은 대학의 교회사가 이장식으로부터 문화를 죄악시하는 왜곡된 창조신앙으로 비판받았다.17) 윤성범과 한국신학대학의 조직신학자 박봉랑 사이에도 토착화 논쟁이 일어났다. 동방교회 삼위일체론이 단군신화의 환인·환웅·환검(단군) 사상에 영향을 주었다는 윤성범의 주장에 대해18) 박봉랑은 민족문화나 전통, 그리고 신화는 기독교의 계시와 단절되어 있다고 반박하였다.19)

4. 온양선교협의회 – 미국연합감리교회와의 관계

한국 감리교회는 1930년 자치교회를 선언했음에도 불구하고 그 후에도 미국 감리교회를 모교회(母敎會), 즉 어머니 교회라는 인식을 가지고 있었다. 미국교회는 어머니, 한국교회는 자식이었다. 따라서 두 교회의 관계는 모자 관계였다. 1962년 기독교대한감리회 총회에서 김종필 감독이 한 말이다.

---

16) 한국기독교사학회 편, 「한국기독교의 역사 III」(한국기독교역사연구소, 2009), 201.
17) 이장식, "그리스도교 토착화는 역사적 과업", 「기독교사상」(1963년 6월).
18) 윤성범, "환인, 환웅, 환검은 곧 '하나님'이다: 기독교 입장에서 본 단군신화", 「사상계」(1963년 5월).
19) 박봉랑, "성서는 기독교 계시의 유일한 소스: 윤성범 박사의 대답에 답함", 「사상계」(1963년 10월), 235 이하.

한국 감리교회는 미국 감리교회의 선교로 인하여 발전되었고 1930년에는 한국 감리교회로 독립되어 그 주도권이 우리에게 넘어왔습니다. 그러나 우리 한국교회로서는 미국 모교회와 잊을랴 잊을 수 없는 은혜가 있으며 끊을랴 끊을 수 없는 사랑의 유대로 매여 있는 것을 잊어서는 안 됩니다.[20]

1960년대 말이 되면서 이런 모자 관계에 변화의 조짐이 나타났다. 미국연합감리교회 세계선교부는 자립이 가능한 피선교지 교회와의 관계를 모자 관계에서 동반자 관계(partnership)로 바꾸기로 했다. 그리고 그런 나라에 대하여 선교사 파송과 재정 지원을 줄이기로 했다. 80여 년의 역사와 25만 명의 신도를 지닌 한국 감리교회는 '동반자 관계'의 최우선 대상국이었다. 이 문제를 협의하기 위해 1968년 11월 5일부터 7일까지 온양관광호텔에서 '온양선교정책협의회'가 열렸다. 이 협의회는 교회운영 재정까지도 스스로 책임져야 하는 독립교회 시대의 신호탄이 되었다. 선교협의회에는 한국교회 대표 19명, 미국연합감리교회 선교국 대표 3명, 주한 선교사 대표 14명이 참석하였다. 온양선교정책협의회의 본래 취지는 한미 양국 교회의 관계를 수직적인 '모자 관계'에서 수평적인 '동반자 관계'로 전환하는 데 있었기 때문에 한국교회와 국외 교회와의 관계, 재정 및 재산 관리, 각 기관 사업 및 선교사 인사관리, 한국교회 연합 사업 관계 등의 문제를 5일 동안 집중 토의하였다. 관심의 초점은 재정 및 재산 관리에 있었다. 이 문제에 대하여, 한국 감리교회 대표 5명과 미국 세계선교부 유지재단 대표 5명으로 구성된 위원회가 선교부의 모든 기관 재산의 처리에 대한 것을 연구 보고하기로 했다.[21]

선교정책협의회의 협의 결과는 1969년 1월 미국 연합감리회 선교부 연례회의와 총리원 이사회에서 승인받았다. 3월에는 '한미합동선교정책협의회 재산이양위원회'가 조직되어 한국교회에 이양할 선교부 재산 목록 작성에

20) 김종필, "감독의 연설과 제안", 「기독교대한감리회 9회 총회회록」(1962), 87.
21) "온양선교정책협의회보고", 「기독교대한감리회 11회 총회회록」(1970), 13~14.

착수했다.[22]

기관	내용	토지(평)	건평
학교	인천 영화, 수원 매향, 대전 호수돈, 공주 영명, 서울 배화, 이천 양정	72,462.8	2,730.76
병원	인천 기독병원	713.3	950.46
사회관	태화관, 입석 캠프장, 유린사회관, 인천사회관, 대전 사회관, 공주사회관, 부산사회관	79,427.3	1,464.57
기타 기관	서울 명덕학사, 외이엘영아원, 대전 호의의 집, 도박사 부인기념관, 원주청년관, 원주지방 기숙사, 춘천지방 기숙사, 춘천 여중고 토지	5,368.5	424.216
한국교회	춘천교회, 정선교회, 이천교회, 북아현교회	2,596	
선교사 연합기관	서울, 원주 기독병원, 제천 병원기지, 화진포(고성)	105,384	1,457.329
선교사 주택	서울, 인천, 대전, 대덕, 부산, 원주, 춘천, 강릉, 천안, 공주	39,220.2	2,944.913
총계		305,172.1	9,972.248

선교부 재산은 이양재산에서 제외된 선교사 주택을 제외하더라도 대지만 26만 평이 넘는 막대한 재산이었다. 감리교회는 재산 이양을 먼저 요구했으나 선교부는 공정하고 효율적인 재산 운영체제가 갖추어진 후 이양하겠다는 입장을 고수했다. 이처럼 선교부 재산 이양에 대한 한미교회의 이견 속에서 온양선교정책협의회는 1970년부터 제반 협의사항을 실천하기로 했다. 그런데 뜻밖의 변수가 생겼다. 문제는 미국 세계선교부 총무가 한국의 인권 문제와 총리원의 관계를 문제 삼은 데서 일어났다. 1974년 5월 총리원 이사회에서 세계선교부 총무 피쉬어 불신임안을 통과시킬 정도로 한미교회의 관계는 급속히 냉각되었다. 게다가 1974년 갱신 측 분열로 교회가 사분오열되자 선교부는 정치적 중립을 선언하고 재정 지원을 전면 중단하였다. 한미교회의 불화는 1974년 12월, 조지 오글(George E. Ogle, 오명걸) 선교사가 반정부 활동 지원 혐의로 정부에 의해 강제 추방당하는 사건이 터지면서 더 깊어졌다.

---

22) "온양선교정책협의회보고", 「기독교대한감리회 11회 총회회록 부록」(1970), 19~21.

미국교회는 조지 오글을 적극 보호하지 못한 감리교 지도부에 불만을 표출하였다. 이런 냉기류 속에 미국교회 선교부는 감리교 계통 학교와 병원, 사회관 등과 직접 협상을 추진하여 우선 학교 재산을 각 학교에 이양하였고[23] 나머지 재산도 1980년대 들어서 사회관, 병원, 기숙사 등 분야별로 설립된 재단에 이양했다. 이로써 온양선교정책협의회에서 협의한 선교부 재산 이양은 일단락되었다.

23) 김진형, "온양선교협의회 이후 한미 감리교회의 관계 – 재산이양 관계를 중심으로", 「기독교세계」(1992년 12월).

제13장

1970년대 이후
교회 부흥운동과 사회참여

1. 교회 분열 – 경기연회, 갱신 측 분열

한국 감리교회는 1970년대에 또다시 분열하였다. 1970년 10월, 11회 총회는 중부연회의 총대 선출에 부정이 있었다는 논란 속에 성화파의 윤창덕을 감독으로 뽑았다. 호헌파는 감독과 교육국을 성화파(총무 나사행)에 내주고 선교국(총무 박설봉)과 총무국(총무 김창희)을 차지하였다. 그런데 총회 직후 박설봉 목사가 교회 사정으로 선교국 총무에 취임할 수 없게 되어 다른 사람으로 대체해야 했다. 이때 같은 호헌파였던 박설봉 목사와 김창희 목사가 각기 다른 인물을 추천하였다. 총리원 이사회에서 김창희 목사가 추천한 최종철 목사가 선교국 총무에 선임되었다. 이것을 계기로 호헌파는 호헌 구파(박설봉)와 호헌 신파(김창희)로 나뉘었다. 1970년 11월 총회는 중부연회에도 문제를 일으켰다. 성화파의 윤창덕이 감독에 선임되자 이에 불만을 품은 135개 교회들이 1971년 3월 인천 숭의교회에서 따로 '경기연회'를 조직했다. 이 연회는 경기도 수원, 이천, 여주, 인천, 강화 지역 일부 교회들이 독자적으로 세를 규합하여 만든 연회였다.[1]

경기연회 분립은 1970년 7월 인천, 여주, 수원, 강화, 이천의 목회자들이 송도교회에 모여 준비위원회를 결성하면서 시작되었다. 김광우 목사를 비

---

1) 이 경기연회는 1989년 10월 총회에서 중부연회로부터 합법적으로 분리된 경기연회와는 다르다.

롯한 서울 지역의 정동파 목회자들은 총회에서 퇴장하기는 했지만 경기 지역 목회자들이 추진하는 별도의 연회 조직에 가담하지 않고 있었다. 경기연회 분립을 추진한 인사들은 대체로 반(反) 성화, 반 호헌 입장을 지닌 경기도 교역자들로 서울 중심의 교회 정치에서 소외되었던 사람들이었다. 이들은 1970년 10월 총회 직전 50여 명의 '경기연회 창설추진위원회' 명의로 지방은 지방적 조건에 따라 교회행정과 선교 활동을 해야 한다는 성명을 발표하였다.[2] 중부연회에 속한 439개 교회 중 316개 경기도 지역 교회들이 서울 지역 교회와 분리되기를 원한 것이다.

경기연회 창설추진위원회는 처음에 중부연회와 총회 서기부에 '연회 분립 청원 건의안'을 제출했지만 건의안이 받아들여지지 않자, 1970년 12월 7일 경기연회 창설을 선언하였다. 그 후 1971년 3월 5일 87개 교회 대표들이 인천 숭의교회에 모여 경기연회를 창설하였다. 총리원 측의 방해 속에서 경기연회 창설에 참가한 교회의 비율은 전체 중부연회 439개 교회의 약 20%에 달했다. 이에 총리원 측은 3월 17일 정동제일교회에서 열린 중부연회에서 경기연회를 불법 단체로 규정하고 단절을 선언하였다. 결국 경기연회는 1975년에는 기독교대한감리회 연합총회라는 교단까지 만들었다.

경기연회가 분립한 상태에서 1974년 10월 제12회 총회가 열렸다. 정동제일교회에서 개최된 12차 총회도 감독 선거로 조용하지 못했다. 감독 선거는 호헌 신파의 김창희 목사와 성화파의 홍현설 목사 이파전으로 진행되었다. 10월 26일 시작된 감독 선거에서 이틀간의 13차 투표에도 후보들이 3분의 2 득표를 얻지 못하자 일단 총회를 폐회하였다. 12월 10일 속개된 총회에서도 당선자를 내지 못했다. 그런데 12월 12일 조피득 목사를 비롯한 40여 명 총대들이 "교단 정화"를 선언하고 총회장을 떠났다. 이들은 홍현설 목사를 지지했던 사람들이었다. 이 상황에서 호헌 신파의 김창희 목사가 감독에 당선되었다.

---

2) "경기연회 창설 추진에 즈음하여", 「크리스챤신문」 (1970년 10월 17일), 1.

이처럼 1974년 총회는 호헌 신파의 승리로 끝났다. 그 후의 감리교회는 한국 감리교회 역사에서 분열의 극치를 보여주었다. 우선, 12월 12일 총회장을 박차고 나갔던 40명의 총대들은 그날 밤 종교교회에 모여 "호헌 측 총대들의 불신앙적이며 교권에 눈이 어두워진 태도"에 항의하여 별도의 총회를 속개하였다. 다음 날 총회는 "지난날의 감리교회의 모든 부조리와 불신앙적인 요소를 과감히 개혁하고 요한 웨슬레의 정신에 의한 새로운 감리교회의 실현을 위해 매진할 것"을 선언하고[3] 마경일 목사를 감독으로 선출하였다. 이것이 기독교대한감리회(갱신) 총회였다. 이 총회는 동부연회장(조피득), 중부연회장(박용익), 남부연회장(김재황)도 선출하였다. 그 후 갱신 측 총회는 감독 마경일의 이름으로 세계교회협의회(WCC)와 아시아기독교교회협의회(Christian Conference of Asia, CCA)에 가입을 신청하는 공문을 보냈다.[4] 결국 1975년의 감리교회는 기독교대한감리회, 기독교대한감리회(갱신), 기독교대한감리회(연합총회)로 분열되었으며, 어느 총회에도 가담하지 않은 정동교회 중심의 중부중립이 있었다. 말 그대로 감리교는 사분오열(四分五裂)하고 있었다.

2. 감독제도의 변화

총회가 분열되자 정동교회를 중심으로 하는 일부 교회들은 중립을 내세웠다. 선교사들도 1974년 12월 17일 중립을 선언하였다. 미국연합감리회 세계선교부는 선교사들의 중립 선언을 지지하면서 한국교회에 지급할 예정이던 142,500달러의 보조금 지급을 보류하기로 했다. 온양선교정책협의회 결

---

3) 「기독교대한감리회 갱신총회회의록」(1974), 13 이하.
4) Kyung-Il Mah, "Application for Membership." 제네바 WCC Archives 소장. 마경일은 WCC에는 1976년 6월 9일, 아시아기독교협의회(CCA)에는 동년 5월 3일, 한국NCC에는 동년 1월 15일 가입신청 서신을 보냈다.

정에 따라 운영되고 있던 한국교회와 선교부 사이의 협동위원회 활동도 중단하기로 했다. 선교부의 이러한 결정은 양측, 특히 총리원 측에 적지 않은 충격을 주었다. 서울 정동제일교회를 비롯하여 동대문교회, 평동교회, 청파교회, 시온교회 등 서울과 지방에서 중립을 선언하는 교회들이 늘어났다. 이들 중립 교회들도 연회별로 연대하여 중부중립연회(회장: 한영선), 동부중립연회(회장: 김용련)를 결성하고 감리교회의 재통합을 촉구했다. 서울 감리교 신학대학의 교수들도 중립을 선언하였다.

기독교대한감리회(갱신), 기독교대한감리회(중부중립), 그리고 기독교대한 감리회(연합총회) 대표들은 1975년 11월 17일 통합전권위원회를 결성했다. 이 그룹들은 모두 부패한 서클정치의 원인이 감리교회의 중앙집권적 정치 구조에서 비롯되었다고 인식하고 있었다. 통합 조건은 4년 임기의 감독제를 1년 임기의 총회장제로 바꿀 것, 총회 대표는 모든 정회원과 동수의 평신도 대표로 할 것, 감리사제도 1년 임기의 지방회장제로 바꿀 것, 개체교회 목회자 임면 발의권을 교회 인사위원회에 부여할 것 등이었다.[5] 이러한 통합 원칙에 근거하여 12월 2일 서울 광림교회에서 "새로운 일치에의 단계적 작업"으로 통합 총회를 개최하고 총회장 마경일 목사, 부총회장 한영선 목사를 선출하였다. 이 총회는 '총회 측'으로 불렸다. 1년 임기의 총회장 제도를 택한 총회 측에서 마경일(1976년) 다음으로 한영선(1977년), 조피득(1978년)이 총회장을 맡았다. 총회 측 감리교회는 총회신학교를 개설하고 웨슬리의 설교, 신앙성서 주해, 일기, 서한 등을 포함하는 「웨슬리 총서」의 간행에 나섰다.

반(反) 총리원 측 교회들이 단일 총회를 결성하자 총리원 측도 복수 감독제를 채택하겠다는 의사를 밝혔다. 1975년 10월 28일 아현교회에서 개최된 특별총회는 감리교회를 대표하는 총리원 감독 외에 각 연회마다 연회 감독을 두기로 하였다. 총리원 "감독과 협의하여"란 단서가 붙었지만 교역자 파송권과 연회 행정도 연회 감독에게 부여하였다. 이 결정에 따라 1976년 3월

5) "감리교 통합 활발", 「크리스챤신문」(1975년 11월 29일), 1.

18일 아현교회에서 열린 특별총회는 동부연회 박대선 목사, 중부연회 박설봉 목사, 남부연회 김순경 목사를 각 연회의 감독으로 선출하였다. 복수 감독제의 실천이었다. 그 후 총리원 측의 통합추진위원회와 총회 측의 총회일치연구위원회는 합동위원회를 구성하고 1977년 5월 다원화 감독제 실시, 사업 기구의 독립 및 기능화, 개체교회 중심화, 총대 선출의 합리화라는 합동 5개 원칙에 합의하였다. 그 결과 연회별로 선출된 감독들로 감독회를 구성하며 감독회장이 감리교회 법인 대표를 맡고, 개체교회에 기획위원회와 인사위원회를 두어 교회 운영과 교역자 임면에 평신도들의 참여를 높이고, 정회원 10년 이상인 모든 목사와 동수의 평신도 대표로 총회를 구성하기로 하였다.

마침내 1978년 10월 26일 서울 배화여고에서 합동 총회가 열렸다. 이 총회에서 전임 감독제가 복수 감독제로 바뀌었다. 총회에서 감독회장을 선출하여 직무를 맡도록 한 것은 1980년 총회부터였다. 총리원 중심의 교권 독점은 크게 약화되고 교역자 임면은 교회 구역 인사위원회의 소관이 되었다. 이런 변화 속에서 감리교 의회제도의 모든 영역에서 평신도의 영향력이 커져 갔다.

3. 5천 교회 100만 신도운동

1974~1975년은 민주화운동이 치열했던 시기로, 대통령 긴급조치가 아홉 차례나 발령되었다. 이로 인해 기독교인들 중에서도 구속된 사람들이 많았다. 감리교의 김경락, 조승혁, 김찬국, 조화순, 한승헌, 김동완, 남삼우, 정명기, 정상복, 이상윤 등이 이 시기에 구속되었고 산업선교와 민주화운동을 지원했던 조지 오글 선교사가 강제 추방되었다. 오글 선교사 추방 문제로 감리교회는 박정희 정부와의 관계뿐만 아니라 미국 선교부와의 관계도 불편한

상황을 맞이하고 있었다. 이처럼 1974~1975년의 감리교회는 교회 분열과 미국 연합감리교회의 선교비 지원 중단, 감리교인 구속, 감리교 선교사 추방 등의 사건을 겪고 있었다.

이런 상황에서 나온 것이 '5천 교회 100만 신도운동'이었다. 이 운동은 1974년 10월 총회에서 전도분과위원회가 건의하여 채택되었다. 1975년 3월 28일 개최된 총리원 실행위원회는 갱신 측이 분열되기 직전 총회에서 결의한 대로 5천 교회 100만 신도운동을 적극 추진할 것을 결의하였다. 선교 90주년 기념대회의 행사에는 갈라진 갱신 측과 중립 측도 참석하였다. 1975년 10월 21일 시작된 선교대회는 "우리의 선언"이란 성명서를 통해 교회 성장과 관련해서 "선교 100주년을 바라다보면서 감리교회가 5천 교회 100만 신도로 성장해 나갈 것을 다짐"하였다.[6]

일 년 후 1976년 10월 25일에서 27일까지 서울 유관순기념관에서 5천 교회 100만 신도 선교운동을 위한 감리교 전국선교대회가 개최되었다. 이 선교대회에는 전국 1,236개 교회에서 교역자 1,020명과 평신도 4,520명이 참석하여 대성황을 이루었다. 이 선교대회는 양적인 교회 성장뿐만 아니라 "개인 구원과 사회 구원의 동시성"을 언급하는 '5천 교회 100만 신도운동에 대한 교단적 선언'을 채택하고 결의문도 발표하였다. 선교대회 결의문은 5천 교회 100만 신도 선교운동이 양적 확장만이 아니라 교회를 새롭게 하는 질적 향상을 함께 추진해 나갈 것과 "이 나라 사회에서 진정한 민주주의가 실현되고 인권 유린이 없고 사회 정의가 실현되기를 위해 교회의 예언자적 사명을 다하기를 기도한다."는 내용도 담았다.[7]

이러한 초기 준비 작업을 거쳐 1977년 4월 '5천 교회 100만 신도운동본부'(본부장 나원용)가 출범하였다. 매년 연회별로 교회 개척 목표를 정해 놓고 개척 자금 모금, 전도요원 훈련, 총동원 전도주일 사업을 전개하였다. 1976

---

6) "우리의 선언", 「기독교세계」(1975년 10월), 13.
7) 윤춘병, 「한국감리교 교회성장사」, 863.

년부터 10년 동안 이 운동을 전개하여 얻은 결과는 다음과 같다.[8]

연도	교회 증가			교인 증가		
	증가목표	실제	총계	증가목표	실제	총계
1975년			1,636			377,108
1976년	170	166	1,802	40,000	43,438	420,546
1977년	210	76	1,878	44,000	39,564	460,110
1978년	235	271	2,149	48,000	130,620	590,730
1979년	270	59	2,208	52,000	35,577	626,307
1980년	300	105	2,313	57,000	20,533	646,840
1981년	350	119	2,432	60,000	120,484	767,324
1982년	385	140	2,572	70,000	72,413	839,737
1983년	420	154	2,726	74,000	40,663	880,400
1984년	460	113	2,839	80,000	28,743	909,143
1985년	500	185	3,024	84,000	34,964	944,107
총계	3,300	1,388	3,024	609,000	566,999	944,107

5천 교회 100만 신도 전도운동의 결과, 3,300개의 새 교회 설립 목표의 43%에 해당되는 1,400여 교회를 개척하여 3천 교회가 되었다. 신자의 수는 37만 명에서 95만 명으로 증가했다. 이처럼 이 운동은 감리교회의 교세를 크게 증가시켜 주었다.

4. 도시산업선교

산업선교는 1950년대 후반 대한예수교장로회(통합 측), 기독교대한감리회, 대한성공회, 한국기독교장로회, 구세군대한본영, 기독교대한복음교회 등 국내 각 교단들이 공장 노동자들을 전도하면서 시작되었다. 노동자들에 대한 전도가 선교로 발전한 것은 1960년대 후반이었다. 이때부터 산업선교

---

8) 이 표는 「기독교대한감리회 제17회 총회 각국 사업보고서」(1986)의 연회별 교회 증가 현황과 교인 증가 현황을 합친 것이다.

소속 목회자와 활동가들은 노동자 교육, 노동조합 지도자 훈련, 노동조합 조직 지원과 같은 활동을 하면서 노동운동에 개입하기 시작하였다. 이런 형태의 교회 활동을 도시산업선교(Urban-Industrial Mission, UIM)라 하였다. 도시산업선교는 정부나 사회로부터 소외된 산업 노동자, 특히 여성 노동자들을 돌보는 데서 출발했다. 도시산업선교는 1970년대 초부터 노동운동의 전면에 나서 노동조합의 결성과 노동자 교육, 노동자들의 단체행동을 지원하였다.

이처럼 산업전도가 산업선교로 발전하는 중심에 미국 감리교 선교사 조지 오글 목사가 있었다. 미국 필라델피아에서 태어난 오글 목사는 듀크대학교에서 신학을 공부하였다. 그는 1954년 내한하여 대전과 공주 지역에서 청년과 학생들을 대상으로 활동하였다. 영명학교에서는 목요일마다 영어를 가르쳤으며 감리교대전신학교에서도 학생들에게 영어를 가르쳤다. 그는 1957년 산업선교와 노사관계를 공부하기 위해 시카고로 갔다. 맥코믹신학교에서 산업선교를, 루즈벨트대학에서 노사관계와 경제학을 공부했다. 서울로 돌아온 것은 1960년 2월이었다. 그의 내한은 한국 감리교회사에서 산업선교의 출발을 의미하였다. 1961년 9월, 인천 지역의 목회자들과 함께 중부연회 안에 '인천산업전도위원회'를 설립하고 선교 활동을 본격화하였다.

오글은 안식년만 되면 미국에 가서 공부했다. 1965년 인천을 떠나 위스콘신대학 대학원에서 공부했는데 석사논문의 주제는 노동조합의 역사였다. 오글은 석사논문을 마치고 1966년 한국으로 돌아왔다. 인천에서 시작된 감리교회의 산업전도는 1960년대 후반부터 서울 영등포와 성수동, 구로동 등 다른 지역으로 확산되기 시작했다. 이때부터 산업전도의 성격이 변화하였다. 이전에는 공장 근로자를 전도하는 데 비중을 두었다면, 이후에는 노동운동을 자신들의 주요 선교방책으로 삼았다. 그 결과 산업선교는 '노동교실'이라는 노동자 의식화 교육에 참여하기도 하고, 노동자의 권익을 위한 투쟁에도 적극적이었다. 청계천 노동자 전태일의 분신을 기점으로 감리교의 산업선교는 더욱 적극성을 띠었다. 산업선교 활동가들은 노동자들을 교육하고, 이들의 인권을 보호하고, 노동환경을 개선하는 활동을 전개하였다. 교회는 산업선교를 매개로 노동자들과 연대하고 있었다.

1978년과 1979년 각각 발생한 동일방직 노조 사건과 YH 사건은 산업선교의 활동과 성향을 보여주는 사건이었다. 동일방직의 산업선교는 인천도시산업선교회 총무인 조화순 목사가 이끌고 있었다. 감리교신학대학을 졸업한 후 시흥 달월교회에서 목회하던 조화순 목사는 1966년 10월 오글 선교사와 조승혁 목사의 권유로 산업선교에 참여하였다. 산업선교 실무자로 근무하기 전 6개월 동안 동일방직 노동자로 활동한 적이 있었다. 1973년, 조화순 목사는 조승혁 목사의 뒤를 이어 인천도시산업선교회 총무가 되었다. 1974년 반도상사 노조 결성을 배후에서 지원했다가 긴급조치 2호 위반으로 구속되었다.

도시산업선교가 근대화에서 소외된 공장 노동자들의 권익을 대변하게 되자, 저임금 정책 아래에서 경제개발을 추진하던 정치권력과 충돌하였다. 정부는 산업선교 활동을 공산주의자들의 노동계 침투라고 비난하는 책자를 만들어 정부기관과 종교계, 기업체 등에 광범위하게 배포했다. 「한국기독교와 공산주의」(1976), 「한국기독교의 이해」(1976), 「정치신학의 논리와 형태」(1977), 「산업선교는 무엇을 노리나」(1977)는 이때 정부가 배포한 책자였다. 노동자와 교회의 연대는 1978년의 동일방직 노조 사건, 1979년의 YH 사건 등에서 나타났다. 동일방직 노조 사건은 노동운동에 대한 정부와 기업의 탄압 사건이었다. 회사 측은 감리교 목사 조화순이 이끌었던 인천도시산업선교회에 가입한 동일방직 노동자들의 노조 활동을 저지하기 위해 여성 노동자들에게 배설물을 뿌렸다. 전국섬유노동조합연맹도 해고당한 노동자 명단을 만들어 해고 노동자의 재취업을 막았다. 조화순은 동일방직 해고 근로자들의 복직 투쟁을 지원하다가 1978년 11월 긴급조치 4호 위반으로 또 구속되었다.

도시산업선교 활동에 대한 정부의 탄압은 1979년 8월 YH무역 사건에서 절정에 달했다. 경찰이 야당 당사에서 농성하던 YH무역 여성 노동자들을 강제로 해산시키다가 노동자 김경숙이 사망하는 사건이 발생했다. 궁지에 몰린 정부는 YH 사건의 배후에 도시산업선교가 있다고 판단하고, 그해 9월에 "산업선교를 빙자하여 근로자들에게 법을 어기도록 선동하는 소수 목사들의 불법행위는 계급의식과 계급투쟁을 조장하는 정치 활동"이라고 위협하였다.[9]

도시산업선교는 이렇게 공장 노동자들의 권익을 위해서 활동했지만, 노동자들이 자신들의 권익을 주장할 수 있게 된 것은 전태일 같은 노동자들의 노동운동 때문이었다. 전태일은 평화시장 재봉사였다. 그는 1970년 11월 13일 청계천 평화시장 입구에서 5백여 명의 노동자들과 함께 노동환경 개선을 요구하는 시위를 벌였다. 그날 그는 "근로기준법을 준수하라!" "우리는 기계가 아니다!" "일요일은 쉬게 하라!" 외치면서 몸을 불살랐다.[10] 22살 청년 노동자 전태일은 이렇게 사망했다. 그는 대구에서 가난한 재봉사의 아들로 태어났다. 고등공민학교마저 중퇴하고 신문팔이, 구두닦이로 생계를 잇다가 가족과 함께 상경하였다. 그도 아버지처럼 재봉사가 되어 평화시장에서 일했다. 당시 평화시장 일대에서는 3만여 명의 십대 노동자들이 비좁은 공장 안에서 하루 16시간씩 일했다. 임금은 적었고, 노동환경도 열악하였다. 전태일은 재단사 친목회 바보회를 조직하고 작업 환경의 개선을 요구하였다. 이 일로 그는 직장에서 쫓겨났다. 당시 근로기준법에는 노동 시간과 노동 임금, 노사 협의에 관한 규정들이 포함되어 있었다. 그는 근로기준법을 공부하면서 이 법을 바탕으로 조직을 확대해 나갔다. 청계천 일대의 동화시장, 평화시장, 통일상가에서 일하는 노동자와 상인 7백여 명과 함께 조합 형태의 삼동회(三同會)를 조직하였다. 그리고 기업주와 노동청을 찾아가 노동 시간 단

9) "문공부장관 김성진의 발언", 「복음신보」(1979년 9월 9일).
10) 조영래, 「전태일 평전」 신판(아름다운 전태일, 2009), 301.

축과 작업환경 개선을 요구했다. 그러나 이 일에 가담한 사람들은 경찰에게 폭행당했고, 기업주로부터 해고 위협을 받았다. 이 상황에서 전태일은 분신하였다.

전태일은 감리교인이었다. 그 가족은 1965년 서울에 올라와 남산 밑 판자촌에 살면서 남산감리교회에 출석했다. 1967년 남산 판자촌 일대에 화재가 일어나 서울 변두리 창동(현 쌍문동) 산동네로 이사를 가서 창현감리교회(현 갈릴리교회)에 다녔다. 그는, 노동자들은 착취의 대상이 아니라, 인간답게 살 권리, 인간답게 노동할 권리가 있는 존재라고 외쳤다.

5. 민주화운동

박정희 정권이 1969년 삼선개헌을 통하여 장기집권을 강행하려 하자 한국교회는 박정희 정권을 거세게 비판하기 시작하였다. 1969년, 박정희 정권은 개헌을 통해 정권을 연장하고자 하였다. 헌법을 개정하여 대통령의 삼선 가능성을 열어 놓은 것이다. 김재준·함석헌·박형규 등 개신교 지도자들은 '삼선개헌반대 범국민투쟁위원회'를 조직하고 개헌반대운동을 전개하였다. 당시 이 단체의 위원장은 김재준 목사였다. 9월, 한국기독교교회협의회도 개헌반대성명을 발표하였다. 반면 김윤찬·김준곤·김장환 등 보수 기독교계 인사들로 구성된 '대한기독교연합회'는 성명을 통해 삼선개헌을 지지함과 아울러 박정희의 "용단"을 환영했다.[11] 당시 감리교 인사들은 1965년 7월 한일협정 비준 반대운동에 참여하지 않은 것처럼 이때도 찬성이나 반대 어느 쪽에도 이름을 내지 않았다.

삼선개헌을 통해 다시 정권을 잡은 박정희는 1972년 12월 27일 유신헌법을 공포했다. 일부 기독교 인사들은 박정희의 절대 권력과 장기집권을 보장

---

11) "강력한 지도체제 바란다", 「교회연합신보」(1969년 9월 14일).

하는 유신체제를 반대한다는 입장을 밝혔다. 1973년 '남산 부활절 연합예배 사건'과 "한국 그리스도인 선언"이 대표적인 사례라 할 수 있다. 남산 부활절 연합예배 사건은 1973년 4월 서울 남산의 야외음악당에서 부활절 예배를 드릴 때 유신체제를 반대한다는 유인물을 배포하려고 시도한 사건이었다. 6월 말, 박형규와 한국기독학생총연맹 회원, 빈민선교 활동가들이 이 사건과 관련하여 국가내란예비음모 혐의로 구속되었다. 감리교에서는 이 사건으로 김동완 전도사가 구속되었다. 남산 부활절 연합예배 사건이 발생하고 나서 한 달이 지난 후, 익명으로 1973년 '한국 그리스도인 선언'이 발표되었다. 이 선언에는 예수 그리스도가 유대 땅에서 눌린 자들, 가난한 자들, 멸시받는 자들과 함께 사신 것처럼 우리도 그들과 운명을 같이 하면서 살아가야 한다는 다짐과 1972년 10월 17일 이후 국민의 주권을 무시한 채 제정된 법률, 명령, 정책을 한국 국민으로서 단호히 거부한다는 주장이 담겨 있었다. 이 문서는 기독교 반체제운동의 신학적 근거를 제시해 주었다.

남산 부활절 연합예배 사건 이후 개헌청원 100만 명 서명운동이 일어나는 등 유신체제에 대한 저항이 확산되었다. 유신정권은 1974년 1월 대통령 긴급조치 제1호와 제2호를 선포했다. 긴급조치는 유신헌법을 부정, 반대, 왜곡 또는 비방하는 모든 행위를 금하였다. 이 상황에서 1974년에는 '전국민주청년학생총연맹'(민청학련) 사건이 발생하였다. 학생들은 4월 전국에서 시위를 벌인다는 계획을 세웠다. 이를 파악한 치안당국은 관련 혐의가 있다고 판단된 시민들을 체포했다. 이들 중 253명은 군법회의에 회부되어 사형 등 중형을 선고받았다.

이 과정에서 기독교인 구속자가 늘어나자 한국기독교교회협의회는 1974년 5월 "인권의 유린을 방지 또는 제거하는 책임"을 수행하기 위해 인권위원회를 창설하였다. 이어서 목요기도회가 시작되었다. 목요기도회는 1974년 7월 한국기독교회관에서 열린, 긴급조치 위반 혐의 기소자들을 위한 기도회에서 비롯되었다. 유신체제 아래에서 인권상황이 날로 악화되자 몇몇 교단의 총회는 시국선언문을 발표하였다. 1974년 9월 한국기독교장로회와 대한예수교장로교(통합) 총회가 시국선언문을 발표하고 이어 기독교대한감리회 총회도 시국선언문을 발표하였다. 11월에는 한국교회의 신학자와 목회자 66명이 "한국 그리스도인의 신학적 성명"을 발표하였다. 이 성명에 서명한 감리교 인사는 구덕관, 김용옥, 마경일, 박봉배, 박용익, 윤병상, 윤성범, 윤정옥, 은준관, 조승혁, 조화순, 차풍로, 한영선, 한준석, 함성국이었다.

시민사회와 교회의 거센 저항에 부딪힌 유신정권은 이를 탄압하기 위해 반민주적이고 반인권적인 긴급조치들을 연속해서 발표했다. 긴급조치 제9호는 1975년 5월 공포되어 4년 6개월 동안 지속되면서 국민의 기본권을 제한하였다. 이 조치에 의해 구속된 사람이 800여 명에 이르렀다. 박정희 정부는 정부에 비협조적인 교수들을 축출하기 위한 수단으로 교수 재임용제를 실시하였다. 1976년 2월 문교부는 교수 재임용을 실시하여 총 416명의 교수를 재임용에서 탈락시켰다. 천주교와 개신교 지도자들은 정치인들과 함께 1976년 3월 1일 "민주구국선언"을 발표하였다. 명동성당에서 개최된 3·1절 기념미사에서 발표된 이 선언은 긴급조치 철폐, 유신헌법 철폐, 박정희 정권 퇴진 등을 요구하였다. 이 사건은 주동자에 천주교와 개신교의 저명인사 및 김대중·윤보선·정일형 등 잘 알려진 정치인이 포함되어 있었기 때문에 국내외적으로 큰 반향을 일으켰다.

1970년대를 지나면서 한국기독교교회협의회를 중심으로 많은 기독교인들이 독재정권에 저항하였다. 그러나 더 많은 교회는 로마서 13장을 근거로 "세상 권세에 대한 복종"을 주장하며 박정희 정권과 유착하는 모습을 보였다. 박정희 정부에 대한 교회의 지지는 대규모의 전도집회와 대통령 조찬기도회를 통해서도 이루어졌다. 1973년 5월에 열린 대통령 조찬기도회에서 한국대학생선교회(CCC)의 김준곤은 10월 유신을 "정신혁명의 성격을 포함하고 있는 운동"으로 규정하며 그것이 성공하기를 기원했다.[12] 1968년 대통령

---

12) "민족번영 위해 성서자원 개발, 제6회 대통령기도회 메시지", 「교회연합신보」 (1973년 5월 6일).

조찬기도회로 시작한 국가조찬기도회는 독재정권 시절 불의한 정치권력을 종교적으로 정당화해주는 도구로 사용되었다. 다수의 교회 지도자들이 박정희 정권과 유착해서 활동하고 있을 때, 진보적 교회의 민주화운동은 세계 에큐메니칼 운동의 지원을 받았다. 독일, 영국, 스웨덴, 네덜란드, 미국, 캐나다, 일본의 교회는 한국교회의 인권운동을 지원하였다. 세계교회협의회 세계선교위원회는 1975년 11월 제네바에서 한국 문제에 관한 긴급 모임을 소집, 한국교회의 민주화운동과 인권운동을 지원하는 방안을 협의하였다. 여기서 한국민주화기독자동지회가 결성되었다.[13]

이 무렵 민주화운동을 지원하다 감리교 선교사 조지 오글이 추방당했다. 조지 오글은 한국교회에 산업선교의 방향을 제시했을 뿐 아니라 노동자의 편에서 노사 문제를 다룰 수 있었던 노동 문제 전문가였다. 박정희 정권은 유신헌법 철폐 시위가 계속 이어지자 1974년 들어 긴급조치를 통해 국민의 입을 막으려 했지만, 그해 민청학련 사건이 발생했다. 정부는 인혁당 재건위원회가 민청학련을 배후에서 조종했다고 발표하고 인혁당 사건 관련자들을 추가 기소하였다. 오글 목사는 일련의 사건을 지켜본 후, 1974년 10월 10일 목요기도회에서 인혁당 재건위 사건 당시 고문조작설을 제기하고 이를 공개적으로 문제 삼았다. 이처럼 오글은 미국인으로서 각종 정부 비판 집회에 참석했을 뿐만 아니라 민청학련 사건과 조작 의혹이 짙은 인혁당 사건과 관련하여 정부를 비판하였다. 결국 오글은 입국 목적 외 정치 활동을 하였다고 하여 출입국관리법 31조를 위반한 혐의로 12월 14일 강제 출국 명령을 받았다. 오글 선교사는 김포공항을 떠나면서 다음과 같이 "나의 입장"이란 제목의 짧은 글을 남겼다.

예수 그리스도는 가난한 사람이었습니다. 그는 인간의 영혼과 인간 사회의 구원과 자유를 위하여 사시다가 돌아가셨습니다. 바로 그 길을 따라 살려고

13) 김흥수, "한국 민주화 기독자 동지회의 결성과 활동", 「한국기독교와 역사」 27호 (2007년 9월), 198~224.

저는 한국에서 선교사로 일하며 행동했습니다. 저는 정치적 사회적 야망도 없으며, 어느 특정의 정당을 지지할 생각도 없습니다. 다만 그리스도의 구원의 메시지와 자유와 정의를 선교하며 고난당하는 이들을 위하여 봉사하고자 노력했을 뿐입니다.[14]

이때 감리교 총회가 열리고 있었다. 총회는 오글 선교사 추방에 관한 특별조사위원회(위원장 김성렬)를 조직하고, 총회 명의로 "오글 목사의 유신체제 유감 발언은 기독교 선교신학에 근거한 그의 신앙적인 신념의 표현이며 그의 유신체제 불찬 발언은 유신체제 찬성과 같이 허용되어야 한다."는 성명을 발표하였다.[15] 그러나 그것이 마지막이었다. 12월 12일 기도회를 마친 다음 날 총회는 분열되었고 추방 위기에 처한 오글 선교사에게 도움을 주지 못했다. 오글 선교사는 12월 14일 "오늘 안으로 한국을 떠나라."는 퇴거 명령을 받고 그날 저녁 비행기로 서울을 떠났다. 이 사건으로 상당 기간 교회와 정부, 한국과 미국 정부 사이는 물론이고 한미 교회 사이에도 한냉전선이 형성되었다.

1980년대에 감리교회는 1970년대의 민주화운동 시기보다 더 많은 희생자를 냈다. 감리교 청년 전태일의 분신자살로 1970년대의 민주화운동 시대가 시작되었다면, 형제교회에 다니던 감리교 청년 김의기의 투신자살은 1980년대 민주화운동의 막을 열었다. 서강대학교 학생 김의기가 종로5가 기독교회관 건물에서 투신한 것은 1980년 5월 30일이었다. 감리교청년회전국연합회(MYF)와 한국기독교청년협의회(EYC)에서 활동하던 김의기는 1980년 광주에서 민주항쟁을 목격하고 상경하여 '동포에게 드리는 글'을 남기고 1980년 5월 30일 스스로 세상을 떠났다.[16]

---

14) "나의 입장", 「크리스챤신문」 (1975년 1월 4일).

15) 유동식, 「한국 감리교회의 역사 II」 (도서출판 기독교대한감리회 유지재단, 1994), 839.

16) "김의기 열사 추모기념사업회 편, 「5월 하늘 아래 바보청년 김의기. 광주를 목격하고 산화한 김의기 열사 30주기 추모집」 (김의기 열사 추모사업회, 2016), 99.

이로부터 두 달 후, 감리교 월간지 「기독교세계」는 부산지방 감리사 임기윤의 장례식을 전했다. 부산제일교회 담임목사이며 부산지방 감리사인 고 임기윤 목사가 7월 26일 뇌졸중으로 사망하여 고인의 유해를 부산 기독교 묘원에 안장했다는 소식이었다.[17] 그러나 그의 죽음은 뇌졸중이 아닌 의문사(疑問死)였다. 1970년대에 임기윤은 부산지방 감리사, 부산기독교연합회 총무, 부산기독교교회협의회 총무 등을 역임하면서 부산 지역 감리교회 및 기독교계를 대표하는 지도자가 되었다. 1975년 결성된 사회정의구현 부산 지역 기독인회 회장직도 맡아 부산 지역 민주화운동에서 영향력을 행사하고 있었다. 1980년 7월 19일 토요일 보안사령부 부산 분실로부터 "참고인으로 조사할 것이 있으니 와 달라."는 연락을 받고 출두했는데, 월요일 의식불명 상태로 가족에게 인계되어 1주일 만에 숨을 거두었다. 당국은 그의 사인을 고혈압 뇌졸중으로 발표했다. 가족들은 그의 뒷머리 왼쪽에서 찢겨진 흉터를 발견하고 사인 규명을 요구하였지만 광주 민주항쟁을 무력으로 진압한 신군부는 이에 응하지 않았다. 감리교는 그가 죽은 지 7년 후인 1987년 7월 23일 종로5가 기독교회관에서 '순교자 임기윤 목사 추도예배'를 드렸다. 추도예배는 감리교사회선교협의회, 감리교청년회전국연합회, 한국목민선교회가 공동 주관했다. 감리교인들은 그때 가서야 임기윤 목사가 어떻게 희생되었는지 알게 되었다.

17) "부산지방 감리사 고 임기윤 목사 별세", 「기독교세계」 (1980년 9월), 24.

제14장

감리교회 100주년

1. 감리교회 100주년

1984년은 한국교회가 100주년을 맞이한 해였다. 선교 50주년을 맞았던 1934~1935년에는 감리교회와 장로교회가 각각 기념행사를 했다. 1984~1985년의 100주년 행사에는 초교파 기구인 한국기독교100주년기념사업협의회가 다양한 행사와 사업을 전개하였다. 1984년 8월 15일부터 19일까지 여의도 광장에서 열린 한국기독교 선교 100주년 선교대회에는 연인원 4백만 명이 참석하여 선교 100주년을 자축했다.

감리교회는 이러한 초교파적 행사에도 참가했지만 감리교만의 기념사업도 추진하였다. 감리교회는 이미 1967년 3월 20일 총리원 이사회에서 선교 100주년을 위해 장기적 계획을 수립하기로 결의한 바 있었다. 1974년 2월 7일, 감리교선교 목표설정협의회는 선교 100주년 개척교회 설립, 선교 100주년 기념사업위원회 조직, 아펜젤러 순직 기념예배당 건립 등을 기념사업으로 정했다. 그러나 이러한 계획은 그해 12월 총회에서 교회 분열이 발생하면서 수포로 돌아갔다. 그 후 1981년 4월 제14차 특별총회는 기독교대한감리회 100주년 기념사업위원회 규약을 만들고 그해 10월 기념사업위원회(위원장: 오경린)를 조직했다. 기념사업위원회는 출판분과(신학과 선교 백서, 감리교 100년사, 기념우표, 기록 영화, 신학 논문집과 목회자 설교집 발행), 선교분과(100주년 기념교회 및 개척교회, 은급사업기금, 선교사 파송, 순교자 기념교회, 부라만 선교사 기념교회 건립), 행사분과(국제선교대회, 전국선교대회), 건립분과(100주년 기념관, 훈련원, 감리교 박물관, 역사 유적지 선정, 감리회관 재개발) 등 4개 분과의 기념사업을 구상하였다. 기념사업위원회의 사업계획은 1983년 2월 열린 기념사업실행위원회에서 5천 교회 100만 신도운동, 기념사업, 기념행사로 좀 더 구체화되었다. 이 사업계획은 그해 4월 경주에서 열린 '100주년 기념사업 추진 및 선교 제2세기를 향한 감리교단 정책수립을 위한 각급 실무지도자협의회'에서 소개되었다. 1984~1985년의 주요 기념행사는 다음과 같다.

행사	일자	장소
100주년 수원 선교대회	1984. 5. 7~11	수원 매산교회
100주년 인천 선교대회	1984. 5. 21~24	인천 실내체육관
100주년 기념 어린이 큰잔치	1984. 5. 20	이화여고
100주년 기념 국제대회(국내외 신학자 세미나)	1984. 6. 19~23	정동제일교회
100주년 기념 연합예배	1984. 6. 24	유관순기념관
100주년 기념 남녀 선교대회	1984. 8. 27~28	잠실체육관
100주년 남부연회 지방대회(지방별로 기념대회)	1984. 9. 23~10. 12	아산, 천안, 대전
100주년 기념 부산 선교대회	1984. 11. 29~12. 2	부산 보수교회
100주년 기념대회 및 연합연회(선교 공로자, 순교자 표창)	1985. 4. 3~5	인천 실내체육관
100주년 기념 축하 만찬회	1985. 4. 8	서울 힐튼호텔
100주년 교육대회(교육 공로자 표창)	1985. 8. 19~21	이화여대 대강당

'세계 속의 한국 감리교회'라는 주제로 열린 100주년 국제대회의 첫 행사는 정동제일교회에서 개최된 국제대회였다. 국제대회는 매클레이 선교사의 내한 100주년을 기념한 행사로 1984년 6월 19일부터 23일까지 서울에서 개최됐다. 이 대회에는 1974년 12월 강제 추방됐던 조지 오글 목사가 10년 만에 돌아와 "속박과 신비의 역설: 정의에 대한 교회의 책임"이란 제목으로 강연하였다. 인천에서 개최된 100주년 기념대회 및 연합연회는 아펜젤러의 내한 100주년을 기념하는 행사로 4월 5일 인천 실내체육관에서 신도 1만여 명이 모인 가운데 열렸다. 주제는 '2세기를 향한 감리교회의 자세: 새 세계를 영도할 새 교회'였다. 이날 100주년 기념사업위원회 명의로 발표한 '100주년

기념대회 선언문'은 일제시기의 부일협력과 해방 후의 독재정권 묵인 및 두 둔을 반성하고 "자유로운 민주체제의 확립, 평화적 정권 교체, 경제적 분배의 공평성, 특히 노동자, 농민을 포함한 경제적 소외계층의 생존권 보장," 타 종교와의 대화와 협력 그리고 "평화적인 방법"을 통한 조속한 조국 통일의 실현 등을 선교과제로 천명하였다.1) 100주년 기념 어린이 큰잔치, 100주년 교육대회, 100주년 기념 남녀 선교대회는 평신도 단체들이 주관한 행사로 많은 신도들이 참석하였다. 1984년 8월 27일에서 28일까지 잠실 실내체육관에서 열린 100주년 기념 남녀 선교대회는 2만여 명의 남녀 신도들이 참가하여 가난하고 어려움을 당한 이웃에게 달란트를 바칠 것과 민족 통일의 비전을 가질 것을 다짐하였다. 이러한 행사는 1984년 10월 열린 기독교대한감리회 제16회 정기총회에서 선출된 감독회장(김봉록)과 연회 감독들에 의해서 치러졌다.

이렇게 감리교회는 축제 분위기 속에서 100주년 기념행사를 치르고 있었지만, 한국사회와 교회의 분위기는 기뻐할 수만은 없는 상태였다. 100주년 행사가 시작될 무렵 조승혁 목사가 기독교사회문제연구원의 통일 문제에 대한 교과서 분석 연구사건으로 한양대 이영희 교수, 고려대 강만길 교수와 함께 구속되어 옥고를 치렀다. 같은 시기 학원 사찰 철폐, 학원 민주화를 요구하는 학생들의 반정부 시위도 격렬하였다. 이 문제로 감리교신학대학 학생들(김혁, 송병구, 김지숙, 윤광식)이 구속되었다. 1985년 12월 4일에도 감리교신학대학 학생회 임원들(백용현, 오승욱, 김찬국, 전명숙, 노춘월, 이광재)이 노동운동 탄압 중지와 군부 독재 타도를 외치며 농성하다 구속되기도 하였다. 이와같이 100주년 기념행사들은 감리교 목회자들과 신학도들의 구금과 분신을 야기시킨 군부 독재와 남북 분단 상황에서 진행되었다. 1986년 5월 6일에는 자교교회 청년회 회장이었던 서울대 학생 김세진의 분신 사건이 일어났다.

---

1) 유동식, 「한국 감리교회의 역사 Ⅱ」 (도서출판 기독교대한감리회 유지재단, 1994), 940~942.

2. 신학의 갈등

1980년 10월 29일부터 31일까지 정동제일교회에서 개최된 기독교대한감리회 제14회 총회에서 감독회장에 선출된 이는 오경린 목사였다. 감리교회는 한때 용문산기도원의 나운몽 장로와 불편한 관계를 가진 적이 있었는데, 오경린 감독회장 재임 시에는 감리교회의 지도급 목사와 평신도들의 통일교와의 관계가 문제가 되었다. 이 문제로 1981년 4월 특별총회에서 이단 종파 관련자 처벌에 관한 특별조치법이 만들어졌다. 이를 근거로 1981년 12월, 1982년 2월 두 차례에 걸쳐 통일교와 연관된 교역자와 평신도들을 징계하였다. 교역자로는 김순경(출교), 이주학(교직 정지 1년), 유내창(교직 정지 2개월), 나종춘(회원권 정직 1년), 박종학(회원권 정직 1년), 한상철(회원권 정직 1년)이 징계를 당했고, 장로 14명도 징계를 당했다.

한국 감리교회사에서 이단에 가담했거나 관계를 맺고 있는 감리교인을 출교시키거나 징계하는 것은 드문 일이었다. 통일교 관련자가 문제가 되고 있던 바로 그 시기에 감리교신학대학 변선환 교수의 강연이 문제가 되었다. 변선환 교수가 1982년 6월 26일 현대사회연구소가 주최한 불교와 기독교와의 대화 모임에서 발표한 글이 문제가 되었다. 변선환 교수가 사도신경과 감리회의 교리적 선언을 부인하였다는 것이다. 이 때문에 3개월 후인 9월 28일 "천지를 창조하신 창조주 하나님과 그의 아들 우리 주 예수 그리스도를 믿으며, 오직 그리스도로만 구원받는다"는 해명서를 발표해야 했다. 변선환은 미국 드류대학 유학 시절 바젤대학 신학자 부리(F. Buri)의 강의를 들으며 동양종교, 특히 불교에 학문적 관심을 갖기 시작했다. 그가 신학강의에서 강조한 것은 기독교 선교사가 하나님 나라를 비기독교 세계에 가지고 오지 않아도 이미 하나님 나라는 거기에서 역사하고 있으며, 기독교의 선교를 통하지 않고도 타종교인이나 무신론자의 입을 통하여서 하나님은 사랑과 진리를 증거하고 계신다는 것이었다. 이런 시각에서 변선환은 불교를 이해했는데, 이것이 결국 문제가 된 것이었다. 변선환은 1970년대 후반부터 불교를 기독교의 "길동무", "정신적인 형제"로 표현하였고, 부처와 보살에서 예수의 역할에 상당하는 이상적인 인간상을 찾을 수 있다고 생각했다. 이런 주장은 석가를 통하여 대자대비의 숭고한 하나님의 뜻이 나타난다는 나운몽의 설교를 연상시켰다.[2] 따라서 변선환의 종교신학은 불교를 '미신'과 '우상'으로 생각하고 있던 신학자들과 부흥사들에게 충격을 주었으며 분노를 일으켰다.

> 타종교와 관계시켜서 신학을 논한다고 할 때 가장 큰 문제는 타종교를 악마시하거나 저주하는 종교적 제국주의(배타주의)를 넘어서야 한다는 것이겠으나 타종교를 '복음에서의 준비'(praeparatio evangelica)라고 보며 호교하고 변증하려는 성취설(fullfilment theory)도 지양하여야 한다. 종교적 다원사회 속에서 그리스도교는 과거의 개종주의 입장을 깨끗이 버리고 타종교와 동등한 자리에서 대화하는 공평한 자세를 가져야 하기 때문이다.[3]

이런 신학적 갈등이 오경린 감독회장 시절에 발생하였던 것이다. 이 시기에 감리교는 한편으로는 이단과의 관계, 타종교와의 관계를 정리하고 다른 한편으로는 신학교육기관을 정비해 나갔다. 감리교회는 1970년대에 5천 교회 100만 신도운동을 추진하면서 부족한 교역자를 양성하기 위해 1970년대 후반부터 각 연회마다 신학교를 운영했는데, 1980년대 전두환 정권의 등장 이후 무인가 신학교 정비령에 따라 연회 소속 신학교들을 폐쇄하든지 하나로 통합해야 했다. 이 신학교들은 1982년 하나로 통합되어 협성대학교의 전신 협성신학교가 되었다. 협성신학교는 1983년 첫 신입생을 모집하였다. 6·25전쟁 직후의 농촌교역자 양성을 위해 설립된 감리교대전신학교와 달리 연회 소속 신학교들은 5천 교회 100만 신도운동에 필요한 교역자 양성을 목

---

2) 김흥수, "나운몽 종교운동의 이단 문제", 「신학과 현장」 제25집 (2015년), 44~52.
3) 변선환, "타종교와 신학", 「신학사상」 (1984년 겨울), 695.

표로 세워진 신학교육기관이었다. 이로써 100주년을 맞이하는 감리교회는 3개의 교단 신학교육기관을 갖게 되었다.

1992년 한국종교계의 논쟁거리가 되었던 감리교의 신학적 충돌은 종교다원주의 입장을 지닌 변선환 교수가 1990년 11월 24일 개신교 불교 천주교 대화모임에서 '불타와 그리스도'라는 강연을 하고, 변선환 교수와 같은 대학의 홍정수 교수가 1991년 부활절을 앞두고 '부활의 메시지를 다시 조명한다'는 글을 기고한 것이 계기가 되었다. 홍정수 교수의 글은 포스트모던주의 신학관점에서 부활에 관한 종교적 언어를 재해석해야 한다는 주장을 담고 있었다. 그의 글은 예수의 육체 부활을 문자적으로 신봉하는 보수파의 분노를 불러일으켰다. 1991년 10월 29일부터 31일까지 광림교회에서 제19회 특별총회가 열렸을 때 박기창 목사 등 감리교 부흥단 소속 교역자들은 이들의 신학문제를 건의안으로 올렸고, 이 총회는 종교다원주의와 포스트모던 신학 입장이 감리교회 신앙과 교리에 위배된다는 주장을 받아들였다. 감리교신학대학 재단이사회는 두 교수를 면직토록 결의하고, 해당 연회는 재판을 위한 심사위원회를 열어 이들을 재판에 회부해 목사직을 면직하도록 하라는 결의안을 채택하였다.

이 결의안 채택 이후 감리교회의 입장은 찬반양론으로 나뉘었다. 먼저 감리교도시목회자협의회(회장: 정명기 목사)와 학생들이 반발했다. 1991년 11월 21일에는 교파를 초월하여 45명의 신학자들이 "신학의 자유를 옹호하는 신학자 성명-기독교대한감리회 제19차 입법총회 결의에 부쳐"라는 성명을 통해 변선환과 홍정수 두 교수에 대한 징계 결의 철회를 촉구하였다. 이러한 반발 속에서 1991년 11월 21일 조직된 기독교대한감리회 교리수호대책위원회(공동회장: 김홍도 목사, 유상렬 장로)가 두 교수의 출교를 요구하는 데 앞장섰다. 결국 서울연회 심사위원회 제1반(위원장: 나정희 목사)은 두 교수를 1992년 3월 5일자로 재판위원회에 기소했다. 1992년 3월 16일 재미 감리교 교역자 136명도 이 재판과 관련하여 적법한 신학적 분석, 토론 및 합의과정 없이 서둘러 판단을 내려서는 안 된다는 취지의 공개서한을 감독회장에게 보냈다. 1992년 4월 22일 감리교 본부 회의실에서 열린 제2차 공판은 두 교수에 대해 출교를 구형하였다. 다음 날 감리교신학대학 교수들은 '기독교대한감리회 서울연회 재판위원회가 변선환 학장과 홍정수 교수에게 내린 출교형에 대한 우리의 입장'이라는 글을 통해 신학적인 문제를 정치적 종교재판이 아닌 신학적 토론이나 대화로 해결해야 함을 주장하였다. 그러나 1992년 5월 7일 금란교회에서 열린 서울연회 재판위원회는 유일한 구세주를 부인하며, 종교다원주의를 주장하고 있고, 예수의 부활 사건과 육체적 부활을 부인하는 등 "반기독교적이고 이단적인 주장"을 폈다는 혐의로 두 교수의 목사직과 교수직을 박탈하고 출교를 선고하였다. 다음은 홍정수 교수 판결문 중 일부이다.

1. 피고는 기독교 신앙의 근본이 되는 살아계신 하나님의 존재를 부인하여 말하기를 만일 신은 계신가 하고 누군가 묻는다면 신은 없다고 잘라 말할 수 있다고 하는 등 무신론적 의사표현을 단언하여 말함으로써, 본 교단의 하나님에 대한 신앙적 입장을 정면으로 거부하였다.

2. 피고는 기독교 신앙의 핵심이 되는 예수의 부활 사건을 부정하여 나는 단연코 육체의 부활을 부정한다고 하였고, 부활신앙은 이교도들의 어리석은 욕망에 불과하다라고 하고, 예수의 부활 사건을 빈 무덤이 아니다라고 주장하여 기독교 본래의 부활신앙을 부정하였다. 또한 기독교의 부활 메시지가 아무 소용도 없을 수도 있음을 극명하게 말해준다고 말함으로써 사도시대 이후 오늘에 이르기까지 전하여 내려온 선교 메시지를 거부하였다.

3. 피고는 골고다 산상에서 예수 십자가의 대속의 죽음과 광주망월동민주항쟁으로 죽은 많은 민주인사들의 죽음을 동일시하였다. 또한 피고가 예수 그리스도의 부활 사건을 믿는 자를 위한 부활의 첫 열매로 보지 않고 정의

를 외치다 한을 품고 죽은 이들의 정신적 공헌과 같이 간주하려는 것은 예수 그리스도의 육체의 부활을 부인하는 반성서적인 주장이다.

4. 피고는 기독교 신앙의 중심이 되는 예수 그리스도의 대속의 사건을 부정하여 예수의 십자가는 신의 아들의 죽음이 아니다라고 하였고 예수의 죽음이 우리를 속량한 것이 아니라 그의 삶이 우리를 속량하는 것이라고 주장했다. 그리고 피고는 예수의 십자가의 피흘림에 대하여 이르기를 그의 피가 동물들이 흘리는 피보다는 월등하게 효과가 있다는 이야기가 아니다라고 말함으로써 예수 그리스도의 피의 대속을 불신하는 주장을 하였다. 이 같은 피고의 주장은 기독교 신앙의 교의와 본 교단의 신앙을 적대하는 반그리스도적 이단사상이다.[4]

서울연회 재판위원회는 변선환 학장에 대해서도 출교를 선고하였는데, 판결문의 주요 내용은 다음과 같다.

1. 피고는 기독교 신앙의 주체가 되는 예수 그리스도에 대하여 우주적 그리스도는 마리아의 아들 예수와 동일시할 때 거침돌이 된다(「기독교사상」 299호, p.156)고 함으로써 마리아의 아들 예수를 우주적 그리스도로 믿는 전통적 기독교 신앙을 거부하였고, 그리스도만이 보편적으로 유일한 구속자이신 것이 아니라(상동, p.155)고 함으로써 기독교적인 신앙고백을 떠나서, 기독교 신앙의 특성인 유일한 구속주이신 예수 그리스도를 부정하는 비기독교적인 주장을 자행하였다.

2. 피고는 예수 그리스도의 십자가로 말미암아 구속되는 유일한 구원의 길을 부정하여, 구원의 다원주의를 주장하여 저들의 종교들, 그들 스스로의 구원의 길을 알고 있다(상동, p.155)고 함으로써, 기독교 신앙의 본질을 무시 내지는 타종교의 것과 동일시하는 주장을 했고, 예수 그리스도의

---

4) 기독교대한감리회 서울연회 재판위원회 편, 「기독교대한감리회 교리사건 재판자료 정리, 서술집」(2005), 8.

고 있다.

3. 피고는 기독교 신앙의 코페루니쿠스적 전환을 주장하면서 "종교의 우주는 기독교도 다른 종교도 아니고 신을 중심하여서 돌고 있다는 것을 기독교는 인정해야 할 것"과 "예수를 절대화, 우상화시키며, 다른 종교적 인물을 능가하는 일종의 제의의 인물로 보려는 기독교 도그마에서 벗어나 신중심주의로 전환되어야 할 것"("크리스챤신문』, 1990. 12. 8, 6면)이라 함으로써, 3위1체의 하나님을 부정하고, 모든 종교의 신을 동격시하며, 예수 그리스도의 인성과 신성을 공히 믿고 하나님 되심을 믿는 기독교 신앙을 떠나 버렸다. 피고는 이와 같이 한때 바알과 하나님을 동일시한 옛 유대인들의 죄와도 비교되는 우를 범하였다.

4. 피고는 기독교 선교를 목적으로 감리회 교역자들을 양성하는 대표적 기관의 장으로 있으면서, "교회가 말하지 않아도 이미 선행하여서 그리스도를 섬기고 있으며, 기독교 선교사가 하나님 나라를 비기독교 세계에 가지고 오지 않아도 이미 하나님 나라는 거기 역사하고 있다"고 주장하였고, "교회 밖에도 구원이 있다"("현대사조』 2, 1978, pp.78~91)고 함으로서, 기독교 복음을 포교하는 교역자를 양성하는 일과, 예수를 믿고 구원받는 개종사역을 거부함으로써, 피고는 그 본직을 배반하였다.[5]

　　판결문에 따르면, 홍정수 교수는 기독교 신앙의 본질 파기와 기독교대한감리회의 교리와 장정에 위배되는 주장을 한 것, 변선환 교수는 기독교대한감리회의 교리적 선언에 명시된 웨슬리의 복음적 신앙을 파괴한 것이 죄였다. 두 교수에 대해 출교 처분이 내려지자 이에 대한 지지와 격렬한 반발이 소용돌이쳤다. 그러나 출교 처분 4년 후 감리교회는 이들의 출교를 주도했던 금란교회의 김홍도 목사를 감독회장으로 선출함으로써 감리교 총회의 면직

5) 기독교대한감리회 서울연회 재판위원회 편, 「기독교대한감리회 교리사건 재판자료 정리, 서술집」, 9~10.

권고안과 서울연회 재판위원회의 출교 판결을 인정하는 모습을 보여주었다.

이 재판은 기독교–불교 관계를 연구하는 그리고 기독교의 한국적 해석을 모색하던 변선환과 홍정수 개인에 대한 재판이었다. 그러나 이 재판은 감리교 전통에서 보면, 한 세기 동안 이어져온 감리교의 신학적 전통에 이의를 제기하는 판결이기도 했다. 변선환의 주장과 다르기는 하지만, 감리교회 교역자들이나 신학자들의 종교신학적 진술과 토착화 신학이 이 재판 전까지는 감리교회 내부에서 한 번도 재판의 대상이 된 적이 없었다. 100년이 넘는 한국 감리교회의 역사에서 출교를 포함하는, 이런 심각한 "보수주의적 신앙과 자유주의 신학의 대립"은 처음 있는 일이었다.[6] 이 재판이, 비판자들의 눈에는 한국 감리교회 내 근본주의적 성향을 가진 교역자들의 신학적 다양성의 파괴행위로 보였지만, 지지자들은 감리교회의 교리 수호로 이해하였다.

3. 감리교회의 통일운동과 서부연회의 재건

6·25전쟁 이후 분단 조국의 통일에 대한 한국교회의 입장을 살펴보면, 1960년대까지만 해도 반공적 입장 이외에는 이렇다 할 의견이나 주장을 펴지 못하다가 1972년 남북 간의 7·4공동성명 발표 이후에야 통일 문제가 교회의 관심사가 되었다. 그러나 통일 논의는 일부 진보적 기독교인들의 개인적 차원에서만 이루어진데다가 1970년대까지 민주화운동을 통일에 앞선 전 단계 운동으로 인식하고 있었기 때문에 한국교회 전체로 확산되지 않았다. 이 상황에서 가장 먼저 통일운동에 나선 것은 1980년 9월 프랑크푸르트에서 조직된 조국통일해외기독자회(기통회)였다. 조국통일해외기독자회는 월간지 「통일과 기독교」를 통해 기독교와 사회주의의 화해를 시도하였다.[7] 그리고

---

6) 김주덕, "한국교회 분쟁의 요인 분석: 1992년 감리교회의 '종교재판'을 중심으로", 「한국기독교와 역사」 (2007년 9월), 232.
7) 「통일과 기독교」의 발행인은 이영빈이었으며 1980년 4월 1일 간행되었다.

1981년 6월 조국통일해외기독자회의 이화선, 이영빈, 김순환은 조국평화통일위원회의 초청으로 평양을 방문하여 조국평화통일위원회, 조선그리스도교련맹, 해외동포위원회, 조선사회민주당 관계자들과 회합을 가진 후 조국통일에 관한 북과 해외 동포, 기독자간의 대화를 갖기로 합의하였다. 평양을 방문한 이영빈 목사와 부인 김순환은 두 사람 다 감리교신학대학 졸업생이었다. 독일에 거주하던 조국통일해외기독자회 대표들이 평양에서 북측 대표들과 통일대화를 나누고 있는 동안, 서울에서는 '분단국에서의 그리스도 고백-죄책 고백과 새로운 책임'이란 주제로 한독기독교교회협의회가 열리고 있었다. 이 협의회는 6월 8일부터 10일까지 수유리 아카데미하우스에서 한국과 독일교회 대표들이 참석한 가운데 열렸다. 이 협의회에서 두 나라 교회 지도자들은 통일운동을 위해 양국 교회가 긴밀하게 협력하기로 하였고 한국기독교회협의회 안에 통일 문제 연구기관을 설립하기로 했다. 이후 1981년 11월 3~5일 오스트리아 빈에서 '제1차 조국통일을 위한 북과 해외동포, 기독교 신자간의 대화' 모임이 열렸다.

이처럼 1980년대 들어 국내외에서 남북통일 모임이 열리면서 통일 문제가 교회의 중요한 이슈로 떠올랐다. 이때 가장 먼저 제기된 문제는 통일 논의의 민주화였는데 이는 집권자들의 통일 논의에 대한 불신 때문이었다. 한국기독교교회협의회의 제34차 총회(1985년 2월)에서 발표한 '한국교회 평화통일 선언'은, "평화의 염원은 민중이 가장 깊이 갈망하는 현실이라면서 민중이 분단 극복과 통일운동의 주류가 되어야 한다."고 주장하였다.[8] 한국사회의 민주화운동과 통일 문제가 별개의 것이 아니라는 인식 그리고 민중이 통일운동의 주체라는 인식은 기독교 통일운동의 첫 발견이었다.

한국기독교의 통일운동사에서 가장 큰 변화는 통일을 교회의 선교과제로 인식한 데 있었다. 1980년 3월 기독교장로회는 통일이 교회의 선교적 과제임을 천명했다. 또한 장로교(통합)도 1986년 제37차 총회에서 '대한예수교장

---

8) 한국기독교교회협의회 제34차 총회, "한국교회 평화통일 선언" (1985년 2월 28일).

로회 신앙고백서'를 선포하였다. 이 문서는 분단이 지속되는 것이 "하나님의 뜻이 아니며 그리스도인은 모든 원수 관계를 없게 하고, 화해의 대업을 성취하신 예수 그리스도를 본받아 민족을 화해시키고 이 땅에 평화를 정착시키는 사명을 감당해야 한다."고 고백하였다.[9] 교회의 신앙고백 가운데 민족통일 문제를 언급한 것은 이 신앙고백서가 처음이었다. 감리교는 1984년 6월 정동 제일교회에서 열린 선교 100주년 기념대회에서 다음과 같이 선언하였다.

> 우리는 한반도의 40년에 걸친 분단의 비극을 직시하면서 어떤 형태로건 평화적인 방법을 통해 조속한 시일 내에 조국통일이 실현되기를 갈망한다. 이것은 자유와 인권에 기초한 민주적인 정치체제의 확립, 민중을 기초로 한 정의로운 사회실현을 목표로 해서 성취되어야 한다. 따라서 우리는 어떤 형태의 독재주의도 이를 배격한다. 오랜 역사를 통해 국제정치에 희생되어 온 우리 조국의 현실을 개탄하면서 이제는 뚜렷한 민족적 주체성을 확립하여 강대국들의 패권주의를 배격하고 어떤 형태의 살생이나 전쟁도 거부하는 입장에서 평화적인 조국통일을 위해 기독교대한감리회는 전력을 다할 것이다.

전두환 정부가 민간의 통일 논의를 본격적으로 탄압하기 시작하자, 한국기독교교회협의회는 세계교회들의 협력을 통해 통일운동을 시작하였다. 세계교회협의회 국제문제위원회 주최로 1984년 10월 일본 기독교청년회 (YMCA) 수련센터(도잔소)에서 열린 동북아 평화와 정의를 위한 협의회, 즉 도잔소협의회가 그것이었다. 도잔소협의회는 남한교회와 북한의 조선그리스도교연맹 대표들을 초청하였다. 조선그리스도교연맹은 대표단을 파견하는 것이 어렵게 되자 회의를 축하하고 성공을 비는 전문만을 보냈다. 서병주 감독과 함께 한국 감리교회를 대표하여 도잔소협의회에 참석했던 김준영 목사의 증언(2001년 8월)이다.

---

9) 총회헌법개정위원회, 「대한예수교장로회 헌법」(한국장로교출판사, 1987), 177.

한국 대표 가운데는 회의 벽두 북한 대표가 올지도 모른다는 소문을 듣고 귀국해버린 사람도 있었지요. 결국 북한 대표는 참석하지 못했지만 대신 조총련을 통해 메시지를 보냈는데 그걸 읽느냐 마느냐 하는 문제로 장시간 토론을 벌였고 읽지 않기로 하고서야 회의를 시작했어요. 그만큼 한국 대표들의 '레드 컴플렉스'가 강했던 겁니다. 북쪽 사람과 접촉만 해도 반공법에 걸려 들어가던 시절이니 어쩔 수 없었지요. 그러나 도잔소회의를 통해 한국교회 대표들이 깨달은 것은 북한 대표들과의 만남은 피할 수 없는 역사적 현실로 다가오고 있다는 점이었어요.10)

이 회의에서 남한교회 대표들은 "세계교회협의회는 아시아기독교교회협의회와 협력하여 가능한 한 남북한의 기독교인들이 대화로 만날 수 있는 기회를 마련하도록 한다."는 제안에 동의하였다.11) 도잔소협의회는 그 후 1986년의 글리온회의, 1988년의 '민족의 통일과 평화에 관한 한국기독교회 선언', 그리고 1990년대의 조국의 평화통일과 선교에 관한 기독자 도교회의로 이어졌다. 1986년의 글리온회의에 한국기독교교회협의회에서는 김소영·김봉록·강문규·김준영·이영찬·김윤식이 참석했는데, 김봉록과 김준영은 감리교 측 대표였다. 글리온회의는 9월 2일부터 5일까지 스위스 글리온의 리기 보드와 호텔에서 열렸는데, 세계교회협의회 국제문제위원회가 주최한 이 회의의 공식 명칭은 '평화에 대한 기독교적 관심의 성서적·신학적 근거에 관한 세미나'였다. 글리온회의에 참석한 김봉록 감독의 증언이다.

모두가 지쳐 있었고 성찬식만 끝나면 헤어져야 한다는 생각에 착잡한 분위기였어요. 그런데 희랍정교회에서 나온 주교가, '지금 봐서는 남북 통일이

10) 이덕주, 「이덕주 교수가 쉽게 쓴 한국교회 이야기」, 351~352.
11) Erich Weingartner, "The Tozanso Process: Ecumenical Efforts for the Korean Reconciliation and Reunification," *The Reconciliation of Peoples: Challenge to the Churches*. eds. Gregory Baum and Harold Wells (Maryknoll, New York: Orbis Books, 1997), 71~72.

쉽게 이루어질 것 같지는 않지만 홍해를 가르신 하나님께서 허락하시면 38선이 문제겠는가?'라고 하였어요. 그 말이 우리 마음을 움직였어요. 그리고 성찬 집례자 미국교회협의회 엡스(D. Epps) 목사가 '성찬 초대' 순서 중에 화해와 평화의 인사를 나누라고 하였어요. 처음에는 가볍게 악수하는 정도로 시작했는데 시간이 흐르면서 분위기가 고조되어 서로 끌어안고 울기 시작했어요. 우리보다 북쪽 사람들이 더 울었던 것 같아요. 그 순간 마음이 하나가 된 겁니다. 성령의 역사로밖에 설명할 수 없는 장면이었지요.[12]

1986년 9월 5일 금요일 오후였다. 이로써 남북 기독교인 사이에 신뢰 분위기가 조성되었고 지속적인 대화가 가능하게 되었다. 이러한 대화 후에 한국기독교교회협의회의 '민족의 통일과 평화에 관한 한국기독교회 선언'이 1988년 2월 한국기독교교회협의회 제37차 총회에서 발표되었다. 이 선언은 분단체제 안에서 상대방에 대하여 증오와 적개심을 품었던 일이 죄악임을 먼저 고백했다. 또한 이 선언은 1972년 남북 간에 합의된 7·4공동성명의 자주·평화·민족적 대단결의 3대 정신에 인도주의와 민주적 참여의 두 가지 원칙을 기본원칙으로 첨가하였다. 이 선언은 또 평화체제의 수립과 주변국 보장하의 미군 철수를 주장했는데 이것은 교회 내에서 강력한 항의와 반발을 불러일으켰다.

한국기독교교회협의회 통일위원회의 전문위원들(오재식, 강문규, 서광선, 민영진, 노정선, 이삼열, 김창락, 홍근수, 김용복)이 이 선언의 초안을 작성했는데, 이들은 감리교 신학자 민영진을 제외하면 모두 장로교 출신이었다. 이 선언의 초안자에서 볼 수 있듯이, 감리교 인사들은 민주화운동 이후 통일운동에 이르기까지 한국교회의 입장을 밝히는 중요한 성명서 작성이나 선언에 거의 참여하지 않았다. 이것은 1970년대 이후 한국교회의 민주화운동과 통일운동에서 특징적으로 나타나는 감리교 지도력의 한 단면이다.

---

12) 이덕주, 「이덕주 교수가 쉽게 쓴 한국교회 이야기」, 354.

1990년대의 통일운동에는 한국기독교총연합회와 보수교회들이 등장하여 북한선교에 관심을 가졌다. 1990년대에 들어서면서 남과 북의 통일대화가 진전되자 한국기독교총연합회는 통일 후에 무너진 북한교회를 재건하기 위해 1995년 북한교회재건위원회를 조직하고, 1997년 북한교회 재건백서를 간행하였다. 감리교회도 소련과 동구 공산권 국가들의 붕괴를 보면서 남과 북의 통일을 대비하여 서부연회 재건에 나섰다. 기독교대한감리회 실행위원회는 1991년 12월 서부연회의 재건을 결의했다. 그 이듬해 1월 박성로 감독을 서부연회 초대 관리자로 임명하였다. 3월에는 서부연회 조직위원회를 소집하여 서부연회 경계를 정하고 각 지방 감리사들을 임명하였다. 서부연회의 조직은 10월 열린 제20회 총회에서 인준 받았다.

서부연회가 업무를 시작한 것은 1995년 7월이었다. 한국기독교총연합회에 가입하지 않은 감리교회는 서부연회를 통해 1998년부터 북한 지역에 있던 388개의 감리교회 재건을 준비하였다. 당시 서부연회가 사업으로 내세운 것은 북한선교에 대한 홍보, 대북 인도적 지원, 북한선교 사역자 양성, 북한선교 기금 조성 등이었으며, 1997년 가을학기부터는 감리교신학대학과 협성대학 신학과에 북한선교 강좌를 개설하였다.

한국교회의 대북지원이 본격화된 것은 1990년대 후반부터였다. 김대중 정부의 햇볕정책에 힘입어 교회와 민간단체는 적극적인 대북지원에 나섰다. 이 시기에 여러 교단 대표들의 방북이 이루어졌다. 이것은 1997년 9월 한국기독교교회협의회 총무 김동완과 국장 김영주가 평양 방문 시 북측과 합의한 것이었다. 1990년대 한국기독교교회협의회를 이끈 김동완과 김영주는 감리교 목사들이었다. 2000년 남북 정상회담은 남북 교류와 협력을 빠르게 증진시켰다. 교회 및 기독교 시민단체들의 대북지원 사업과 남북 종교 교류도 급증하였다. 서부연회는 해마다 조선그리스도교연맹과 북한교회의 일꾼을 양성하는 평양신학원에 운영비를 지원했다.

4. 세계 속의 감리교회

한 통계에 의하면, 1964년부터 1978년까지 매년 평균 3.3명의 선교사가 해외로 파송되었는데, 그 이후 1989년까지 10년 동안은 연평균 46.6명의 선교사들이 파송되었다.[13] 전체 해외선교사는 1980년대에 급증하여 1,000명을 훨씬 넘어섰고, 1996년에는 4,402명으로 집계되었다. 한국교회가 파송한 해외선교사의 증가에 발맞추어 선교지역도 크게 확대되고 다양화되었다. 해외선교는 한국 기독교가 전 세계에서 선교하고 세계의 교회들과 교제할 수 있는 기회를 제공했다. 이 시기에 감리교회도 전 세계에 선교사들을 보냄으로써 세계 속의 감리교회가 되었다.

한국 감리교회는 1961년 3월 연합연회에서 선교 75주년을 기념하여 해외선교에 착수하기로 하고 270여 만 환의 기금을 모은 바 있었다. 그 후 윤성렬 목사가 1962년 천사원(고아원) 원장직에서 물러나면서 받은 퇴직금 2만 원을 해외선교비로 내놓았다. 이렇게 해서 다시 해외선교 헌금운동이 활발하게 전개되어 1년 만에 30여 만 원 기금이 확보되었다. 선교지는 인도네시아 북부 사라왁이었으며 선교사로 갈 사람은 마포 성광교회에서 시무하고 있던 김성욱 목사였다. 1965년 3월 연회 중에 선교사 파송예배를 드렸다. 그날 김성욱 목사 외에 장봉근 목사가 볼리비아 선교사로, 이화여대의 김옥희·김남순·장미균이 파키스탄 선교사로 파송 받았다. 이화여대는 독자적으로 1961년부터 파키스탄 선교를 시작하였다.

감리교회의 해외선교는 1910년 손정도 목사를 중국에 파송했다가 일제에 검거되는 바람에 1년 만에 중단되었다. 50년 만에 해외선교가 재개된 것이다. 이후 한국 감리교회의 해외선교가 1980년대 들어 아시아 지역을 넘어 아프리카, 남아메리카, 러시아, 중국 등지로 확산되자 1985년 특별총회는 '국외선교사 관리규정'을 통과시켰다. 그 후 20회 총회는 국외선교연회의 조직

---

13) 한국기독교역사학회, 「한국기독교의 역사 III. 해방 이후 20세기 말까지」(한국기독교역사연구소, 2009), 140.

을 인준하였다. 1993년 3월 당시 국외선교연회에 소속되어 있는 선교사들은 세계 52개국에 191명이었다. 1995년 12월 30일 당시 국외선교사 파송현황은 53개국에 208명으로 늘었다.[14] 감리교 국외선교부의 「2006년 선교사 백서」에 따르면, 2006년 선교사는 627명으로 증가했다.

한국 감리교회가 선교사 파송 이전에 세계교회들과 교류하게 된 것은 에큐메니칼 운동을 통해서였다. 에큐메니칼 운동이란 신학과 전통이 다른 교회들이 함께 일하고 예배하도록 촉진하는 운동을 일컫는 말이다. 한국 감리교회의 에큐메니칼 운동 참여는 1910년으로 거슬러 올라간다. 1910년 스코틀랜드 에딘버러에서 열린 세계선교대회는 선교회들로부터 비 서구 국가들의 종교 상황들을 보고받고, 기독교의 복음을 효과적으로 전하기 위한 방안을 모색하고자 한 모임이었다. 1천 2백여 명의 대표들이 참석한 이 대회는 모든 비 그리스도교 지역에서 교회가 분열되어서는 안 된다는 점을 강조하였다. 비 서구 대표들의 수는 17명에 불과했는데, 그 가운데 한 사람이 한국 감리교회의 대표 윤치호였다. 이처럼 감리교회는 20세기 에큐메니칼 운동의 초기부터 이 운동에 참여하였다.

세계선교대회는 1921년 국제선교협의회(International Missionary Council, IMC)로 발전하였다. 1928년 예루살렘에서 국제선교협의회가 열렸을 때 신흥우·양주삼·정인과·김활란과 감리교 선교사 1명, 장로교 선교사 1명이 참석하였다. 한국인 참가자 가운데 감리교 대표는 양주삼이었다. 신흥우는 기독교청년회(YMCA), 김활란은 기독교여자청년회(YWCA) 대표로 참가했는데 두 사람 다 감리교인이었다. 세계교회협의회(WCC) 창립 이전의 대표적인 국제기구들 중에서 국제선교협의회는 한국교회가 관계를 유지해왔던 유일한 기구였다. 1928년까지는 한국교회 가운데 감리교회의 참여가 가장 활발하였다.

에큐메니칼 운동은 선교 영역에서뿐만 아니라 기독교인들의 생활과 봉사

---

14) 윤춘병, 「한국감리교 교회성장사」, 968~970.

영역에서도 일어났다. 제1차 세계대전(1914~1918년) 종전 후 유럽교회에서는 생활과 봉사운동, 즉 실천적 기독교운동이 일어났다. 1925년 정교회를 포함 27개국 661명의 대표들이 스톡홀름에 모였다. 참석자들은 교회와 사회의 관계 문제, 사회정의 문제들에 대해 토론하였다. 신학과 교리가 다른 교회들 사이에서 공통점을 발견하려는 노력은 신앙과 직제운동으로 나타났다. 1927년 스위스 로잔에서 개최된 첫 번째 신앙과 직제 회의에 108개국 400여 명의 대표들이 참석했다. 참석자들은 교회론과 성직제도 같은 교리적인 문제를 다루었다. 생활과 봉사운동, 신앙과 직제운동은 별개의 조직이었으나 두 운동을 하나로 합치려는 필요성이 대두되었다. 이 운동의 지도자들은 1937년 세계교회협의회의 창립을 결의하고, 1938년 세계교회협의회 임시위원회에서 강령을 결정하였다("세계교회협의회는 우리 주 예수 그리스도를 하나님과 구세주로서 받아들이는 교회들의 모임이다"). 한국교회 가운데 감리교회와 장로교회는 1947년 세계교회협의회 임시위원회와 1948년 창립총회에 초청받았다. 창립총회 대표로 장로교는 김관식 목사, 감리교는 교회 분열로 정식 대표가 되지 못한 변홍규 목사를 보냈다.

　세계교회협의회는 창립 이후 한국교회와 다양한 관계를 맺어 왔다. 세계교회협의회는 6·25전쟁을 북한의 남침으로 규정하고 국제사회에 유엔군의 파견을 호소하는 성명을 발표하였다. 이 성명은 무장 공격은 잘못된 것이라면서 유엔이 세계질서의 도구로서 이 침략에 맞서서 신속한 결정을 취해 준 것과 모든 회원 국가가 지지하는 경찰 조치를 허가해 준 것을 높이 평가하였다. 전쟁 이후 한국사회의 큰 이슈는 인권과 민주사회 실현이었다. 이 시기에 열악한 정치상황과 인권 문제에 대해서 지속적인 관심과 지원에 나선 국제기구는 세계교회협의회였다. 세계교회협의회의 한국사회 발전에 대한 관심과 협력은 민주화운동뿐만 아니라 1980년대의 통일운동에서도 찾아볼 수 있다. 1984년 10월 동경 인근 도잔소에서 세계교회협의회 국제문제교회위원회가 주최한 '동북아시아의 평화와 정의에 관한 국제회의'는 세계교회협의회의 한국 통일에 대한 관심의 표현이었다. 도잔소 권고안은 세계교회협의회가 주최한 1986년, 1988년, 1990년의 글리온회의로 그리고 서구 및 아시아교회들의 북한 방문으로 이어져 남북교회들의 통일대화와 통일운동을 지원해 주었다.

감리교회는 지난 한 세기 동안 주로 미국연합감리교회와 관계를 맺어 왔다. 1994년 10월 25일부터 27일까지 열린 제21회 총회에서 감독회장에 선출된 김선도 목사는 취임사에서 "한국 감리교회가 21세기의 문을 열고 세계 선교의 주도권을 가져야 된다."고 강조하였다. 그 결실이 광릉의 광림교회 세미나하우스에서 1995년 8월 22일부터 27일까지 열린 세계감리교회 감독회의(Conference of World Methodist Bishops)였다. 이 모임에는 세계 34개국의 감리교 감독들과 감리교 지도자들이 참석하였다. 장광영 감독회장 시기에는 2002년 6월 14일부터 18일까지 광림교회 세미나하우스에서 제1회 아시아감리교대회(The 1st Asian Methodist Convention)가 열렸다. 이 대회에는 "모든 아시아인을 예수에게로"라는 주제로 아시아 14개국에서 150여 명의 대표들과 한국 대표 160여 명이 참석했다. 이 대회에서 아시아감리교협의회가 창립되었고, 초대회장으로 장광영 감독회장이 선출되었다. 2006년 7월 18일에서 19일까지 제19차 세계감리교협의회(World Methodist Council) 총회가 정동제일교회에서 개최되었다. 전 세계 132개 회원국 가운데 80개국 500여 명의 대의원들이 모였다. 이런 식으로 한국 감리교회는 1990년대 이후 전 세계 감리교회들과의 교류를 증진시켜 나갔다.

5. 21세기를 향하여

21세기의 첫 감리교 총회가 2000년 10월 25일부터 27일까지 서울 금란교회에서 열렸다. 감독회장에 당선된 장광영은 2001년 1월 이후부터 6월까지 서울을 비롯한 전국 각지에서 위대한 감리교회 대회를 열었다. 2002년 감독회장에 선출된 김진호는 "다시 일어나 빛을 발하는 감리교회"라는 모토를 내세우고 300만 총력전도운동을 전개했다. "위대한 감리교회", "다시 일어나 빛을 발하는 감리교회"가 21세기를 맞이하는 감리교회의 기치였다. 그 후 2004년 10월 27일부터 서울 광림교회에서 열린 총회에서 아현교회의 신경하 목사가 감독회장에 선출되었다. 그는 "희망을 주는 감리교회"를 기치로 삼고 감리교회를 이끌어 나갔다. 그러나 그의 감독회장 임기는 감리교회가 절망의 깊은 수렁으로 추락하는 것을 목격하면서 끝났다. 문제는 감독회장 선거에서 발생했지만, 그 배후에는 감리교 지도자들의 교권에 대한 욕망과 이를 통제하지 못한 교회제도가 놓여 있었다. 그러나 이런 모습은 감리교회의 부분적인 측면일 뿐이다.

과거에도 그랬지만, 감리교회는 앞으로도 존재하는 모든 지역에서 한반도의 구성원들과 대면하게 될 것이다. 앞에서 살펴보았듯이 감리교회가 대면했던 지난 130여 년의 한국사는 실로 비극적인 것이었다. 한국인들은 36년 동안 일제하에서 살아야 했으며, 그 후에는 남북 분단과 전쟁의 고통을 겪어야 했다. 한국인들의 이런 고통을 내다본 듯 한반도에 도착한 선교사 아펜젤러는 "어둠의 사슬을 끊고 하나님의 자녀들에게 자유와 빛을 주소서."라고 기도했다. 감리교 130여 년의 역사는 20세기 비극의 한국사에서 우리 민족을 얽매고 있는 "어둠의 사슬"을 끊는 험난하고도 고귀한 여정이었다.

하나님의 자녀들에게 자유와 빛을 주기 위해 감리교도들은 교회를 세우고 학교와 병원을 운영했으며, 우리나라의 자주 독립을 위한 항일운동에도 적극 참여하였다. 무엇보다도 우리는 감리교의 역사적 여정에서 자주 독립 운동을 잊을 수 없다. 잘 알려진 것처럼, 1919년 독립선언서에 서명한 사람들 가운데 기독교 지도자는 16명이었으며 그중 9명이 감리교 지도자들이었다. 서울의 감리교신학대학교는 이들 대부분을 배출했으며 오늘날도 신학교육에서 그 전통을 이어가고 있다.

6·25전쟁이 일어난 1950년대에는 전상자들과 전재민들에게 위로의 메시지를 전하면서 구호 사업에 나섰다. 이 시기 사회의 약자들에 대한 선교적 관심은 감리교대전신학교의 설립으로 나타났다. 이 학교 졸업생들은 감리교의 사회적 약자에 대한 선교 전통을 따라 주로 농촌교회에서 활동했다.

전쟁의 충격에서 벗어나면서 1960년대는 한국 감리교의 주체적 삶이 모색된 시기였다. 사상 면에서는 토착화 신학을 활발하게 구상했다. 감리교의 토착화 신학자들은 기독교 복음을 서구 전통이 아니라 한국의 역사와 문화 전통에서 이해하려고 노력했다. 미국 감리교회와의 관계에서는 온양선교협의회를 계기로 모자 관계에서 선교의 파트너 관계로 바뀌었다.

1970년대에 경제개발과 민족중흥이 최고의 가치로 선전되고 있을 때 한국 감리교회는 인권이나 사회정의가 더 우선하는 가치임을 내세웠다. 이 과정에서 민주화운동에 참여한 감리교 청년들과 교역자들이 투옥되었으며, 산업선교에 앞선 감리교 목사 조지 오글, 조승혁, 조화순은 고난을 겪었다. 이 시기는 감리교회가 양적 성장에 박차를 가한 시기이기도 했다. 이 일을 담당하기 위해 세워진 협성신학교 출신들은 해외선교에도 앞장섰다.

1980년대의 감리교회는 100주년을 맞아 복음을 전하는 일에 그리고 조국의 평화와 통일을 위해 전력할 것을 다짐했다. 이제 한국 감리교회는 150주년을 앞두고 있다. 한국 감리교회는 21세기에도 "어둠의 사슬"을 끊는 고귀한 여정을 한반도에서뿐만 아니라 세계 속에서 계속해 나갈 것이다.

1. 보고서 · 회의록

「기독교대한감리회(갱신)총회회의록」, 1974.
「기독교조선(대한)감리회총회회록」, 1930~2007.
「미감리회조선연회회록」, 1912~1929.
「남감리회조선연회회록」, 1923~1930.
「만주 · 시베리아선교연회회록」, 1922~1939.
「기독교조선(대한)감리회 연회별 회의록」, 1931~2008.
「기독교대한감리회 경기연회 창설연회 회록」, 1971.
「기독교대한감리회 서울연회 회의록」, 1980~2008.
「기독교조선감리회 동부 · 중부 연합연회 회록 · 부 제4회 총회 회록(재건파)」, 1948.
「기독교조선감리회 중부 · 동부연회 회록」, 1946.
「기독교조선감리회 중부 · 동부연회 회록 · 기독교조선감리회 특별총회 회록(복흥파)」, 1946.
「南監理教會 西比利亞宣教處 年會錄」, 1922.
「제1회 기독교조선감리교단 경성교구회의사록」, 1942.
Annual Report of Korea Mission of the Methodist Episcopal Church, South, 1898~1912.
Annual Report of the Board of Foreign Missions of the Methodist Episcopal Church, 1884~1929.
Annual Report of the Woman's Foreign Missionary Society of the Methodist Episcopal Church, 1885~1920.
Minutes and Reports of the Korea Women's Conference of the Methodist Episcopal Church, 1903~1929.
Minutes of Annual Meeting of the Korea Mission of the Methodist Episcopal Church, South, 1897~1912.
Minutes of Annual Meeting of the Korea Mission of the Methodist Episcopal Church, South, 1926~1930.
Minutes of the Annual Meeting of Siberia-Manchuria Mission of the Methodist Episcopal Church, South, 1921.
Minutes of the Japan Conference of the Methodist Episcopal Church, 1884~1887.
Official Minutes and Reports of the Korea Annual Conference of the Methodist Episcopal Church, 1908~1930.

Official Minutes and Reports of the Korea Mission of the Methodist Episcopal Church,
    1893~1907.
The Christian Advocate, 1883~1907.
The Gospel in all Lands, 1885~1910.
The Korea Field, 1901~1905.
The Korea Methodist, 1904~1905.
The Korea Mission Field, 1905~1941.
The Korean Repository, 1892~1898.
The Methodist Review of Missions, 1897.
The Missionary Review of the World, 1884~1910.

2. 정기간행물

「감리교생활」
「감리회보」
「기독공보」
「기독교사상」
「기독교세계」
「기독교신문」
「기독신보」
「대한매일신보」
「독립신문」
「만세보」
「신앙생활」
「신학세계」
「신학월보」
「예수교신보」
「예수교회보」
「조선그리스도인회보」(조선크리스도인회보, 대한크리스도인회보, 그리스도회보)
「청년」
「통일과 기독교」
「황성신문」

3. 일기 · 서신

국사편찬위원회, 「윤치호 일기」 1권, 국사편찬위원회, 1973.

「김진호 목사 일기」.

Henry G. Appenzeller's Diary.

The Journals of Mattie Wilkox Noble 1892-1934, 한국기독교역사연구소, 1994.

Henry G. Appenzeller's letter.

William B. Scranton's letter.

4. 자료집·사전류

「기독교조선감리회요람」, 1932.

김흥수 편, 「WCC 도서관 소장 한국교회사 자료집-한국전쟁 편」, 한국기독교역사연구소, 2003.

김흥수 편, 「해방 후 북한 교회사: 연구·증언·자료」, 다산글방, 1992.

김승태·박혜진, 「내한 선교사 총람 1884-1984」, 한국기독교역사연구소, 1994.

목원대학교 신학연구소 엮음, Letters of Charles D. Stokes, 한국기독교역사연구소, 2004.

5. 단행본·논문

고명균, 「잡동산이 Ⅲ」, 청산 고명균 목사 목회만필, 청옥재, 1988.

고성은, "해방 이후 평양에 설립된 성화신학교의 역사", 「한국기독교와 역사」 제45호 2016년 9월.

기독교대한감리회 본부 역사자료부, 「사진으로 읽은 한국 감리교회 역사」, 기독교대한감리회 유지재단, 1995.

김광우, 「한국 감리교회 백년」, 전망사, 1990.

김광우, 「나의 목회 반세기」, 바울서신사, 1984.

김 구, 「백범일지」, 삼중당, 1983.

김병조, 「한국독립운동사략」, 아세아문화사, 1974.

김세한, 「동아의 얼-한서 남궁억, 선생의 생애」, 동아출판사, 1960.

김세한, 「배재사」, 배재중고등학교, 1955.

김양선, 「한국기독교해방 10년사」, 대한예수교장로회총회 종교교육부, 1956.

김진호, 「목사 전덕기 약사」, 1922.

김진호, 「八一回顧」, 1953.

김춘배, 「필원반백년」, 성문학사, 1977.

김춘배, 「한국기독교수난사화」, 성문학사, 1976.

김활란, 「그 빛 속의 작은 생명 : 우월 김활란 자서전」, 여원사, 1969.

김흥수, 「한국전쟁과 기복신앙 확산연구」, 한국기독교역사연구소, 1999.

노길명, 「가톨릭과 조선 후기 사회변동」, 고려대학교 민족문제연구소, 1988.

노병선, 「파혹진선론」, 1897.

노블부인 편, 「승리의 생활」, 조선야소교서회, 1927.

동아일보사 편, 「3·1운동 50주년 기념논집」, 동아일보사, 1969.

류형기, 「은총의 팔십오년 : 류형기 감독 회상기」, 한국기독교문화원, 1983.

마경일, 「마경일 목사 회고록: 길은 멀어도 그 은총 속에」, 전망사, 1984.

문창모, 「천리마 꼬리에 붙은 쉬파리」, 도서출판 삶과 꿈, 1996.

민경배, 「한국 기독교회사 신개정판」, 연세대학교 출판부, 1993.

박경룡, 「주님따라 금강산: 고송 박경룡 목사 회고록」, 전망사, 1986.

박설봉, 「현실과 이상의 갈등」, 기독교대한감리회 상동교회 출판위원회, 1988.

박용옥, "여성 항일운동의 조직화", 「한국 여성독립운동사」, 3·1여성동지회, 1980.

박용익, 「박용익 목사의 회고와 평론: 하나 되게 하소서」, 기독교문사, 1991.

박찬용, 「박설봉 감독 회고록: 하나님께 솔직하게 자신에게 정직하게」, 상동교회, 2007.

방병욱, 「6·25공산남침과 교회」, 한국교육공사, 1983.

백낙준, 「한국 개신교사」, 연세대학교 출판부, 1973.

변종호 편저, 「이용도목사전집 제1-5권」, 초석출판사, 1986.

서우드 홀, 김동렬 역, 「닥터 홀의 조선회상」, 좋은 씨앗, 2003.

송길섭, 「민족운동의 선구자 전덕기 목사」, 상동교회 역사편찬위원회, 1979.

송길섭, 「한국신학사상사」, 대한기독교출판사, 1987.

송길섭 외, 「한국 감리교 성장백년사1」, 기독교대한감리회 본부 교육국, 1987.

아현중앙교회 창립50주년 기념사업위원회 편, 「6·25와 한국 감리교회 순교자」, 감리교신학
    대학교 출판부, 2006.

양주삼 편, 「조선남감리교회 30년기념보」, 조선남감리교회 전도국, 1930.

유동식, 「정동제일교회 역사」, 기독교대한감리회 정동제일교회, 1992.

유동식, 「한국 감리교회의 역사 Ⅰ, Ⅱ권」, 기독교대한감리회, 1994.

유동식, 「한국신학의 광맥」, 전망사, 1982.

윤경로, 「105인 사건과 신민회 연구」, 역민사, 1990.

윤경로, 「한국 근대사의 기독교사적 이해」, 역민사, 1992.

윤병석, 「3·1운동사」 증보, 국학자료원, 2004.

윤성렬, 「윤성렬 목사 자선전」(미간행 원고), 1962.

윤춘병, 「8·15이후 감리교서부연회수난사」, 기독교대한감리회 원로목사회, 1987.

윤춘병, 「성화가 걸어온 발자취」, 성화회, 1990.

윤춘병, 「중앙연회 70년사」, 기독교대한감리회 본부교육국, 1988.

윤춘병·조명호, 「마라나타: 권원호의 생애와 사상 그리고 유산」, 보이스사, 1990.

윤춘병, 「한국감리교 교회성장사」, 한국감리교사학회, 1997.

이능화, 「韓國基督敎及外交史」, 기독교창문사, 1928.

이덕주, 「개화와 선교의 요람 정동 이야기」, 대한기독교서회, 2002.

이덕주, 「초기 한국기독교사 연구」, 한국기독교역사연구소, 1995.

이덕주, 「태화기독교사회복지관의 역사」, 태화기독교사회복지관, 1993.

이덕주, 「한국 감리교 여선교회의 역사」, 기독교대한감리회 여선교회 전국연합회, 1991.

이덕주, 「한국 그리스도인들이 개종이야기」, 전망사, 1990.

이덕주, 「한국 토착교회 형성사 연구」, 한국기독교역사연구소, 2000.

이덕주, 「한국교회 처음 여성들」, 기독교문사, 1990.

이덕주, 「한국교회 이야기」, 신앙과지성사, 2010.

이덕주·조이제, 「한국그리스도인의 신앙고백」, 한들출판사, 1997.

이만열, 「한국기독교 수용사 연구」, 두레시대, 1998.

이만열·옥성득 공저, 「대한성서공회사 Ⅰ」, 대한성서공회, 1993.

이성삼, 「감리교와 신학대학사」, 한국교육도서출판사, 1977.

이정은, 「유관순」, 한국독립운동연구소, 2004.

이호운, 「그의 나라와 그의 생애: 총리사 양주삼 박사 전기」, 감리교 대전신학교 출판부, 1965.

이화100년사편찬위원회 편, 「이화백년사」, 이화여자중고등학교, 1994.

이효재, 「한국 YWCA 반백년」, 한국YWCA연합회, 1976.

장규식, 「일제하 한국기독교 민족주의 연구」, 혜안, 2001.

장정심, 「조선기독교 50년 사화」, 기독교조선감리회 여선교대회, 1934.

전삼덕, "내 생활의 략력", 「승리의 생활」, 조선예수교서회, 1927.

전택부, 「한국 기독교청년회 운동사」, 범우사, 1994.

전택부, 「한국교회 발전사」, 대한기독교출판사, 1987.

정경옥, 「기독교신학개론」, 삼원서원, 2010.

정경옥, 「정경옥 교수의 글모음」, 감리교신학대학교 출판부, 2005.

정요섭, 「한국여성운동사」, 일조각, 1980.

조승혁, 「도시산업선교회의 인식」, 한울, 1983.

조영래, 「전태일 평전」 신판, 아름다운 전태일, 2009.

조이제, 「한국 감리교청년회 100년사」, 감리교청년회백주년기념사업위원회, 1997.

조이제, 「한국교회 인권운동 30년사」, 한국기독교교회협의회, 2005.

총회헌법개정위원회, 「대한예수교장로회 헌법」, 한국장로교출판사, 1987.

최병헌, 「성산명경」, 동양서원, 1911.

최병헌, 「예수텬쥬량교변론」, 정동예수교회, 1908.

최우익, 「崔炳憲先生略傳」, 정동 삼문출판부, 1998.

최은희, 「조국을 찾기까지」, 탐구당, 1973.

최태육, "남북분단과 6·25전쟁 시기(1945-1953) 민간인 집단희생과 한국기독교의 관계 연구", 박사논문, 목원대학교대학원, 2014.

하상락 편, 「한국사회복지사론」, 박영사, 1989.

한국기독교교회협의회 인권위원회 편, 「1970년대 민주화운동 Ⅰ」, 한국기독교교회협의회 인권위원회, 1987.

한국기독교역사학회, 「한국기독교의 역사 L」, 기독교문사, 2011.

한국 선교정보연구센타(편), 「한국 선교 핸드북」, 한국해외선교회출판부, 1996.

한국여신학자협의회 여자신학연구반 편, 「고난의 현장에서 사랑의 불꽃으로: 조화순 목사의 삶과 신학」, 대한기독교서회, 1992.

한규무, 「일제하 한국기독교농촌운동」, 한국기독교역사연구소, 1997.

홍성현 편, 「감독들의 이야기」, 기독교대한감리회 감독협의회, 2007.

홍우준 편, 「평창의 별 리효덕 전도사」, 한국기독교문화원, 1980.

황미숙, "내한 미국 감리교회 선교사들의 사회복지사업 연구, 1885-1960", 박사논문, 목원대학교대학원, 2014.

Jones, George H., *The Religious Awakening of Korea*, New York, 1918.

Jones, George H. · Noble, William A., *The Korean Revival: An Account of the Revival in the Korean Churches in 1907*, New York, The Board of Foreign Missions of the Methodist Episcopal Church, 1910.

Sauer, Charles A., *Methodists in Korea, 1930-1960*, Seoul, The Christian Literature Society, 1973.

Weingartner, Erich, "The Tozanso Process: Ecumenical Efforts for the Korean Reconciliation and Reunification", *The Reconciliation of Peoples: Challenge to the Churches*. eds. Gregory Baum and Harold Wells, Maryknoll, New York, Orbis Books, 1997.

6. 기타

한국기독교교회협의회 제34차 총회, "한국교회 평화통일 선언", 1985. 2. 28.

「판결문」, 경성복심법원, 1920. 10. 30.

「판결문」, 경성복심법원, 1922. 3. 1.

「판결문」, 경성지방법원, 1919. 8. 1.

「판결문」, 고등법원, 1920. 3. 22.

1738. 5. 24	존 웨슬리의 회심
1739	런던과 브리스톨에서 '감리교 신도회'(Methodist Society) 조직
1744	런던 파운드리에서 감리회 제1차 연회 개최
1784. 9	크레이턴과 베이지, 코크 집사 및 장로목사 안수, 코크 총리사로 임명 미국 파송
1784. 12. 24 ~ 1785. 1. 2	볼티모어 러블리레인교회에서 미국 감리교회 첫 번째 연회 '크리스마스 연회' 개최
1786	코크 서인도제도 감리교 선교 시작
1792	볼티모어에서 미감리회 총회 조직
1814. 5	'감리교 선교사'의 표상 코크 별세
1819. 4. 5	뉴욕 '감리교선교회' 조직
1824	캐나다 감리교회 연회 조직
1832	미감리회 선교회 최초로 아프리카 라이베리아로 콕스 파송
1832	독일 루터교회 출신 선교사 귀츨라프(K. G. Gützlaff) 영국 동인도회사 무역선 로드암허스트호를 타고 서해안 고대도 상륙
1834	라이베리아 감리교회 연회 조직
1846. 5	피터스버그에서 남감리회(Methodist Episcopal Church, South) 총회 조직, 산하에 남감리회선교회 설립
1847	콜린스(Judson D. Collins)와 화이트(Moses C. White) 중국 파송
1848	남감리회 총회 테일러와 젠킨스 가족 중국 개척 선교사로 선발
1848. 4. 14	매클레이(Robert S. Maclay) 중국 푸젠성 푸저우(福州)에 도착
1856	미감리회 선교회 인도 개척 선교사로 아일랜드 출신 버틀러 최초 파송
1866	영국 런던선교회 소속 선교사 토마스(Robert J. Thomas) 제네럴셔먼호 타고 대동강 진출
1869. 3. 23	보스턴 트리먼트스트리트교회에서 미감리회 '해외여선교회'(Woman's Foreign Missionary Society) 조직

1870. 1~1881	미감리회 여선교사 스웨인과 이사벨라 도번 인도에 도착. 1872년 중국, 1873년 멕시코, 1874년 일본, 1879년 남아메리카 아르헨티나, 아프리카 라이베리아, 1881년 버마에 개척 선교사 파송
1872	스코틀랜드 장로교 선교사 로스(J. Ross)와 매킨타이어(J. McIntyre) 만주 지역 선교 활동
1873	영국계열 감리교회 '캐나다 감리회'(Wesleyan Methodist Church of Canada) 조직, 6월 코크란과 맥도널드 일본 개척 선교사로 파송 선발
1873. 6	미감리회 선교회에서 일본 개척 선교사로 파송(1872. 11)한 매클레이 요코하마 도착, 선교 시작
1874	로스 봉황성 아래 고려문에서 의주 상인 만남
1877	중국 감리교회 연회 조직
1879	매킨타이어 잉쿠(營口)에서 백홍준과 이응찬 등 4명에게 세례
1882	센양(瀋陽, 봉천)에서 첫 번째 한글 성경 「예수성교 누가복음전서」와 「예수성교 요안내복음전서」 인쇄
1883. 4	이수정(李樹廷) 농학자이자 일본 최초 감리교인인 츠다센(津田仙)을 만나 복음을 받아들이고 도쿄 로게츠쵸(露月町)교회에서 세례 받음
1883. 7	민영익을 수반으로 한 '보빙사절단'(報聘使節團) 파견, 9월 기차 안에서 미국 볼티모어 러블리레인교회 담임 가우처(J. F. Goucher) 목사 만남, 11월 뉴욕의 미감리회 해외선교부에 선교비 2천 달러를 약속하면서 한국 선교에 착수할 것을 촉구
1884.	이수정 한문 성경에 구결(口訣, 吐)을 단 사복음서, 사도행전을 인쇄
1884. 1	가우처도 편지로 매클레이에게 민영익과의 대화 내용과 해외선교부의 결정 사항을 알리고 방한을 권함
1884. 6	매클레이 부부 6월 19일 나가사키 → 6월 20일 부산에 도착 → 6월 22일 부산 출발 → 6월 24일 아침 인천 제물포항에 도착, 오후 6시 서울 도착. 푸트 공사의 환영을 받음. 파울러(Randolf S. Fowler) 감독 한국 선교 관리책임자로 선임
1884. 7. 3	고종의 선교 윤허. "주상께서 미국 상선의 내해 항해와 미국인들의 병원과 학교를 설립하는 일, 전신 설치의 일을 허락하시다."
1884. 9. 20	미북장로회 소속 알렌(H. N. Allen) '공사관 의사' 신분으로 내한
1884. 12. 3	스크랜턴 뉴욕에서 안수 받음
1884. 12. 4	갑신정변 발생. 알렌 중상 입은 민영익 치료로 고종과 왕실의 신뢰를 얻어 최초 근대 의료기관으로서 '광혜원'(廣惠院, 후의 제중원) 시작
1885	이수정 한글성경 「마가의 전한 복음서 언해」 간행

1885	2월 3일 아펜젤러 부부와 스크랜턴 가족 샌프란시스코에서 한국으로 출발, 이때 아펜젤러 안수 받음
	2월 27일 일본 요코하마에 도착, 김옥균과 박영효 등에게 한국어 수업
	3월 21일 아오야마 매클레이 사택에서 일본 주재 감리교 선교사들이 주최한 '한국 선교사 환영 모임'
	3월 23일 아펜젤러 부부 요코하마 출발, 고베 → 3월 28일 나가사키 도착, 3월 31일 부산행 배를 갈아탐 → 4월 2일 아침 부산항에 도착 → 4월 3일 아침 부산항을 출발 → 부활절인 4월 5일 오후 인천에 도착 → 조선의 정세불안으로 다시 4월 10일 인천을 출발 → 4월 15일 일본 나가사키 도착 → 아펜젤러 부부 7월 29일 서울로 들어옴
	4월 20일 스크랜턴 요코하마 출발 → 4월 22일 나가사키 도착 → 부산을 거쳐 5월 3일 인천 도착, 북장로회 알렌을 도와 제중원 의료 사역 시작
1885. 6. 20	스크랜턴 대부인 내한, 사택에서 여성교육 시작
1885. 6. 21	선교사들 알렌 사택에서 '공적인 주일예배'(state Sunday service) 드림
1885. 6. 24	스크랜턴 제중원 일 그만둠
1885. 8. 3	아펜젤러 이겸라·고영필 두 학생을 얻어 남자학교 시작
1885. 9. 10	스크랜턴 독자적 진료소 시작
1886. 2	정동여학교 건축 시작
1886. 4. 25	부활절에 거행된 한국 최초 개신교 세례식
1886. 5	정동여학교 첫 여학생 받아 학교 시작
1886. 6. 4	한불수호조약 체결
1886. 6. 8	고종 '배재학당'이라는 교명과 액(額, 학교 간판)을 하사
1886. 6. 15	스크랜턴 정동에 감리교병원 개설 진료 시작
1886	남감리회 제임스 램버스 부자 일본 개척 선교사로 파송
1886. 11	스크랜턴 대부인 정동여학교 'ㄷ'자형 한옥 건물 완공
1886. 11	정식 '연합교회'(Union Church) 조직, 초대 담임자로 아펜젤러 선출
1887. 3	정동감리교병원에 고종이 '시병원'(施病院) 이름 하사
1887. 4	국왕 정동여학교에 '이화학당'(梨花學堂) 교명 하사
1887. 4. 13	아펜젤러 25일간 북부지방 순회답사 여행, 서울로 귀환 후 세례교인 최성균과 조우
1887. 7. 24	아펜젤러 박중상에게 세례
1887. 9	아펜젤러 예배용 건물 구입. 이후 '베델예배당'이라 함
1887. 9. 14	서양식 벽돌 건물 배재학당 봉헌식
	미감리회 선교회 3차연회 '토착교인 집회소 구입계획' 승인
1887. 10	여선교사 로드와일러(L. C. Rothweiler)와 여의사 하워드(Meta Howard) 내한
1887. 10. 9	한국 감리교회의 요람 '베델예배당'에서 주일예배

1887. 10. 16	베델예배당에서 최성균 부인 개신교 최초 여성세례
1887. 10. 23	베델예배당에서 최초 감리교 예식에 따른 성찬식
1887. 10. 26	최성균을 황해도 권서로 파송
1887. 11	서울 변두리에 시약소 설립하는 '선한사마리아 병원' 계획 승인받음
1887. 12	베델예배당 이전
1888. 1	스크랜턴 대부인 주일학교와 부인성경공부 모임 시작
1888. 3	베델예배당에서 주일저녁 여성예배 시작
1888. 4. 17~5. 4	아펜젤러 일행 한반도 북부지방 선교 답사
1888. 5	'영아소동'으로 선교 답사 중단
1888. 10	최초 여성 전용병원 '보구여관'(普救女館) 설립
1888. 12	서대문 밖 애오개에 시약소 설립
1889. 8	의료 선교사 맥길(W. B. McGill) 내한, 동대문시약소 부지 구입
1890. 10	남대문시약소 개설
1892	남감리회 일본연회 조직
1892	동대문에 '볼드윈 예배당'과 '볼드위 시약소' 건축
1892. 6	장·감 교계예양
1893. 8	4년 과정의 '본처 전도사'(local preacher) 과정 개설
1893	스크랜턴 대부인 여성 '교리공부반'(catechism class) 시작
1893	1893년 겨울 신학반 시작, 1899년 2월 신학회로 개칭
1894	정동 시병원을 남대문 상동으로 옮기는 작업 시작
1894. 9	최초 '부인사경회' 개최, 스크랜턴 대부인 '부인성경학원'(Bible Woman's Training School) 시작
1894~1895	동학운동, 청일전쟁
1895. 4. 17	마관조약
1895. 5	달성궁에 부지 구입하고 예배 드림
1895. 9. 3	남대문 시병원 개관 예배
1895. 9. 9	정동 시병원 부지에서 새 예배당 기공 예배
1895. 10. 8	명성황후 시해 사건
1895. 11	전삼덕(全三德)의 북한 지역 최초 여성 '휘장 세례'
1895. 11. 28	춘생문 사건
1896. 2. 21	아관파천
1896. 5. 24	일제 러시아에게 38도선 경계로 한반도 '남북분할점령' 제안
1896. 7. 2	독립협회 결성
1897	미감리회 엡윗청년회 창설
1897. 10. 31	최초 여성단체 '조이스회' 조직
1900. 11. 11	감리교 여성단체 '보호여회'(保護女會, Ladies Aid Society) 조직

1900. 12	한국 최초 신학잡지 「신학월보」 간행
1901. 5. 18	한국 감리교회의 첫 목사 김창식과 김기범 안수
1902. 5	최병헌(崔炳憲) 목사 안수
1902. 6. 11	아펜젤러 어청도 앞바다에서 선박 난파로 순직
1902. 12. 22	1차 하와이 이민단 인천 제물포항 출발
1903. 8	하디에 의해 원산에서 부흥운동 시작
1903. 9	안창호와 이대위 샌프란시스코 한인 예배 시작, 1905년 한인전도회를 거쳐 1906년 예배 처소 마련 → '샌프란시스코 한인연합감리교회'
1903	황성기독교청년회(YMCA) 조직
1904~1905	러일전쟁
1905. 4	남감리회 부인들 '국내선교회'(Home Missionary Society) 조직
1905. 9	'한국복음주의선교연합공의회' 조직
1905. 11	을사늑약 체결 외교권 강탈 → 구국기도회와 도끼상소 운동 전개
1906. 11. 5	'도쿄조선기독교청년회'(東京朝鮮基督教青年會) 조직
1907	남북감리회 연합신학교 '협성성경학원'(協成聖經學院) 설립, 1911년 서대문 밖 냉천동으로 이사한 후 '감리교협성신학교'로 명칭 변경
1907. 1. 6	평양 장대현교회 사경회와 평양 대부흥운동 시작
1907. 2~1908. 7	국채보상운동
1907. 4	항일 민족운동단체 신민회 조직
1907	헤이그 밀사 파견
1907. 6. 21	스크랜턴 미감리회 한국 선교연회 매년회에서 마지막 장로사 보고를 한 후 감리교 선교사직 사임
1907. 7. 24	'정미7조약'(한인신협약) → '정미의병'
1908	남·북 해외여선교회 '연합부인성서학원'(Union Woman's Bible School)으로 여자신학교 연합운영 시작, 1920년 '협성여자신학교'(協成女子神學校, The Union Methodist Woman's Bible Training School)로 바뀜
1908. 1	남감리회 부인들 '십자회'(十字會) 조직, 1년 후 '여선교회'(女宣敎會)로 명칭 변경
1908. 3. 23	스티븐스(D. W. Stevens) 저격
1909. 10	'백만명구령운동' 발의
1909. 10	도쿄 '한인교회' 설립, 1911년 '재일본동경조선예수교연합교회'
1909. 10. 9	스크랜턴 대부인 사망
1909. 10. 26	안중근 이토 히로부미 저격
1910	에딘버러 세계선교대회
1910	구약성경 번역 완성
1910. 1	평양에서 52명이 모여 십일조회 조직

1910. 5	손정도 목사 중국 동삼성 선교사로 파송
1911. 3	스크랜턴 평안북도 운산금광 부속병원 의사
1911. 9	105인 사건, 윤치호를 필두로 데라우치 암살 조작 사건으로 105인 재판
1912	최병헌 「성산명경」 출판
1912. 3. 5	상동교회에서 부인성경학원 제1회 졸업식
1913	'송죽형제회' 조직
1913. 12	스크랜턴 천안 직산금광 부속병원 의사
1914	일제의 '포교규칙'과 '개정사립학교규칙' 공포
1915	조선예수교대학(Chsen Christian College) 시작
1916	5개 선교부가 참여하는 세브란스연합의학전문학교 시작
1916	「신학세계」 창간
1917	'예수교연합회' 조직
1918. 10. 31	남감리회 한국선교회조선연회로 재조직
1919. 3. 1	3·1운동
1919	3·1운동 이후 서울을 중심으로 '대한민국애국부인회' 조직
1919. 10	평양을 중심으로 '대한애국부인회' 조직
1920. 10	대한애국부인회(평양) 간부 50여 명 체포됨
1920. 11	감리교 협성여자신학교 설립
1920. 11	대한민국애국부인회(서울) 간부 50여 명 체포됨
1921. 4. 4	태화여자복지관 설립
1921. 11. 1	제1회 주일학교대회 개최
1922	세계기독교학생대회: 신흥우, 김활란, 김필례, 이상재 참가
1922. 5	제3차 남감리회여선교회대회에서 최나오미 시베리아 선교사로 파송
	1923년 10월 한인 마을인 신한촌에 도착하여 선교 시작
1922	조선여자기독청년회(YWCA) 조직
1924. 8	조선여자기독교 절제회 조직, 초대 총무 손메레
1924. 9. 4	조선예수교연합공의회(KNCC) 창립
1925	양우로더 만주선교사로 파송
1925. 4. 17	조선공산당 창립
1926. 6. 10	6·10 만세운동
1926. 10. 23	조선공산당 반기독교대회 개최
1927. 2. 25	신간회 창립
1927. 5. 27	근우회 창립
1928. 3. 24~4. 8	제2회 예루살렘국제선교협의회, 신흥우·김활란·양주삼·정인과 등 참가
1928. 4	신흥우·김활란 덴마크 농촌운동 시찰

1930. 12. 2	'조선감리교회 합동과 조직에 대한 성명서' 발표 후 '기독교조선감리회' 창립 총회
1931. 5. 15	신간회 해소
1931. 6. 14	감리교 국내 최초 여성목사 안수
1931. 6. 19	제1회 기독교조선감리회 개최(개성)
1931. 12	협성신학교와 협성여자신학교를 통합하여 '감리교회 신학교'가 됨
1932. 6	신흥우 '적극신앙단' 결성
1933. 1	「감리회보」 창간
1933. 6	이용도 목사 휴직처리, '예수교회' 설립
1933. 4~11	1933년 4월 하순 춘천여자관 지하실에서 '공존공영의 지상천국 건설'을 목표로 십자가당 결성, 11월 남궁억 등 관련자 피체
1933. 11	시베리아 선교사 김영학 목사 순교
1934. 1. 27	총리원 이사회 1934~1935년, 2년 동안 감리교 한국 선교 50주년 기념
1934. 6. 19~20	"감리교 조선 50주년 기념"(매클레이 방한기념) 행사
1934. 12	류형기 아빙돈 '단권 성경주석' 발간
1935. 4. 12	조선감리교회 선교 50주년 기념비 정동교회에 세움
1935. 4. 25	조선감리교 선교 50주년 기념예배(아펜젤러 한국 선교 기념)
1935. 9	조선예수교장로회 제24차 총회 아빙돈 「단권 성경주석」과 '적극신앙단' 이단으로 규정
1937. 6	'수양동우회' 사건 발생
1937. 6. 17	조선감리교회 신사참배 수용
1937. 7	중일전쟁 발발
1937. 10. 4	총독부 '황국신민서사' 제정
1938. 2	총독부 '기독교에 대한 지도책'과 육군지원령 공포
1938. 3	총독부 조선교육령 개정 공포
1938. 5. 8	친일 '조선기독교연합회' 결성
1938. 7	'국민정신총동원연맹' 창립
1938. 10	한일감리회 합동 결의, 감리교 학생 7천여 명 남산조선신궁 참배
1938. 12	「기독신보」 폐간, 기독교조선청년회(YMCA) 해산
1939. 10	'국민징용령' 실시
1939. 12	'창씨개명' 공포
1940. 1. 26	엡윗청년회 해산, 공려회로 재조직
1940. 7	'국민정신총동원기독교감리회연맹' 결성(이사장 정춘수)
1940~1941	선교사 강제 출국
1940. 9. 17	임시정부 광복군 창설
1941. 2	만국부인회 사건

1941. 3. 4~5	국민총력감리회연맹 시국 대응 신도대회
1941. 3. 10	감리교합동연회 기독교조선감리교단 조직
1941. 3. 11	정춘수 연회해산 선언문 발표
1941. 3. 31	일제의 초등학교규정 공포, 조선어교육 금지
1941. 5. 15	여선교회 해소 후 교단연합 여자사업부 창설(여선교회→부인회)
1941. 6. 3	감리교신학교 혁신 개학(교장 김인영)
1941	감리교 총리원 폐지, '감독 → 통리자, 감리사 → 교구장, 목사 → 교사'로 명칭 변경
1941. 10. 24	권원호 전도사 신사참배 거부로 옥사
1941. 12. 7~8	일본의 하와이 침공, 태평양전쟁 발발
1941. 12. 9	임시정부 대일선전 포고
1941. 12. 31	기독교조선감리회 청년연합(MYF) 조직
1942	상동교회에 '황도문화관' 설립
1942. 2. 13	정춘수 통리자 '황군 위문 철물헌납' 통보
1942. 3	「성서조선」 사건'으로 김교신 등 체포
1942. 5. 18	경성교구 여자사업부 징병제 실시 축하강연회 개최
1942. 5. 22	총독부의 선교부 재산 '적산'으로 몰수
1942. 6. 3	강종근 목사 신사참배 거부로 체포, 고문으로 순교
1942. 6. 17	제2회 교단연합여자대회 신사참배, 시국강연 개최
1942. 12	감리교신학교 폐교 → 경성기독교교사수련소로 개편
1942. 12. 6	최인규 권사 신사참배 거부로 체포, 고문으로 순교
1942	감리교혁신교단 총회 변홍규 통리자 선출
1943	감리교와 경성노회 '일본기독교조선혁신교단' 조직, 항의로 무산됨
1943	신석구 목사 혁신교단 동참 거부로 면직
1943. 1. 20	일본 육군성 학병제 실시
1943. 10. 14	혁신파 '일본기독교조선감리교단' 조직
1943. 11. 9	정춘수 임시특별지원병채용제 취지 독려
1943. 11	미영중 '카이로 선언'
1944. 2	총동원법에 의한 전면 징용 실시
1944. 3. 3	정춘수 통리 교단 상임위원회에서 '애국기 헌납 및 교회 병합 실시에 관한 건' 통과
1944. 4. 13	권원호 전도사 신사참배 거부로 체포, 고문으로 순교
1944. 7	군용기 헌납과 교회 합병 실시 통보
1944. 8. 23	여자 정신대 근무령 공포
1945. 7. 19	모든 개신교파 통합 일본기독교단 조직
1945. 8. 15	일본천황 무조건 항복 방송

1945. 9. 8	기독교 지도자들 새문안교회에서 회집
1945. 11. 27~30	조선기독교 남부대회 개최
1945. 12. 17	감리교재건위원회, 조선감리회 유지위원회 조직
1946. 1. 14	동대문교회에서 감리교재건위원회 연합연회 개최
1946. 2. 1	대한독립촉성국민회 결성
1946. 4. 5	재건파 기독교조선감리회 연합연회 개최
1946. 4	복흥파 제9회 중부연회 개최
1946. 6	서부연회 성화신학교 설립
1946. 7	북조선노동당 결성
1946. 9. 6~7	기독교조선감리회 복흥 특별총회
1946. 9. 8	복흥파 강태희 감독 취임식
1947. 1. 7~10	복흥파, 재건파 합동연회 결렬
1947	부인회를 여선교회로 복구, 여선교회 개최
1947. 2. 3	재건파에서 '감리교회 배신·배족 교역자 행장기' 발표
1947. 2. 24	김창준 목사 '기독교민주동맹' 조직
1947. 6	평양 신양리교회에서 서부연회 개최
1948. 1. 23	재건파 총회(감독 장석영 선출)
1948. 2. 10	김구 "삼천만동포에게 읍고함" 발표
1948. 2. 26	유엔소총회에서 남한만 선거 결의
1948. 4. 3	제주도 4·3사건
1948. 4. 21	제11회 여선교대회
1948. 4. 22~26	복흥파 중부연회 개최
1948. 7. 20	이승만 대통령 선출
1948. 8. 15	대한민국 정부 수립
1948. 8	암스테르담 세계교회협의회(WCC) 창립총회
1948. 9. 7	반민족 행위자 처벌법 통과
1948. 9. 9	조선 민주주의인민공화국 수립
1949. 1. 8	'반민특위' 발족
1949. 6. 1	서부연회 감리교 진남포지방 제4회 지방회를 마지막으로 사실상 폐지
1949. 6. 21	김구 피살
1949. 12. 16	성화신학교 교장 배덕영 목사 납치
1950. 3	성화신학교와 평양신학교 합병
1950. 6. 25	6·25전쟁 발발
1950. 6. 28	서울 함락
1950. 7. 10	300여 명의 목사 인민군 환영대회
1950. 8. 23	양주삼, 김유순 등 종교인과 유명인사 납북

1950. 9. 28	서울 수복
1950	미국 감리교회는 감리교해외구제위원회(MCOR)와 세계선교부(Methodist World Mission) 한국 지원 시작
1950. 10	신석구 목사 인민군에 총살
1951. 2	군목제도 실시
1951. 6	감리교신학교 부산 수정동에서 개교
1951. 7. 10	휴전회담 본회의 개성에서 시작
1951. 11. 1	감리교 특별총회 부산에서 개최
1951. 11. 2	기독교대한감리회 제6회 정기총회에서 류형기 감독 선출
1952. 3	류형기 감독 미국 감리교 4년 총회 참석
1952. 8. 13	근로기준법 국회 통과
1952. 9. 1	징병제 실시
1953. 1	미연합감리회 여선교부 대전에 기독교사회관 설립
1953. 7. 27	판문점에서 휴전협정 조인
1953. 8. 24	감리교 총리원 냉천동 사무실로 복귀
1954. 1	경기도 경찰국장 후원으로 경찰서 유치장 전도 시작
1954. 2. 15	기독교방송국 개국
1954. 2. 16	평신도전국연합회 결성
1954. 3	중부동부연합연회 대전에 신학교 전수과 설립 결의
1954	류형기 감독선출 문제로 호헌파와 총리원파 분열
1954. 4. 20	호헌파 중앙교회에서 대한감리회 수습대책위원회 조직
1954	호헌파 중앙교회에 서울신학원 개교(원장 한석원 목사)
1954. 6. 23~30	대천 '한국 감리교회 재건 연구위원회' 개최
1954	전쟁복구비 교회에 배분
1954. 10	농촌교역자 자녀를 위한 명덕학사 설립
1956. 1. 22	이승만 정동교회 장로로 선임
1956. 3. 18	정동교회 직원회의에서 이승만의 3선 출마 호소문 채택
1956. 3	총리원 산하 고아원이 40개에 달함
1956. 4. 11	'정·부통령선거추진기독교중앙위원회' 이승만·이기붕 지지성명서 발표
1956. 5. 12	재단법인 감리학원 국제대학 인수
1956. 9	여선교회 정릉 안식관 준공
1956. 9	한국 감리교 여선교회 세계감리교 여성연합회 정식 가입
1957. 3. 21	감리교신학원 교육부로부터 재단법인 설립인가 받음
1957. 6	여선교회 초대파 여성잡지 「새가정」 발행에 참여
1957. 7	여교역자 강습회 개최
1957. 8	홍현설 「기독교사상」 창간 위원장

1958	여선교회 중단되었던 해외선교 재개
1958. 6	이승만 정권으로부터 적산으로 불하받은 땅에 세워진 총리원 건물 기공식
1958. 12. 24	신국가보안법 국회 통과
1959. 1. 22	반공청년단 결성
1959. 2. 7	호헌파와 총리원파의 통합 성명서 발표
1959. 3. 17	기독교대한감리회 통합연회 정동교회에서 개최
1959. 5. 15	총리원 냉천동에서 광화문 감리회관으로 이전
1959. 9. 11	총리원 건물 낙성식, 감리회관 봉헌식
1960. 3. 11	감리교신학대학 본관, 웰취기념강당 봉헌식
1960. 3. 15	이승만·이기붕 제5대 정·부통령 당선 – 민주당 부정선거로 무효선언
1960. 3. 20	정동교회 정·부통령 당선 축하예배 가결
1960. 4. 19	4·19학생혁명
1960. 4. 25	대학교수단 의거 – 이승만 대통령 하야
1960. 5	감리교 신학생들 "3·15부정선거와 관련된 감리교 지도자들의 회개" 촉구
1960. 6. 15	내각책임제 개헌안 국회 통과
1960. 8. 23	장면 내각 성립
1961. 5. 16	박정희 5·16 군사쿠데타, 군사혁명위원회 구성
1961. 6. 10	군사정권 국가재건최고회의법, 중앙정보부법, 농어촌 고리채 정리법 공포
1961. 9	오글(George E. Ogle, 오명걸) 선교사 '인천산업전도위원회'를 설립, 산업 선교 시작
1962. 10	유동식 "복음의 토착화와 한국에 있어서의 선교적 과제" 발표
1963. 1. 1	「기독교세계」 창간
1963. 2. 26	민주공화당 창당
1963. 10	윤성범 "단군신화는 VESTIGIUM TRIITATIS이다" 발표
1963. 12. 17	제3공화국 출범
1964. 3. 9	대일굴욕 외교 반대 범국민투위 결성
1964. 6. 3	학생 1만 명 데모, 비상계엄령 공포
1964. 8. 14	정보부 '인혁당 사건' 발표
1965. 4. 17	한국기독교연합회 '한일국교정상화에 대한 우리의 견해' 발표
1965. 6. 22	도쿄에서 한일협정 조인
1965. 7. 1	한경직, 김재준, 함석헌 등 '한일협정 비준 반대 성명서' 발표
1965. 8. 1	구국기도회 영락교회에서 개최
1965. 12. 18	한일협정비준서 교환
1966. 9. 23	기독교대한감리회 제10회 총회 감독선거에서 111차례 투표, 성화파 – 호헌파 – 정동파 분립으로 무산
1967. 3. 2	남·동·중 삼남연회 설립

1967. 4. 1	구로동 수출공업단지 준공
1967. 10. 23	여선교회 아시아감리교여성대회 서울 개최
1968	대통령 조찬기도회로 시작
1968. 11. 5~7	'온양선교협의회' 개최 – 선교지 재단과 재정권 이양 결의
1968. 12. 16	특수선교위원회 '기독교세진회' 결성
1969. 9. 8	한국기독교연합회 정부의 '3선개헌 발의'에 대한 우려, 성명서 발표
1969. 12. 15	감리교 목사 윤창덕, 박설봉 등이 '한국 감리교회의 신앙적 윤리각서' 발표
1970. 3	감리교회 개혁을 위한 선언문 발표
1971. 3. 5	경기연회 창설
1971	'여선교회가' 재정
1971. 12. 6	박정희 '국가비상사태' 선언
1971. 12. 27	'국가보위법' 국회에서 변칙 통과
1972. 2	감리교부흥전도단 창설
1972. 7. 4	정부 '7·4 공동성명' 발표
1972. 10. 17	'10월 유신'. 비상계엄령 선포, 대학에 휴교령
1972. 12. 27	유신헌법 공포
1973. 4. 30	유신정권의 성경과 채플을 과외로 실시하도록 한 정책에 건의
1973. 5	대통령 조찬기도회 – CCC 김준곤 목사 10월 유신을 "정신혁명의 성격을 포함하고 있는 운동"으로 규정
1973. 5. 20	유신체계 반대 '한국 그리스도인 선언' 발표
1973. 8. 8	김대중 피랍 사건 발생
1973. 11. 24	한국기독교교회협의회 '인권선언' 발표
1973. 12. 24	개헌 청원 백만 명 서명운동 전개
1974. 1. 17	한국 기독교 지도자들 유신체제 반대 성명서 발표
1974. 1	대통령 긴급조치 1, 2, 3호 발령
1974. 8	여의도 광장에서 '엑스플로 74' 대회
1974. 10	'5천 교회 100만 신도운동' 결의
1974. 12. 14	한국 정부 오글 선교사 강제 출국 명령, 이후 조승혁·조화순·김경락·윤문자·안광수·전용환 등에 의해 산업선교 지속
1974. 12. 18	여선교회 구속자 석방 및 오글 목사 추방 철회 요구 대정부 건의문 채택
1975. 2. 23	감리교 통합추진 전국평신도대회 개최
1975. 4. 8	긴급조치 7호 선포
1975. 4. 28	'도시산업선교 연구 및 정책협의회' 개최
1975. 5. 13	긴급조치 9호 선포, 헌법 비방 반대 금지
1975. 6. 22	'나라를 위한 기독교 연합기도회'
1975. 8. 17	장준하 산행 중 의문사

1975. 10. 21	선교 90주년 기념대회
1975. 11. 17	통합선언문 발표
1975. 12. 2	통합총회 개최 – 제1대 총회장으로 마경일 목사 선출
1976. 3. 1	3·1운동 57주년 신·구교 합동기도회, '3·1 구국선언문' 발표
1976. 3. 18	제12회 총회, 각 연회 감독 선출
1976. 7	김옥라 세계감리교여성연합회 동남아시아 지역 회장에 선임
1976. 10. 25~27	'5천 교회 100만 신도 선교운동을 위한 감리교 전국선교대회'
1977. 5	갱신 측 '감리교 합동 추진에 대한 성명서' 발표
1977. 5	총회 측 다원화 감독제 실시
1977. 8	'77민족복음화성회' 개최
1977. 12	갱신총회 마경일 이름으로 세계교회협의회(WCC)와 아시아기독교교회협의회(Christian Conference of Asia, CCA)에 가입신청서 보냄
1978. 2. 16	합동위원회 10개 항목 합의사항 발표
1978. 10. 26	배화여고에서 합동총회 개최
1978. 11. 28	조화순 목사 '동일방직 사건'으로 구속
1979. 4. 26	여선교회관 개관
1979. 8. 9	'YH 사건' 발생
1979. 10. 18	부산에 계엄령 선포 – 부마항쟁 발생
1979. 10. 26	박정희 대통령 김재규 중앙정보부장에게 피살
1979. 12. 6	최규하 대통령 선출
1979. 12. 12	'12.12사태' 발생
1980. 5. 17	조화순 목사 김대중 내란 음모 사건 연루 체포, 고문과 악형 후 석방
1980. 5. 18~27	5·18 광주민주화운동
1980. 5. 30	감리교청년 서강대생 김의기 '동포에게 드리는 글'을 남기고 투신 사망
1980. 5. 31	국가보위비상대책위 설치
1980. 6	여선교회 나라를 위한 금식기도회 실시
1980. 7. 26	부산지방 감리사 임기윤 목사 강제 연행 후 뇌졸중으로 의문 사망
1980. 9	각 연회 조직연회로 열림
1980. 9. 11	전두환 제11대 대통령 취임
1981. 10. 19	기독교대한감리회 100주년기념사업위원회 시행 세칙 제정
1980. 10. 29	감리교 총회 창립 50주년 기념예배
1980. 11. 14	언론 통폐합 단행
1980. 12. 16	신학교 정비령에 의거 6개 연회 신학교 협성신학교로 통합
1982. 3. 18	부산 미문화원 방화 사건
1982. 6. 28	변선환 교수의 불교와 기독교의 대화 모임에서 신학적 입장 표명 이후 감리교부흥단 변선환 교수 규탄 성명서 발표

1982. 9. 28	변선환 교수 해명서 발표
1983. 2	감리교역사편찬위원회 조직 – 위원장 윤춘병
1983. 3. 30	협성신학교 입학식 및 개교식 거행
1984. 1	조승혁 목사 고려연방제 찬양 이유로 구속
1984. 5. 18	민주화추진협의회 발족
1984. 8. 15~19	'한국기독교 선교 100주년 선교대회'
1984. 10	동북아 평화와 정의를 위한 '도잔소협의회'
1985. 4. 5	'기독교대한감리회 100주년기념대회'
1985. 10. 28	제17회 총회 '민주사회 실현을 촉구하는 시국선언문' 발표
1986. 5. 6	자교감리교회 청년회 회장이었던 서울대 미생물학과 김세진 분신
1987. 1. 23	감독회 '박종철 고문치사 사건'에 대한 해명과 처벌 요구 성명서 발표
1987. 1	도시산업선교 운동가 김동완 목사 불법 연행 구속
1987. 5. 4	감독회 '현시국에 대한 우리의 견해' 발표
1987. 6. 21	감리교 지도자들 '민주화를 위한 구국기도회' 개최
1988. 2. 25	노태우 제13대 대통령 취임
1988. 5	감리교민주화추진위원회 '감리교 민주화 쟁취대회' 개최
1988. 9. 16	제24회 서울 올림픽 개막
1989. 10. 31	기혼 여성교역자 담임목회 제한 규정 철폐
1990. 10	감리교자치60주년기념 세미나, 음악회 개최
1991. 11. 21	기독교대한감리회 '교리수호대책위원회' 조직(공동회장 김홍도 목사, 유상렬 장로)
1992. 3. 5	서울연회 심사위원회 변선환, 홍정수 교수 재판위원회에 기소
1992. 4. 22	재판위원회 변선환, 홍정수 교수를 "반 기독교적이고 이단적인 주장을 폈다"는 혐의로 출교 구형
1992. 5	'감리교를 염려한 기도모임' 개최
1992. 12. 18	제14대 대통령 김영삼 당선
1995. 7	서부연회 업무 시작
2000. 10. 25~27	21세기의 첫 감리교 총회
2001. 1~6	'위대한 감리교회 대회' 개최

105인 사건 185, 207, 210, 211, 220, 244, 294

가우처 17, 18, 268

갈홍기 334, 339, 347, 365

감리교해외구제위원회(MCOR) 353, 355

감리교협성신학교 146, 267, 301, 305, 306, 317

갑신정변 21, 24, 25, 37, 68, 70, 174, 175

강인걸 64, 145, 204

강종근 340

강태희 346

게일 125, 138

고랑포교회 100

고양읍교회 74, 75, 77, 78, 87, 101, 119

고종 16, 17, 18, 19, 20, 21, 28, 30, 46, 68, 70, 71, 132, 139, 175, 180, 186, 194, 196, 216, 227, 242, 264, 283, 285

공옥학교 183

공주읍교회(공주제일교회) 229

광성보통학교 115

광성학교 59, 229

광주학생운동 259

광혜여원 59, 128

광혜원 21, 26, 29

광희문교회 87, 91, 93

구덕관 387

구세병원 98

구연영(구춘경) 189, 190

구정서 189, 190

국민정신총동원기독교조선감리교연맹 331

굿셀 55

권동진 218, 257

권원호 341

귀츨라프 14

그레함 리 111, 112

근우회 257, 258, 259, 260

기독교민주동맹 352

기독교자유당 350

기독교조선감리교단 333, 334, 338, 347

기홀병원 59, 128, 222, 240, 247

김광우 354, 358, 366, 367, 375

김구 180, 185, 210, 359

김기범 64, 142, 143

김남수 188, 189

김도태 222

김동수 188, 189

김떠커스 165, 166

김마리아 240, 245, 246, 247

김매륜 301

김명선 288

김사라 73, 85, 92

김선 259

김세지 114, 165, 171, 240

김세진 393

김순환 401

김영구 188, 189

김영섭 258

김영순 259

한국 감리교회 약사

김영학 294, 299

김옥균 18, 19, 20, 21, 24, 70

김용연 368

김우권 145

김유순 260, 347, 351, 352, 355, 356, 357, 363

김응조 211

김인영 288, 333, 334

김장환 385

김재준 288, 385

김정식 200, 201

김종우 277, 299, 302, 303, 330

김주현 73, 74, 75, 89

김준옥 288, 333

김진기 15, 40

김창식 57, 58, 59, 64, 142, 143, 145, 162, 213

김창준 223, 227, 233, 288, 352

김철 220, 221

김태복 247

김홍도 396, 399

김활란 245, 250, 251, 258, 259, 285, 288, 333, 335, 358, 407

김홍순 73, 74, 75, 76, 145, 146

김희운 352

남궁억 162, 185, 186, 263, 264, 265, 340

남부교회(개성) 111, 202, 225

남산현교회 59, 111, 113, 114, 115, 143, 145, 167, 171, 204, 222, 225, 229, 235, 240, 247, 286, 299, 350, 365

남성병원 81, 133

남송현 72, 77, 78, 81, 82, 83, 84, 85, 89, 90, 91, 94, 96, 99, 107

남양교회 145, 197, 224

내리교회 56, 111, 115, 143, 167, 197, 204

노병일 54, 55, 62, 143

노블 58, 114, 115, 140, 145, 165, 204, 211, 214, 233, 284, 299

노블 부인 114, 165, 285

노울즈 98, 108, 111

노춘경 39

단권 성경주석 288, 289

대전신학교 366, 368, 369, 382, 395, 411

대한기독교연합회 385

대한민국애국부인회 240, 241, 246, 248

대한성교서회 124

대한애국부인회 172, 241, 247, 248

데밍 188, 189

도잔소협의회 402, 403

동경조선기독교청년회 200

동대문교회 54, 148, 190, 208, 236, 345, 378

동석기 224, 295

러일전쟁 173, 193, 198, 242

레이놀즈 125

레인스 364

로드와일러 36, 43

로스 15, 40, 41, 44, 98

루씨여학교 98, 237

류형기(유형기) 288, 303, 329, 333, 353, 355, 356, 357, 358, 363, 364, 365, 366, 368, 369

리드 67, 68, 71, 72, 73, 74, 75, 76, 77, 78, 79, 80, 81, 82, 83, 84, 89, 90, 94, 95, 99, 133, 145, 266

마경일 333, 363, 370, 377, 378, 387
마애방 82
매컬리 108
매클레이 17, 18, 19, 20, 21, 22, 23, 24, 26,
     27, 28, 37, 39, 41, 64, 66, 283,
     284, 392
매킨타이어 15, 40, 44
맥길 30, 53, 60, 61, 63, 97, 98, 143
맹아학교 59
메이즈 101
무스 81, 85, 89, 90, 99, 100, 101, 102
무어 64, 117, 120, 142, 143, 145, 214, 234,
     285, 299, 356, 357, 364
문재린 288
미드기념회당 54
미리흠여학교 81, 237
밀러 125, 147, 288
박대선 349, 350, 370, 379
박동완 223, 225, 227, 233, 258
박만춘 351, 356
박석훈 235
박승일 240, 247
박연서 316, 329, 333, 334, 352
박용만 178, 179, 199
박원백 145, 213
박인덕 245, 247, 335
박중상 38, 41, 139
박현숙 235, 240, 244, 247
박형규 385, 386
박희도 222, 223, 224, 225, 226, 227, 233,
     236, 329
반스커크 64
방신영 259

방훈 299, 352
배덕영 288, 316, 333, 335, 349, 350
배재학당 29, 32, 33, 34, 35, 37, 38, 40, 41,
     42, 43, 44, 47, 51, 55, 56, 70, 84,
     86, 91, 111, 139, 140, 142, 143,
     144, 149, 150, 154, 168, 174,
     175, 199, 233, 236, 267, 303
배형식 294, 295, 335
배화학당 82, 85, 87, 88, 108, 238, 247,
     264, 340
백만명구령운동 132, 134, 135, 136, 137,
     138
백사겸 75, 162
백헬렌 56, 147
백홍준 15, 40
벙커 125, 140, 204
베델예배당 37, 41, 42, 43, 44, 45, 47, 48,
     55, 64, 139, 162
베커 348
벵겔 56
변선환 394, 395, 396, 397, 398, 399, 400
변성옥 288, 296, 297
변홍규 288, 335, 337, 338, 344, 345, 347,
     366, 367, 408
보구여관 36, 37, 57, 147
보빙사절단 17
복흥파 344, 345, 346, 347, 348, 363
북부교회(개성) 86
북조선기독교도연맹 350
블랙스톤 34
블레어 111
빌링스 211, 285, 335, 348
상동교회 54, 63, 70, 73, 77, 78, 142, 145,

146, 148, 167, 178, 179, 180,
181, 183, 185, 186, 187, 189, 193
상동청년학원 178, 183, 185, 186, 202,
220, 264
상리교회(원산중앙교회) 98, 225
샤프 63, 64
샤프 부인 63
서기풍 186, 211
서상륜 15, 40, 191
서재필 21, 24, 70, 168, 174, 175, 176
서태원 352
석교교회 93, 94
선우혁 220, 221, 222, 225
성화신학교 349, 350, 366
성화파 363, 366, 367, 375, 376
세계교회협의회(WCC) 347, 354, 377, 388,
402, 403, 407, 408,
409
세계선교부 372, 373
소래교회 딘스모어 45
손메레 148, 256
손정도 113, 115, 203, 204, 205, 207, 208,
240, 247, 260, 294, 295, 406
송도고등보통학교 77, 253, 305, 306
송득후 335, 368
송죽형제회 171, 240, 244, 245, 247
수양동우회 259, 327
수표교교회 92, 93, 225, 317, 345
숭실대학교 128, 205
스미디 73
스웨어러(스웨러) 63, 64, 125, 145
스크랜턴 21, 23, 24, 26, 27, 28, 29, 30, 31,
32, 34, 35, 36, 37, 39, 41, 42, 46,

49, 52, 53, 54, 55, 57, 60, 61, 62,
63, 64, 66, 71, 72, 73, 74, 77, 78,
125, 133, 140, 145, 163, 181, 182,
183, 189, 266, 285
스크랜턴 대부인 23, 33, 34, 35, 36, 39, 43,
47, 54, 56, 62, 72, 77, 83,
146, 147
스톡스 132, 133, 285, 288
시병원 29, 30, 35, 36, 37, 52, 53, 54
신간회 257, 258, 259, 260
신민회 183, 185, 186, 194, 205, 207, 210,
211, 220
신사참배 304, 326, 327, 328, 329, 330,
331, 332, 339, 340, 341, 342
신석구 162, 223, 225, 227, 228, 270, 350
신학반(Theological class) 140, 144, 154,
267
신학부(Theological Department) 139,
140, 301
신한청년당 220, 221, 222
신홍식 222, 223, 224, 225, 226, 227, 235
신흥우 198, 199, 200, 250, 285, 329, 333,
335, 407
심명섭 333, 334, 352
아펜젤러 21, 23, 24, 25, 26, 27, 28, 29, 30,
31, 32, 33, 34, 37, 38, 39, 40, 41,
42, 43, 44, 45, 47, 48, 51, 52, 55,
56, 57, 61, 64, 66, 71, 123, 133,
139, 140, 142, 143, 144, 162,
169, 175, 183, 266, 283, 284,
285, 286, 335, 354, 391, 392
안경록 211
안명근 210

색인

안순영 202
안종후 232
안중근 193, 194, 195, 207
안진순 232
알렌 21, 25, 26, 27, 29, 32, 37, 39, 52, 196
애비슨 80, 125
양기탁 183, 185, 210
양매륜 259, 290
양주삼 198, 199, 250, 261, 274, 277, 278,
　　　279, 284, 285, 286, 288, 293, 299,
　　　300, 301, 302, 328, 330, 333, 351,
　　　352, 407
언더우드 21, 24, 25, 26, 27, 33, 34, 37, 39,
　　　45, 123
엘라딩기념선교회 84
여메레 147, 170
여운형 220, 221
영변교회 145
영화학교 56
오기선 213, 214, 223, 226
오신도 240, 247
오화영(오하영) 223, 225, 226, 227, 253
온양선교정책협의회 372, 373, 374, 377
올리버 368
올링거 55, 61, 142
우덕순 193, 194, 207
원산성경학원(보혜성경학원) 99
워렌 34, 41
월리스 352
웨슬리회당 56
웰치 270, 275, 276, 278
윌리엄 쇼 355
윌리엄스 64, 214

윌슨 80, 88, 97
유각경 259
유관순 229, 236, 238, 245
유상렬 396
유자훈 316, 340
유치겸 42
윤돈규 42
윤성근 74, 75, 94, 96, 119, 120
윤성범 370, 371, 387
윤웅렬 68, 69
윤인구 288, 338
윤창여 368
윤치호 19, 21, 67, 68, 69, 70, 71, 73, 74,
　　　76, 77, 78, 82, 83, 89, 97, 162, 168,
　　　174, 175, 185, 186, 197, 211, 263,
　　　271, 285, 299, 329, 333, 335, 407
윤태현 316
은준관 387
이갑성 223, 224, 226, 227, 258
이강산 316, 367, 368
이건혁 67, 68, 71, 76
이경숙 62, 147
이규갑 344, 345
이대위 198, 199, 288
이덕수 100, 101, 102
이동욱 258, 316, 329, 337, 338
이동휘 183, 185, 186, 187
이상재 178, 200, 257, 258
이성하 15, 40
이수정 16, 24, 123
이승훈 185, 218, 221, 222, 223, 224, 225,
　　　226, 227
이시영 183

한국 감리교회 역사

이영빈 401

이용도 304, 305, 306, 307, 308, 309, 311, 312, 313, 314, 315, 316, 362

이윤영 300, 333, 348, 349, 350, 359

이은승 64, 113, 114, 115, 145, 204

이은혜 259

이응찬 15, 40

이응현 202, 203, 292

이익모 145, 213, 214, 260

이준 180, 183, 186

이필주 223, 225, 227, 228, 233

이하영 260

이형재 368

이화선 401

이화춘 91, 103, 145, 202, 203, 292, 293

이화학당 29, 36, 43, 47, 56, 62, 83, 111, 126, 140, 146, 147, 148, 168, 177, 178, 233, 237, 238, 243, 245, 246, 248, 255

이효덕 244, 259

일본기독교조선혁신교단 338

임동순 115

임두화 288

임영빈 288, 358, 366

임오군란 16, 28, 37, 173

임치정 186, 195, 211

자골교회 85, 86, 87, 88, 89, 90, 93, 96, 99, 111

자교교회 87, 93, 301, 352, 393

장대현교회 112, 221, 222, 235, 247, 349

장덕수 220, 221

장락도 145

장석영 288, 346, 366

장지내교회 62

재건파 344, 345, 346, 347, 348, 356, 363

전국호헌신도대회 365

전덕기 64, 145, 146, 162, 178, 179, 180, 183, 185, 186, 187, 189, 193

전태일 382, 384, 385, 389

절제회 255, 256, 259

정·부통령선거추진기독교중앙위원회 358

정경옥 316, 317, 318, 319, 320, 321, 322, 323, 324, 325

정동교회 44, 47, 48, 49, 55, 70, 71, 77, 111, 125, 143, 144, 145, 150, 167, 168, 169, 170, 171, 176, 187, 191, 208, 225, 227, 233, 236, 243, 304, 359, 364, 367, 377

정명여학교 101, 237

정순만 178, 180, 181

정의여학교 59, 115, 237

정주현 211

정춘수 145, 146, 224, 225, 226, 227, 258, 299, 329, 330, 331, 333, 334, 337, 338, 339, 341, 347, 348, 356

제중원 21, 29, 32, 52, 80, 128

젠센 299, 348

조민형 335, 345

조병옥 258, 259

조선국전도위원회 21

조선기독교신학교(평양기독교신학교) 350

조선기독교연합공의회 282

조선기독교절제운동회 256

조선예수교연합공의회 126, 256, 289

조선예수교장감연합협의회 126

조승혁 379, 383, 387, 393, 411

조신성 178

조신일 316, 356, 358

조지 오글 373, 374, 379, 382, 388, 392,
　　　411

조한규 144, 168

조화순 379, 383, 387, 411

존스 55, 56, 57, 61, 118, 133, 140, 141,
　　　143, 145, 146, 154, 197, 204

존스턴 111

종교교회(자골교회) 87, 93, 94, 225, 227,
　　　　　　　　267, 301, 352, 363,
　　　　　　　　377

종순일 164

주시경 178, 183

주한명 145, 146

중서서원 69, 70, 71, 199, 300

지경터교회 97, 111

지령리교회 190, 236

진남포교회 145, 180, 351

차미리사 238, 259

차사백 259

채핀 148, 335

채필근 288

청녕교회 91, 93

청일전쟁 51, 58, 59, 70, 143, 173, 198, 200

최거덕 338

최나오미 293

최병헌 51, 140, 143, 146, 152, 153, 154,
　　　155, 156, 157, 158, 159, 160, 161,
　　　162, 187, 191, 192, 204, 213, 214,
　　　232

최성균 15, 40, 41, 42, 43, 44

최성모 223, 225, 227, 295

최용신 251, 252

최인규 340, 341, 342

최재학 180

칼스 27

캐롤 81, 98, 108, 111, 172

캐롤라이나학당 84

캠벨 부인 73, 74, 79, 80, 83, 84, 85, 88, 89,
　　　147, 148

커틀러 125

케이블 64, 125, 145, 146, 190

콜리어 72, 73, 76, 77, 78, 79, 80, 91, 94,
　　　133, 140, 300

테일러 64, 214

토마스 14

파울러 22, 23, 24

폴웰 58, 125, 128, 211

폴크 25, 27

푸트 16, 19, 20, 21, 27, 37, 68, 69

프랜슨 110, 111

하디 79, 80, 85, 86, 89, 92, 96, 97, 98, 99,
　　　103, 106, 107, 108, 109, 110, 111,
　　　112, 118, 119, 124, 133, 145, 146,
　　　285, 292

하운셀 86, 89

하워드 30, 36, 43

하인즈 80, 81

한국기독교교회협의회(NCCK) 126, 385,
　　　386, 387, 401, 402, 403, 404, 405

한국복음주의선교연합공의회 126, 134,
　　　　　　　　　　　　266

한석진 57, 201

한영서원 77, 81, 301, 305

한영선 363, 370, 378, 387

한용경 38, 41, 43, 139

함석헌 385

함주익 202, 203, 292

해리스 65, 124, 125, 138, 181, 182, 211

해주교회 145

허정숙 260

허헌 260

헤론 27, 29, 30, 39

헨드릭스 67, 68, 71, 72, 73, 76, 90

혁신안 331, 332, 333, 334, 335, 347

현순 145, 146, 197, 204, 223, 226, 236,
     304

혈성부인회 240

협성성경학원 145, 267

협성여자신학교 148, 251, 252

호수돈여학교(호수돈여숙) 81, 237

호헌파 363, 365, 366, 367, 375

홍원식 231, 232

로제타 셔우드 홀 58

제임스 홀 57

홍병선 277, 329, 335

홍애시덕 259

홍종숙 145

화이트 108

황애덕 240, 244, 245, 246, 247, 251

흥업구락부 328, 330

히치 101, 103

힐만 125